학문 후속 세대를 위한

나의 학문, 나의 삶 9

- 중어중문학, 인류학, 조선해양공학, 교육학, 불어교육, 법학 -

학문 후속 세대를 위한

나의 학문, 나의 삶 9

- 중어중문학, 인류학, 조선해양공학, 교육학, 불어교육, 법학 -

2024년 12월 25일 초판 제1쇄 인쇄
2024년 12월 30일 초판 제1쇄 발행

엮은이 서울대학교 명예교수협의회 사회봉사위원회

발행처 서울대학교 명예교수협의회
발행인 김하석
전화 02-880-9019

인쇄처 서울대학교출판문화원
전화 02-889-0727, 880-5220

ISBN 978-89-961213-9-8 03810

학문 후속 세대를 위한

나의 학문, 나의 삶 9

서울대학교 명예교수협의회 사회봉사위원회 엮음

허성도(중어중문학)
전경수(인류학)
장창두(조선해양공학)
윤정일(교육학)
이형식(불어교육)
양창수(법학)

서울대학교 명예교수협의회

발간사

평생을 학문 연구와 인재 양성에 진력하여 학문의 지표가 된 서울대학교 명예교수님들의 진솔한 삶의 이야기를 담은 『나의 학문, 나의 삶』이 2020년 10월에 제1권이 발간된 이래 서울대학교와 학계 그리고 사회 각 처로부터 좋은 평가를 받았습니다. 이번에 『나의 학문, 나의 삶』 제9권이 발간되었습니다. 책자 발간을 진심으로 축하드리고 귀한 시간을 내셔서 주옥같은 원고를 집필해 주신 허성도(인문대학 중어중문학과), 전경수(사회과학대학 인류학과), 장창두(공과대학 조선해양공학과), 윤정일(사범대학 교육학과), 이형식(사범대학 불어교육과), 양창수(법학전문대학원) 교수님께 깊은 감사를 드립니다. 아울러 이 발간 사업을 위해 많은 노력을 해주신 본 협의회의 사회봉사위원회 최종고 위원장님을 비롯한 여러 위원님께도 고마운 말씀을 드립니다.

사단법인 서울대학교 명예교수협의회에서는 명예교수님들의 연구와 저술 등의 활동을 통해 축적된 지적 자산을 사회에 환원하는 다양한 활동을 지속하고 있습니다. 『나의 학문, 나의 삶』 발간 사업도 지적 자산을 사회에 환원하는 사업의 일환으로 이루어졌습니다. 여기에 더하여 서울대학교의 연구 Archives로서의 더 큰 의미도 있습니다.

대학교의 기록관(Archives)은 전 세계 유수의 대학교에서 운영하고 있는데[대표적인 기록관으로는 옥스퍼드대학은 1634년(수집은 13세기 초부터), 케임브리지대학은 15세기 초, 하버드대학은 1851년, UC버클리는 1906년, UCLA는 1950년대 중반에 설립] 대학의 역사와 행정, 학사 연구 등 대학의 공식적인 자료의 수집, 보관 및 연구자료 제공 등의 일을 하는 곳입니다. 요즘은 자료의 디지털화 작업도 병행하여 일부 자료의 온라인 제공도 하고 있습니다.

우리 대학도 늦었지만 2001년에 서울대학교 기록관이 설립되어 주로 옛날 사료와 행정기록, 사진, 희귀자료 등을 보관하고 있습니다. 각 대학의 소장품 중에는 교수의 연구업적과 수상실적, 석·박사 학위논문 등도 보관되고 있어서, 명예교수가 집필한 연구부문 자서전 격인 『나의 학문, 나의 삶』도 서울대학교의 자랑스러운 역사의 일부분으로 대학의 Archive로의 역할이 크고 따라서 이 사업이 지속가능할 수 있도록 대학본부의 역할이 기대됩니다.

이번 제9권의 발간은 특별한 의미를 갖고 있습니다. 지금까지 이 책의 발간을 지원해 주신 서울대학교 총동창회에서 장학사업에 더 치중하기로 하여 다른 지원을 물색했기 때문입니다. 다행히 자연과학대학의 생명과학과 김선영 명예교수님께서 발간비의 일부를 지원해 주셨습니다. 감사의 말씀을 드립니다.

일평생 한 분야에 몰두하신 석학들의 이야기에서 여러분이 현재의 어려운 시기를 헤쳐 나갈 방안을 모색하실 수 있기 바랍니다. 『나의 학문, 나의 삶』 발간 사업이 앞으로도 계속되어 서울대학교의 학문별 역사 자료가 집대성되고, 석학들의 정신과 전통이 후학들에게는 학문의 이정표가 될 수 있기를 기대합니다.

2024년 12월

사단법인 서울대학교 명예교수협의회

이사장 김하석

책머리에

우리 서울대학교 명예교수협의회 사회봉사위원회에서 계속적으로 발간하는 〈나의 학문, 나의 삶〉 총서 금년도 제9권에 우리 집필자 6인이 참여하게 된 것을 매우 기쁘고 영광스럽게 생각합니다. 이 총서는 우리 학문후속세대를 위한 학문안내서의 역할이 주목적임을 잘 알고 명심하여 기술하려고 노력하였습니다. 뿐만 아니라 학문의 분야 즉 학자의 길이 일반인들에게는 잘 알려지지 않는 특수한 길임을 알기 때문에 되도록 쉽게 안내서 역할을 하도록 설명하려는 뜻도 명심하였습니다. 우리 서울대학교 명예교수들은 각자 불굴의 의지와 노력으로 자기 길을 걸어왔지만 우리 사회에서 누구 못지않게 받은 것이 많다는 생각을 하고 있습니다. 그래서 지금부터라도 이 사회에 되도록 돌려주고 봉사하려는 생각을 갖고 있습니다. 우리가 갖고 있는 전공지식을 요청하는 데로 가서 직접 재능기부의 형태로 강의도 하고 있습니다.

오늘날 우리 대한민국의 학문은 전통학문과는 거의 단절되다시피 개화기와 일제시기를 거쳐 서구적 현대학문으로 재구성되어 발전하였습니다. 민주주의 교육을 지향하여 여러 제약조건 속에서도 급증하는 대학과 대학생 수에 맞추어 급성장으로 발전해 왔습니다. 그런 한편 내면을 들여다보면 이러한 변화와 정착의 과정에서 여러 가지 곡절과 혼란도 있었습니다. 이러한 과정에서 선배학자들의 결단과 모색의 과정이 중요한 역할을 하였습니다. 서울대학교를 비롯하여 각 대학들의 학문형성과 그 분포가 어떠한지를 되돌아보며 정리하여야 할 것도 학술사의 중요한 과제입니다. 또한 학문은 제도적으로만 설명될 수 없이 학자의 개인적 역정(歷程)과 경험을 알아야 설명되는 부분도 적지 않습니다. 그래서 서양에서도 학술사(Wissenschaftsgeschichte)는 바로 학자사(Gelehrtengeschichte) 자체라는 표현을 자주 하는 것으로 알고 있습니다.

솔직히 오늘날 한국사회는 급속히 대중사회로 변하여 예컨대 연예인들의 생애에 비하여 학자들의 세계는 무관심의 베일에 가리어지는 경향도 있습니다. 물론 이것은 한 나라의 문화국가로서의 수준과 질량에 달려 있겠습니다. 또한 학자의 세계는 냉정한 개인주의적 삶의 세계이기에 더욱 그런 경향이 심해지는 것 같기도 합니다.

아무튼 이런 배경 속에서 우리는 '속얘기'를 털어놓고 서술하려 하였습니다. 어쩌면 이것은 한국에서 처음으로 하는 기획이라 생각됩니다. 우리 필자들은 서로 담화하여 집필방향을 토의하거나 약속하지 않았습니다. 전적으로 각자가 자유롭게 쓰고 싶은 얘기를 썼습니다. 분야가 각각 다르다 보니 그것이 가능하지도 않을 뿐 아니라 그럴 필요도 느끼지 않았습니다. 그래서 어쩌면 서로 서술 스타일이 각각 다르다는 지적을 받을 수도 있을 것입니다. 또한 일반인이 읽기에는 너무 전문적이고 재미가 없다고 느껴질 수도 있을 것입니다.

그럼에도 불구하고 이 총서가 대한민국의 학술사를 축적하는 대국적인 관점에서 너그럽게 흥미 있게 읽어 주시면 감사하겠습니다. 다시 한 번 이 총서를 기획하고 추진하시는 명예교수협의회 사회봉사위원회 최종고 위원장님과 위원님들, 그리고 서울대학교출판문화원에 감사드립니다.

2024년 12월 1일

저자 일동

차례

장창두 | 세계1위 조선국의 꿈을 이루기 위한 나의 삶과 학문

윤정일 | 한국 교육재정학 확립

이형식 | 구도의 여정에서 만난 프루스트

양창수 | 학문으로서의 민법학을 위하여

‘맹자와 함께 춤을’

허성도

서울대학교 인문대학
중어중문학과 명예교수

I. 글머리에

이 글은 내가『맹자』를 공부해 온 과정과 그 과정에서 저지른 수많은 실수를 기록하여, 앞으로 한학에 입문하려는 후학들에게 내가 저지른 실수가 무엇인지를 밝혀주고, 보다 효과적인 한학의 길 하나를 소개하려는 것이다.

금년 내 나이 일흔다섯이다. 젊은 시절의 꿈대로라면 지금의 나는 이미 대단한 한학자가 되어 있어야 한다. 어떤 한문 서적이라도 펴놓으면 주르르 읽어갈 수 있는 그런 한학자 말이다. 그러나 지금의 나는『맹자 집주』한 권을 겨우 읽어내는 서생에 불과하다. 말하자면 나는 한학자가 되려는 꿈을 이루지 못한 실패한 삶을 살아온 것이다.

왜 이렇게 되었을까? 물론 나의 전공 분야는 현대중국어 어법이어서, 많은 시간을 이 분야 연구에 써야 했다. 이것이 한문 공부에 집중하지 못한 객관적이고도 지극히 타당한 이유이다. 그러나 상당한 시간을 한문 공부에 써온 것도 사실이다. 그런데 왜 목표에 이르지 못했을까? 이런 원인을 밝히기 위해서 나의 한문 공부 도정을 몇몇 구간으로 나누어 설명하기로 한다. 그리고 실패한 가운데서도 얻을 수 있었던 몇 가지 소득을 적어보기로 한다.

II. 머뭇거림과 한 줄기 빛

1968년 나는 그해에 신설된 서울대학교 교양과정부에 1기생으로 입학했다. 교양과정부는 모든 신입생에게 1년 동안 교양 과정을 이수하도록 하고, 이 과정을 규정대로 이수한 학생을 소속 학과로 진입시킨다는 목적으로 설치된 일종의 학부였다. 이 시기에 내가 집중했던 강의는 최완식 교수님께서 담당하신『교양 한문』강의였다. 선생님께서는 교재에 나와 있는 한문을 하나하나 문법적으로 분석하며 해석해 주셨다. 이 강의를 통하여 나는 한문도 문법적으로 설명할 수 있다는 것을 처음으로 알게 되었다. 그때까지 한문에는 문법이 없다는 것이 통설이었지만, 이 강의는 이런 통설이 옳지 않을 수도 있다는 사실을 알려주었다. 이런 사실은 실로 소중한 것이었고, 내가 지금까지 한문 공부를 하는 내내 문법을 생각하게 하는 단초가 되었다.

두 학기가 지나고 겨울 방학이 되었다. 나는 챙길 것도 없는 짐, 가방 하나를 덜렁 들고 자취로 피곤했던 서울을 떠나 향리 대전으로 돌아왔다. 그 당시 나의 아버님께서는 동양철학을 하는 학자들과 교분을 유지하며, 충남대학교 철학과 교수였던 학산(鶴山) 이정호(李正浩) 교수님에게서 주역 강의를 듣고 계셨다. 그러던 중에 그 교수님께서 이번 겨울 방학에는 자기 자제에게 논어 강의를 한다는 소식을 들으신 것이다. 그분의 자제는 나와 중학교·고등학교 동창이고, 같은 문리과대학 사회학과에 다니고 있어서 익히 알고 지내는 사이였다. 아버님께서는 나에게 "너도 함께 논어 강의를 듣겠느냐?"고 물으셨다. 아마도 학산 선생님으로부터 이미 내락을 받아놓으신 것 같았다. 나는 단번에 듣겠다고 말씀드렸다. 그리고 곧바로 대전 근교 유성 학하리에 자리 잡은 선생님 댁으로 가서 그분의 자제, 곧 나의 친구와 함께 논어 강의를 듣기 시작했다. 조금 떨어져서 보면 한눈에 들어오는 야트막한 동산 아래 자리 잡은 단아한 모습의 선생님 댁 서재에서, 나는『논어』라는 세계에 처음으로 들어섰다. 선생님께서는 한 글자, 한 단어, 한 문장을 한 시간이 넘도록 설명해 주시곤 했다. 설명은 풍성했고, 이를 듣는 나의 가슴도 풍성했다. 한문이란 이렇게 설명하는 것이구나! 나는 처음으로 한문의 해석 방법을 접하게 되었다. 나는 지금도 선생님 서재의 앉은뱅이책상에 한 줄로 꽂혀있던『설문해자고림(說文解字詁林)』을 기억한다. 그때 '나도 언젠가는 저런 책을 볼 수 있을까?'라는 생각을 했었다. 이 시기가 평생 한문과 함께 가야 하는 내 삶의 시작점이 되었다. 말하자면 개안의 시기였다.

2학년이 되자 나는 교양과정부를 떠나 원래 소속인 문리과대학 중어중문학과로 전입되었다. 일제시대의 동숭동 건물에는 음습한 분위기가 배어있었지만 꿈 많은 대학생에게 그것은 문제가 되지 않았다. 나는 학산 선생님과 같은 방식으로 강의를 하는 선생님을 찾아다녔다. 그런데 이게 웬일인가? 중문학과 강의는 작품을 번역하고 넘어가는 수준이었다. 아마도 다양한 장르의 수많은 작가의 수많은 작품을 읽어야 하므로 시간 배분상 피할 수 없는 현상이었을 것이다. 나는 한문 공부를 정식으로 받을 수 있는 방법을 찾아 보았다. 그러던 중에 서울에서 유일한 한문 학원도 다녀 보았다. 그 학원은 파고다 공원 부근에 있었다. 그러나 그곳 강의도 단순한 번역 수준을 넘어서지 않았다. 나중에 알고보니 그곳에서 강의하신 분은 유명한 한학자셨는데, 아마도 수강생들이 모두 한문을 처음 대하는 사람들이어서 그렇게 강의하셨던 것으로 보인다. 한참 공부해야 할 시간이 이렇게 흐르고 있었다. 지금 생각하면 참 바보 같았다. 학산 선생님을 찾아가서 '한문은 어떻게 공부하는 것입니까?'라고 여쭈어보아도 될 일이었고, 한문에 유명하다는 선생님을 찾아가서 한문 공부 방법을 여쭈어보아도 될 일이었다. 아니면 최완식 교수님이 중문학과 교수이니, 그분을 찾아가서 상의해 보아도 될 일이었다. 그러나 나는 좀처럼 다른 사람에게 물어보거나 상의하지 않았다. 이런 성격은 지금도 남아있다. 뒤돌아보면 나는 모든 문제를 혼자 해결해야 한다고 생각하며 살아온 것 같다. 그리고 이것을 뭐 대단한 나의 장점으로 여겨온 것 같다. 그러나 나는 후학들에게 진심으로 부탁드린다. 학문의 세계에서는 남들에게 물어보거나 상의하는 것이 절대적으로 필요하다는 것을! 부디 남들에게 물어보거나 상의하는 것을 습관으로 삼아보기를 부탁드린다. 그 대단한 아인슈타인도 천문학자 에드윈 허블을 딱 한 번 만나고, 그 자리에서 그의 소중하고 소중한 우주관을 바꾸지 않았던가!

나는 원래 사학과에 입학하여 국사 공부를 하고 싶었다. 넓게 보면 국학이었다. 국민학교—요즈음은 초등학교라고 한다—

6학년 때 국사 시간이 있었는데, 이 시간을 좋아했고, 이 시간이 재미있었다. 중학교 때도 국사 시간이 재미있었다. 그러나 대입 시기의 성적이 좋지 않아서 사학과를 지원하지 못하고, 그보다 커트라인이 낮은 중문학과를 선택한 것이다. 중문학과에 들어온 후, 사학과로 전과를 하려고 생각해 보았다. 나는 이때 엄청난 용기를 내서 이 문제를 최완식 교수님께 상의드렸다. 최 교수님께서는, "전과를 하면 중문학과 식구도 아니고, 거기 가서도 그 식구로 대접받지 못한다. 그러니 전과를 하지 말고 중문학과에서 한문 공부를 열심히 해두면, 나중에 혼자서 국학을 공부할 수도 있고, 또한 국학 연구에 도움이 되는 일을 할 수도 있다."라고 말씀해 주셨다. 이 말씀이 나에게는 새로운 세계로 다가왔다. 국학 연구의 일차 자료는 거의 모두 한문으로 쓰여 있으므로 한문 공부를 잘해서 『조선왕조실록』과 같은 책을 번역해 주면 국학 연구자들은 시간을 절약하며 효과적으로 연구할 수 있을 것으로 생각했다. 예컨대 한국 음식사, 한국 복제사, 한국 교육사, 한국 체육사, 한국 음악사, 한국 천문학사 등과 같은 다양한 분야의 국학 연구가 가능하리라고 생각했다. 그래서 한문은 국학 연구의 기초 과학이며 보조 과학이라고 생각하게 되었다.

그러던 어느 날, 국사학과에 다니는 선배 한 사람을 만나서 이런 생각을 말했다. 그랬더니 그 선배는 국학 연구자들에게는 『조선왕조실록』 번역이 아니라 『조선왕조실록』 색인을 만들어 주는 것이 훨씬 유용하다고 고쳐 주었다. 나는 선배의 말에 수긍하는 듯이 대답했지만, 부끄럽게도 대학 2학년생인 나는 그때까지 색인이라는 것이 무엇인지를 몰랐다. 아니 색인을 접할 기회조차 없었다. 나는 즉시 중앙도서관으로 가서 색인집을 찾아보았다. 한문 서적과 유관한 색인집은 미국의 하버드-연경재단에서 발간한 두보 시집 색인, 이태백 시집 색인 등의 다양한 색인이 눈에 들어왔다. 나는 그 색인집을 찾아보고 깜짝 놀랐다. 이 색인집은 글자 색인이었다. 예를 들면 두보가 지은 1,647수의 시 가운데 '月' 자가 들어간 모든 구절과 그 시의 제목을 한눈에 찾아볼 수 있었다. 그러니까 '두보의 시에 나타난 달의 이미지'와 같은 리포트나 논문을 작성할 때, 모든 자료를 빠짐없이 단번에 볼 수 있는 것이다. 우와! 세상에 이럴 수가! 나는 이 작업을 계획한 사람들과 이 작업을 설계하고 진행한 사람들에게 진실로 감사를 드렸다. 그리고 다른 한편으로, 이런 작업을 해내고 그 결과를 세계에 배포한 미국의 힘을 느낄 수 있었다. 그 시대에 중국도 못 하고 일본도 못 하고 우리도 안 하는 작업을 미국에서는 왜 해놓았을까? 이를 계기로 나는 미국의 기초과학 분야 연구 상황을 기회 닿는 대로 알아보았는데, 그들의 기초과학 분야에 대한 투자와 연구 상황은 실로 놀라울 정도였다. 이 사건 이후로 강대국에 대한 나의 정의는 이렇게 바뀌었다.

'각 분야의 기초과학에 대한 투자와 연구 결과의 축적이 어느 정도인가?'

하버드-연경재단의 색인집은 컴퓨터가 없던 그 시절에 실로 방대한 한문 데이터 베이스 역할을 하고 있었다. 이를 보고 나는 한국학 자료의 색인이 필요하다는 생각을 굳힐 수 있었다. 그러나 한 가지 문제는 여전히 존재했다. 색인을 만들어도 결국 그곳에 나오는 한문을 정확하게 해석해줄 한문 학자군이 필요하다는 것이다. 예를 들어 한국 복제사나 한국 체육사를 연구하려는 학자들에게 당신이 한문 공부를 열심히 하여 결과를 내라고 하면, 어느 하세월에 이 분야의 연구 성과가 쌓이겠는가? 또한 국학 자료에 대하여 중국 학자나 일본 학자가 진실과 다른 번역이나 해석을 내놓았을 때, 이를 논리적으로 정확하게 정리하여 올바른 반론을 제시할 수 있는 한문 학자도 필요하다고 생각했다.

나는 마침내 중문학과에서 최선을 다하여 한문을 익히기로 했다. 그리고 강의에서 원하는 수업을 못 들으면, 강의를 만들어서 듣자고 생각했다. 나는 당시에 학생들과 호흡을 함께할 수 있다고 생각한 젊은 교수님을 찾아갔다. 그리고 오늘날 말로 하자면 무슨 동아리 같은 그런 한문 특별반을 만들어 오면, 유가 사상서의 하나인『대학』을 강의해 주실 수 있는지를 여쭈어보았다. 그 교수님께서는 쾌히 승낙해 주셨다. 강의는 일주일에 한 번 해주시기로 했다. 나는 신이 나서 몇 명의 동급생들에게 이 강의를 듣겠느냐고 의향을 물었다. 원래는 두세 명을 모아서 이 강의를 들을 예정이었다. 그런데 이게 웬일인가? 전공 공부에 별로 관심을 두지 않는 듯 보였던 학생들도 모두 이 강의를 듣겠다고 나섰다. 그 결과 우리 학년 거의 전체가 이 강의를 듣게 되었다. 내가 다니던 당시의 중문과 2학년생은 모두 10명이었는데, 7~8명이 이 강의를 듣겠다고 모였다. 강의가 좀 부산해질 가능성이 있었지만, 나는 나름대로 학산 선생님과 같은 사상적 깊이가 있는 강의를 해주실 것으로 기대했다. 그러나 이 기대는 완전히 어긋났다. 젊은 교수님께서는『대학』을 주욱 번역해 주시고 세 번인가 네 번 만에 이 강의를 끝냈다. 이럴 수가! 나의 실망은 컸고, 이렇게 꿈같은 대학 2학년 시절도 흘러갔다.

III. 우인 조규철 선생님과의 만남

1970년, 3학년이 되었다. 아직 국가 사회의 분위기도 썰렁하고 대학 캠퍼스도 스산하던 5월이었다. 나는 수업을 마치고 맥없이 마로니에 앞 나무 벤치에 앉아있었다. 그때 마침 강의를 마친 이한조 교수님께서 옆에 앉으셨다. 그분은 당시 시간강사로 나오셨기 때문에 자연스럽게 벤치에 앉아서 쉬다가 돌아가시곤 했다. 나는 1학년 때도 선생님의 중국어 강의를 들었기 때문에 서로 낯이 익었다. 그런데 뜻밖에도 그분은 나에게 이런 말씀을 하셨다.

"허 군은 요즈음 어떻게 지내노?"

나는 내심 깜짝 놀랐다. 대학 교수님이 나의 개인사를 물어보신 적이 한 번도 없었기 때문이었다. 나는 요즈음의 심정을 솔직히 말씀드렸다.

"한문 공부를 잘하고 싶은데 적당한 길을 찾지 못해 헤매고 있습니다."

그런데 그분께서는 그게 별일 아니라는 듯이 바로 말씀하셨다.

"그래? 나도 한문 배우러 다닌다. 나 지금 거기 갈낀데 허 군도 같이 갈래?"

나는 너무나 반갑고 기쁜 나머지 곧바로 그분을 따라나섰다. 지금 보면 신기한 일이었다. 아니, 처음으로 한문 공부하는 곳에 간다면 최소한, '그곳이 서당인가요? 무슨 서당인가요? 어디 있나요? 여기서 먼가요?'라거나, '한문 가르치는 선생님은 누구신가요?'라거나, 아니면 '월사금이 얼마인가요?'라는 정도는 물었어야 하는 것 아닌가? 나는 이런 것은 하나도 묻지 않은 채 선생님을 따라나섰고, 선생님께서도 말씀 한마디 없이 나를 데리고 가셨다. 어찌 보면 경상도 사나이의 무뚝뚝함이 묻어 나온 것이고, 어찌 보면 그냥 믿고 따르는, 진정한 신용사회가 둘 사이에 이루어진 것이다.

이한조 교수님께서 나를 데리고 가신 곳은 동선당 한의원이라는 간판이 걸려있는 한약방이었다. 약방용으로 지은 건물은 아니고 개인 주택에 약방을 차린 것이었다. 약을 짓는 곳은 안채에 있는 것 같았고 이한조 교수님과 나는 대문 바로 옆에 있는 사랑채로 들어갔다. 그곳에서 나는 평생 은사가 되실 선생님을 처음 뵈었다. 내 인생의 큰 변곡점이 시작되는 순간이었다. 선생님께서는 조금은 낡은 한복 마고자와 한복 바지를 입고 계셨고, 얼굴은 마르고 약간 긴 편이었으며, 머리는 짧게 기르셨고, 짙은 경상도 사투리로 말씀하셨다. 이한조 교수님과 몇 마디 대화를 나누신 후에 내가 정식으로 절을 하고 앉으니, "왜 왔제?"라고 물으셨다. 딱 이 한마디였다. 나는 "한문을 배우고 싶어서 왔습니다."라고 간단하게 대답했다. "한문을 배우려면 『맹자』를 읽어야 한데이. 내일부터 아침 7시 15분에 오거레이. 그 앞뒤에는 다른 사람이 온데이."라고 말씀하셨다. 그것이 전부였다. 다른 말씀은 없으셨다. 이한조 교수님께서는 나를 데리고 나오면서 꼭 한마디 주의를 주셨다.

"선생님한테는 수업료, 혹은 어떤 형식이라도 돈을 드리면 절대 안 된데이. 돈을 드리면 그날로 쫓겨난데이. 그저 공부만 열심히 하면 된데이."

이리하여 자취생이었던 나는 다음 날부터 아침을 일찍 해 먹고, 미아리행 버스를 약 30분 동안 타고 와서 성신여대앞 정류장에서 내린 후 약 7분을 걸어 선생님 댁을 다니기 시작했다. 그리고 난생 처음 『맹자』를 배우게 되었다. 첫날을 기억한다. 나는 성균관대학교 대동문화연구원에서 1965년에 출판한 『경서(經書)』를 들고 선생님 댁에 들어갔다. 이 책은 정조 때 주조한 정유자(丁酉字)로 인쇄된 책인데, 『논어』·『맹자』·『대학』·『중용』이 합본되어 있다. 정유자는 세종 때 주조된 갑인자(甲寅字)를 모델 삼아 다시 주조한 구리활자이다. 정유자는 갑인자를 모델로 여섯 번째 주조한 것이어서 육주(六鑄) 갑인자라고도 불린다. 내가 이를 굳이 밝히는 이유는 정유자, 즉 갑인자 글자체의 아름다움 때문이다. 그동안 나는 한·중·일의 어느 서적도 이보다 훌륭한 글자체로 인쇄된 것을 본 적이 없다. 이 글자체는 대단히 아름다웠으며, 한 글자 한 글자가 정자(正字)의 모범을 보여주고 있었다. 이 글자체를 보다가 중국의 목판본을 보면 격조가 너무나 떨어진다. 이는 과도한 주관적 판단일 수도 있지만, 그러나 최소한 나에게는 진실이므로 여기에 밝혀둔다.

내가 동선당 한의원에 들어가니 선생님께서는 이미 사랑채에 앉아 계셨다. 선생님 앞에는 가로 50cm, 세로 30cm, 높이 30cm쯤 되는 나무로 만든 아주 작은 앉은뱅이책상이 하나 놓여 있었다. 나는 그 책상에 내가 가져온『경서』를 선생님을 향해 펼쳐 놓았다. 그런데 선생님께서는 아무 말씀도 하시지 않고 이 책이 나를 향하도록 되돌려 놓으셨다. '나는 다 알고 있으니 너나 잘 보거라!'라는 말씀이신가? 64세 노인께서 눈이라도 침침하면 어쩌시려고? 여하튼 나는 책을 보고 있는데, 선생님께서는 예의『맹자』첫 구절을 읽고 번역해 주셨다.

"'맹자견양혜왕(孟子見梁惠王)' 하신대, 이 말은 '맹자가 양 혜왕을 만났다.' 이 말이다. 알긋나?"

뭐, '孟子'는 주어이고, '見'은 '만나다'라는 타동사이고, '梁惠王'은 목적어이므로, 이 구절이 특별히 어려울 것은 없기에 나는 '네'라고 대답했다. 뭐, 선생님의 해석이나 시중에 깔린 번역서나 다를 것이 하나도 없었다. 쉽네. 나의 생각이었다.

선생님께서 말씀하셨다.

"그럼 됐다. 이제 가그레이. 이 구절을 200번 읽고 온나."

그렇게 5분도 되기 전에 첫날 첫 시간 수업이 끝났다. 나는 그날 학교 강의가 끝난 후에 중앙도서관에 가서『맹자』를 놓고 이 구절을 읽었다. 그런데 아뿔싸! 열람실은 절간처럼 고요하므로 내가 소리 내어 읽을 수가 없었다. 그래서 속으로 부지런히 읽었다. 한 번, 두 번, 세 번, ……, 이렇게 세어가며 읽었다. 당시 우리나라에는 통행금지라는 것이 있었다. 자정부터 새벽 3시 59분 59초까지는 조선 팔도가 아니라 남한 전역에서는 아무도 통행을 해서는 안 되었다. 통행을 금지한다고 하여, 길에 가만히 서서 정지하고 있으면 되느냐? 그것도 안 되었다. 대한민국 국민 아무도 길에 있으면 안 되는 제도였다. 이는, 6.25 사변이 정전으로 끝난 이후, 국가 사회의 안녕을 위하여, 그리고 치안의 편리성을 위하여 정부가 시행하는 제도였다. 생각해보라. 이 시간에 아무도 집 밖으로 다닐 수 없다면 도둑들 혹은 자칭 임꺽정의 후예들은 생업을 유지하기가 얼마나 불편했겠는가?

이 제도 때문에 중앙도서관은 오후 11시 30분에 문을 닫았다. 그때까지 신기하게도 나는『맹자』첫 구절을 200번을 읽을 수 있었다. 단, 행여나 남에게 피해를 줄까 걱정하여 소리내지 않고 속으로, 속으로, 그리고 최대한 빠르게, 빠르게 읽어 나갔다. 그런데 이것이 나에게는 비극의 시작이었다. 다음 날 선생님 댁에 갔다.

"200번 읽었나?"

"네."

"다음을 보자."

"네."

다음은 첫 구절에 대한 주자의 주석이었다. 주자 주는 다음과 같다.

梁惠王은 魏侯, 罃也라. 都大梁하시고, 僭稱王하고, 諡曰惠라. 史記, 惠王三十五年에, 卑禮厚幣하야, 以招賢者하니 而孟軻至梁이라.

선생님께서 한 번 읽어 주시고는 뜻을 풀어주셨다.

"보거레이. '양 혜왕은 위후 앵이고, 대량으로 도읍을 옮겼고, 참람되게 왕이라고 불렀다. 시호는 혜(惠)라고 했다. 사기 혜왕 35년에, 왕이 예를 낮추고 예물을 후하게 드려서 현자를 초빙

하니, 맹가가 양에 이르렀다고 했다.' 이 말이다. 알긋나?"

"'참람되게'가 무슨 뜻입니까?"

"그른 게 있다. 마, 자꾸 읽으면 안다."

"위후는 무슨 말입니까?"

"위나라 군주라는 말이다. 가서 200번 읽어 보그레이. 자꾸 읽으면 니가 다 안다."

선생님께서는 상세하게 가르쳐 주시려고 하지 않았다. 그냥, 내가 읽으면 내가 스스로 다 알게 된다고만 말씀하셨다. 나는 학교로 돌아왔고, 강의가 끝난 후에 이 문장을 읽기 시작했다. 한 50번 읽으니 대충 뜻은 알 것 같았다. 그런데 100번쯤 읽으니 도대체 무슨 말인지를 모르는 상태로 돌변했다. 가장 쉬워 보이는 첫 번째 문장이 문제였다. 문장구조는 주어-술어 관계이니 복잡할 것이 없고, 의미도 명백하다. '양나라 혜왕은 위후인 앵이다.'인 것이다. '앵'은 혜왕의 이름이므로 어려울 것이 없다. 문제는 양나라 혜왕이 왜 위나라의 후인가라는 것이다. 나는 이 문제를 풀어갈 방법을 몰랐다. 적당한 참고 자료도 없고, 이 문제를 다루어 놓은 번역서나 해설서도 없었다. 나는 적절한 해답을 찾지 못한 채 이 문장을 그냥 그렇게 얼렁뚱땅 넘어갔다. 200번쯤 읽으니까 어쨌든 번역은 되지 않는가? (참으로 부끄러운 이야기지만 당시에 나는 이런 식으로 『맹자』를 읽어 갔다. 이 문제는 퇴임 후에야 풀어낼 수 있었다.) 어떤 때는 200번을 읽고 서당에 다녔고, 어떤 때는 200번을 읽지 않고도 그냥 갔었다. 그러다가 양심에 꺼려서 서당에 가지 않기도 했고, 일이 많아서 빼먹기도 했다. 생각해보시라! 대학 3학년은 얼마나 바쁠 때인가? 학교 수업도 들어야 하고, 수업 준비나 숙제도 해야 하고, 리포트도 써야 하고, 시험공부도 해야 하고, 친구도 가끔 만나야 하는 시기 아닌가? 그런데 나는 자취를 했으니까 빨래도 해야 했고 아침저녁에는 밥도 해야 했다. 점심은 아침에 싸 온 도시락을 먹었다. 이 시기에 남들에게는 없는, 오직 자취생에게만 공통적으로 존재하는 고민이 하나 있었다. 그것은 연탄불이 꺼지지 않도록 조심하는 일이었다. 이미 세월이 흘러 연탄에 의한 불의 시대가 사라졌으니, 이 고민은 흔해 빠진 말로, 아는 사람만 알 것이다. 이런저런 사정으로 서당을 안 가는 날이 많아졌다. 그러나 마음은 항상 돈암동 선생님에게 가 있었다. 놀라운 일! 정말 나에게 놀랍고도 감사한 일은, 오랫동안 서당에 가지 않다가, 그러니까 마구 무단결석을 하다가, 어느 날 문득, 아침 그 시간에 선생님을 찾아뵈면서, 나는 걱정했었다. 무슨 표정으로 선생님 앞에 설까? 오지 않은 이유를, 그러니까 오지 않은 핑계를 어떻게 댈까? 그러나 선생님 앞에 서면 이런 걱정이 필요 없었다. 그 시간에 선생님께서는 항상 사랑채에 계셨고, 아무런 표정 변화 없이 나를 맞아주셨다. 언제나 그러셨다. 이럴 때면 한편으로 죄송했고, 한편으로 감사드렸다. 이렇게 서당을 얼마 동안 다니니까 선생님께서 이제부터는 배운 것을 500번씩 읽어오라고 하셨다. 나는 화들짝 놀라며 속으로 번개같이 이런 생각을 했다.

'아니 200번도 힘든데 500번이라니! 아하! 맞아! 경상도 촌구석에 사시다가 나 같은 인재를 못 만나셨구나. 이런! 딱하디딱한 우리 선생님!'

그러나 나는 정색을 하고, "선생님, 그동안 배운 것을 외워

볼까요?"라고 말씀드렸다. 그때의 선생님의 표정과 말씀을 나는 지금도 기억한다.

"내가 언제 니한테 외우라고 했나? 고대 읽으라고 했제?"

나는 스스로 놀랐다. 나도 모르게 200번 읽으라는 말씀을, 언제부터인가 한문을 외우라는 말씀으로 이해하고 있었다. 그땐 왜 그랬을까? 그땐 왜 몰랐을까?

"외우지 말거레이. 외워도 아무 소용없다. 고대 읽어야 한데이."

이때부터 나는 처음으로 읽는다는 것이 무엇인가를 생각했다. '200번 읽는다는 것은, 그 구절을 200번 생각하고, 200번 사유한다는 뜻이로구나!' 이것이 답이었다.

그 자리에서 나는 읽는 법을 처음으로 여쭈어보았다.

"그럼 어떻게 읽어야 합니까?"

"고대 이렇게 읽거레이. 매애애애애애애애앵(孟) 재애애애애애애애(子ㅣ) 기어어어어어어어-ㄴ(見) 야아아아아아아아앙(梁) 혜에에에에에에에(惠) 와아아아아아아아아아아앙(王) 하아아아 시이이이인데. 고대 이렇게 읽어야 한데이. 길을 가다가도 이렇게 읽어야 한데이."

선생님께서는 엄청나게 천천히 읽으셨다. 후일 선생님께서 읽으신 것을 내가 흉내 내며 시간을 재어보니, 한 글자를 읽는데 거의 5초 정도가 걸렸다. 그리고 선생님의 음조는 궁상각치우의 사이음쯤으로 묘한 높낮이를 유지하고 있었다. 나중에 경서를 성독(聲讀)하는 분들을 보니 선생님보다는 빠르게 읽었지만, 음조는 모두 같았다. 나는 이런 전통적 음조는 배우기를 포기했다. 서양의 7음계에 익숙한 청년이 궁상각치우의 사이음을 내기는 어려웠다. 그러나 천천히 읽는 것은 배우고 싶었다. 그 이유는 선생님과 다음과 같은 대화를 나누었기 때문이다.

"선생님, 길을 가다가도 그렇게 읽어야 한다면 결국은 외워야 하지 않은가요?"

"아니다. 길을 가다가 읽을 때도 눈앞에 허공 있제? 그 허공에 글자를 큼직하게 주욱 써놓고 그걸 읽어야 한데이."

아아! 나는 절망했다. 그동안 참으로 빨리 읽어왔기 때문이다. 200번이라는 횟수를 채워야 했으니까. 그런데 지금 선생님께서 읽으시는 것을 보니, 그동안 내가 읽은 것은 읽은 것이 아니었다. 그런데 굉장히 복잡한 생각이 스며들기 시작했다. 아니! 처음부터 이렇게 읽으라고 하셨어야 하는 게 아닌가? 왜 안 그러셨을까? 세상에나. 내가 여쭈어보지 않았다면 평생 내 식으로 후다닥 읽었을 거 아닌가?

그러고 보면 선생님께서는 나에게 모든 문제를 스스로 겪어보라고 하시는 것 같았다. 그러다가 궁금한 문제가 생기면 그때 물어보라는 것이다. 그 전에 먼저 가르쳐주시지는 않는다는 것이었다. (후일담이지만 내 경우는 200번 이상 읽은 후에 허공에 글자가 쓰여졌다.)

이렇게 1학기가 끝나가면서 기말 시즌이 시작되었다. 나는 각종 리포트와 시험 준비에 최선을 다했다. 이것은 오직 성적을 잘 받기 위함이었다. 그 당시 학교에는 정영사라는 기숙사가 있었는데, 이 기숙사에 입사하려면 예의 그 학업 성적이 우수해야 했다. 나는 이 조건을 맞추기 위하여 노력했고, 그 결과 1학기

성적을 좋게 받았다. 이리하여 2학기부터는 지긋지긋한 자취생활을 끝내고 꿈같은 기숙사 생활이 시작되었다. 남이 해주는 밥을 먹는 생활은 그야말로 환상이었다. 기숙사는 의과대학 구내에 있었으니, 문리과대학까지는 걸어서 5분 이내의 거리였다. 그런데 이 시기에 학과의 젊은 교수님께서 『삼국지』 원문의 일부를 번역해 오라고 부탁하셨다. 아니! 내가 무슨 한문을 안다고 『삼국지』 원문을 번역하라는 말씀인가? 걱정이 앞섰지만, 감히 거절할 수가 없어서 억지로 이 일을 떠맡기로 했다. 학교 수업이 끝나면 나는 기숙사로 돌아와 이 일에 매달려야 했다. 이런 사정으로 그 소중한 2학기에 나는 서당에 다닐 수가 없었다. 아주 듬성듬성 나갔다. 그러니까 『맹자』 진도는 항상 거기가 거기였다. 이런 생활이 4학년에도 이어졌다. 그러나 이 시기에 큰 소득이 있었다. 내가 서당에 있을 때, 다른 분들이 한문 자료를 들고 와서 선생님께 여쭈어보는 일이 많았다. 이분들은 대개 국학 분야를 연구하는 저명하고 고명한 학자들이었는데, 까까머리 대학생인 내가 볼 때 이분들은 저 멀리 외계에 사는 분들 같았다. 그런데 이분들이 내민 한문 자료를 번역해 주실 때, 선생님께서는 한 번도 멈칫거리는 적이 없었다. 한번 쓱 보시고는 그 자리에서 주욱 번역해 주셨다. 그런 모습은 나에게 환상이었고, 나의 미래의 꿈이었다. 그런 모습을 보고 보던 어느 날, 나는 용기를 내어 선생님께 여쭈어보았다.

"선생님, 어떻게 하면 선생님처럼 그렇게 한문을 잘할 수 있습니까?"

여쭈어보면서도 '이놈 참! 당돌하다고 하시면 어쩌지?'라는 걱정을 했다. 그러나 선생님께서는 아무런 표정 변화 없이 나를 지긋이 바라보시며 말씀하셨다.

"고대『맹자』만 천 번 읽그레이. 그럼 한문이 우리글 보듯이 환하게 보인데이."

먼 훗날 생각해보면, 한문을 이제 막 시작한 까까머리 대학생이 자신의 한문 실력이 부러워서 어떻게 하면 그리되느냐고 물어왔으니, 오히려 기특하게 여기셨을 것 같기도 하다. 여하튼 이것이 맹자천독(孟子千讀)이라는 화두의 시작이 되었다. 이 일 이후로 선생님께서는 맹자천독을 기회 있을 때마다 강조하셨고, 이것이 결국 한문 강의의 키워드가 되었다. 이를 위해서는 한 구절 한 구절을 천천히 여러 번 읽어야 하니, 진도를 나가지 못하는 것이 오히려 당연한 일이었다. 그러나 내 머릿속에는 많은 의문이 들었다. '어떻게 한 권만 천 번 읽는다고 모든 한문이 환하게 보일까? 차라리 다양한 책 천 권을 읽는 것이 더 효과적이지 않을까?' 등과 같은 의문이다.

이제 맹자천독에 대한 의문은 내가 서당에 계속 나갈지 말지를 결정해야 하는 중요한 단서가 되었다. 맹자천독에 대한 믿음이 없다면 나는 서당을 그만두어야 하고, 계속 서당에 다니려면 이에 대한 믿음이 있어야 했다. 믿음은 불안을 제거하는 최소한의 기반이기 때문이다. 나는 그 당시에 가깝게 지냈던 선배에게 이에 대한 견해를 물었다. 그는 이미 대학원생이었다. 그러나 그 선배도 이에 대한 견해를 말해주지 않았다. 그냥 '해보고 싶으면 해보든가 …'라는 정도의 미미한 반응이었다. 나는 마침내 학과의 원로 교수님에게 이 문제를 상의드려 보기로 했다. 어둠

침침한 건물의 복도 가운데에 있는 교수 연구실 앞에서 나는 심호흡을 몇 번에 걸쳐 시도하고 말씀드릴 내용을 찬찬히 외워보았다. 그 당시에는 학부생이 교수에게 스스로 찾아가 상의 말씀을 드린다는 것은 너무나도 어렵고 어려운 일이었다. 교수는 저 만치 거의 하늘 끝에 닿아 있었다. 이것이 1970년대의 문리과대학 분위기였다. 그러나 나에게 맹자천독 문제는 보통 문제가 아니었다. 어쩌면 나의 대학 시절 혹은 앞으로의 삶이 걸린 문제였다. 나는 연구실 앞에서 드릴 말씀을 몇 번이나 중얼거려 보고 다시 심호흡을 하고, 그리고 어찌어찌해서 교수님 앞에 섰고, 어찌어찌해서 『맹자』 한 권만 천 번 읽으면 모든 한문을 다 읽을 수 있는지를 여쭈어보았다. 그 교수님께서는 한심하다는 표정으로 나를 보시다가, 벽을 가득 채운 서가를 보시다가, 서가를 가득 채운 책을 가리키시며 평소의 어투 그대로 말씀하셨다.

"임마, 책이 이렇게 많은데 어떻게 한 권만 천 번을 보니?"

끝!

이것으로 면담이 끝났다. 여름날 한낮에 찾아뵈면 꾀죄죄한 한복에 가끔은 막걸리를 드시고 낮잠을 주무시던 나의 서당 선생님보다는, 서울대학교 문리과대학 중문학과 교수님의 말씀이 훨씬 더 권위가 있어 보였다. 그런데 신기한 것은, 맹자천독에 대한 의심 속에서도 서당에 나가기를 멈추지 않았다는 것이다. '信信은 信也며, 疑疑도 亦信也로다!' 즉, 믿어야 할 것을 믿는 것이 진실한 믿음이지만, 의심해야 할 것을 의심하는 것도 역시 진실한 믿음이다! 순자에 나오는 말이다. 이 말이 맞는 것인가? 맹자천독의 효과를 의심하면서도 나는 서서히 그리고 깊숙이 선생님의 세계로 다가섰다.

IV. 『맹자』 한 편이 뿌린 씨앗들

나는 대학 졸업 즈음에 의심 없이 대학원 입학시험을 보았다. 참으로 무모했다. 서울이라는 타향에서 잘 곳도, 먹을 것도 해결되지 않은 상태에서 무턱대고 대학원에 진학해버린 것이다. 부모님이나 형님께 아무런 상의 말씀도 드리지 않았다. 이미 4년 전인 1968년, 내가 서울대학교에 합격했다고 어머님께 처음 말씀드렸을 때, 어머님께서 물으신 첫 마디는 '등록금이 얼마나 되니?'였다. 그로부터 우리집 경제 사정이 좋아진 것은 하나도 없었다. 이런 상태에서 대학원에 덜컥 진학했으니, 얼마나 황당하셨겠는가?

그런데 애국가는 진실이었다. 하느님이 보우하사 나에게 4월부터 조교로 근무하라는 서울대학교 총장의 명이 떨어졌다. 이 조교 자리는 봉급이 나오는 소위 유급 조교였다. 근무처는 아아! 신입생 시절, 나에게 황량함을 주었던 바로 그 교양과정부였다. 그동안 교양과정부는 많이 좋아졌고, 새로운 건물도 갖게 되었다. 이곳에서 내가 좋아하고 존경하던 최완식 교수님과 김시준 교수님 두 분을 모시는 조교가 된 것이다. 이곳에서 내 인생의 화양연화가 시작되었다. 조교인데도 교수 연구실과 크기가 같은 전용 연구실이 주어졌다. 조교의 임무는 많지 않았으므로 종일 내 공부만 열심히 하면 되었다. 조교 발령을 받고 두 분 선생님께 인사를 드렸을 때, 최 교수님께서 하신 말씀은 이랬다.

"조교의 가장 큰 임무는, 2년 내에 논문을 쓰고 석사학위를 받는 일이야."

김 교수님께서도 이에 동의하시는지 빙그레 웃어 주셨다. 그런데 한 달쯤 지나자 절대로 작지 않은 문제가 하나 생겼다. 일주일에 두세 번은 나의 출근이 두 분 교수님보다 늦는 것이다. 처음에는 신경 쓰이지 않았으나, 조교가 선생님보다 늦게 오고, 더구나 지각 출근을 한다는 것은 대단히 불성실해 보이는 일이었다. 그냥 연구실에 살짝 들어가면 되잖아? 천만의 말씀이다. 그 당시에는 교양과정부에 교수휴게실이라는 공간이 있었는데, 교수님들은 출근하면 일단 이 방에 앉아 커피도 드시고, 바둑도 두시고, 담소도 즐기셨다. 조교도 출근하면 반드시 이 방에 들어가야 했다. 이 방에는 소위 출근부라는 것이 있어서 교수와 조교는 모두 그 출근부에 도장을 꾸욱 찍어야 했다. 그러니까 지각 출근을 하면 많은 교수의 눈에 띄고, 더구나 내가 모시고 있는 두 분 선생님에게도 보이게 되어 있었다. 문제는 여기에서 생긴 것이다. 대학원에 들어가면서 나는 연신내에 있는 친척 집에서 그 집 아들을 지도하며 숙식을 하게 되었다. 연신내는 그 당시 서울의 서쪽 끝에 해당했다. 내가 서당에 가는 날의 교통 상황은 이랬다. 연신내에서 버스를 타고 광화문에서 내린다. 그리고 미아리행 버스로 갈아탄다. 그리고 성신여대앞 정류장에서 내린다. 여기서 조금 걸어가면 서당이다. 서당에는 7시 15분부터 7시 30분까지 머무른다. 이 시간에 『맹자』를 배우고, 이번에는 청량리행 버스를 탄다. 청량리역에서 내린다. 그리고 상계동행 버스로 갈아탄다. 이제 마지막 코스인 서울의 동쪽 끝 불암산 아래에 있는 서울대학교 공과대학 — 지금의 서울과학기술대학 자리이다 — 에서 내린다. 교양과정부는 공과대학 내부에 있었다. 서당에 가는 날은 이렇게 버스를 네 번 갈아타야만 근무처에 도착할 수 있었다. 이렇게 하다 보니 『맹자』를 배우는 날은 지각을 면할 길이 없었다.

조교가 된 처음 얼마 동안은 서당에 들르지 않고 출근했다. 조교가 선생님보다 늦게 출근할 수는 없기 때문이었다. 그러나 『맹자』를 공부하려고 서당에 들렀다가 출근하는 날이 점점 늘어나게 되었다. 그런 날은 여지없는 지각이었다. 내가 모시는 두 분 선생님보다 늦게 출근한다는 것이 나 스스로 용서되지 않았다. 어떻든 이 문제는 해결되어야 했다. 어느 날, 나는 용기를 내어 두 분 선생님께 이 문제를 상의드렸다.

연신내에서 학교까지의 교통 상황을 말씀드리고, 돈암동에 들러서 『맹자』를 배운다는 사실도 처음으로 말씀드렸다. 나는 대략 이런 의도로 말씀을 드렸다.

"이러저러해서 서당에 다녀오자면, 지리적 문제가 있으므로 물리적으로 과학적으로 출근 시간을 맞추기가 어렵사옵니다. 그러나 『맹자』 공부는 하고 싶사오니, 제가 조금 늦게 출근하는 것을 허락해 주신다면 그 은혜를 평생 잊지 않겠사옵니다. 그러나 만약 안 된다고 하시면, 즐겁게 기꺼이 『맹자』 공부를 포기하고, 성실히 근무에 임하겠사옵니다. 부디 솔직하게 말씀해 주시옵소서."

이렇게 말씀드리자 내가 모시던 두 분 교수님께서는 동시에 나를 빤히 쳐다보셨다. 그 눈빛이 지금도 생각난다. 왜 그러시는

지? 놀란 것은 나였다. 두 분 선생님께서 물으시고 내가 대답한 대화는 대략 다음과 같다.

"서당이라면 돈암동에 있는 서당을 말하는 것이냐?"

"예, 그러하옵니다."

"그 서당이 동선당 한의원을 말하는 것이냐?"

"그러하옵니다."

"언제부터 다녔느냐?"

"3학년부터 다녔으니 대략 2년이 되옵니다."

"무엇을 배우고 있느냐?"

"『맹자』이옵니다."

"그런데 왜 한 번도 우리에게 그런 사실을 말하지 않았느냐?"

"몇 구절 배우지 못해서 내세울 것이 없으니 굳이 말씀드릴 것이 없었사옵니다."

"그 선생님이 누구신지 알고 있느냐?"

이때 받은 나의 충격은 컸다. 나는 이때까지 서당 선생님의 존함도 모르고 있었다. 선생님 댁 대문에 문패가 붙어있을지도 모르는데 주의를 기울인 적이 없었고, 누구에게 물어보지도 않았고, 궁금하지도 않았다. 나는 이토록 벌탈이었다(벌탈은 나의 어머님께서 자주 쓰시던 말인데, 주의력이 깊지 않고 덜렁거린다는 뜻이다).

그런데 사실은 서당 선생님이나 나나 똑같았다. 서당 선생님께서도 내 이름을 물으신 적이 없었다. 아마 지금까지도 모르실 것이다. 서당 선생님께서는 내 나이도, 내가 무슨 대학 무슨 과 학생인지도 모르실 것이다. 물어보신 적이 없고, 나도 말씀드린 적이 없기 때문이다. 우리는 이런 사이, 이런 사제 간이었다.

"모르고 있사옵니다."

좀 창피했다.

"그분이 우인(于人) 조규철(曺圭喆) 선생님이시다."

"??"

"우인 선생님이 어떤 분인지 알고 있느냐?"

"모르옵니다."

그러고 보니 나는 돈암동 선생님이 어떤 분인지 알려고 하지도 않았고, 그저 혼자 갔다가 혼자 왔으니 누가 말해주지도 않았다.

"우인 선생님께서는 우리나라 당대 최고의 한학자이시다. 모르는 한문이 있으면 누구나 그분에게 간다. 그분이 모르신다면 그 문장은 해결되지 않는다. 국학을 한다는 사람들은 모두 그분을 찾아간다. 우리도 모르는 것이 있으면 그분께 가서 여쭙는다. 훌륭하신 분이니 너는 반드시 그분에게 『맹자』를 배우도록 하거라!"

아니 이럴 수가 있단 말인가? 내가 2년을 다니고도 그분이 이렇게 대단한 분이라는 사실을 모르고 있었다니! 그렇다. 나에게는 내 눈에 보이는 높이만 보였을 것이다. 히말라야의 산 밑에 사는 사람은 그 산이 세계에서 가장 높은 줄을 모를 것이다. 이때 나는 참으로 황망한 경험을 했다. 한문 문법을 하나도 모르시는 분, 맹자의 깊은 뜻도 안 알려주시던 분, 자기가 대단한 학자라는 기미조차도 보인 적이 없으시던 분, 내가 아침에 가지 못하여 낮에 공부하러 갔을 때, 마침 막걸리라도 한잔 드시고 주무시다가 내가 온 기척에 눈을 뜨시면 나는 죄송하여 어쩔 줄 몰라 하는데, 그때마다 항상 "아니다. 나를 깨워주어 고맙데이."라고 말씀하시던 분, 어리디어린 나에게도 한없이 겸손하셔서 어떤 때는 내가 그분보다 더 똑똑한 것이 아닌가 하는 착각을 하게 했던 분, 수업료를 절대로 받지 않으시기에 설과 추석에 정종 한 병과 돼지고기 한 근을 들고 가면, 그때마다 "이런 것 가져오지 말거레이, 네가 한문 배우겠다고 와주는 것만 해도 고맙데이."라고 진정 어린 표정으로 말씀하시던 분, 이분이 당대 제일의 학자셨다니!

두 분 교수님의 허락으로 나는 대학원 시절에도 돈암동에 다닐 수 있었다. 그러나 이때는 하루 200번 읽기가 어려웠다. 대학원 수업 준비와 조교 업무로 도저히 시간이 나지 않았다. 그러나 언젠가는 『맹자』를 천천히 읽으리라는 꿈, 언젠가는 『맹자』를 천독하리라는 꿈은 버리지 않았다. 대학원 2년, 학부 2년 나는 이렇게 4년 동안 『맹자』를 배웠다. 이 기간에 나는 양혜왕 상편을 다 읽지 못했다. 이는 『맹자』 전체의 14분의 1이 조금 안 되는 아주 적은 양이었다. 참으로 부끄러워서 타인에게는 절대 말도 꺼낼 수 없는 수준이었다. 이 기간에, 정말 나를 실망케 하는 두 사건이 있었다.

첫째 사건은 이랬다.

내가 조교를 하고 있을 때, 교양과정부 신입생 두 명이 나를 찾아와서 한문을 배우고 싶은데 방법이 없는가를 물었다. 나는 너무도 반가워서 그들을 바로 선생님께 데리고 갔다. 선생님께서는 항상 한문 공부 하려는 청년을 기다리셨기 때문이다. 세월이 흘렀다. 아마도 2년이 좀 더 지났을 것이다. 나는 길에서 우연히 그들을 만났다. 나는 그들에게 요즈음은 돈암동에서 무엇을 배우느냐고 물었다. 그런데 놀랍게도 그들은 이미 『논어』·『맹자』·『대학』·『중용』을 다 떼고, 『시경』·『서경』·『역경』을 다 떼고, 지금은 『고문관지』를 배우고 있다는 것이 아닌가! 이런! 나는 선생님에게서 일종의 배신감 같은 것을 느꼈다. 배신감이라는 단어는 어른에게 사용하는 것이 아니지만, 그 당시에 이 단어가 떠오른 것은 사실이었다. 나는 저 학생들보다 더 많은 시간을 공부하고도 『맹자』의 14분의 1을 못 읽었는데, 내가 데리고 갔던 저들에게는 저렇게 많은 것을 가르쳐 주셨다니! 이 사건은 마음속에서 사라지지 않았다. 그러나 선생님께 함부로 따질 수 있는 일도 아니었다. 그러던 어느 날, 나는 아주 조심스럽게 선생님께 여쭈었다.

"선생님, 그 학생들은 사서삼경을 다 떼고 『고문관지』를 읽는다고 들었습니다."

선생님께서는 이 말씀을 드리는 나의 의도를 너무나 정확하게 알고 계셨다. 선생님께서는 딱 한 마디만 하셨다.

"탐다무익(貪多無益)—많은 것을 탐내면 유익함이 없다—이니라. 너는 고대 『맹자』만 읽거레이!"

탐다무익이라는 말은 나에게 하나의 지식으로 존재했었다. 그런데 이 말이 현실에 살아나서 나의 행동을 구체적으로 지적한 것은 이번이 처음이었다. 나는 이 말씀을 듣고 물러났다. 가끔 머리에 감돌았지만, 이 말씀의 진정한 뜻은 알 수 없었다. 선생님께서는 오직 『맹자』만 천독하라는 말씀뿐이었다. 그러나 세상 물정 모르는 젊은 나이, 총명하지도 않은 내가 이 말씀의 깊은 뜻을 어찌 알 수 있었겠는가?

둘째 사건은 이랬다.

당시에는 민족문화추진위원회, 약칭 '민추'라고 하는 우리나라의 대표적인 한문 교육기관이 있었다. 이곳에 들어가면 한 학기에 사서삼경을 모두 배울 수 있었다. 커리큘럼이 그렇게 짜여 있었고, 우인 선생님께서는 이 기관의 핵심 교수로 강의를 하고 계셨다. 그래서 나는 어느 날 선생님께 이곳에 가서 한문을 더 열심히 공부하면 어떻겠느냐고 여쭈어 보았다. 그러나 선생님께서는 한 마디로 이를 말리셨다.

"탐다무익이라고 했제? 니는 고대 『맹자』만 읽거레이! 거기는 너무 많이 가르친데이."

나는, 자신이 직접 강의하고 계시는 곳에서 공부하겠다는 것만은 말리지 않으실 줄 알았다. 그리고 이 기회에 '오직 『맹자』 한 권'이라는 멍에에서 자연스럽게 벗어나고 싶기도 했다. 아마도 여러 책을 읽었다는 욕망을 만족시키기 위함이었을 것이다. 그러나 이번에도 선생님의 말씀은 단호했다. 이때 한 마디를 더 하셨다.

"네가 해달라고 하면 『맹자』를 하루에 해주꾸마. 그러나 그래 해서 뭐 하겠노?"

대학원 시절 어느 날, 최완식 교수님께서 『대동서(大同書)』를 번역해보겠느냐고 하셨다. 선생님께서 출판사와 계약하신 일인데, 다른 번역 작업을 함께 하느라고 시간이 없으니 좀 도와주면 좋겠다고 하셨다. 이 책은 청나라 말기 강유위라는 학자가 자신의 정치사상을 정리해낸 책이었다. 세상에나! 한문 공부라고는『맹자』몇 글자밖에 하지 않은 내가 한문 서적을 어떻게 번역한다는 말인가? 나는 앞이 캄캄했다. 정말이고 진실이었다. 그러니까 '선생님, 저는 그럴 능력이 없습니다요. 하오니 그 명을 거두어 주시옵소서.'라고 말씀드리고 싶었다. 그런데 또한 그렇게 말씀드리기에는 너무나 부끄러웠다. 그래서 쥐 죽어가는 목소리로 '네'라고 대답했다. 나는 이 책을 번역하다가 모르는 것이 나오면 할 수 없이 우인 선생님께 가져가 여쭈어보곤 했다. 그때마다 선생님께서는 그 자리에서 주욱 해석을 해주셨다. 그런 후에는 걱정스러운 안색으로 말씀하셨다.

"고대『맹자』만 보거레이. 다른 책은 보지 말거레이."

나는 지금도 선생님의 걱정스러운 그 표정을 기억한다.『맹자』에 집중하고 다른 일에 시간을 낭비하지 말라는 걱정이었다.

『맹자』한 권만, 그것도 한 구절을 열 번, 스무 번, 백 번, 이백 번 반복하여 읽는다는 것은 대단히 지루한 일이었다. 당시 교양과정부에 근무했던 각 과의 조교들은 한 달에 한 번씩 정기적으로 모여 세미나를 열었다. 그때 다른 학과의 조교들이 다양한 책을 보아가며 자기 주장을 펼치는 모습을 보고 나는 참으로 부러웠다. 나는『맹자』몇 줄을 공부했으니, 내세울 것이 하나도 없지 않은가! '어쩌다가 내 팔자는 남들이 알아주지도 않는 한문 공부를 해야 하고, 그것도 한 줄에만 매달리는 방법으로 공부해야 하는가?'라고 스스로 한탄하기도 했었다.

대학원 시절도 1년이 훌쩍 지나자 석사학위 논문을 준비할 때가 되었다. 이 시기에 가장 먼저 할 일은, 하늘같이 지엄한 지도교수와 면담하여 논문 주제를 정하는 것이었다. 지도교수는 차주환 선생님이었다. 나는 논문의 연구 범위를 가능한 한 좁게 잡고 싶다고 말씀드렸고, 그 이유는 한문 실력이 태부족하기 때문이라고 조심스럽게 말씀드렸다. 나는, 그동안 왜 한문 실력을 기르지 않았느냐고 크게 걱정하실 줄 알았는데, 의외로 지도교수님께서는 나의 호소를 선선히 들어주셨다. 지도교수님께서는 도연명의 사언시(四言詩)는 모두 아홉 수뿐이니 그것만 공부해보라고 말씀하셨다. 우와! 감사합니다, 선생님. 부족한 저를 탓하지 않으시다니!

나는 도연명의 사언시를 한 수씩 읽어 가기 시작했다. 사언시란 한 구절이 네 글자인 시를 말한다. 그러나 너무나도 당연히 그 뜻을 짐작도 할 수 없었다. 그런데 신기한 것은 뜻을 전혀 모르면서도 자연스럽게 여러 번 읽히는 것이었다. 마치 『맹자』를 보듯이. 한 수를 아침에 읽기 시작해서 퇴근 시간까지 종일 읽으면 대략 서른 번을 읽을 수 있었다. 서른 번을 읽으니 시의 대략적인 내용이 이해되었다. 그리고 다음 날 다시 이 시를 서른 번 읽었다. 그런데 두 번째로 신기한 것은 서른 번을 읽을 때마다 논문에서 다룰 만한 내용, 소위 말하는 논문거리가 하나씩 머리에 떠올라 주었다. 이렇게 한 편의 시를 일주일 읽어 가자, 일곱 가지의 소제목이 생겼고, 이 한 편을 어떤 식으로 다루면 논문이 되겠다는 계획이 잡혀갔다. 다른 시를 이해하는 것은 어렵지 않았다. 첫 번째 시를 읽는 식으로 읽어 가니 나머지는 자연스럽게 해결이 되었다. 나는 지금도 기억한다. 그날 떠오른 논문거리를 마음에 새기면서 붉은 석양빛을 도봉산 자락에 두고 퇴근하던 날의 가슴은 얼마나 풍요로웠던가를!

이런 날이 이어지면서 논문은 끝이 났다. 논문을 탈고하던 날, 나는 이 논문에 인용했던 한문 자료들을 어떻게 이해할 수 있었는지를 처음으로 되돌아보았다. 내 한문 실력은 『맹자』 몇 줄뿐이었다. 그렇다면 이것이 논문을 쓰는 바탕이 되었다는 말인가? 허허! 잠시 웃고 이내 잊어버렸다. 너무나 하찮은 바탕이었으니까. 그러나 후일 뒤돌아보면 나는 이 생각을 조금 더 깊이 했어야 했다. 만약 극히 적은 양의 한문을 익힌 것으로 논문의 참고 자료를 읽어낼 수 있었다면, 그 적은 양의 익힘은 실로 중요한 것이었다고 판단했어야 했다. 그리하여 탐다무익을 다시 생각하고, 적은 부분이라도 그것의 확실한 익힘에 공력을 기울였어야 했다. 그러나 나는 이 기회를 놓친 것이다. 만약 확실한 익힘의 효과를 뒤돌아보고 확인했더라면, 지금의 내 삶은 바뀌어 있을 것이다. 이것이 나의 한문 공부의 중요한 실수였다. 성찰할 수 있는 기회에 처절한 성찰을 하지 않은 것이다. 이런 실수가 군대 생활로 이어졌다.

V. 이어지는 실수, 또 실수

대학원을 졸업한 후에 나는 해군 교관 요원으로 가게 되었다. 교관이란 해군사관학교 교관을 말한다. 복무 연한은 3년이었다. 입대하기 전, 나는 우인 선생님께 군에 간다는 인사를 드리러 갔다. 선생님께서는 군 생활 중에 공부할 시간이 있느냐고 물으셨다. 나는 그럴 시간이 있다고 말씀드렸다. 선생님께서는 군에 가면 『맹자』 중에서 배운 것만 천독을 해오라고 말씀하셨다. 나는 '네'라고 대답하고 선생님 댁을 나왔다.

교관은 당직 근무나 유격 훈련 등과 같은 의무 시간을 제외하면 강의 준비를 해야 하고 공부를 해야 한다. 나는 공부를 해야 하는 시간에 열심히 『맹자』를 읽었다. 선생님께서 '배운 것만 천독하라'는 말씀은 벌써 잊었다. 읽었던 구절, 아주 많이 읽었던 구절, 그래서 뜻을 뻔히 알고 있는 구절, 뜻을 뻔히 알고 있다고 믿고 있는 구절을 몇십 번, 몇백 번씩 읽는 것은 쉬운 일이 아니었다. 내 생애에 그런 지루함을 경험해본 적이 없었다. 그 반복의 지루함은 때에 따라 소외감을 동반한다. 아무도 이 심정을 몰라주니까. 그렇게 그렇게 지내다가 나는 마침내 어느 날부터 『맹자』의 진도를 나가기 시작했다. 이 김에 『맹자』를 끝까지 다 읽어 보자. 이것이 새로운 결심이 되었다. 나는 왜 그랬을까? 아! 맞다! 내가 진도를 나가서 끝까지 읽으려고 한 것은, 반복의 지루함을 이겨내지 못한 탓이기도 하지만, 다른 한편으로는 '『맹자』를 다 읽었다!'라는 자랑을 하고 싶어서였을 것이다. 그동안 나는 주변에 『맹자』를 읽는다고 말하지 못했다. 그러다가 누가 『맹자』에 있는 문장을 물어오면 어쩔 것인가? 이게 무슨 망신인가 싶어서 혼자서 『맹자』를 읽었다. 그러다가 마침내 배운 것만 천독을 하고 오라는 선생님의 말씀을 잊어버리고 앞으로 앞으로 진도를 나간 것이다. 나는 『맹자』의 자습서를 만들기로 했다. 그리고 자전에서 찾아본 한자의 의미를 하나하나 노트에 기록하기 시작했다. 그 당시 나는, 이렇게 한 번 읽은 『맹자』 문장은 곧 내가 아는 문장이 된다고 믿고 있었다. 3년 동안 나는 열심히 『맹자』를 읽었고, 매일 진도를 나갔다. 번역서는 보지 않았다. 어찌 되었든 혼자의 힘으로 이해하고 넘어갔다. 당시에 번역서를 보지 않고 진도를 나가는 것이 나에게는 하나의 뚝심을 기르는 요인이 되기도 했다. 그러나 이는 훗날 엄청난 후회로 다가온다. 내가 상당 부분에서 잘못된 번역을 하고도 그것이 옳은 번역인 줄 알았으니까. 이를 하나하나 교정한 것은 이로부터 몇 십 년 후, 즉 퇴임 이후였다.

교관으로 근무하면서 『맹자』와 함께 중국어를 공부해야 했다. 그 당시에 학교에서나 사회에서 중국어는 대접받는 외국어가 아니었다. 그러므로 학교에서도 강의 제목만 초급 중국어, 중급 중국어, 고급 중국어라고 되어 있을 뿐, 실제로 강의는 제대로 이루어지지 않았다. 중국어 회화 강의는 자이밍이라는 중국인이 담당하고 있었는데, 그분은 자기가 하는 대로 따라서 발음하라고 큰 소리로 중국어를 발음해주었다. 그대로 따라 하면 될 일이었다. 그러나 나는 그분의 발음을 따라 하지 않았다. 이유는, 그 발음을 따라 하기가 왠지 어색했기 때문이었다. 이것이 말이 되는가? 영어를 하면서 원어 사용자의 발음을 따르지 않는다면 누구 발음을 따라야 하는가? 그래서 나는 좋은 중국어 발음을 익히지 못했다. 내가 이상하게 고집스럽다거나 엉뚱한 부분에서 무식하다는 것을 그때는 몰랐다. 나는 내가 총명하고 똑똑하다고 믿고 있었다. 나 자신을 이렇게 생각하는 것은 나에게 약간의 자부심을 주었겠지만, 나중에 보면 결정적인 단점으로 작용하고 있었다. 이렇게 되면 뒤돌아보지 않으며, 내가 무엇을 잘못하고 있는지를 알 수 없게 된다. 나는 나의 중국어 발음이 좋다고 믿고 있었다. 왜냐하면 1학년 초급 중국어 시간에 나의 중국어 발음이 좋다는 칭찬을 한 번 들었기 때문이었다. 그러나 그 칭찬은 격려 삼아 아무에게나 다 해주는 것이었는데, 나는 그것을 몰랐다.

병역 의무를 마치면 나는 대만으로 유학을 가야 했다. 나는 유학을 가지 않고, 우인 선생님에게서 한문을 배우고 싶었지만, 평소에 나를 아껴주시는 최완식 교수님께서는 거의 강압적으로 유학을 권하셨다.

'나를 보라고 나를! 내가 유학을 갔다 오지 않아서 평생 얼마나 고생했는지 알아?'

나는 이 말씀을 여러 번 들어야 했다. 그러나 해군사관학교가 있는 진해에서 중국어를 배우기는 쉽지 않았다. 진해에는 화교소학교가 있었다. 요즈음 식으로 말하자면 중국인 아동을 가르치는 초등학교였다. 나는 그곳의 선생님을 찾아가서 중국어를 꼭 배워야겠으니, 이 학교에서 청강생이 되어 수업을 듣게 해달라고 졸랐다. 나보다 몇 살 적은 남자 선생님은 마지못해 이를 허락했으나 탐탁지 않게 생각하는 것 같았다. 나는 몇 번 수업을 듣다가 이를 그만두었다. 의자가 너무 작아서 도저히 앉아있을 수가 없었다. 중국어를 배울 적당한 방법을 찾지 못해 헤매고 있을 때, 한 가지 소문이 사관학교에 돌기 시작했다. 해군사관학교 영어 교관이 해군 전체 영어시험에서 일등을 해서 미국 해군사관학교로 유학을 가게 되었다는 것이었다. 이 코스는 해군에게는 앞날의 개척을 위한 최상의 코스로 알려져 있었다. 그 영어 교관은 마침 고등학교 후배였다. 나는 그 후배를 만나서 영어를 잘하게 된 방법을 알려달라고 말했다. 흑백 다방이었다. 진해에 살아본 사람은 누구나 아는. 그 후배는 처음에는 별것 없다고 말을 안 하려고 하다가, 중국어를 배워야 하는 나의 뜻이 진정인 것을 알고는 자기가 공부한 방법을 이야기해 주었다. 그가 나에게 물었다.

"선배님은 녹음테이프를 몇 번 들으면 그 테이프에서 소리가 사라지는지 아세요?"

이것은 무슨 소린가? 나는 녹음기를 잘 사용해 보지도 않았으며, 유행가도 테이프에서 소리가 사라지도록 들은 적이 없었다. 그가 말했다.

"선배님, 우리나라 녹음테이프는요, 50번 들으면 지-지-지-지- 하는 잡음이 나고 소리가 사라지기 시작합니다."

"그래? 나는 몰랐네."

"저는 그렇게 소리 안 나는 테이프 50개 가지고 있습니다."

끝!

더 이상 들을 필요가 없었다. 녹음테이프를 하나라도 그렇게 반복하여 들어본 적이 없었다. 나는 청계천에 가서 사륙배판 정도 크기의 파나소닉 중고 녹음기를 하나 사고, 녹음테이프가 부록으로 붙어있는 중국어 회화책을 한 권 샀다. 모두 50과로 되어 있었다. 나는 이 한 권을 공부하는 것으로 중국어를 끝내기로 하고, 녹음테이프를 열심히 들었다. 그런데 문제가 생겼다. 영어를 잘하는 후배 말대로라면 한 페이지를 최소한 50번씩은 들어야 하지 않겠는가? 그런데 그 지루함을 도저히 이길 수가 없었다. 한 페이지를 듣고, 되감기를 해서 다시 듣고, 되감기를 해서 다시 듣는 것이 도대체 왜 어렵다는 말인가? 그러나 실제로 해

보면 그것은 수도사의 수도처럼 어렵다. 내가 참고 참아서 겨우 겨우 해낸 것은 한 페이지를 25번 반복해 들은 것이다. 그리고 나는 마침내 인류 역사상 가장 오만한 생각을 했다. 50번을 들은 그 친구는 덜 똑똑하고, 나는 그 친구보다는 두 배는 더 똑똑하다고 치고, 한 페이지를 25번만 듣고 넘어가자! 그래서 나는 25번씩 들었는데, 그나마 전체 50과 중에서 5과만 듣고 대만에 갔다. 이리하여 나에게는 반복의 지루함을 이기지 못한 경험이 또 하나 생긴 것이다.

대만에 도착하고 며칠 후, 한국 학생을 많이 만나던 중국인 교수가 나에게 말했다.

"한국에서 금방 온 친구치고는 중국어 잘하네."

나는 그 당시 속으로 상당히 놀랐다. 다섯 과만 듣고 와도 안 듣고 온 것보다는 나은가? 정말 그런가? 생각해보니, 그 다섯 과는 내 중국어 능력의 좋은 기초가 되어 주었다. 그러나 발음은 혼자 듣고 혼자 소리를 낸 것이므로 정확한 것이 아니었다. 나의 중국어 발음이 틀렸다는 것을 알고 이를 바로잡은 것은 이로부터 대략 15년 후인 1992년이었다. 나는 표준의 중국어를 익히기 위하여, 중국과 수교가 된 1992년 9월 북경에 갔다. 그곳에서 나에게 중국어를 가르쳐줄 선생님을 만났다. 동료인 서경호 교수가 소개해준 중국 여인이었다. 그녀는 베이징대학 중문과를 졸업하고 하버드 유학을 했던 고급 인력이었다. 나는 그녀에게 1년 후에는 북경 사람과 똑같이 중국어를 하는 것이 목표라고 말했다. 그녀는 잠시 나와 대화를 나누어 보더니 1년이면 나를 북경 사람과 똑같이 만들어 놓을 수 있다고 말했다. 나는 일주일에

6일을 만나 중국어를 배우기로 했다. 강의 첫날, 그녀는 나의 중국어 발음이 아주 좋다고 말했다. 그때 이미 나는 알고 있었다. 중국인은 쓸데없이 칭찬을 잘한다는 것을. 그 순간 나는 그녀에게 말했다. "앞으로 일 년 동안 내가 잘한 것은 절대로 말하지 마세요. 오직 틀린 것만 말해주세요. 아셨지요?(이것을 어기면 즉시 해고합니다!)"

마침내 그녀는 나의 'a'(아) 발음이 틀렸다고 말했다. 아니 그 쉬운 '아' 발음이 틀렸다니! 충격이었다. 그러나 나는 열심히 한국어 '아'와 똑같다고 생각했던 중국어 'a' 발음을 익혔다. 한국어 '아'와 중국어 'a' 발음은 전혀 달랐다. 반자음 'y' 발음도 틀렸다는 지적을 받았다. 이 발음은 영어의 반자음과 같았는데, 실은 영어의 반자음도 나는 제대로 발음하지 못했다. 후학들이여! 웃지 마라! 나의 세대는 학교에서 영어 발음을 정확하게 교육하지도 않았고, 정확하게 배우지도 않았다. 평생 미국인이나 영국인, 혹은 다른 외국인을 만날 일이 없을 것이라고 전제한 영어 교육이었다. 불과 몇십 년 전 우리나라의 실정이 그랬다. 이것이 역사다.

그러다가 마침내 사달이 났다. 내가 틀렸다고 도저히 인정할 수 없는 'u' 발음이 틀렸다는 것이었다. 이 발음을 나는 한국어 '우'와 같다고 배웠고, 한 번도 틀렸다고 생각한 적이 없었다. 그런데 틀렸다는 것이었다. 나는 물었다. 어떻게 무엇이 틀렸느냐고. 그녀는 대답을 못 하다가 내가 입에 사탕을 물고 '우' 발음을 내는 것 같다고 말했다. 그리고 자기가 음성학을 하지 않아서 더 이상 지적을 해줄 수 없다고 말하는 것이 아닌가?

아아! 그렇구나! 이제 본격적으로 중국어 음성학을 하자!

나는 음성학을 하기로 작정하고 북경을 떠나 연변 자치주의 주도(州都) 연길시로 갔다. 그곳에서 음성학을 전공한 연변대학 중문과의 안영희 교수를 만났다. 안 교수는 조선족이어서 한국어와 중국어 관계를 잘 이해하고 있었다. 나는 안 교수에게서 중국어 발음을 음성학적으로 하나하나 배우고 나의 발음을 고쳐갔다. 안 교수와의 공부를 통해서 나는 나의 모든 중국어 발음과 성조가 틀렸다는 것을 알았다. 그래도 그동안 교수를 한 덕분인지 이제는 내가 틀렸다는 것을 기꺼이 인정하고 수정하기 시작했다. 하하! 참으로 장하구나!

모음을 하나하나 수정하다가 내가 일반적으로 입을 작게 벌리고 말한다는 사실을 알았다. 나는 입을 더 많이 벌리는 연습을 하기 위해 종일 입을 벌리고 지냈다. 그 당시 하루에 한 번 정도는 숙소 주변을 산책했는데, 산책 중에도 가능한 한 입을 벌리고 다녔다. 그러던 어느 날, 작은 어린아이 하나가 나를 빤히 쳐다보고 있었다. 아하! 아마도 신기했던 모양이다. 아마도 정신 나간 사람이라고 생각했을 것이다. 이날 이후로 나는 마스크를 하고 산책을 했다. 마스크를 하고 다니니 입 벌린 모양을 들키지 않고, 또한 앞니가 시리지 않아서 좋았다. 이렇게 어느 정도의 시간을 보내고 자음 교정에 들어갔다. 중국어 자음 중에는 권설음(捲舌音, 卷舌音)이라는 것이 있다. 이 발음은 모두 네 종류인데 한국어에는 없는 발음이다. 내가 대학을 다니고 대만 유학을 했던 그 시대에 한국인은 모두 대만의 권설음으로 이 발음을 배웠다. 문제는 여기에 있었다. 중국의 발음은 대만의 권설음과 혀의 발음구조가 완전히 달랐다. 대만의 권설음은 혀끝을 목구멍 쪽으로 말아 올려서 혀의 뒷면이 입천장에 닿게 한 상태에서 발성한다. 그래서 권설음(捲舌音, 卷舌音)이라고 한다. 捲舌이나 卷舌은 모두 혀를 말아 올린다는 뜻이다. 그런데 중국에서는 이 발음을 교설음(翹舌音)이라고 부른다. 翹舌은 혀의 양 옆의 끝을 입천장을 향하여 새의 꽁지처럼 쳐든다는 뜻이다. '翹'는 원래 '새 꽁지의 긴 깃털'이라는 뜻이다. 20여 년을 권설로 발음하다가 이를 교설로 바꾸려니 쉬운 일은 아니었다. 그러나 중문과 교수가, 수교한 나라의 발음을 정확히 가르치지 않는다면 어찌 되겠는가? 나는 종일 혀의 양쪽을 위로 쳐들고 혀끝의 뒷부분을 입천장에 붙이는 연습을 했다. 그렇게 하루 종일 매일 연습을 했다. 아마도 수천, 수만 번을 연습했을 것이다. 이제 'zhi, chi, shi, ri'의 하나 하나는 정확하게 발음되었다. 혀의 양쪽 끝에 잔뜩 힘을 주고 위로 쳐들 수 있었으니까. 그런데 문제는 대화 중에 이 발음이 나올 때였다. 대화 중에 어떻게 갑자기 혀의 양쪽 끝에 힘을 주겠는가? 대화가 되지 않거나, 발음이 정확하지 않았다. 나는 회화 배우기를 포기하고, 다시 이 네 가지 발음만 종일 중얼거리기 시작했다. 산책 중에도 이 네 종류의 발음을 하고 다녔다. 며칠이 지났는지, 몇 주가 지났는지는 기억나지 않는다. 이 발음은 여전히 어려웠고 혀에는 잔뜩 힘이 들어갔다. 혀에 힘이 들어가는데 어떻게 회화가 되겠는가? 회화는커녕 책을 읽기도 힘들었다.

그러던 어느 날이었다. 나는 숙소 부근에 있던 연변대학 운동장을 돌고 있었다. 운동장 가운데는 아래쪽으로 400m 트랙이 있었는데, 나는 상향식 계단이 있는 위쪽을 천천히 돌며 이 발음을 연습했다. 잘되지 않았다. 혀에 힘이 들어가니까 혀가 얼얼하고 입안이 피곤하고 턱부분이 아팠다. 한참 걸으며 연습하다 보니 연변대학 정문 쪽으로 석양이 붉게 타오르고 있었다. 오랜만에 집 밖에서 보는 황혼이었다. 멀리 있는 산 아래로 태양이 지고 나머지 햇빛이 구름 가장자리를 노오랗고 붉게 물들여 놓고 있었다. 이 풍경을 물끄러미 바라보면서 나는 신기한 대화를 나누었다.

'하느님 아버지, 오늘까지만 이 발음 연습을 하고, 그래도 안 되면 이제는 포기하겠습니다. 한없이 연습을 했는데, 아직도 발음이 안 되옵니다.'

그 당시 나는 교회에 나가지도 않았는데, 그냥 기도가 나왔다. 그러니까 정확하게 하나님에게 기도했는지 하느님에게 기도했는지도 기억이 나지 않는다. 그날 밤, 다시 이 발음을 연습하며 잠이 들었다. 그리고 다음 날 아침, 습관대로 눈을 뜨며 이 발음을 중얼거렸다. 그런데 이게 웬일인가? 혀에 전혀 힘이 들어가지 않고, 혀가 노골노골하게 움직이며 이 발음이 나는 것이 아닌가! 나는 지금도 이 순간을 기억한다. 나에게 이런 기적이 생기다니! 나는 뛸 듯이 기뻤다. 그러나 뛰지 않았고, 이 기쁨을 누구에게도 말하지 않았다. 생각해보라! 명색이 중문과 교수가 중국어 발음 하나 제대로 못 하다가 이제야 원리대로 발음하는 것이 누구에게 자랑할 만한 일인가? 그러나 내가 이 이야기를 하는 것은, 반복, 무한한 반복은 기적을 낳는다는 것을 후학들에게 전해주고 싶기 때문이다. 이 이후로 나는 중국어 성조를 다시 이해하게 되었고, 왜 중국인은 성조를 외우지 않고도 정확하게 발음하는지를 알게 되었다. 그들은 각 글자의 성조를 외우지 않고, 다른 사람의 발음을 들으며 흉내내고 있었다. 정확한 흉내내기였다. 그런데 나는 학부생 시절부터 그때까지 흉내내기를 못하고 있었다.

다시 한문 이야기로 돌아가자.

사관학교 교관 생활 3년이 끝나기 한 달 전, 그러니까 제대를 한 달 앞두고 나는 『맹자』를 끝까지 다 읽었다. 소위 말하는 『맹자』를 뗀 것이다. 아아! 『맹자』를 다 읽었다는 포만감이 들었다. 『맹자』 자습서가 만들어졌다. 한 자 한 자, 내가 모르던 한자의 뜻이 노트로 정리되었다. 한자는 자전을 찾는 데에도 많은 시간이 걸린다. 생각해 보라! 그 흔해 빠진 '상(相)'자는 '木'부에 있겠는가? '目'부에 있겠는가? '目'부에 있다. 원리는 없다. 찾아보아야 안다. 나는 대학원 시절에 내 이름의 가운데 자인 '성(成)'자를 자전에서 찾은 적이 있었다. 이때의 낭패감은 대단했다. 평소에는 이 한자를 찾아볼 일이 없었다. '이룰 성', 그야말로 '이루다'로 해석해서 안 되는 경우가 없었으니까. 그런데 어느 날 '성(成)'자를 자전에서 찾아보니 나오지 않았다. 아니! 중문과 대학원생이 자기 이름 자도 자전에서 못 찾아? 아무에게도 말할 수 없는 부끄러움이 다가왔다. 그러나 모르는 걸 어찌하겠는가? 찾아놓고 보니 '과(戈)'부 3획에 있었다. 나는 이때까지 가운데 부분에 있는 것이 '정(丁)'자 2획인 줄을 모르고 그냥 쓱 이어 쓰는 1획인 줄 알고 있었던 것이다. 나는 후배들에게 이런 시간을 절약해 주고 싶었다. 그래서 『맹자』에 나오는 한자 자습서를 만든 것이다. '그들은 나보다 빠르게 그리고 편리하게 『맹자』에 나오는 한자를 이해하리라!'라고 생각했다. 저 멀리서 수많은 후배의 함성과 박수 소리가 울려 퍼지는 것 같았다. 그러나 나의 이 자료를 복사해 간 후배는 딱 한 사람뿐이었다. 그리고 아무도 이 자료를 요구하지 않았다.

대만 유학 시절은 나에게 여러모로 힘든 시절이었다. 아내가 한국에서 중학교 교사로 근무하며 모아놓은 돈이 나의 유학 비용이었다. 한 푼이라도 아껴쓰며 살아야 했다. 그러므로 수업 준비를 하고, 혼자 책을 보는 시간이 가장 경제적이고 가장 좋은 시간이 되었다. 그러던 어느 날, 수업 중에 교수님께서 『맹자』 문장을 인용하셨다. 내가 공부한 『맹자』 첫 편에 나오는 문장이었다. 그 문장은 내가 수백 번은 읽은 문장이었다. 나는 한국어로 읽었고, 교수님은 중국어로 말씀하셨지만, 순식간에 이해가 되었다. 그런데 다음 순간 또 다른 문장을 인용하셨는데, 나는 그 문장이 어디에 나오는 무슨 말인지를 몰랐다. 나중에 알고 보니 그 문장도 『맹자』에 나오는 문장이었다. 나는 그 문장이 나온 앞뒤를 찬찬히 읽어 보았다. 그런데 아니 이럴 수가! 모든 문장이 새잡이였다. 모두가 처음 보는 문장이고, 모두가 낯선 의미들이었다. 불과 1년 전 사관학교에서 읽었던 문장이 아닌가?

이날이 나에게는 참으로 중요한 날이 되었다. 반복하여 익히지 않은 것은 내 것이 아니라는 것을 비로소 알았다. 반복은 익힘이다. 우리가 흔히 말하는 쉬운 것과 어려운 것의 차이는 무엇인가? 그것은 익힘이다. 아무리 어려운 것이라도 익힌 것은 쉽고, 아무리 쉬운 것도 익히지 않은 것은 어렵다. 한 문장을 반복하여 읽으면 무엇을 얻는가? 처음에는 모르던 내용이 서서히 앎으로 다가온다. 신기하다. 그냥 읽었을 뿐인데 전혀 다른, 이전에는 보이지 않던 의미가 다가온다. 반복하여 읽으면 처음 읽었을 때는 보이지 않던 오류가 보인다. 논리의 모순도 보인다. 완벽하게 보이던 문장에서 문제점들이 슬며시 얼굴을 내밀기 시작한다. 진정한 앎은 어디에서 오는가? 감각으로 느끼고 이성으로 사유함에서 나온다고 한다. 그러나 많은 철학자들은 이에 문제를 제기한다. 한 번 혹은 몇 번의 감성에서 진실한 앎이 나오지 않는 경우가 있다는 것이다. 이성적 사유에서도 진정한 앎이 나오지 않더라는 것이다. 그들은 감각적 이성적 사유의 결과를 반복하고 반복하여 곰곰이 생각하는 능력에서 진정한 앎이 나온다고 말한다.

대만에서 반복의 효험을 확인한 날, 그리고 사관학교 시절 『맹자』를 읽는답시고 마구 읽어나간 문장의 뜻을 전혀 알지 못했던 날, 반복적 익힘 없이 읽어나가는 것이 허무한 것임을 확인한 날, 나의 『경서』 앞 페이지 공백에 써놓은 메모가 지금도 남아있다. 대략 다음과 같다.

'사림(士林) — 나의 숙소가 있던 곳이다 — 에서 『맹자』 한 문장을 20번 읽었다. 우인 선생님의 말씀을 생각해 보니 그분의 말씀이 맞다. 내가 왜 일찍이 그분의 말씀대로 공부하지 않았을까? 이후로는 그분의 말씀을 잊지 않고 실천하리라. 1979년 11월 21일 새벽 2시 30분.'

나는 대만 유학을 마치고 1980년 교수 발령을 받았다. 충남대학교였다. 그곳에서 나는 학생들에게 맹자천독의 전설을 말해주었다. 『맹자』를 천독하면 한·중·일의 모든 한문 전공자를 포함하여 누구보다도 훌륭한 학자가 될 수 있다고 말해 주었다. 그리고 한문을 좋아하는 학생을 찾아내기 위하여 매주 수요일 오후에는 한문을 공부하고 싶은 학생들에게 『맹자』를 강의해 주었다. 그로부터 2년 후 1982년 10월 우인 선생님께서는 저세상으로 떠나셨다. 나는 작고하시기 2주 전에 선생님을 찾아뵈었다. 선생님께서는 나에게 『맹자』를 가르쳐 주시던 사랑방에 누워 계셨다. 나는 용기를 내어 선생님 허리를 주물러 드렸다. 그리고 꼭 한 번만 더 확인하고 싶었다. 정말 『맹자』만 천 번 읽으면 모든 한문을 잘 읽을 수 있는지를 다시 여쭈어보았다. 선생님께서는 눈도 뜨시지 않고 한마디 하셨다.

"그렇다."

선생님께서는 이어서 나에게 물으셨다.

"나한테서 『맹자』 어디까지 배웠제?"

부끄러웠다. 사실은 양혜왕 상편도 완전하게 배우지 못했다. 그러나 몇 년을 이곳에 다녔다는 놈이 그밖에 못 배웠느냐고 걱정하실 것 같아서, 아니 너무나 실망하실 것 같아서 거짓으로 말씀드렸다.

"등문공까지 했습니다."

"거기까지만 천 번 읽어도 된데이."

등문공은 『맹자』의 제3편이다. 여기까지만 천독을 해도 된다고 말씀하시면서, 이런 학문 방법이 후대에 전수되기를 얼마나 기대하셨을까?

이것이 선생님과 나눈 이승에서의 마지막 대화였다. 그로부터 3년 후인 1985년 나는 서울대학교로 옮겨왔다. 그러던 어느 날, 우인 선생님의 제자들이 모임을 갖는다는 소식을 바람결에 들었다. 나는 그 모임에 참석하여 말석에 앉았다. 다들 저명한 교수요 학자들이어서 나는 대화에 끼어들 수도 없었다. 그런데 마지막까지 대화의 주제가 헛도는 느낌이었다. 나는 조용히 옆에 앉은 분에게 여쭈어보았다.

"우인 선생님께서 혹시 『맹자』만 천독하라고 하지 않으셨나요?"

"???"

그분은 전혀 못 들어본 말이라는 듯 나를 쳐다보았다. 그리고 자기와 가까이 지내는 듯한 옆 사람들에게 물어보고 확인하더니, 우리 모두 그런 말씀을 들어본 적이 없노라고 말했다. 나에게 이것은 충격으로 다가왔다. 그 후 나는 기회가 닿는 대로 다른 제자들에게도 이를 물어보았으나 대답은 모두 같았다.

아하! 그러셨구나. 처음으로 선생님을 뵈었던 당시의 나는 까까머리 대학생, 그러니 제자 중에서 가장 어린 나이였을 것이다. 그때 선생님을 찾아왔던 저명한 교수나 학자들이 어찌 『맹자』만 천독을 하겠는가! 그러니까 어리고 어린 나에게 이런 기대를 하셨구나! 내 어깨에 갑자기 어떤 짐 하나가 올라앉은 기분이었다. 슬쩍 떨어뜨려도 아무도 모를, 그러나 나는 분명히 아는 그런 작은 짐 하나. 나는 평생 이 짐을 지고 가기로 했다. 선생님의 저 간곡하신 뜻을 어찌 버릴 수 있으랴!

서울대학교 교수 생활은 전공 이외의 분야에 시간을 쓰기가 정말 어려운 간난의 연속이었다. 나의 전공은 한문이 아니라 현대중국어 어법이었다. 이 길도 전혀 순탄하지 않았다. 우리나라에서 사실상 처음으로 이 분야를 시작하고 보니, 누구 하나 물어보거나 상의할 사람도 없었고, 연구 자료도 거의 없었다. 힘들게 홍콩에 있는 용문서적에 책값을 지불하고 어법 관련 서적을 주문하면, 중앙정보부에서 모두 압수해 버렸다. 출판사 이름이 '호북인민출판사'처럼 '인민'이 들어갔기 때문이었다.

이런 문제 등등으로 나는 『맹자』에 눈을 돌릴 시간이 없었다. 그저 수업 시간에 학생들에게 『맹자』를 천독하면 한문을 아주 잘할 수 있으니, 뜻있는 사람은 도전해 보라는 말만 할 뿐이었다. 그리고 이것은 나의 생각이나 경험이 아니라, 우인 선생님의 경험과 견해이며, 동양 삼국의 전통적 견해라고 말해 주었다. 이는, 학생들이 사회에 나가서 다른 일을 하다가도, 어느 날 문득 한문 공부를 하고 싶으면 이렇게 해보라는, 그래서 함께 공부해 보자는 간곡한 소망이었다. 그러나 이 소망이 이루어진 적은 없다.

힘들고 어려운 세월도 흐르기는 흘러서, 어느덧 내 나이 49세가 되는 해가 찾아왔다. 그 해의 첫 아침노을은 붉었다. 49세! 나에게는 의미 깊은 한 해였다. 왜냐하면 50세가 되기 직전의 한 해이니까. 나는 50세부터는 『맹자』를 다시 시작하겠다고 다짐하고 있었다. 이제는 제발, 서두르지 않고, 천천히 읽으며, 『맹자』 문장을 음미하고 싶었다. 그렇게 하려면 최소한 49세부터는 워밍업을 시작해야 했다. 그때까지 나는 연구실을 항상 개방해 놓고 있었다. 학부생, 대학원생 등 누구나 언제든 찾아오면 환영이었다. 심지어는 담배를 피우고 싶은 여학생들은 내 연구실에 와서 담배를 피우고 갔다. 나는 왜 그랬을까?

내가 학부생이었던 시절, 그 무거웠던 교수 연구실 문을 내가 교수가 되면 쉽게 열도록 바꾸리라는 꿈을 이루고자 함이었다. 그렇게 열어놓고 보니, 학생들도 쉽게 찾아오지만, 고문서를 파는 서적상 할아버지도 자주 들르시고, '이러저러해서 저희가 이러저러한 학생들을 가르치는 야학을 하는데, 저어기 좀 도와주시면 고맙겠습니다.'라고 말하는 학생들도 찾아오고, 네팔 어린이 돕기 운동을 하는 네팔 청년도 찾아오고, '저희는 무슨무슨 본부 동아리인데요, 그런데요, 지도교수를 못 구하면 동아리 등록이 안 되거든요? 그런데요, 오늘이 등록 마감일인데요, 아직도 지도교수를 못 구했으니 선생님께서 좀 맡아 주시면 안 될까요?' 뭐 이런 학생들도 곧잘 찾아왔다. 나는 이런 생활을 가능한 한 거부하지 않았다. 그러다 보니 허실되는 시간이 적지 않았다. 나는 이 생활을 바꾸기로 했다. 그리고 도서관에 아주 작은 나만의 공간을 마련하고 강의가 끝나면 바로 그곳으로 가서『맹자』를 읽었다. 조교에게는 연구실에 불이 나거나, 절도범이 드는 경우를 제외하고는 절대로 연락하지 말라고 부탁하고, 나의 삐삐 번호를 알려주었다. 강의 준비와『맹자』읽기로 하루하루가 이어졌다. 봄철인데도 가을처럼 가슴이 풍성했다. 그러나 돌아보니『맹자』를 천천히 충분히 반복하여 읽지 못했다. 왜 그랬을까? 나는 아직도『맹자』를 빨리 읽으려는 욕망을 버리지 못하고 있었다. 아뿔싸! 나는 또 선생님 말씀을 잊고 진도를 나간 것이었다. 도대체 왜 그랬을까? 그해 여름 방학 중에 나는 하나의 실험을 했다. 우인 선생님께서 읽으셨던 그 속도로『맹자』를 천독하려면 도대체 얼마의 시간이 필요할까? 내 생애에 그것이 가능할까? 이것을 알아보기 위하여 『맹자』 양혜왕 상편 1장 1절과 그것의 주자 주를 써놓고 소리 내어 천천히 읽기 시작했다. 집안에서 종일 읽고 다녔더니 아내가 그럴 바에는 집안 아무 데나 다 써붙여 놓고 읽으란다. 자기도 읽게시리. 그래서 주방 곳곳, 벽면, 냉장고, 천장, 신발장 등 붙일 수 있는 곳마다 다 붙여놓고 읽고 다녔다. 그런데 웬일! 이것을 우인 선생님 식으로 읽다 보니 하루에 10시간씩 2주일이 걸려서야 천 번을 읽을 수 있었다. 이런 식으로 『맹자』 전체를 읽는다고 계산해 보니 하루에 10시간씩 대략 10년이 걸렸다. 그래서 '10년 공부'라는 말이 나왔는가! 그러나 10년 후에는 한문을 자유자재로 읽어갈 것이니 과히 늦는 공부는 아니었다. 10년 걸려서 세계 최고의 경지에 오를 수 있다면 그것은 오히려 빠른 것이 아닌가? 그러나 나는 이렇게 시간을 쓸 수 없었다. 그래서 이제는 천 번을 포기하고 한 구절을 충분히 이해했다는 생각이 들 때까지 그냥 읽기로 했다. 읽으면 읽을수록 모르는 것이 생기지만 이제는 하여튼 그냥 읽기로 했다.

VI. '야(也)'가 남겨준 고귀한 선물

1999년, 나이 50이 되던 해에 나는 6개월의 안식년을 얻었고, 대만 타이베이 난깡에 있는 대만중앙연구원으로 갔다. 그곳에서 나는 생애 최초로 호사스러운 생활을 하기로 했다. 중앙연구원 숙소는 해외학자들이 오면 묵고 가는 꽤 괜찮은 숙소였는데, 나는 그 객실 중에서 전망이 가장 좋고, 가장 크고, 가장 비싼 객실을 얻었다. 종일, 6개월 내내 그 방에서 『맹자』를 읽을 것이므로, 객실이 불편해서는 안 된다고 생각했다. 처음 도착하여 짐을 풀어놓은 그날부터 『맹자』를 읽기 시작했다. 6개월 동안 『맹자』 한 편만 읽기로 했다. 그러면 마음 편하게 천천히 읽을 수 있을 것 같았다. 이제는 반복하여 읽는 것이 지루하지 않았다. 그것이 재미있고 흥미로웠다. 같은 문장을 다시 읽을 때마다 생각지도 않았던 문제들이 나타났다. 한 번 더 읽으면 무슨 문제가 터져 나올까를 가끔 기대했다. 궁금한 것이 생기면 원 없이 시간을 쓰며 생각에 잠겼다. '차(此), 시(是), 사(斯)'는 모두 '이, 이것'이라는 뜻이다. 어느 날은 이들의 용법이 궁금했다. '此, 是, 斯'는 같은 뜻일까? 같다면 호환될 수 있을까? 호환될 수는 없을 것 같다. 우주에는 동일한 단 하나의 페어도 없으니까. 그렇다면 '此, 是, 斯'는 서로 어떻게 다른 것일까? 많은 시간을 들여서 생각해낸 그들의 차이점은 이러했다. '此'는 '이, 이들, 이것들'이라는 뜻인데, 대상이 구체적이고 한정적이어야 한다. 그러므로 '이들 두 사람, 이 집 한 채'와 같이 구체적이고 명확한 대상을 가리키는 경우에 쓸 수 있다. 그러므로 '此'는 시각적 경계선이 분명하다. '是'의 '이, 이들'의 범위는 '此'보다 넓다. 예를 들면 시장에 모인 사람들을 보면서 '이 많은 사람이 모두 어디서 왔을까?'라고 하는 경우의 '이 많은 사람'의 범위는 대략 알 것 같지만 명확하지는 않다. 그러나 '시장에 있는 이 많은 사람'의 범위를 말하는 사람이나 듣는 사람 모두 아는 것 같다. 이처럼 '是'의 경계는 '此'보다 넓지만, 경계선은 애매하다. '斯'가 의미하는 '이것'의 경계선은 '是'보다 훨씬 더 넓지만, 그 경계선은 거의 애매한 수준에 이른다. 우리가 흔히 '사계(斯界)의 권위자'라고 하는 경우의 '斯'의 경계선은 실로 애매하다. 이처럼 '斯'의 범위는 존재하는 것으로 보이지만 그려 보라고 하면 그려 내기는 어렵다. '斯天下之民'(이 천하의 백성들)이라고 할 때의 '斯'의 경계선은 거의 보이지 않는다. '이 천하의 백성들'의 경계선을 생각해보라! 그러나 우리의 인식계에서 '이 천하의 백성들'이라는 말의 의미는 분명하다.

이런 문제들이 하나둘 나타나면서 나는 『맹자』에 나오는 한자 하나하나에 대하여 주의를 기울이기 시작했다. 아마도 철학 전공자들이 보면, '저 친구 지금 뭐 하고 있는 거야?'라고 생각할 것이다. 그러나 어법을 전공하는 나에게는 하나하나의 글자를 해석하고, 그것의 기능을 알아가는 것이 대단히 중요했다. 중앙연구원에서 『맹자』를 읽으면서 나는 이전에 읽었던 것들이 하나도 생각나지 않는다는 것을 알았다. 그 당시 충분히 익히지 않고 넘어간 것이다. 그러나 이제는 쉽게 낙담하지 않는 나이가 되었다. 다시 생각하자! 이렇게 마음먹고 명백하게 해석되지 않는 부분을 만나면 많은 시간을 아낌없이 쓰면서 한없이 생각해보았다. 그러던 어느 날 나로서는 해결할 수 없는 이상한 문제를 만났다. 다음을 보자.

(1) 萬章, 孟子弟子. (만장은 맹자의 제자이다.)

(2) 公都子, 孟子弟子也. (공도자는 맹자의 제자이다.)

두 문장은 『맹자 집주』에 나오는 주자의 주이다. 의미도 '누구는 맹자의 제자이다'이므로 어려울 것도 전혀 없는 단순한 문장이다. 그런데 (1)에는 '也'가 없고, (2)에는 '也'가 있다. 왜 이러한 차이가 생겨야 하는가? '也'는 어기사(語氣詞)이다. 우리말로 하면 '어감을 나타내는 말'이라는 뜻이다. 예컨대 우리말 '갈래?, 가거라!, 간다구, 갔는데, 간다면, 간다니까'와 같은 말을 보면 어감이 각각 다르다. 이처럼 어감을 나타내는 말을 한문에서는 어기사라고 한다. 나타내는 개념이 없기 때문에 허사(虛詞), 즉 '뜻이 없는 텅 빈 말'이라고 부르기도 한다. (1)과 (2)의 두 문장은 그러니까 내용은 같은데 어감이 다르다는 것이다. 그때까지 나는 '也'에 대하여 생각하지 않았고, 고민하지도 않았다. 의미에 영향을 주는 것은 아니었기 때문이다. 그리고 '한문에도 능하지 못한 내가 뭐, 이웃 나라의 그 옛날 사람들의 어감까지 알아야 하나?'라고 생각했다. 이런 이유로 나는 어기사에 대한 접근 자체를 하지 않았다. 그러나 중앙연구원 시절의 나는 생각을 바꾸었다. 지금이 아니면 언제 시간을 퍼부어 이런 문제를 생각할 수 있겠나? 하자! 지금 해보자! 이렇게 생각하고 위의 두 문장을 종일 중얼거리며 중앙연구원 앞의 정원과 소롯길을 걸었다. 밤이 되면 객실에서도 중얼거리고 침대에서도 잠이 올 때까지 중얼거렸다. 참고 서적이나 사전은 찾아보지 않았다. 나의 감각이 진실에 닿는가를 알고 싶었으니까. 지금 생각하면 꿈만 같다. 나는 2주, 14일을 그렇게 했다. 딱! 14일째 되던 날, 정원 주변을 걷고 있을 때, 머리에 슬며시 들어온 생각이 있었다. '也'는 혹시 '판단의 어감'을 나타내는 것이 아닐까? 아무런 근거도 없이 그냥 들어온 생각이었다. 이렇게 보면 위의 (1)에는 '也'가 없으므로 만장이 맹자의 제자라는 사실은 주자의 판단이 아니고, (2)에는

'也'가 있으므로, 공도자가 맹자의 제자라는 사실은 주자의 판단이 된다. 정확하게 말하면, '이것은 저의 판단이랍니다.'라는 어감을 나타내는 것이다. 나는 이제야 『허사(虛詞)사전』을 찾아보았다. 사전에 나오는 '也'의 첫 번째 항목은 다음과 같았다.

(1) '也'는 문장의 끝에 사용되어 판단의 어기(語氣)를 돕는다.

세상에나! 14일을 쏟아붓고 생각한 것이 사전에는 이미 첫 번째 항목으로 등재되어 있었다. 하하하! 그동안 헛수고를 했었나? 멍청이처럼? 그러나 나의 가슴에는 가벼운 흥분이 일었다. 비록 14일을 쓰고 나서 얻은 것이지만, '한문에 대한 나의 감각이 공자·맹자 시대의 중국인의 언어 감각을 좇아갈 수 있구나!'라는 믿음을 가질 수 있었으니까. 이 믿음은 이후의 나의 학문 생활에 엄청난 영향을 주었다. 만약 사전에서 이 지식을 얻었다면 나는 나의 감각을 믿지 않았을 것이다. 그러나 14일간의 생각 여행은, 나의 감각이 고대 중국인과 크게 다르지 않다는 믿음을 갖기에 충분한, 실로 값진 여행이었다.

『맹자』에 나오는 모든 '也'는 이제 설명이 가능해졌다. 예외가 기억나지 않는다. 나는 이를 정리하여 논문으로 발표하였다. 내 생애에 가장 좋은 논문을 썼다고 자부하고 자랑스럽게 세상에 내놓았다. '也'는 사서(四書)에서 3번째로 사용 빈도가 높으며, 한국과 중국의 한문 서적을 통합해도 사용 빈도가 7번째로 높은 한자이다. 나는 이렇게 많이 쓰이는 한자의 기능을 시원하게 밝혔으니, 이제 경세(警世)의 한 편 논문, 즉 천하가 놀라 자빠지는 한 편의 논문이 될 것이라고 기대했었다. 그러나 세상은 고요하고 잠잠했으며, 아무도 나의 연구 결과에 주목하지 않았다. 허허, 참! 나는 나중에야 그 이유를 알았다. '也'의 기능이 그토록 처절하게 궁금했던 사람이 아무도 없었던 것이다. 서운하지는 않았다. 학문이란 원래 그런 것이니까! 가난했던 아시아의 동쪽, 한반도의 중부, 인쇄도 초라하고 종이도 초라했던 나의 중학교 시절 생물 교과서에도 나왔던 그 유명한 멘델의 유전 법칙도, 멘델이 발표한 지 35년, 멘델이 죽은 지 16년이 지나서야 세상에 알려지지 않았던가! '也'가 해결되자 비교적 수월하게 '의(矣), 언(焉), 이(以), 이(而)'의 기능이 해결되었다.

VII. 14자와 함께 다닌 3개월의 여행

귀국 이후의 『맹자』 읽기도 성공적인 것은 아니었다. 이 시기에는 이미 천독을 포기하고 한학자의 꿈도 포기했었다. 원래 나의 꿈은 『맹자』를 천 번 읽어서 한문을 익힌 후에, 다양한 한문 자료를 능숙하게 읽어가는 위대한 한학자가 되는 것이었다. 그러나 이미 50이 넘은 나이까지 『맹자』 한 권도 자신 있게 마치지 못한 상황이었으니 그 부끄러움은 컸다. 같은 과의 동료 교수 중에도 내가 『맹자』를 읽고 있다는 것을 아는 사람은 극히 적었다. 말을 하지 않았기 때문이다. 가끔 내 연구실에 들러서 『맹자』가 어떻게 되어가느냐고 묻는 분은 고 오수형 교수 한 사람뿐이었다. 그는 힘들어하는 나에게 그래도 위기지학(爲己之學)을 공부하니 얼마나 좋으냐는 말로 위로를 해주곤 했다. 그는 만약 내가 『맹자』를 끝내는 날이 온다면 가장 먼저 연락을 하고 싶은 사람이었는데 애석하게도 연전에 세상을 떠났다. 나는 지금도 가끔, 아니 아주 자주 그가 생각난다. 생각날 때마다 아무도 모르게 가슴이 아려온다.

내가 『맹자』를 공부하던 어느 날, 같은 과의 송용준 교수 연구실에 들러서 "이 나이면 『맹자』를 끝내고 한문 서적을 마음대로 휘둘러 보는 한학자가 되어 있어야 하는데, 지금 그렇지 못하니 부끄럽다."라는 이야기를 했다. 그런데 송 교수는 "그렇게 생각하지 말고 『맹자』 한 권만 잘해도 되지 않느냐?"라고 말하는 것이 아닌가? 이 말은 나를 퍼뜩 정신 차리게 만들었다. 지금쯤 송 교수는 나에게 이런 말을 해준 것도 잊었을 것이다. 그러나 나는 이날부터 한학에 대한 욕심을 버리고 마음 편하게 『맹자』 한 권만 읽기로 마음먹었다. 그 옛날 중국의 한무제 시대에도 시경 박사, 서경 박사, 역경 박사, 예기 박사, 춘추 박사를 두고 이들을 오경박사라고 불렀으니까. 한나라 때부터 중국에서는 일경일박사(一經一博士) 제도를 두었다. 한 권의 경서만 평생 연구하는 한 명의 박사라는 뜻이다. 이는 평생 한 권의 경서를 공부하기도 사실상 어렵다는 것을 뜻한다. 고려 시대에 주자학을 들여왔던 유학자 안향은 일경이박사(一經二博士) 제도를 주장하였다. 한 권의 경서에 두 명의 박사를 두어야 한다는 말이다. 이 말은 절대적으로 옳다. 한 권의 경서에 한 명의 박사를 두었는데, 그 박사가 아집에 빠지거나 오류를 범하면 누가 바로잡을 것인지가 문제된다는, 깊고 아픈 지적이다. 옛사람도 이러했으니 나도 이

제 마음 편하게 한 권의 세계에만 침잠하기로 했다. 나는 천천히 『맹자』를 읽어 갔다. '也, 矣, 焉, 以, 而' 등의 문제가 해결되자 한문 속에 잠들어 있던 생동감이 느껴지고 화자의 감성이 확연하게 드러나 보이기도 했다. 그러나 문제되는 문장은 참으로 많았다. 내 나이 60 즈음에 『맹자』의 마지막 챕터인 진심편을 읽고 있었다. 진심편의 1장 1절은 다음과 같이 시작된다.

> 盡其心者, 知其性也, 知其性, 則知天矣.…

이런 문장이 항상 문제가 된다. '진(盡)'은 '다할 진'이다. 그러니까 '진기심(盡其心)'은 '그 마음을 다한다'는 뜻이다. 그런데 '그 마음은 무슨 마음일까? 누구의 마음일까? 첫 문장에 지시사가 나올 수 있는가?'라는 문제가 생긴다. 정답은 없다. 그다음에 '마음을 다한다는 것'은 도대체 무슨 말일까? 예컨대 이런 생각 저런 생각을 다 한다는 말일까? 어디까지 생각하는 것을 다한다고 말하는 것일까? 예를 들면 어떤 마음이 생겼을 때, 그 마음이 생긴 원인, 또 그것의 원인, 또 그것의 원인 … 이렇게 원인의 끝을 찾아가는 것일까? 아니면 마음을 요동치게 하는 감성, 즉 '희로애락애오욕'을 모두 버린 후에 남는 본래의 청정한 마음에 이르는 것을 말하는 것일까? 이런 설명이 하나도 없다. 그러니까 한없이 생각해볼 수밖에 없다. 나는 이런 문제가 나오면 나의 견해를 정리하는 것으로 만족하고 진도를 나갔다. 정년 퇴임을 하기 전에 『맹자』 전체를 다 읽어 보고 싶었으니까. 이것도 부질없는 욕망이었는데 아직도 그것을 버리지 못했던 모양이다. 진심

장을 읽다가 나는 또다른 충격을 만났다. 진심 장구 상편 38장이었다.

(孟子曰)形色, 天性也. 惟聖人然後可以踐形.

38장은, 14자의 한자로 구성되어 있고, 문장 구조도 복잡하지 않으며, 표점에 대한 이견도 없는 단순한 서술문이다. 훌륭한 영역본을 남기고 있는 제임스 레게(James Legge)는 이 문장에 대하여 '내가 번역을 제시하지만, 이 번역은 정확하지 않다'라고 말하고 있으며, 이지형(李篪衡)은 '이 장은 『맹자』의 글 가운데서도 가장 해석하기 어려운 글의 하나다'라고 말하고 있고, 나카노 쿠마이치로(內野熊一郎)는 '문장이 너무 간략하여 참뜻을 파악하기 어렵다'라고 말하고 있다. 이 문장의 정확한 의미를 모르겠다는 세 사람의 질박한 언급은, 필자가 이 문장을 대하면서 가지게 된 당혹을 상당 부분 제거하여 주었다. 나도 이 문장의 의미가 무엇인지를 몰라서 생각하고 생각하며 긴 시간을 보냈기 때문이다. 이 문장에 대한 기왕의 번역은 다음과 같다.

"形(형)과 色(식)은 天性(텬셩)이니 오직 聖人(셩신)인 然後(연후)에 可(가)히 뻐 形(형)을 踐(천)ᄒᆞᄂᆞ니라."(이퇴계)

"形(형)과 色(식)이 天性(텬셩)이니 오직 聖人(셩인)인 後(후)에아 可(가)히 뻐形(형)을 踐(천)ᄒᆞᄂᆞ니라."(이율곡)

국내의 다른 번역

(1) 形色은 天性이니, 오직 聖人인 뒤에야 形色을 실천할 수 있

다.

(2) 形과 色은 天性이다. 오직 성인인 연후에야만 가히 形을 실천해 낼 수 있다.

이퇴계와 이율곡의 번역에 의하면 '形'과 '色'은 각각 별개의 개념이고, 성인이 된 연후에야 '形色' 중의 '形'을 실천할 수 있다. 국내 번역 (1)은 '形色'이 하나의 개념인지 두 가지 개념인지를 구분하지 않고 있으며, 이에 따라 실천 대상의 '形'을 '形色'으로 보고 있다. 이 견해가 성립하려면 실천 대상인 '形'을 '形色'의 축약형으로 보아야 하는데, 이는 이퇴계와 이율곡의 견해와 다르며, 또한 축약했다는 근거를 찾을 수도 없다. 국내 번역 (2)도 무슨 말인지 알 수 없기는 마찬가지다. 어떤 사람은 '形'이 '귀·눈·손·발'과 같은 신체적 기관을 나타내고, '色'은 '듣는 것, 보는 것, 잡는 것'과 같은 그 기관의 기능을 나타낸다고 본다. 그러나 원문을 다시 보면 이 설명은 가당찮다. 현재 중국에서 가장 훌륭한 『맹자』 번역본이라고 알려진 양백준(楊伯峻)의 『맹자집주(孟子譯註)』에서는 이 구절을 다음과 같이 번역하고 있다.

사람의 신체 용모는 하늘이 준 것이다. [이러한 외표적 美는, 내재적 美에 근거하여 충실성을 보장받는 것으로써], 오직 성인만이 이행할 수 있으며, [그리하여 이러한 천부적 기능에 부끄럽지 않게 된다.]

이 번역이 이해되는가? 이 번역에는 세 가지 문제점이 있다.

첫째, '形色'이 '신체 용모'를 나타내는 복합어인가의 문제이다. 그렇다면 성인은 무슨 이유로 '色'을 버리고 '形'만 실천할 수 있는지가 설명되지 않는다.

둘째, '形'이 '신체'를 나타내고, '色'이 '용모'를 나타내는 병렬적 개념이라면, 무슨 이유로 성인이 되어야만 '신체'를 행하고, '용모'는 실천할 수 없는 것인지가 설명되지 않는다.

셋째, 실천 대상으로서의 '形'이 무엇을 의미하는지가 번역문에는 제시되어 있지 않다.

다른 국내의 번역문도 이해가 되지 않기는 마찬가지이다.

이제 일본의 번역문을 보기로 하자.

形色은 天性이다. 오직 성인이 된 후에야 形을 실천할 수 있다.

일본의 번역문 끝에는 '문장이 너무 간략하여 참뜻을 파악하기 어렵다.'라고 부기해 놓았다. 잘 모르겠다는 뜻이다.

이상을 보면 지금까지의 번역으로는 이 문장의 의미를 파악하기 어렵다는 것을 알 수 있다. 그렇다면 중국의 전통적 주석은 어떨까? 이들의 주석을 보아도 정약용의 『맹자요의(孟子要義)』를 보아도 이 14자 문장은 이해되지 않는다. 나는 마침내 '아! 이제 긴 여행을 시작해 보자!'라고 마음먹었다. 38장은 문장구조가 간결하므로 『맹자』의 의도가 오해되거나 곡해될 수는 없다. 천 번 읽어서 안 되면 이천 번 읽고, 그래도 안 되면 삼천 번을 읽어 보기로 했다.

종일 이들 14자를 읽어 가는 홀로 여행이 시작되었다. 강의

나 강의 준비를 하는 시간 이외에는 오직 이들 14자만 읽으며 하루를 지냈다. 나의 집 안방에서 학교 연구실까지는 걸어서 45분이 걸린다. 그 당시 나의 출근길은 이랬다. 건강을 위해서 조금 일찍 집을 나서서 관악산 공원 정문으로 들어선다. 그리고 그 길을 따라 관악산 정상 방향으로 올라오다가 공과대학 부근에 오면 서울대로 들어가는 쪽문이 있다. 여기로 들어오면 교내가 된다. 아침에 양복을 입고 넥타이를 매고 가방을 들고 구두를 신고 이 길을 올라가면, 새벽 등산을 마치고 산을 내려오는 등산객들과 정면으로 마주친다. 피할 길은 없다. 그야말로 노 웨이 아웃이다. 그들은 거의 모두 나를 쳐다본다. 이 아침에 양복 입고 넥타이 매고 가방 들고 구두 신고 산에 올라가는 저 사나이는 무얼 하는 사람일까? 그들이 나를 보는 시선에는 이런 의문이 담겨 있다. 그러나 이것도 습관이 되면 암시랑토 않다. 그냥 앞으로 걸어가면 된다. 그리하여 이 길은 나를 깊은 사유의 세계로 이끌어준 고마운 공간이 되었다.

이렇게 등하교하는 길에서 나는 이들 14자를 읽고 또 읽었다. 1개월, 그리고 또 1개월이 지났다. 답은 나오지 않았다. 그래도 나는 그토록 나가고 싶은『맹자』진도를 포기하고 14자를 읽었다. 아무런 생각 없이 읽었다. 그리고 3개월이 끝나가는 어느 날, 나는 평소에 갈 일 없는 여의도에 있었다. 주례를 서기로 한 것이다. 주례를 설 때 나는 대개 예식 시작 1시간 전에 식장에 도착한다. 나는 여유롭게 식장을 훑어보고, 뭐 폭발물이 있을 리는 없지만 그래도 주례석을 확인하고, 주례가 서는 자리에 나의 키를 높여주는 주례 단이 있는지를 살펴보고, 혼주에게 주례가 왔음을 고지하고, 주례사를 되새겨 본다. 그리고 나머지 시간은 밖으로 나와서 『맹자』를 읽는다. 그날도 길가 가로수 그늘 아래에서 14자를 읽었다. 그런데 갑자기 '色'이 '그냥 색깔! 색채라면?'이라는 생각이 퍼뜩 들었다. 대반전이었다. '色'이, 여인의 용모라든가, 안색이라든가, 희로애락애오욕이라든가, 이목구비라는 굴레에서 벗어나는 순간이었다. 색깔은 무엇인가? 보이는 것이다. 만물이 보이는 것은 오직 만물에 입혀진 색깔 때문이다. 그러니까 우리가 보는 모든 것은 만물의 색깔일 뿐이다. 이것은 물리적으로 옳다. 그렇다면 形은 당연하게 만물에서 색깔을 제거한 것이 된다. 만물에서 색깔을 제거하면 아무것도 보이지 않는다. 그러나 존재한다. 원형, 혹은 원리 그 자체로. 눈에 보이지 않는, 인간의 감각의 지배를 받지 않고 존재하는 형체, 그것을 나는 원형, 원리라고 생각했다. 이렇게 생각하니 14자의 의미가 선명해진다. 맹자가 여기에서 말하고 있는 대상이 어떤 명제라면, 색깔은 언어이고, 언어를 뛰어넘는 저편에 하늘이 준 원리가 있을 것이다. 오직 성인만이 그것을 실천할 수 있는 것이다.

> 원리와 그것의 색채, 즉 언어는 하늘이 준 것이다. 오직 성인만이 그 원리를 실천할 수 있다.

나는 플라톤에게 '形'이 무엇인지 아느냐고 물어보면, "엥? 이거 뭐야. 이데아잖아!"라고 대답할 것이라고 확신한다. 맹자가 응아! 하고 출세하던 그해에, 플라톤은 『국가(*The Republic*)』을 펴낸, 지천명의 55세 철학자였다. 나는 14자와 함께 지낸 삼 개월의 여행을 통하여 한문에 관한 한, 무한한 사유 끝에 답이 나올 수 있다는 믿음을 다시 한번 갖게 되었다. 만약 이것이 고집이라면 나의 고집은 더 단단해진 것이다. 그러나 고집은 안 되는데……. 공자가 그랬지. '무고(毋固)'라, '너무 고집부리지 말거라.' '무아(毋我)'라, '자기를 너무 내세우지 말거라!'

VIII. 두 명의 남자와 잠자는 아내

2014년 2월, 나는 영광의 정년을 맞이했다. 나는 오래전부터 이 날을 '환상의 날'이라고 부르며 기다리고 있었다. 이제부터는 세상의 모든 의무에서 벗어나 24시간이 온전히 내 것이었으니까. 생각해보면 언제 어느 시절에 24시간이 온전히 나의 것이었는지 생각나지 않는다. 초등학교 때도 바빴다. 방학이면 쉬지 않느냐고 하는데, 절대로 그렇지 않았다. 방학이 시작되어도 시골 학교의 학생들은 아침마다 전교생이 학교 운동장에 모여서 국민보건체조를 해야만 했다. 그때는 덴마크 체조라고 부르기도 했다. 지금도 생각난다. 그리운 곡조 '아름다워라! 이른 아침 …'으로 시작되는 음악에 맞추어 전교생이 체조를 해야만 했다. 체조가 끝나면 선생님께서는 체조를 마친 학생들이 내미는 공책에 도장을 꾸욱 눌러 주셨다. 이 도장을 매일매일 빠지지 않고 받은 학생은 착하고 우수한 학생으로 인정되어 개학이 되면 상을 받았다. 사정이 이러하니 초등학교 때도 24시간이 나의 것은 아니었다. 돌이켜 보면 초등학교 입학 이전이 나만의 시간이었던 것 같다. 그러나 그 시기에는 시간이 나의 것이라는 인식이 없었다.

이렇게 보면 나는 정년 이후에야 24시간이 나의 시간인 시절로 접어든 것이다. 꽃 같은 시절 아닌가! 어느 날 아침 나는 이불 속에서 아내에게 말했다. "여보야, 나 늦잠 자도 되지?" 아내는 그러라고, 제발 늦잠 좀 자라고, 당신은 늦잠 잘 자격이 있다고 말했다. 내가 언제 이토록 마음 편하게 늦잠을 즐겨보았는가?

정년 이후의 생활은 즐거웠다. 나는 아내와 단둘이 산골에서 살았다. 아주 낮은 동산이 동쪽 서쪽에 나뉘어 있고, 뒤에는 멀리 작은 산, 앞에는 강이 흐르는 한가운데 집이 있었다. 호사스러운 집은 아니었다. 전기도 들어오지 않았고 수도도 들어오지 않았다. 물은 지하수를 퍼 올려야 했는데, 이때 필요한 전기는 발동기라는 기계를 작동시켜서 발전해야 했다. 밤에는 촛불도 켜고, 발동기 전기로 전등을 켜기도 했다. 나는 아내와 이렇게 살기로 했었다. 그런데 어느 날 아내가 냉장고는 있어야겠다고 주장하기 시작했다. 그리하여 전기를 끌어오자 냉장고도 마련하고 텔레비전도 마련했다. 집 앞에는 제법 폭이 넓은 강이 산을 따라 흘렀다. 나는 매일 강가를 걸으며 『맹자』를 읽었다. 운동 삼아 걸었지만, 『맹자』를 읽으니 시간 낭비는 아니었다. 나는 아내에게, 아직은 할 일이 있으니 정년을 하지 않은 것으로 알아 달라고 간곡히 호소했다. 그리고 종일 『맹자』에 집중했다. 이제 천독으로부터 해방되었으니, 읽고 싶은 만큼 읽고, 생각하고 싶은 만큼 생각하면 된다. 고마운 것은 아내가 나의 『맹자』 공부를 막지 않은 것이다. 만약 아내가 이를 인정하지 않았다면 나는 『맹자』에 집중할 수 없었을 것이다. 나는 종일 『맹자』를 읽고 저녁에도 잠이 들 때까지 『맹자』를 읽다가 그 책을 베개 옆에 놓고 잠이 들었다. 아내는 말했다.

나는 매일 두 명의 남자와 잠을 잔다. 남편과 맹자!

아무튼 이런 식으로 읽어 가자, 하루에 한 개 정도 애매했던 문제가 해결되었고, 생각지도 않았던 새로운 문제도 나타났다. 좋은 나날이었다. 그렇게 십 년이 흘렀다. 나는 2007년부터 〈맹자 찰기(札記)〉를 작성했다. 말하자면 〈맹자 일기〉에 해당한다. 읽다가 생각난 것, 풀리지 않는 구절, 자전에서 찾은 한자의 뜻, 한자의 파생의미의 출현 과정, 해석과 유관한 역사적 사실, 주자의 해석이 이상하다고 생각한 부분 등을 적어놓은 것이다. 이 기록에 의하면 2007년 1월 13일부터 2024년 5월 31일 사이에 나는 『맹자』를 17회 완독했다. 완독이란 처음부터 끝까지 한 번 읽었다는 것을 말한다. 그러니까 『맹자』를 한 번 완독하는 데 대략 1년이 걸린 셈이다. 예전에는 1년이 걸렸지만, 그래도 조금 익숙해진 후반기에는 반년이면 완독을 해야 할 것 같은데, 실제로는 전혀 그렇지 않았다. 읽을수록 생각해야 할 새로운 문제가 생겼기 때문이었다.

한 번 완독할 때마다 평균 10번씩 읽었다면 『맹자』를 170번 읽은 셈이고, 읽을 때마다 평균 20번씩 읽고 넘어갔다면 모두 340번쯤 『맹자』를 읽은 셈이다. 그러나 이제 와서 돌아보니 몇 번 읽었는지는 전혀 문제가 되지 않았다. 읽을 때마다 얼마나 깊이 생각해 보았는지가 문제였다. 나는 금년 2024년에 일단 『맹자』를 끝내기로 했다. 끝낸다는 것은, 이제부터는 다시 『맹자』를 처음부터 읽어가는 일을 하지 않는다는 뜻이고, 읽은 결과를 세상에 공개하여 후학들의 한문 공부에 도움을 제공한다는 뜻이고, 한 편으로는 이제 마음 편히 다른 한문책을 보기 시작한다는 뜻이기도 하다.

이제 그동안의 『맹자』 읽기를 끝낸다. 혹시 여기까지 이 글을 읽어온 후학들이 있다면 한 마디 묻고 싶다.

"『맹자』 공부가 어려운 것 같습니까?"

"오직 한 권만, 한 권만 줄곧 읽으면 되니까 쉽지 않습니까?"

"세상에서 이처럼 단순한 분야가 또 있습니까?"

나는 이제 한문 공부가 쉬운 것이라고 말하고 싶다. 그렇게 하기만 하면 분명한 결과가 나오니까 불안할 것이 없다. 앞길에 대한 불안이 없다면, 앞이 보이지 않는 어두운 밤길도 걸을 수 있고, 한겨울 이른 새벽의 그 자욱한 안개 속으로 뛰어가기도 하지 않는가! 다만 지루함! 그것이 좀 힘들 뿐이다.

IX. '맹자와 함께 춤을'

1983년부터 나를 후원해 준 분들이 있었다. 그 후원금으로 나는 두 가지 일을 했다. 첫째는, 한문으로 쓰여있는 국학 자료를 전산화하기 위한 기초 작업으로, 이에 필요한 한자 1만 5,500자를 선정하고 이를 '한사연 한자 코드시스템'이라고 명명하여 한글

과컴퓨터에 제공했다. 이 한자 입력 시스템은 흔글 2.0에 탑재되어 한자 사용자들에게 큰 환영을 받았다. 둘째는 한사연 한자 코드시스템으로 국학 연구에 필요한 사료와 중국 자료를 입력하여 1999년 세상에 무료로 공개했다. 그러나 국학 자료의 전산화가 문제의 끝은 아니었다. 나는 국학 자료를 전산화하더라도, 그 한문을 각 분야의 연구자들에게 번역하고 해석해줄 수 있는 일군의 한문 학자를 양성해야 한다고 주장했다. 그리고 이러한 한문학자 양성기관의 설립에 필요한 자금을 모으겠다고 후원자들에게 약속했다. 그 당시의 계산으로는 대략 100억 원 정도가 필요했다. 그러나 나는 이 금액의 모금에 실패했다. 돌이켜 보면 하늘이 나에게 이런 돈을 사용할 기회나 권리나 의무를 주지 않은 것 같다. 그런데 세월이 바뀌었다. 21세기가 되면서 인터넷이 세상을 덮었다. 2000년에 나는 채팅이라는 것을 처음으로 경험했다. 이 경험은 놀라움으로 다가왔다. 채팅 상대는 중국인이었고, 그녀는 지금 남아연방에 있다고 했다. 나는 알파벳을 이용하여 그녀와 많은 대화를 했다. 나에게 주어진 것은 매끈한 컴퓨터 화면뿐이었다. 그런데 이 화면은 시간과 공간을 완전하게 초월하고 있었다. 그러다가 유튜브라는 공간이 생겼다. 이것은 내가 너무나 고대하던 공간이었다. 이제 한문에 뜻을 둔 사람들을 한 군데로 모아서 한문을 강의해야 하는 공간이 필요 없게 된 것이다. 나는, 내가 한문을 열심히 공부해서, 한문을 잘 이해할 수 있는 강의를 만들어서, 이를 유튜브에 공개하기로 했다. 그러면 뜻있는 사람들이, 언제든, 어디서든, 몇 번이든 이 강의를 듣게 되리라고 생각했다. 언제든, 어디서든, 몇 번이든, 강의를 들을 수 있다면, 어떤 교육기관보다 더 유용하고 더 효과적인 공간이 되지 않겠는가! 나는 이 유튜브 강의를 통하여 나를 후원해 주었던 분들에게 마지막 약속을 지키려고 했다. 이것이 내가 지금까지 한문 공부를 해온 이유이다. 그리고 이 강의를 통하여 우인 선생님의 뜻을 후손에게 전하고 싶었다. 이것이 또한 유튜브 『맹자』 강의의 중요한 이유가 된다.

정년 퇴임을 앞두고 중문과 교수들이 나를 환송하는 모임을 열었다. 그분들은 정년 후의 나의 계획을 물었고 나는 가감 없이 앞날의 계획을 공개했다. 그러자 돌연 유튜브 맹자 강의의 이름을 지어보자는 이야기가 나왔다. '허성도의 맹자 강의'도 나오고, '맹자의 모든 것'도 나오고, '맹자와 거시기'도 나왔다. 모두들 웃었다. 그러다가 이강재 교수가 돌연 '맹자와 함께 춤을'이라는 이름을 제시했다. 모두들 또다시 배를 잡고 웃었다. 이는 당시에 많은 화제를 낳았던 영화 '늑대와 함께 춤을'이라는 영화 제목을 패러디한 것이었다.

이날 이후로 유튜브 강의의 가상적 이름은 '맹자와 함께 춤을'이 되었다. 나는 이 강의를 개설하기 위하여 지금까지 지루하고 지루했던 『맹자』 읽기를 이어 왔다. 요즈음 꿈의 작업인 '맹자와 함께 춤을'을 공개할 준비를 해가고 있다. 강의 연습에도 많은 시간을 쓴다. 목소리도 조정해 보고 나의 모습이 나오는 동영상의 각도도 조정해 본다. 아마도 금년이 가기 전에 '맹자와 함께 춤을'은 조용히 세상에 고개를 내밀 것이다. 그러나 요즘 세상에 그 누가 『맹자』 배우기에 그토록 열심이겠는가! 사정이 이러하니 50명만 구독자가 모여 준다면 원이 없겠고, 그중에 한두 사람만 이 강의를 끝까지 보아주고, 이 강의가 요구하는 공부 방법을 따라준다면, 그 이상의 영광은 없을 것이다. 어차피 우인 선생님의 뜻을 후대에 전하는 것도 결국 나 하나 아니던가!

공부는 아무나 하나…

전경수

서울대학교 사회과학대학
인류학과 명예교수

1. 아버지와 선생님

육십 년대에 대학 진학이라는 것은 잘 먹고 사는 길을 가는 방안 모색의 하나였다. 일찌감치 이런 문제에 눈을 떴던 친구들은 상고나 공고로 진학했고, 나의 경우는 뚜렷한 생각 없이 인문계 고등학교로 진학하여 대학입시를 준비하는 과정이었다. 고등학교 과정에서 나를 잘 아는 선생님들께서는 나에게 육군사관학교로 진학하는 것을 적극적으로 권하셨다. 당시 사관학교의 입학시험은 일반 대학입시보다도 2-3개월 정도 먼저 시행되었다. 별다른 생각 없이 아버님께 그러한 의사를 전달드렸는데, 방바닥으로부터 공중부양하듯이 펄쩍 뛰시면서 반대하셨다. 그래서 서울대학에 입학하는 것이 목표가 되었고, 원서를 쓸 즈음에 아버님께서는 '고고학'이라는 학문의 길을 가라고 권하셨다. "굶어 죽지 않을 것이니, 그렇게 하라"고. 담임선생님께 그러한 의사를 전달한 다음날 선생님께서 서울대학교 '배지'를 한 개 갖다주셨다. 입시에 성공했고, 1967년 2월 22일 나는 상경하는 열차를 탔다. 하직 인사를 드리는데, 아버지께서 큰 주머니 한 개를 내미셨다. 삼각대와 망원렌즈도 포함한 '아사히 팬탁스' 사진기 한 세트가 포장도 뜯기지 않은 채였다. "이걸 가지고 공부 열심히 해라." 지금 생각해 보면, 그 물건은 밀수품이었을 것이다.

우리는 교복을 맞추어 입고 등교했다. 당시 단과대학마다 배지가 따로 있었는데, 문리과대학의 배지는 직사각형 속에 한자로 '大學'이라고 새겨져 있었다. 문리과대학을 다니면서 가장 인상에 남는 수업이 1967년 3월 김열규 선생님의 '교양국어' 첫 시간이었다. 문리과대학에 대한 긍지와 자부심이 대단한 분이셨다. "대학 중의 대학이 문리과대학"이라고 열변을 토하셨다. 나는 지금도 그때 그분의 날카로운 눈매를 생생하게 기억한다. 당시 내 가슴에서는 무엇인가 솟아올랐던 뜨거운 느낌이 지금도 느껴진다. 우편 주소가 '고물학과'로 기재되어 들어왔던 고고인류학과로 입학하여 전공과목을 처음 듣게 되었던 것이 의예과와 치의예과 학생들과 함께 하는 '인류학개론'이었다.

한상복 선생님께서는 내가 입학했던 1967년 1월에 전임강사로 부임하셨다. 첫해였기 때문에, 자부심과 열성도 대단하셨을 것으로 짐작된다. 교재로 사용하는 책이 영어로 된 묵직한 '원서'였다. 랠프 빌즈(Ralph Beals)와 해리 호이어(Harry Hoijer)의 *An Introduction to Anthropology*(1953년 초판)였는데, 선생님께서는 푸른색 하드커버의 두꺼운 책을 대본으로 강의하셨고, 나는 종로1가에 있던 법문사에서 거금을 들여서 그 책을 구입하여, 예습했다. 하루는 강의 시간에 선생님께서 말씀하시는 내용이 내가 읽었던 내용과 달랐다. 강의가 끝난 다음 선생님께 찾아가서 자초지종 문의를 했는데, 선생님께서 내가 갖고 있는 책을 보시고 "아, 이것은 3판이네!"라고 하셨다. 나는 그제야 책이라는 물건이

판을 거듭하여 제작된다는 것을 알게 되었다. 선생님은 오래된 제2판(1963년판), 내가 구입한 것은 제3판(1965년판)이었던 것이다. 말하자면, 개정판을 읽은 나의 정보가 바를 수밖에 없었다.

대학 생활이 참으로 신나고 좋았다. 그해 6월에는 선배들을 따라서 덕적도 옆에 있는 소야도에 답사를 나갔다. 박물관에 있는 텐트와 야영 도구들을 짊어 메고 '두더지' 깃발을 앞세워서 경인선도 타고, 인천항에서 연락선을 탔다. 나는 소야도에 있는 어느 민가의 닭장 뒤에 있는 패총이란 것을 '발견'하여 혼자서 해가 저물도록 발굴했다. 고고학도가 된 기분으로 골침과 토기들을 수습했다. 그해 4학년이었던 최몽룡 선배가 그 자료를 바탕으로 『한국고고(韓國考古)』 제2집에 논문을 썼는데, 그 내용 중에 패총 발견자인 나의 이름도 기록되어 있었다. 여름방학 기간에는 이광규 선생님(당시 사범대학 교육학과 소속)의 동래 두구동 답사를 따라왔던 65학번 선배들과 어울리는 기회도 잊을 수가 없다. 당시 두구동에는 짚신을 삼아서 파는 분이 계셨는데, 발이 커서 신발 구하기가 어려웠던 나는 짚신 한 타래를 얻어서 신고 다니기도 했다. 그해 2학기에 김원룡 선생님의 '고고학개론' 강의를 수강했다. 어느 해인가 김철준 선생님의 강의를 들었는데, 몇 차례나 반복하시면서 따라서 발음하기도 쉽지 않았던 '시로코고로프'라는 이름을 거명했다. 그 이름은 내가 오십 세가 되면서 시작한 인류학사 정리 작업 과정에서 다시 등장했다. 세르게이 미하일로비치 시로코고로프(Sergei Mikhailovich Shirokogorov, 1887-1939). 고대사를 전공하셨던 선생님께서 시로코고로프를 강조하셨던 이유를 이제야 알게 되었다. 아직도 갈 길이 멀다.

1학년 2학기 때는 중급독일어를 수강했는데, 그 강의를 심리학과의 조명한 선생님께서 담당하셨다. 선생님께서는 당시 심리학과 실험실에서 기계를 이용하여 언어와 관련된 실험을 하셨고, 나는 피험자를 지원했다. 문리대 시절 심리학과는 본부 뒤편으로 독립된 건물을 갖고 있었다. 심리학과의 실험실도 그때 알게 되었고, 그때의 기계가 제대로 대접받지 못하고, 사회대 건물 옥상으로 올라가는 계단에 방치되어 있었던 적이 있었다. 그 기계는 독일제로서 경성제국대학 심리학 교실에서 사용했던 것이었음을 후일 알게 되었다. 베를린대학과의 경쟁을 목표로 했던 경성제국대학 법문학부 심리학과는 당시 식민지를 포함한 일본 전체에서도 인정하는 존재였다.

1학년 겨울 방학 동안 나는 고고학개론 강의 시간에 들었던 부산의 선사 유적지들을 막냇동생을 데리고 답사했다. 모두 패총 유적지들이었는데, 모두 방치되어 있었다. 다대포의 유적지는 거의 유실되어 일부만 남아 있었고, 영도의 청학동과 신선동 유적지는 모두 가옥들이 들어선 동네가 되어 있었고, 동삼동 패총만 있었는데, 동삼동 유적지 건너편에 있는 아치섬(조도)으로 건너갔다. 그곳에서는 인가들 사이의 밭에 패총이 확인되었다. 조도 패총은 당시까지 보고된 바가 없었던 것이었다. 동네 주민의 동의를 얻어서 마늘 밭의 일부를 파서 토기들을 수습했다. 그것들을 1968년도 개학하면서 학과 사무실의 임효재 조교 선생님께 갖다 드렸는데, 이후 감감무소식이 되어 버렸다. 후일 국립중앙박물관이 간행한 『조도패총』이라는 보고서를 1976년에 발행한 것을 본 나는 씁쓸한 입맛을 다실 수밖에 없었다. 유사한 일은 그 뒤에도 있었다. 1973년 군 복무 중에 혼인을 했고, 일주일간 휴가를 얻어서 아내와 둘이서 한탄강변에서 여름 시간을 보낸 적이 있었다. 강변의 숙소 창문 너머로 드러난 하안 단애에서 커다란 즐문토기 편을 보았고, 그것들을 수습하여 귀경 후 고고인류학과 사무실에 갖다 주었다. 그 뒤 그것에 대해서도 감감무소식이었다. 1978년 그렉 보웬(Greg Bowen, 1950-2009)이라는 미군에 의해서 전곡리 구석기 유적지가 발견되었다고 대서 특필된 뉴스를 본 나는 또 한 번 "앗차!" 했다. 그곳이 내가 즐문토기를 수습했던 한탄강변 그 자리였던 것이다.

한 학년에 10명 정원으로 입학했다가 한두 명 탈락하고, 한두 명 전과하고, 한두 명 군대로 나가고 나면 보통 한 학년에 6-7명 다녔던 것으로 기억된다. 따라서 학과의 학생 전원이 모여서 진행하는 답사에는 20명 안팎으로 동행했기 때문에, 선후배들 간의 관계가 문리대의 어느 학과보다도 돈독했다고 생각된다. 가을에는 순천의 송광사로 선암사로 남도행 답사를 했다. 지리산 노고단을 오르기도 했고, 도중에 광주시청 직원들과 실랑이가 벌어져서 개울을 가운데로 두고 돌팔매질로 패싸움을 했던 기억도 생생하다. 석전(石戰) 관습에 익숙했던 한국사람들이었던가! 동순천역에서 전라선을 타고 상경해야 하는 시간표였기에 패싸움으로 시간을 허비했고, 마이크로버스 한 대로 열차 시간에 맞도록 아슬아슬하게 질주했던 적도 있었다.

1967년 가을에는 고고학개론의 과제로 동기들과 함께 삼전동 비석 탁본을 나갔다. 뚝섬에서 나룻배를 타고 건너서 먼지바람 부는 송파를 거쳤는데 비석은 황량한 들판에 있었고, 바람 때문에 제대로 탁본을 하지도 못했고, 근처의 주막에서 막걸리만 마셨다. 땅콩밭을 바라보며 걷고 뽕나무들이 조밀한 결으로 걸었고, 송파와 뚝섬을 이었던 나룻배가 어렴풋이 기억나는 정도다.

2학년 봄학기에는 부산 영도의 동상동 패총과 경주 유적지로 학과의 답사가 있었다. 동삼동 패총은 하나의 커다란 밭이었다. 밭작물이 심어져 있었는데 그냥 들어갔던 우리 일행에게 불만을 품은 주인이 곡괭이를 들고 달려 나왔다. 휘두르는 곡괭이를 보면서 모두 혼비백산하고 도주했다. 후일 국립중앙박물관장을 했던 이건무 형이 ROTC 제복을 입은 채로 도망가던 장면이 눈에 선하다. 경주에서는 마당이 널찍한 큰 여관에 들었다. 천군리사적지에서는 국립박물관의 김정기 선생님께서 어눌한 경상도 사투리의 악센트로 설명을 해주셨다. 나의 신발 끝에 걸린 기왓장을 팠더니 귀면와의 일부분이었다.

1학년 가을학기가 끝나자마자 집으로 부산행 열차를 타기 위해서 선생님 두 분께 인사를 드리러 갔었다. 당시 고고인류학과에는 전임교수가 고고학 전공의 김원룡, 인류학 전공의 한상복, 두 분이 계셨다. 동부연구실의 김 선생님, 본관의 한 선생님, 연배순으로 인사를 드렸고, 한 선생님께 인사를 드리고 교수실을 나오려고 하는데, "잠깐!" 하시면서 선생님께서 나를 불러 세우셨다. 책 한 권을 내미시면서, "이 책 맨 뒤에 부록(appendix)이 있으니, 이것을 번역해서 보내게."라고 말씀하셨다. 1학년 겨울방학이라 친구들과 실컷 놀 궁리를 하던 차였는데, 아찔한 순간이었다. 푸른색 표지의 클라이드 클럭혼(Clyde Kluckhohn) 저서 *Mirror for Man*(1949년 발행)이었다. 미숙한 번역으로 개발새발 써서 우편으로 서둘러 보내 드렸고, 나는 그 일을 까맣게 잊어버렸었다. 2학년 새학기가 시작되어 선생님께 인사를 드리러 갔는데, 내가 잊고 있었던 번역 원고를 내미시면서 "공부를 이렇게 하면 되나!" 호되게 야단을 맞으면서 2학년이 시작되었다.

천정이 아주 높은 본관 건물 이층에 있었던 선생님 연구실의 입구 한쪽 구석에 책걸상을 놓고 심부름하는 시간이 시작되었다. 그 옆으로 사회사업학과 학과사무실과 교수실들이 있었다. 선생님께서 밤늦도록 퇴근을 하시지 않고 공부하시는 날은 좀이 쑤셔서 죽을 맛이었다. 1968년 여름방학 동안 선생님의 가방을 들고 목포행 열차를 탔다. 선생님께서 수행하신 문교부 지원의 어촌 연구에 따라나섰던 것이다. 일행은 모두 5명[한 선생님, 오승환 선생님(당시 의과대학 정신과 소속, 한 선생님과 경기고등학교 동기생), 임효재 선생님(고고인류학과 조교), 기건호 형(66학번)]이었다. 열차 속의 방송에서 '동백림간첩단' 사건을 발표하는 무시무시한 시절이었다. 얼굴을 아는 교수들의 함자가 거명되었다.

목포항구에서 난생 처음 홍어회를 맛보았다. 홍어회를 만드는 장면은 그야말로 가관이었다. 부둣가의 음식점 옆에 붙은 아주 야트막한 함석지붕의 움막 같은 곳 속에 가마니들이 몇 장 들어 있었고, 그 속에서 홍어들이 썩고 있었다. 매운맛이 지금도 생생하게 기억난다. 흑산도를 거쳐서 홍도로 들어간 배는 해상에서 1박을 했다. 당시 해상에서도 통행금지가 있었다. 홍도에는 선창이 없었기 때문에, 종선(從船)이 나와서 여객들을 실어서 뭍으로 옮기는 시스템이었다. 종선의 노를 젓고 오던 사람은 그야말로 '훈도시' 한 장만 걸친 육질 강한 구릿빛 노인이었다. 나는 배를 타면 곧바로 멀미를 시작한다. 지금도 생각해 보면, 아쉬운 장면들이 그냥 지나갔다. 멀미가 심했던 나는 그 아름다운 바다의 장면들을 한 장도 담지 못했다. 상태도, 중태도를 거쳐서 하태도에 도착했는데, 일행은 불시의 강제 하선을 당했다. 폭풍우로 파도 때문에 더 이상 배가 갈 수 없다고 했다. 하태국민학교의 교원관사에서 신세를 지는 일이 발생했고, 그러한 과정을 조정하느라고 한 선생님께서 고심하셨던 장면이 생각난다. 당시는 이미자의 '섬마을 선생님'이란 유행가가 도처(島處)에서 들렸다. 그곳 학교의 선생님 한 분으로부터 아주 자상하게 도움을 받았다. 일주일 뒤 목포에서 오는 배를 기다렸다. 임 선생님께서 하태도의 패총을 발굴하셨고, 나는 그 과정을 도왔다. 일주일 뒤, 임 선생님은 목포를 경유하여 귀경하셨고, 일행은 목적지인 가거도(可居島)를 향했다. 나는 항상 사진기를 지참하고 다녔지만, 그렇게 사진을 많이 찍을 수가 없었다. 필름 값이 워낙 비쌌기 때문이었다. 후회막급인 일이었다.

가거도로 가는 배에는 가거도 주민 한 분과 우리 일행 4명밖에 없었다. 멀미로 초죽음된 나는 빈 소주 됫병들과 함께 선창 밑바닥에서 굴렀고, 위액까지 끌어올리는 연속 구토의 고통으로 기절할 정도였다. 당시 낙도행 선박들은 소위 '정부명령항로'로 운영되었다. 가거도에서도 종선이 나와서 선객을 실어 날랐다. 40일간의 가거도 생활에서 난생처음 초분(草墳)이란 것을 보았다. 섬의 한 영감님께서 선친의 초분을 헤쳐서 유골을 보여주셨는데, 안구 속에서 꼬물거리던 구더기들 모습이 지금도 눈에 선하다. 나만 보면, 자기의 손녀딸을 "데리고 가서 살아라"고 따라

다니던 치렁한 백발의 노파도 잊을 수가 없다. 도착한 후, 몇 날 밤은 제대로 잠을 이룰 수 없었다. 해변의 '짝별'(자갈)이 파도에 구르는 소리가 자장가로 들리는 날까지 기다려야 했다. 상해의 닭이 우는 소리가 들린다고 할 정도로 서남쪽으로 뚝 떨어진 섬이었다.

가거도 등대 아래쪽에서 나는 패총을 발견했고, 임 선생님으로부터 하태도에서 배운 대로 지층을 구분해 가면서 발굴을 하면서 기록했고, 출토되는 토기편들과 동물뼈들을 한 박스 서울로 가지고 왔다. 그때 주민들이 동물 뼈를 '가재 뼈'라고 가르쳐 주었다. '요즈음도 가끔 바닷가 바위에 올라온다'고 했다. 그 동물이 지금은 멸종된 가지(可支-조선왕조실록에 이렇게 기록되어 있음)이며, 일명 바다사자(Japanese Sea Lion)다. 그때의 발굴 과정을 기록한 노트를 김원룡 선생님께 드렸는데, 그 내용은 선생님의 저서에 그대로 수록되었다(김원룡·임효재, 『남해도서고고학』, 1969). 그 내용 속에 발굴자가 나의 이름으로 기록되었기 때문에, 후일 수산대학교의 박구병 교수로부터 인사를 들었다. 1980년대 초반에 수산대학교의 실습선이 가거도를 방문하여 등대 아래 동일한 자리에서 발굴을 했고, 그 보고서에 위의 서적이 인용되었다.

가거도에서는 여름철 멸치잡이가 제철이었다. 밤에 출어를 하면서 짚과 나뭇가지들로 만든 '불채'를 여러 개 배에 실었고, 선장의 신호에 따라서 뱃전에서 물 위를 향하여 불을 붙였다. 불채를 뱃전에서 이리저리 천천히 휘두르면 멸치 떼가 불을 따라서 이동했다. 멸치 떼의 뭉치가 가장 커졌을 때, 불덩어리를 그물 위쪽으로 걷어 올렸다. 멸치 떼가 그물 안에 가득하게 들어찼다. 지극히 전통적인 불채를 이용한 멸치잡이 방식이었는데, 나는 그 장면의 사진을 한 장도 찍지 못하고 멀미로 어지러운 눈으로 보고만 있어야 했다. 잡아 올린 멸치는 곧바로 뱃전에서 횟감이 되었다. 어민들은 된장 한 손가락 찍어서 한 마리씩 그대로 삼켰다. 가거도는 그야말로 울창한 난대림 밀림이었다. 후박나무, 동백나무, 팽나무 등 이름 모를 나무들로 빽빽한 섬이었다. 세 군데의 동네가 있었다. 중심지였던 대리, 항리, 대풍리였는데, 세 동네를 연결하여 다닐 수 있는 산길이 따로 없었다. 주민들은 모두 배를 타고 이동했다. 산으로 들어가야 할 때에는 도롱이나 우비를 쓰지 않으면 거머리의 밥이 된다. 나뭇잎에 붙어 있던 거머리들이 사람 피 냄새를 맡고 '후두둑' 떨어지는 것이다.

국흘도라고 조금 떨어진 삼각봉의 무인도가 있다. 그 섬에서 알을 낳고 새끼를 기르는 조갈새가 있었는데, 이 새는 굴을 파고 알을 낳았다. 거거도에도 물론 뱀이 많이 있었다. 뱀들이 조갈새의 알을 주워 먹는다고 했다. 가끔 한 번씩 국흘도를 방문하는 주민들도 조갈새도 잡고 알도 채집했다. 주민들이 국흘도를 방문하는 중요한 또 다른 이유는 지붕을 잇는 새를 베어 오는 작업이었다. 거거도에는 논이 없었기 때문에, 볏짚은 아주 귀한 물건이었다. 국흘도에서 베어 온 새로 지붕도 잇고, 멸치잡이 때, 불채로도 이용했다. 국흘도 주변에서 작살로 잡아 올린 혹돔 한 마리가 바로 횟감이 되었다. 된장에 마늘을 다져 넣은 장에 회를 찍어 먹는 것이었다. 나는 보기만 했다. 배를 젓고 다니는 동안 어부들은 항상 노래를 불렀다. 지금도 귓가에 맴도는 그 가락들을 채록하지 못한 내가 원망스럽기만 하다. 그곳은 가히 살 만한 섬이었는데, 가거도(可居島)의 생활은 나에게는 온통 멀미뿐이었다. 2학기가 되어서 『대학신문(大學新聞)』에 「가거도잡상」이라는 제목의 수필을 기고했다.

2학기 개학 날짜는 다가오는데 연락선은 제대로 오지 않았다. 일기가 고르지 못하면 늘상 있는 일이었다. 가거도에는 무선연락소가 있어서 목포로부터 출항한 배가 가거도에 입항하는지 안 하는지를 알 수 있었다. 목포를 출항한 연락선이 흑산도와 홍도까지는 오지만, 더 이상 항행하지 않는 경우들이 있었다. 60여 톤밖에 되지 않은 목선이기 때문에, 망망대해로는 항행할 수가 없었다. 어떤 경우는 하태도까지 왔다가 돌아간다는 연락이 오기도 했다. 한번은 연락선이 대리항 앞에까지 왔다가 아무도 내리지도 않은 채로 뱃머리를 북으로 돌려 버렸다. 한 선생님과 동갑이며 친구처럼 지냈던 주민인 고성철 씨가 자신의 통통배를 내어서 연락선을 뒤쫓는 일도 있었다. 이제 생각해 보면, 참으로 위험한 일이었다. '난닝구'를 벗어서 휘돌리며 연락선을 쫓아갔으나 허사였다. 대풍리 바깥까지 따라갔다가 되돌아왔던 기억이 생생하다.

팔월 말이 되어서야 가까스로 해군함정의 낙도진료반이 가거도로 들어온다는 연락이 왔다. 섬사람들은 이장을 필두로 손님맞이 준비를 했다. 절벽에 자라는 풍란과 석란을 선물로 마련하느라고 부산이었다. 어느 날 아침 호수같이 잔잔한 바다에 풍악을 울리면서 해군함정이 들어왔고, 한 선생님께서 함장과 교섭하여 우리 일행의 승선이 가능했다. 진료선의 의료진들이 구호품이라고 들고 내린 선물도 있었고, 짝별에는 간이 진료소가 천막으로 마련되었다. 동네 사람들이 진료소에 줄을 섰고, 진료팀을 따라온 '관광객'들이 해변에서 물놀이를 하고 있었고, 이장은 절벽에서 캐어 온 풍란과 석란을 선물꾸러미로 만들어서 함정으로 싣고 있었다. 낙도 진료선은 절반은 유람선 기능을 하고 있었다. 속에서 불이 올라왔다. 승선을 해보니, 마침 동아일보 기자로 승선했던 아는 누나가 있었다(사회사업학과 졸업생). 나는 1학년 때부터 사회사업학과의 '인간행동의 발달'이라는 과목(하상락 선생님 강의)을 수강했다. 에릭슨 8단계의 설명으로 한 학기가 다 갔던 것 같다.

섬으로부터 귀경한 뒤, 한 선생님께서 과제를 주셨다. 가거도에서 보았던 초분에 대해서 논문을 작성하는 일이었다. 난생 처음 논문이라는 것을 작성한다는데, 어떤 형식이 있는지도 몰랐고, 본 대로 들은 대로 주섬주섬 원고지에 작성하여 제출했다가 선생님으로부터 또 혹독하게 야단을 맞았다. 얼마 후 선생님께서 원고를 완성하셨고, 그 원고는 1969년 간행되었던 『한국문화인류학』 제2집에 게재되었다. 저자명에 '한상복·전경수'라고 인쇄되어 있었다. 선생님 덕분에 공저자지만 논문의 필자로 등록된 최초의 사건이었다. 나로서는 참으로 신나는 일이었다. 당시 선생님께서는 미국으로 유학을 떠나신 뒤였고, 나는 선생님 연구실을 지키고 있었다. 선생님으로부터 "논문 한 편을 이해영 선생님께 전해 드리라"는 편지가 당도했고, 그 논문을 들고 대학 본부의 교무처장실을 찾아서 인사를 올렸다. 그 논문에 인용된 린슌셍(凌純聲, 1901-1978)의 논문은 후일 두고두고 읽었던 것이다. 린슌셍은 파리대학에서 민족학으로 박사학위를 했고(1929

년), 그의 지도교수가 마르셀 모스(Marcel Mauss, 1872-1950)였다는 사실을 뒤늦게 알았다. 학창 시절에는 어느 누구도 그러한 이름들을 거명하는 것을 들어보지도 못했다. 중국인류학사에서는 극히 중요한 인물이다. 나는 지금도 린슌셩에 관한 논문을 한 편 써야 할 과제를 안고 있다.

1968년에는 고고학의 김원룡 선생님께서 영국으로 연구년을 나가셨고, 1969년에는 인류학의 한상복 선생님께서 미국 유학을 가셨기 때문에 1969년에 임효재 선생님께서 전임강사가 되셔서 학과를 이끌었다. 하지만 우리가 듣는 강의는 거의 다 시간강사로 채워졌다. 고고학 분야는 국립박물관의 여러 분들께서 맡아 주셨고, 인류학 분야는 한 선생님의 사회학과 인맥으로 연결되었던 것 같다. 지금 생각해 보면, 고고학을 잘 모르는 분이 강의를 담당한 경우도 있었지만, 금석학개론을 맡으셨던 허선도(당시 육군사관학교 교수) 선생님으로부터는 한문을 제대로 배울 수 있었다. 의과대학의 한동세 선생님으로부터는 프로이트 심리학, 이부영 선생님으로부터는 융심리학, 고려대학의 최재석 선생님의 인류학강독 교재는 존 비티(John Beattie, 1915~1990)의 *Other Cultures*(1964년)였다. 최 선생님께서는 후일 그 책을『사회인류학』이라는 제목으로 번역서를 출판하셨다. 이부영 선생님과 최재석 선생님으로부터 격려도 많이 받았다. 어떻게 보면, 전임교수가 없는 상태에서 인류학과 관련된 인접 분야의 학문들을 폭넓게 대하는 기회가 후일 나의 학문 역정에 상당한 힘이 되었다는 생각을 하게 된다.

그러나 아버님께서 권하셨던 고고학 공부는 점점 더 멀어지고 있었다. 국립박물관에서 수행하는 발굴 현장에 '동원'되는 기회들이 몇 차례 있었지만, 우리가 하는 작업은 거의 노무자 수준이었고, 그것들을 정리하는 과정에는 별로 참여할 기회가 없었다. 지금 생각해 보면, 참으로 아쉬운 장면들이 그냥 많이 스쳐지나갔다. 국립박물관의 김정기 선생님께서 감은사지 발굴을 하시는 데 동원되었던 적도 있었다. 주춧돌 위로 올려진 돌들과 바닥 공간 사이가 유난히 벌어져 있었고, 전설대로 동해를 지키는 회룡(回龍)이 가능하도록 설계되었다고 했다.

4학년 때에는 학우들과 십시일반으로 돈을 모으고 원고들을 제출하여『고고인류학보』를 창간했다. 졸업 직전에 그것을 제작하느라고 서울에서 겨울을 보냈으나, 그것은 창간호로 수명을 다하고 말았다. 4학년 때에는 졸업논문을 준비하는 과정으로 상당한 시간을 보냈다. 군복무를 마치고 복학했던 김장년 선배의 권유로 고군산군도(古群山群島)를 답사했다. 동기생인 이종선(후일 서울시립박물관장과 경기도박물관장)과 함께 세 명이 옥구항으로 가서 배를 타고 선유도에 당도했고, 그곳에서 패총을 발견한 이종선과 김 선배가 일조가 되어서 고고학적인 졸업논문을 작성했던 것으로 기억한다. 나는 그곳에서 또 다시 상당수의 초분(草墳)을 만날 수 있었다. 그 자료를 중심으로 '이중장제'에 관한 두 번째 논문을 작성하여『문리대학보』(1971년)에 게재했다. 당시까지만 해도 이 장제가 문화사상으로 어떠한 의미를 가지는지에 대해서 깊은 생각을 하지 못하고 있었다. 사실상 그 장제의 핵심은 세골(洗骨)이라는 절차다. 일차장을 한 뒤 몇 년이 지난 후 탈육이 되는 시점에서 개분을 하여 뼈를 수습하는데, 그 과정을 세골이라고 한다. 대만이나 오키나와에서는 수습된 뼈들만을 항아리에 담아서 일종의 옹관장을 하는 셈인데 우리나라에서는 이차장의 방식을 매장으로 했다. 앞에 언급했던 린슌셍이 세골 과정에 대해서는 다른 논문에서 언급했기 때문에, 그 중요성을 알지 못한 채로 시간을 보냈던 셈이었다. 진도에서는 십여 년 전까지 초분이 행해지고 있었고, 나는 학생들에게 견학할 수 있는 기회를 마련하느라고 버스를 대절해서 한 학기에 두 번씩 남도행을 했다. 후일 일본에서 발표된 수많은 논문들이 이 문제를 거론했고, 문화사상으로는 씻김굿과도 연동되는 복장제(復葬制)의 전통은 뉴기니를 비롯한 남태평양으로부터 동남아시아를 거쳐서 대만과 중국의 남부 그리고 일본열도의 동북지방과 한반도에 이르기까지 분포했던 중요한 문제라고 생각하고 있다.

일행이 옥구로 나온 뒤 두 사람은 상경했고, 나는 옥구군청을 방문하여 고군산군도가 포함된 미면(米面)의 호적대장을 열람하여 통혼권 분석을 위한 자료를 수집했다. 이렇게 하기 위해서 최초 서울을 출발하기 전에 학과에서 공문을 만들어서 군청으로 보내는 과정이 있었다. 나는 그것으로 대학졸업논문을 작성했다. 한 선생님께서는 가시는 곳마다 그 작업을 하셨기 때문에, 나도 흉내를 내었지만, 그 자료의 정확한 의미를 알지 못한 상태였다. 혼출과 혼입의 시기와 범위를 분석해 내는 것으로서 통혼의 범위를 파악하는 것이 결론이었지만, 사실상 그 자료를 분석하는 것은 그 이상의 의미를 담고 있을 것으로 생각이 된다. 근년에야 알게 되었지만, 그 방법은 경성제국대학 법문학부 사회학강좌에 조교수로 부임했던(1942년) 농촌사회학의 거장 스즈키

에이타로(鈴木榮太郎, 1894-1966)가 하던 방식이었다. 우리나라 사회학에 스며 있는 경성제국대학의 영향에 대해서는 거의 관심도 없는 것이 현실인데, 그렇게 해서는 학문이 제대로 방향타를 잡을 수 없다고 생각한다. 스즈키의 방식 속에서 시간적인 다이내믹스를 파악해내면 사회변동의 흐름을 추적할 수 있는 아주 좋은 자료라는 생각이 최근에야 들었다.

대학 졸업에 즈음하여, 고고학전공으로 대학원을 진학하지 않는 나를 어떻게 아버님께 이해시키는가 하는 것이 큰 과제였다. 당시 인류학전공은 대학원이 없었다. 군복무 3년간 좀 더 생각해보는 기회를 갖겠다는 의지를 아버님께 설명드린 후, 사실상 앞이 캄캄했다. 제대하면서 인류학전공의 대학원을 진학한다는 생각을 아버님께 말씀드리면서 고고학을 하지 않는 이유를 다음과 같이 개진했다. “죽은 사람에 대해서 공부하는 것보다는 산 사람에 대해서 공부하는 것이 낫겠다”는 게 나의 설명이었다. 아마도 아버님께서는 양자의 차이에 대해서 큰 의미를 두지 않으셨던 것 같다. 아무리 대학의 공부는 혼자서 하는 것이라는 말도 있었지만, 학생들을 위하여 제대로 교육이 되지 않았다는 생각을 하지 않을 수 없다. 정치적 소용돌이 때문에 강의가 제대로 되지 않았던 것도 사실이지만, 대학 강의는 강의실이 아니더라도 얼마든지 이루어질 수 있는 것이라는 점을 감안하면, 당시 학생들은 상당 부분 방치된 상태에 있었다고 말해도 크게 문제가 없을 것이라는 생각을 하게 된다.

내가 학문으로 밥을 먹고 살게 된 데에는 또 다른 요인도 있다. 2학년 때부터 입소하여 살게 되었던 기숙사 정영사(正英舍)

의 분위기도 한몫했다고 생각된다. 1968년에 청와대 육영수 여사의 지원으로 건립 개사했던 서울대학의 종합기숙사는 그야말로 종합적이었다. 졸업까지 3년간을 그곳에 신세를 진 셈이었다. 지금도 서로 "이놈저놈" 하는 대학의 친구들은 그때의 인연이다. 입사기념일에 최문환 총장 선생님께서 하시던 말씀이 기억난다. "영국이 세상을 지배하는 강국이 된 데에는 '이튼스쿨'이라는 존재가 있었다"고. 전 대학에서 선발된 3학년 40명과 2학년 40명, 총 80명 학생들이 공동식사를 했다. 한 방에 4명씩으로 비좁은 공간이었지만, 공부하는 분위기는 아주 좋았다. 사범대학 체육교육과 문영현 선생님께서 사감을 하셨고, 사모님께서 기숙사의 주방을 총지휘하셨다.

한 방에 이층침대가 양쪽으로 한 개씩 비치되었고, 침대의 아래 칸에 3학년이, 위 칸에 2학년이 취침했다. 가운데에 책장을 두어서 4명이 나누어서 쓰는 공간이 있었다. 나는 205호실에 들었고, 3학년으로는 외교학과의 강광식(후일 한국정신문화연구원 교수)과 사회사업학과의 최성재(후일 사회복지학과 교수), 2학년으로는 지리학과의 이희열(후일 부산대학교 교수)과 나. 내 밑에는 최성재 형이 잠을 잤다. 몸이 큰 내가 침대의 이층을 오르락내리락할 때마다 삐걱거리는 소리에 최성재 형은 고달팠을 것이다. 침대의 길이가 짧아서 발이 튀어나온 것을 보는 것도 미관상 그리 좋지 않았을 게다. 하루는 늦잠을 자는데 누군가가 나의 발을 뒤흔들었다. 벌떡 일어나서 쥐어박으려고 했는데, 사감 선생님이었다. "이놈, 규격에 안 맞는 이 발 잘라야겠네!"라고 했다. 문 선생님께서는 학생들 한 명 한 명을 참으로 격의 없이 대해 주셨다.

그런 인연으로 나는 정영사 친구의 혼례식 함을 두 번이나 졌다. 내가 혼인이 빨랐기 때문일까? 덩치가 커서 짐꾼으로 안성맞춤이라고 찍혔을까?

나는 토요일과 일요일에는 종로 5가와 6가 그리고 동대문 근처 및 청계천의 고서점을 찾는 일이 종종 있었다. 김기림의 『시론』, 정지용 시집 『백록담』 등을 구입한 날에는 기숙사 친구들과 종로 5가 막걸릿집에서 토론을 일삼았다. 나는 먼지털이를 들고 다녔다. 『공산당선언』을 찾았을 때, 책방 주인은 팔지 않는다고 역성을 냈다. 겨우 달래서 구입했던 적이 있었다. 이미 중앙정보부의 관계자들이 일제히 수색해서 소위 불온문서들을 청소해 간 뒤였지만, 먼지가 수북이 쌓인 구석에서 물건들이 한 건씩 발견되는 경우가 있었다.

당시 문리대의 언어학과에는 라틴어 강의와 만주어 강의가 있었다. 그때 좀 더 공부를 열심히 하지 못했던 것이 이제 와서 후회된다. 종교학과 강의가 상당히 부실했던 것도 생각난다. 내 편견인지는 몰라도 인문학의 기반은 언어학과 종교학에 있다고 생각한다. 유럽에서 18세기 학문이 정립되어 가는 과정에 기초적인 역할을 한 분야가 언어학과 종교학이었음은 두말할 나위도 없다.

1973년 6월 군대 생활 상병 때 중학교 교사를 하던 아내와 혼인을 했다. 어차피 해야 할 결혼, 고달픈 군대 생활 중의 휴가나 더 찾아 먹자는 생각도 작용했다. 1974년 4월 제대복을 입고 문리대로 한 선생님을 찾아가니, 즉석에서 창고에 가서 책걸상 한 벌을 들고 와서 연구실 구석에 앉으라고 하셨다. 얼떨결에 그 길로 다시 선생님의 연구실 구석 자리로 돌아갔고, 학회 간사를 맞게 되었다. 당시 이해영 선생님께서 문리대학장이셨고, 교무과장은 심리학과의 조대경 선생님이셨다. 무급 조교 발령장을 1974년 6월에 받았다. 그때는 이미 서울대학교 종합화의 작업이 진행 중이었기 때문에, 아마도 내가 문리대 최후의 무급 조교였던 것으로 기억된다. 그런데, 한 선생님께서는 매월 봉투에 2만 원을 담아서 나의 책상 위에 놓으셨다. 당시 선생님의 조교수 봉급이 8만 5천 원 정도였다. 내가 그것을 아는 이유는 당시에는 봉급이 현금으로 봉투에 담겨져 지급되었고, 내가 그것을 서무로부터 받아 와서 선생님께 전달했기 때문이다. 월급봉투의 바깥에 금액이 기록되어 있었다. 내가 선생님으로부터 몇 개월간 받았던 월급은 사모님의 배려 없이는 불가능했을 것임은 너무나 뻔한 일이고, 사모님의 배려는 어찌해야 갚을 수 있을까를 가슴에만 묻어두고 살아왔다. 무급 조교라는 직함이 후일 1982년 조교수 임용 시 경력 사항의 호봉 급수를 정할 때 연구 경력 100%의 역할을 했다.

II. 학계의 심부름

1974년 여름 한국문화인류학회의 충청북도민속종합조사에 참가했다. 집단으로 충청북도의 산골을 방문하는 길이었다. 하루 답사 일과가 끝난 후 이두현 선생과 한상복 선생 두 분께서 계곡의 찬물에서 함께 나체로 몸을 씻으시는 장면도 잊을 수가 없다. 학회의 원로들께서 대원으로 참가하셨기 때문에, 나는 거의 전문 짐꾼 역할을 할 수밖에 없었다. 당시 레비-스트로스의 『슬픈 열대』를 번역 출간했던 김성국 형(사회학과 조교)도 동참했다. 옛날이야기 수집을 담당했던 임석재 선생님께서 릴이 두 개 꽂힌 커다란 녹음기를 가지고 나오셨기 때문에, 나 이외에는 아무도 그 짐의 문제를 해결할 수 있는 사람이 없었다. 충청북도 영동군 대강면 환희리의 산골 일대를 녹음기 지고 다녔던 일이 어제만 같다. 나는 그때 닥나무로 한지를 만드는 공정에 대해서 기록했다. 더 정밀한 기록을 남기지 못한 것이 후회스럽기도 하다. 가을에는 여름 답사의 연장으로 지금은 수몰된 청풍으로 혼자 답사를 나가기도 했다. 동네 이장 댁에서 잠을 자는데, 쇠소가 여물을 먹는 외양간 옆 칸에서 소의 눈망울과 눈을 맞추면서 잠이 들었던 밤이었다. 그때 얻었던 물레는 현재 국립민속박물관 소장품이 되어 있다.

그해 2학기에는 컬럼비아대학의 인류학과 박사후보생(Ph.D. candidate)이었던 찰스 골드버그(Charles Goldberg) 씨가 대학원 강의를 했는데, 그분의 배려로 청강이 가능했고, 그때 그분으로부터 배웠던 생태인류학에 관한 논문이 나에게는 섬광처럼 다가왔다. 지금도 기억이 생생하다. 한국문화인류학회 전국대회의 발표자로 나섰던 그분은 「양반, 상놈과 인류학자」라는 제목의 논문을 발표했다가 자신이 자료를 수집하고 있었던 동네 사람들로부터 혼쭐난 경험도 있었다. 워낙 꼼꼼하고 완벽주의자라, 박사논문을 쓰지 못했다고 들었다. 골드버그 씨가 교재로 제시했던 논문이 버클리대학 인류학과의 제임스 앤더슨(James Anderson) 교수가 쓴 개설적인 생태인류학 리뷰 글이었는데, 당시는 인류학

분야의 새로운 경향이었고, 그때의 자극으로 나는 석사논문부터 박사과정까지 줄곧 생태학 공부를 했다. 1974년 가을에는 대학원을 진학하기 위해서 다시 영어와 독일어 공부를 시작했고, 도서관에서 독일어를 공부하느라고 첫 아이 출산 시(1975년 12월 4일) 산고로 생사기로에 섰던 아내와 함께하지 못했다.

1974년에 기억해야 할 일이 하나 더 있다. 한국문화인류학회의 월례발표회가 광화문 네거리에서 서대문 방향으로 조금 올라가면 교육회관이란 건물에서 있었다. 그곳에서 브리티시컬럼비아 대학교(UBC) 사회학 및 인류학과 교수였던 장윤식 선생께서 한국의 샤머니즘에 관한 강연을 하셨다. 학회의 월례회는 보통 많으면 십여 명 적으면 십 명 이하가 모이는 행사였는데, 그때는 청중이 구름같이 몰려왔다. 발표 공고가 난 뒤에 문의가 많이 왔기 때문에 장소를 넓은 곳으로 예약했던 것이다. 과연 무속은 한국사회를 설명함에 있어서 빼놓을 수 없는 주제였다.

1975년은 서울대학교 종합화의 거대한 프로젝트가 드러난 해였다. 학과의 이삿짐을 싸는 일에 동원되었고(당시 학과의 유급 조교는 박부진 씨였음), 그해 2월 말 어느 날로 기억되는데, 줄지은 대학 이삿짐의 트럭 조수석에 앉아서 관악 캠퍼스로 들어갔던 기억이 생생하다. 문리대를 떠나기 전날 밤 나는 이미 짐이 떠난 박물관의 봉인된 문 안으로 들어가 보았다. 그곳은 학창시절에 많은 시간을 보낸 추억이 있는 곳이었다. 그런데, 바닥에는 석촉을 비롯한 유물들 일부가 뒹굴고 있었다. 어지럽게 널려진 종이들이 지금도 눈앞에서 어른거린다. '두더지' 깃발도 바닥에 버려져 있었고, 나는 그것을 소중하게 수습했다. 그때 내가 왜 그 종이들을 제대로 수습하지 않았을까? 쓰레기로 나간 그 속에는 서울대학교 박물관의 역사를 읽을 수 있는 정보들이 담겨 있었을 것이라는 생각을 하면 참으로 만시지탄이다. 학창 시절 소문으로만 들었던 해방 후 경성대학 시절 '인류학과'의 목간판이 그때 사라졌을 것이라는 생각을 지금 하게 된다.

인류학과는 새로 생긴 학과였기 때문에, 두 분의 교수로 살림을 시작했다. 사범대학 교육학과에 계셨던 이광규 교수와 문리대 고고인류학과에 계셨던 한상복 교수의 합심으로 시작한 것이었다. 새로운 살림은 제로에서부터 시작하는 것이었다. 7동의 2층에 인류학과 사무실이 있었고, 6동 4층에 교수 두 분의 연구실이 있었다. 모든 집기를 새로 마련해야 했다. 대학 본부에서 분배한 집기로는 제대로 살림을 꾸릴 수가 없었다. 도서관 지하에 임시로 마련되었던 창고에는 각 단과대학으로부터 운반해 온 헌 집기들이 수없이 쌓여 있었다. 그곳을 뒤져서 벚나무로 된 장을 두 개 건졌다. 서랍이 분실되고 없었기 때문에, 서랍은 신림동의 고물상에 가서 목수를 불러다가 서랍을 짜 넣어서 학과 사무실에 두었더니, 후일 그것이 경성제국대학 시절 법문학부장실에 있었던 가구였다는 것을 알게 되었다. 그 가구는 서울대학교의 재산으로 잡혀 있는 물건이 아니었기 때문에, 후일 나의 연구실에 두었다가 내가 정년을 하면서 국립민속박물관에 기증했다.

한 선생님께서 주도했던 한국의 인구 과정에 관한 프로젝트가 사회과학대학부설 인구 및 발전문제 연구소의 주관으로 1975년 7월부터 시행되었고, 사회학과의 이해영 교수(조수 박현수)와 권태환 교수(조수 유명기) 그리고 영남대학교 문화인류학과의 강신표 교수(조수 박종열)와 한상복 교수(조수 필자) 네 분이 연구원을 맡으셨고, 각 연구원 한 분마다 조교가 한 명씩 배정되어서 일 년간의 현지 연구가 실시되었다. 박현수 형은 충청북도 증평읍으로, 유명기 군은 전남 나주로, 박종열 군은 경남 의령, 필자는 전남 진도로 배정되었다. 지역의 배치는 생태학적 조건을 기준으로 하여, 농촌, 산촌, 어촌, 소도시로 구분했던 것으로 기억된다. 나는 대학원 수업을 들으랴, 진도로 자료 수집을 다니랴 참으로 바빴다. 1975년 8월부터 다음 해 11월까지 나는 매월 최소한도 절반 이상 진도의 섬마을에서 시간을 보냈다. 호남선 야간열차를 타고 목포로 가서, 목포의 선창에서 조도로 남행하는 여객선을 타기도 했고, 광주로 가서 시외버스를 타고 해남의 옥동 나루에서 버스째로 철부선(상륙정을 개조한 배)으로 건너서 진도의 벽파 나루로 들어가는 경로도 있었다. 목포로 가는 경우, 호남선 야간열차가 연착하는 바람에 배를 놓치고 선창의 여인숙에서 일박하는 수도 있었다. 광주를 경유한 경우는, 당시 광주박물관에 근무했던 이종철(후일 국립민속박물관장 및 전통문화대학 총장) 형 댁에서 밤늦게 술을 마셨다. 형수님께서 두부전을 부치시느라고 밤늦도록 고생하셨던 모습이 지금도 생생하다. 그 프로젝트는 보고서를 내지 못하는 아쉬움을 남겼지만, 나로서는 제대로 된 인류학 실습 훈련을 받는 데 크게 일조를 한 셈이었다.

1975년 가을 추석 명절을 진도의 내가 살던 마을에서 보내고, 나는 부모님을 뵈러 부산으로 갔다. 어지럼증이 있어서 병원에 갔는데, 악성빈혈이라는 진단을 받았다. 병실에 누워서 곰곰이 생각하게 되었다. 진도의 마을에서 신세를 졌던 이장 댁에서는 항상 나에게 점심을 제공했다. 밭일을 하시던 이장의 부인께서 나의 점심을 준비하여 일부러 집으로 내려오곤 했다. 당시 마을 사람들은 점심이라는 것을 따로 먹지 않았다. 먹을거리가 없었기 때문이었다. 끼니를 거르기 일쑤였고, 어쩌다가 고구마라도 한 개 걸리면 재수 있는 날이었다. 1975년 진도의 내가 살았던 마을은 그만큼 가난한 곳이었다. 나는 세 끼니를 다 먹었고, 주민들은 두 끼니만 먹었는데, 나만 영양실조 증세가 나타났는가? 사람은 영양불량 상태에도 적응을 한다는 것을 그 뒤에 서적을 통하여 알게 되었다.

퇴원 후 진도로 돌아가서 시작한 작업이 식사 관행에 관한 계량화 가능한 자료의 수집이었다. 동네에서는 일 년에 한 번씩 동계를 하면서 호별등급을 정했다. 동네가 공동으로 부담하는 경비를 호별 분할하기 위한 기초 자료였다. 그 자료를 통하여 상중하로 구분하고, 각각으로부터 한 집씩 선택하여, 3가구의 1년치 식단을 정리하는 작업을 구상했다. 한 가정에서 누가 무엇을 먹었는지에 대한 세밀한 정보를 담아내는 기록이었다. 당시까지 어느 누구도 그러한 연구결과를 시도한 적이 없었다. 그것을 진행하는 과정에서 식품영양학과의 모수미 선생님을 찾아뵙고 여쭙기도 했고, 사범대학 생물교육과의 김준민 선생님 수업을 청강하기도 했다. 그렇게 해서 나는 그 자료를 기반으로 하여 석사논문도 작성했고, 후일「조상 덕에 잘 먹는다(We are well nourished by virture of our ancestors)」란 제목의 논문을 써서 *Ecology of Food and Nutrition*(1984) 잡지에 싣기도 했다.

나의 진도 연구는 이렇게 시작이 되었는데, 아직도 단행본으로 그 마을의 민속지(民俗誌, ethnography)를 책자의 형태로 발행하지 못하고 있다. 그렇게 된 특별한 이유가 있다. 마을 살림살이와 자녀의 출산에 관한 자료들을 수집하다 보니, 공개하기가 어려운 정보들이 포함되어 있기 때문이다. 그 작업은 주로 인구 과정의 출산력에 관한 자료를 집중적으로 수집했기 때문에, 조수들만의 힘으로는 접근이 불가능한 부분이 있었다. 부인들과 자녀 출산에 관한 구조화된 설문지를 이용한 인터뷰가 필요했기 때문에, 각 지역마다 한 분씩 중년 여성분들을 전문 설문 조사자로 고용했고, 나를 도와서 진도를 담당했던 분은 후일 여성운동으로 이름났었던 전주 출신의 오경자 선생님이었다. 그분께서 실시한 설문지를 정리하고 구체적인 검토를 해야 하는 과정이 나에게 주어진 작업들 중의 하나였기 때문에, 설문지에서 나타난 항목들 중에서 특이한 점이 있는 집은 후일 내가 다시 방문하여 확인하는 절차가 있었다. 예를 들면, 자녀의 터울이 특이하게 나타난 경우를 재확인하는 작업을 위하여 나는 어느 집을 방문하여 그 댁의 부인과 간단한 대화를 나눈 적이 있었다. 사실상 나는 구체적으로 어떤 일이 있었는지를 알지 못한 상태에서 지나간 일이었지만, 나의 방문을 받았던 부인은 못내 걱정이 있었던 모양이었고, 급기야 어느 비 오는 날 밤에 그 부인의 남편이 술이 만취된 상태로 도끼를 들고 고함을 지르면서 나를 죽이겠다고 달려온 일이 있었다. 고함소리에 소스라쳤고, 내가 숙식을 의지하던 집 주인인 이장이 그분을 달래서 보냈다. 그 뒤에서야 나는 자초지종의 문제를 알게 되었다.

내가 쓴 글들을 섬사람들도 모두 읽게 된다. 익명으로 처리하면 될 것이라고 하지만, 조금만 자세히 읽어보게 되면, 익명이란 것은 무의미하다. 문자사회에서 자문화(自文化)를 연구하는 과정에는 필연적으로 발생할 수 있는 일이라는 생각도 든다. 어떤 면에서는 비밀이 없는 한국 사회가 이미 "그렇게 생겨 먹었다"고 말하는 것이 나을 것 같기도 하다. 그 문제는 '기이함'의 정도를 증대시킬 수 있을 만한 내용이기 때문에, 타 문화를 연구하는 경우에는 이러한 문제가 오히려 민속지의 흥밋거리를 높일 수도 있다는 생각이 들기도 한다. 내가 아직도 발표하지 못하고 있는 내용은 실제로 과거에 소위 미개사회를 연구했던 서구의 인류학자들이 작성했던 보고서나 논문에는 심심치 않게 등장하는 내용이기도 하다. 그렇다고 해서 그 내용을 생략하고 책자를 만들게 되면, 일은 간단하게 처리되지만, 결과적으로 내가 전체사회를 보여주어야 하는 민속지쓰기(writing ethnography)라는 측면에서는 거짓말을 하는 결과가 되기 때문에, 아직도 출판을 망설이고 있다. 그러한 사실을 내가 알려고 노력했던 것도 아니고, 얼떨결에 알게 되었던 사건이었다. 차라리 몰랐으면 좋았을 것이라는 후회 아닌 후회를 하면서 반세기 동안 가슴에 묻어두고 있는 것이다. 나는 인류학자의 연구 과정에서 가장 나쁜 것이 거짓말이라고 생각한다. 평소에 거짓말을 하는 사람들이 인류학자가 되면 아주 나쁜 선례가 되는 것이다. 인류학자이면서 민속지 작성의 대가인 말리노브스키(B. Malinowski) 선생께서도 분명하게 민속지 작성 과정에서 가장 중요한 것이 솔직함('a candid account')이라고 『서태평양의 원양항해자』(1922년) 서문에서 언명했다. 내년이면 진도 연구 50년이 되는데, 아직도 어떻게 할지를 결정하지 못한 상태로 원고를 들고 있다.

나는 1976년 6월 사회과학대학 인류학과의 유급조교 발령을 받았다. 난생처음 받아본 공식적인 첫 월급봉투였다. 그리고 이 해에 캐나다 브리티시컬럼비아대학 사회학 및 인류학과의 장윤식 교수(사회학과 54학번)께서 한국의 샤머니즘에 관한 연구를 위해서 방문하셨고, 그 연구의 조수 역할을 맡았던 나는 강릉단오제와 서울의 국사당 등으로 선생님을 안내했다. 계룡산의 숫용추 굿당에서 있었던 사고 아닌 사고를 지금도 잊지 못한다. 그곳에는 현재 계룡대가 들어섰다. 무당의 굿이 저녁부터 시작되었고, 나는 사진을 찍었다. 카메라의 불빛에 놀란 칼춤 추던 무당이 갑자기 나에게 달려들면서 칼로 내리치는 바람에 혼비백산했던 적이 있었다. 그것이 트라우마가 되어서 나는 그 후로는 굿당에는 나가지 않았다. 장 선생님께서 나에게 UBC로의 유학을 권하시면서, 그곳의 지도교수 역할을 하실 분도 소개해 주셨고, 장학금도 마련해 주셨다. 1977년 가을에는 밴쿠버로 갈 예정으로 되어 있었다. 그런데, 1977년 봄에 서울대학교 교수공채 제1기로 인류학과에 부임하셨던 이문웅 교수께서 "그 돈으로는 도저히 생활이 불가능하다"라는 조언을 하셨다. 그때부터 토플 시험 준비를 하고, GRE시험 준비를 하고, 조교업무가 시작되기 전의 새벽과 업무가 종료된 후 저녁에는 종로의 학원을 다녔다. 석사논문을 쓰면서 조교업무를 보고 학원을 다니느라고 학과 사무실에서 군용 야전 침대를 놓고 잠을 자는 날이 적지 않았다. 토플 점수가 겨우 턱걸이를 했는데, 천우신조로 미네소타대학(University of Minnesota)에서 장학금 제공 조건으로 받아 주었다.

한국문화인류학회의 간사일도 맡아서 월례발표회도 준비했고, 매년 발행하는『한국문화인류학』잡지의 편집 작업도 도맡아서 했다. 1977년 학회는 영남대학교에서 개최되었는데, 그때 제주도 연구의 패널을 조직했다. 제주도 관련 논문들만을 모아서 하나의 독립적인 세션을 마련했다. 그때 논문발표를 하셨던 분들이 장주근, 김영돈, 진성기, 정영화, 현길언 선생들이었다. 학회가 끝나고 하나의 독립적인 연구모임을 만들기로 했다. 내가 그렇게 공을 들인 이유가 있었다. 인류학이라는 학문이 타 문화 연구를 기본으로 하고 있는데, 우리 실정으로는 해외 연구라는 것은 상상도 못할 일이었고, '해외'는 제주도뿐이었다고 생각했기 때문이었다. 장주근 선생님과 필자가 그 일을 준비하기로 약속이 되었다. 그 후 장 선생님과 만나서 모임의 이름을 정하기로 했고, 각자 작명한 것을 가지고 만났다. 장 선생님께서 내미신 제목은 '제주도 연구 동호인회'였고, 나의 것은 '제주학회'였다. 절충안으로 '제주도연구회'를 조직했으며, 그 발기회를 1978년 2월에 서울에서 제1회 월례발표회를 겸해서 실시했다. 그야말로 소규모의 모임이었다. 장주근 선생님께서 회장을 맡으셨고, 내가 간사를 맡았다.

그 후 제주도 출신의 이기욱 교수, 고부자 교수 등이 합류하여 제법 모양새를 갖추었다. 1978년 여름에 유학을 떠나면서 간사직을 이기욱 씨(당시 고려대학교 대학원생)에게 부탁했다. 내가 없는 동안 이기욱/노인화 선생 부부께서 월례발표회를 줄기차게 준비했다. 한상복 선생님께서 회장을 맡아서 이끌어 주신 때도 있었다. 어떤 때는 회장과 발표자, 그리고 간사 세 명만 모인

적도 있었다. 유학으로부터 귀국 후, 나는 제주도연구회의 본격적 활성화 작업을 추진했다. 김홍식 교수(명지대학 건축공학과)의 소개로 양치종 선생(전 제주도교육감)을 소개받았고, 양 선생님께서 하시던 현오학술문화재단의 지원으로 전국학술대회와 학술지 발간이 시작되었다. 1984년에는 제1회 전국학술대회 자리가 제주시에서 마련되었다. 그때 나온 논문들을 모아서 『제주도연구(濟州島硏究)』 창간호를 간행했다. 2018년에는 창립 40주년 행사를 하면서 진성기 선생님께 감사패를 수여했다.

두 번째 아이의 출산 때(1977년 8월 1일)는 자연보호중앙협의회의 낙도조사에 참여하여 충청남도의 격렬비열도에 있었다. 물론 이때도 한상복 선생님의 조수로서 따라갔고, 안흥항에서 배를 타고 도착한 곳이 가의도였다. 성씨들 중에 가(賈) 씨의 본관이 가의도라는 것도 그때 알았다. 가의도의 해막(解幕)[1]을 보러 나갔었다. 그 근처를 지나서 바닷일을 나가는 배를 이용해서 해막으로 접근할 수 있었고, 해막은 사용한 지가 오래되었는지 일부가 허물어져 있었다. 한 칸 방과 부엌 시설이 있었는데 방은 온돌로 되어 있었다. 개가 출산할 경우에도 해막으로 피신을 시킨다고 했다. 말하자면 적색오염 신앙이 작동했던 것이다. 귀가 중 채석장을 경유할 수 있었고, 석공들의 설명을 듣고 마을의 뒷산으로 들어가는 지름길을 선택했다. 그런데, 그 장소가 과거의

1 서해도서에 주로 분포하고 있었던 일종의 출산민속으로서, 동네의 당제를 지내야 하는 정월에 출산하는 경우, 임산부를 동네로부터 격리시키기 위해서 지은 간이막사로서 동네로부터 떨어진 외딴 장소임.

채석장으로서 절벽의 돌들이 모두 흔들거리고 있었다. 절벽에서 떨어질 뻔했다가 멀리서 달려온 석공들의 도움으로 구사일생으로 구조되었다. 한 선생님께서 그날 술값을 톡톡히 지불하셨다. 고의 아닌 출산기피 행동으로 후일 두고두고 아내로부터 핍박받는 구실이 되고 있다. 어쩌다 보니, 두 아이의 출산 때 모두 공부하느라고 아내의 고통을 반감시키지 못한 죄 아닌 죄를 짓게 되어 버렸다. 나는 절벽에서 사투를 벌이고 있었고, 아내는 산부인과 병원에서 출산으로 사투를 벌이던 시간이 동일한 타이밍이었다. 실제로 그랬다.

가만히 생각해 보면, 서울대학의 조교라는 직책도 참으로 흥미로운 것이다. 우리가 학생 시절에는 학과의 조교(유급 조교를 말함)는 몇 년의 시간이 지나면 전임강사로 승임되었고, 그때부터 독립적으로 강의를 맡았다. 고고인류학과의 사례는 임효재 교수가 유일한 사례다. 임 선생님은 학사학위만으로 교수가 된 셈인데, 그러한 전통은 일제시대의 유산이었다. 일제시대에는 조수라고 했다. 해방 후 1년간 존재했던 경성대학 시절의 문서에는 '교조'라는 직책의 단어가 나온다. 그것은 '교수 조무(敎授助務)'의 줄임말로서 일제시대의 부수에 해당되는 것이고, 후일 이 직책의 명칭이 무급조교가 된 것이다. 이러한 사실은 최근에 백수를 넘기시고 작고하신 화학과의 장세헌 교수님으로부터 가르침을 받았다. 나의 경우는 일 년 기한의 무급조교가 대학 종합화로 인해서 제도 자체가 자동폐기되었던 것 같다. 유급조교의 발령을 받은 다음에는 조교회의에도 참석했고, 시간이 지나가면서 조교장이라고도 불리면서 행정직원들과의 관계도 돈독하게 되었다. 1976년도에는 조교장으로서 교수학생 간담회라는 행사에 조교 대표로 참석하는 일이 있었다. 춘천의 소양호에서 잡아 올린 송어로 회를 준비한 거나한 상차림이 있었다. 경제학과의 한승수 교수의 장형께서 운영하시는 양어장으로부터 배달된 것이라고 했다. 민물고기 회의 위험성을 지적하신 사회학과의 김일철 교수께서 일체 회를 건드리시지 않았다. 상대적으로 나는 그날 포식했다. 공식 절차가 다 끝나고 휴식 시간에 들려오는 교수들의 이야기들 속에는 다음과 같은 내용도 있었다. 육이오사변이 끝나고 서울이 수복되어서 전시연합대학을 해산하고 서울 본교로 돌아와 보니, 똑똑한 인재들은 모두 사라지고 어중이떠중이만 남았더라는 반농담의 이야기도 있었다. 조순 학장 선생님께서 한쪽 구석에서 학생 대표들의 명단을 들고 학생들 이름을 외우시느라고 열중하시던 모습이 떠오른다.

문리과대학의 문학부와 상과대학 그리고 신문대학원 등이 물리적으로 합쳐진 사회과학대학이었기 때문에, 당시 사회과학대학의 분위기는 무엇인가 한 덩어리가 아닌 느낌을 지워버릴 수가 없었다. 인류학과의 경우는 오히려 인문대학과의 과거 관련성 행사들에도 동원되었다. 인문대학 내의 체육행사가 벌어지면, 그쪽에 있는 고고학과를 지원하는 팀이 인류학과에서 참여했다. 누구도 그것을 문제 삼지 않았다. 본시 저 과는 그런 곳이라는 식으로 받아들여졌다. 사회과학대학의 체육행사에는 인문대학의 고고학과로부터 지원이 있었다. 75학번과 76학번들은 모두 그렇게 학창 생활을 했다. 내가 조교를 하던 당시까지는 최소한도 그러한 방식을 유지했다. 고고학과 학생들 중에서는 인류학과 과목 수강생이 적지 않았다. 고고학과는 그 뒤에 학과 명칭을 고고미술사학과로 바꾸었고, 그러한 명칭 변경이 전체적인 학문의 흐름을 반영하는 것으로 이해하는 것이 바람직하다. 그러면서 고고학은 인류학과 완전히 결별하는 모습을 보였다. 참으로 안타까운 과정이었다. 현재 고고미술사학과의 교수들 중에서 고고학 전공자들은 대부분 미국대학의 인류학과에서 수학한 분들이다. 학생들이 이런 식으로 학문이 왜곡되고 있는 줄도 모르고 있다면 상당히 큰 문제인 것이다.

III. 미국유학과 선생님

1978년 7월 유학행 비행기에 올랐다. 'TA'라는 것이 무엇인지도 모르고 그저 '장학금이 나오나보다.'라고 생각하고 출발했다. 친지들과 친구들이 김포공항으로 환송을 나왔고, 울고 있는 두 아이와 아내를 두고 떠나는 마음이 황망하기만 했다. 그해 연말에 가족이 합류하여 미국의 가족생활이 시작되었다. 전액 장학금이란 것의 내용은 TA 월급이었다. 한 달에 560불. 여름 석 달은 지급되지 않았기 때문에, 건물 청소나 페인트칠을 하는 아르바이트를 했다. 이때 받았던 월급은 480불이었다. 주정부에서 제공하는 WIC(Women and Infant Care) 프로그램으로 나오는 두 아이분의 쿠폰으로 우유, 치즈, 달걀, 주스 등을 구입할 수 있었던 것도 살림에 보탬이 되었고, 아내가 저녁에 식당에서 아르바이트도 했다. 아내도 공부를 시작했지만, 나의 배려가 모자라서 학업이 끝맺음을 하지 못한 것이 뼈아픈 후회로 남아 있다.

나를 대학원생으로 '받아 주신' 로버트 스펜서(Robert F. Spencer, 1917-1992) 교수는 부인께서 세인트폴에 있는 사회사업 기관에서 입양관계의 업무를 담당하는 책임자셨고, 당시 그 기관은 주로 한국의 입양아를 미국의 가정으로 안내하는 일을 하고 있었다. 스펜서 교수는 당시 한국의 여공(女工)에 관한 책을 집필하고 있었음을 나중에 알게 되었다. 서울에 있는 왕립학회(Royal Asiatic Society)의 출판부에서 단행본으로 *Yogong*이란 제목으로 출판했다. 전후의 이런저런 일들을 생각하면, 그야말로 천우신조로 미네소타대학에서 박사과정을 할 수 있었던 것이다. 스펜서 교수는 알프레드 크로버(Alfred Kroeber) 교수의 마지막 제자였다. 항상 문화의 개념에 관해서 철저한 입장을 가지도록 요구하셨고, 나에게 부여되었던 첫 번째 과제물은 'What is ethnography?'였다. 그만큼 인류학의 기본 개념과 방법의 기초에 대해서 철저한 분이셨다. 그분은 석사과정을 뉴멕시코대학에서 했는데, 당시 미국 서남부 지역 푸에블로 인디언의 한 집단인 케레산(Keresan) 부족의 언어에 대한 논문을 썼고, 그 감사 표시로 추장으로부터 반지를 선물로 받고 항상 그것을 끼고 다니셨다. 후두암으로 말년에 고생을 하신 선생님께서 우리 부부의 비행기표를 보내주셨다. 눈에 파묻힌 한겨울 동안 세인트폴의 자택에서 일주일간 보낸 적이 있었다. 선생님께서 운명하신 직후 사모님으로부터 국제전화가 걸려 왔다. "Bod just passed away." 선생님께서는 저세상으로 가시는 마지막 길에 나에게 선물을 남기셨다. 일주일쯤 뒤 국제소포로 반지가 도착했다. 케레산 추장으로부터 선물로 받으셨던 은반지인데 푸른색 터키석이 상감되어 있다. 지금은 선생님의 가르침이 서린 나의 반지다.

유학생 비자를 유지하기 위해서 9학점을 수강하는 것이 최소 조건이었다. 미네소타대학은 쿼터제이기 때문에, 한 학기가 10주다. 여름학기까지 합하면 일 년에 4학기가 돌아가는 셈이다. 대학원생들이 필수로 수강해야 하는 기초세미나가 네 가지 있었다. 사회인류학, 언어인류학, 체질인류학, 고고학. 첫 학기 사회인류학 세미나를 담당하신 분은 유진 오간(Eugene Ogan, 1930-2015) 교수. 뉴기니 옆의 부겐빌섬을 연구하신 키가 자그마한 분이셨다. 당시는 문화변동 연구의 시리즈 출판물 편집자였다. 읽어야 할 서적의 리스트에 30권이 올라 있었다. 읽기에 시간이 걸리는 나는 일주일에 이틀은 도서관에서 밤을 새웠다. 읽고 써내는 것이 일과였다. 빵에 고추장을 바른 토스트를 두 개씩 들고 오후에 도서관으로 들어가서 새벽에 동트는 것을 보고 도서관 문을 나섰다. 세미나 중의 토론에는 한 번도 발언을 해보지 못했고, 허겁지겁 한 학기 동안 어떻게 숨을 쉬었는지도 알 수 없이 지나갔다.

학기 말에 제출하는 과제물 중에는 '저널 리뷰(Journal Review)'라는 것이 사람 잡는 작업이었다. 자신이 가장 좋아하는 학술잡지 다섯 가지를 선택하여 창간호부터 최신호까지 전체를 자신의 안목으로 리뷰하여 보고서를 제출하는 것이었다. 내가 선택했던 것은 *American Anthropologist*, *Current Anthropology*, *Man*, *Southwestern Journal of Anthropology*, *American Ethnologist*였다. 그야말로 그 작업을 제대로 하는 것은 엄청난 일이었다. 시간이 없었기 때문에, 잡지가 비치된 서가 앞에 몇 시간 내내 서서 한 권씩 뽑아서 목록을 보고 흥미로운 것들을 노트에 옮겨 쓰고, 그 작업을 틈만 나면 계속했다. 서가에는 가운데에 책을 올려놓고 메모할 수 있는 선반 같은 것을 뽑아서 노트를 올려놓고 기록할 수 있게 되어 있었다. 왼쪽 손에 책을 들고, 오른손으로 메모를 했다. 한 학기 지난 뒤에 왼쪽 팔의 두 군데에 생긴 통증은 최근에야 사라진 것 같다. 오간 교수께서는 나의 두툼한 보고서가 가장 인상적이었다고 했다. 그 보고서 덕분에 학점이 좋았던 것이다. 그때의 작업이 현재까지 나의 인류학을 이어주는 큰 자산이 되어 있고, 내가 대학원생들에게 강의할 때에도 그 작업을 강조했다. 남들이 읽고 옮겨 놓은 '카더라' 수준의 지식이 아니라 자신의 안목을 기를 수 있는 바탕이 된 과정이었음을 알 수 있다.

북미인디언 과목은 스펜서 선생 강의. 그것과 연계되어서 생태학 교실과 어울려서 4박 5일간 오지브와 인디언 마을 실습을 나갔다. 밴 한 대에 16명이 타고 편도 400km를 주파했다. 처음 100km는 포장도로였지만, 나머지 300km는 비포장의 흙길이었다. 출발 지점인 학과 건물 앞에 모였는데, 모두들 웅성웅성거렸다. 그런 모임에는 언제든지 열외인 내가 간섭할 일은 아닌데, 갑자기 한 친구가 "너는 몇 퍼센트냐?"라고 물었다. 자초지종 물어보니 내가 받는 TA의 월급량을 말하는 것이었다. 나는 그때야 TA에도 등급이 있는 줄 알았고, 내가 몇 퍼센트 배당되어 있는 줄도 모르고 있었다. 사실은 그런 내용들이 입학허가서에 나와 있었지만, 그런 숫자들이 무엇을 의미하는지도 몰랐던 것이었다. 한 친구가 나에게 월급 금액을 물어 왔다. "560"이라고 하니, 모두들 "여기다!"라고 희색만면의 함성을 질렀다. 그 밴은 대학소유의 차량으로서 자동차 열쇠에 연결된 플라스틱 주머니에 기름 주유용 카드가 장착되어 있었고, 설명서가 있었다. 그 설명서에 "이 차량은 50% 이상 고용인만 운전가능"이라는 명문이 있었다. 보험 관련 문제 때문에 그러한 규정이 있다고 했다. TA를 하는 대학원생들은 대부분 25% 또는 12.5%였고, 내가 유일하게 50%였던 것이다. 생전 처음 밴을 운전하게 된 나는 얼떨결에 운전석에 앉았다. 불안했지만 규칙을 최우선시하는 미국인들 사이에서 어쩔 수 없는 일이었다. 그들은 어린 시절부터 운전석의 아버지 앞에 앉아서 자동차라는 것이 몸에 밴 사람들인데, 초짜인 내가 운전하는 것에 대해서 불안감이 있는지 없는지……. 목적지에 도착했는데, 뒷자석에 앉았던 몇 명은 거의 정신을 잃고 있었다. 나의 서툰 운전이 차량의 꽁무니를 지속적으로 좌우로 흔들었기 때문이었다. 귀가하는 길에도 마찬가지 일이 있었다. 300km의 비포장도로가 끝나고, 아스팔트의 도로로 접어드는 순간 "What a civilization!" 일제히 함성이 터져 나왔다. 나는 그때 시빌리제이션이란 단어의 의미를 정확히 알게 되었다.

숙소의 식당에서 일을 하던 데보라 할머니는 나에게 특별하게 대했다. 야간에는 나를 불러서 옛날이야기를 해주었다. 이야기의 시작 시점에서 그녀는 "이 이야기는 아무에게도 하지 않았다. 백인들보다는 너에게 이 이야기를 해 주고 싶다"고 했다. 백인들 사이에서 시달려 온 살림을 살았던 그들이 생각하는 동양인에 대한 이미지는 어떤 것인가를 생각하게 하는 대목이다.

미네소타대학 인류학과에는 1978년에 17명이 함께 석박통합 과정으로 입학을 했는데, 내가 제일 먼저 4년 만에 박사학위를 했다. 동료들이 모두 놀랐다. 말도 잘 못하는 주제에 어떻게? 나는 라틴아메리카를 주로 공부했고, 아마존 강을 대상으로 생태인류학으로 논문을 쓰기 위해서 호소생태학 연구실도 드나들었다. 미네소타주의 차량 번호판에는 "10,000 Lakes"라는 별호가 적혀 있다. 그래서 대학에서도 호수 생태를 연구하는 교실이 따로 있었고, 그곳을 호소학 실험실(limnology laboratory)이라고 했다. 3년째에 논문자격 시험을 통과하고 프러포절을 작성하는데, 스펜서 선생께서 갑자기 한국불교를 연구하는 프로젝트에 참여하라는 주문을 하셨다. 그 계획서 속에는 한국에서 참여하는 분으로 영남대학교의 강신표 교수 이름이 들어있었다. NSF에 제출한 프로포절에 나의 이름도 넣어 주셨는데, 그것이 낙방되었다. 그해 NSF의 인문사회분야는 전멸이었던 것이다. 나는 한편에서는 쾌재를 불렀는데, 그것이 아니었다. 연구기금이 대폭으로 줄어들면서 대학원생들의 해외연구 지원금도 줄었으니, 지도교수로부터 속히 논문을 쓰고 귀국하라는 주문을 받았다. 마침 그때 산림과학대학의 스웨덴 출신의 한스 그레거슨(Hans M. Gregerson) 교수로부터 사회임학(Social Forestry)이라는 프로젝트로 한국의 조림 성공 사례를 연구하는 프로젝트에 참여해달라는 요청이 있었다. 생태학에 관심이 있었던 나로서는 지극히 매력적인 프로젝트였다. 그때 스펜서 선생의 말씀이 "박사학위는 운전면허증과 같은 것이다. 하고 싶은 연구는 이후에 하라"는 단언이었다. 지도교수의 한마디가 절체절명이었기 때문에, 나는 속절없이 지도교수의 조언을 따를 수밖에 없었다. 그레거슨 교수의 제안도 거절하지 않을 수 없었다. 그렇지 않으면, 언제 어떻게 될지 알 수가 없었다.

인구 및 발전문제연구소의 과제로 1975년-1976년 1년 동안 수집했던 진도의 자료들을 공수받아서 논문을 쓰는 수밖에 없었다. 나는 6개월 동안 일주일에 한 번씩 지도교수의 집을 방문했다. 특별 훈련에 들어갔던 것이다. 일주일 내내 작성한 논문 내용을 들고 금요일에 가서, 선생님께 드리면, 선생님은 자신의 타이프라이터 앞에 앉으셔서 내 원고를 보시면서, 원고를 다시 작성하셨다. 그동안 나는 선생님의 서재에 있는 책들을 보고 있었다. 가끔 "경수!"라고 부르셨다. 이 단어의 뜻이 무엇인지를 설명하라는 주문이었다. 여러 가지 예를 동원한 나의 설명을 들으신 후, 선생님께서는 올바른 단어와 문장을 가르쳐 주셨다. 그렇게 한 결과가 나의 박사학위 논문이다.

인류학과에는 논문심사의 전통이 있었다. 학위논문의 디펜스 시험은 신문에 사전 공지가 나갔고, 공개적인 재판정 같은 대학의 방에서 진행되었다. 5명의 심사위원이 앞에 나란히 앉고, 그 앞에 심사받는 학생이 앉아서 심사위원들의 질문에 대답을 하는 것이다. 1982년 봄이었다. 철학자 미샤 펜 교수, 커뮤니케이션 전공의 교수(죄송하지만 성함을 잊었다), 정치학과의 폴 로저 교수, 나에게 생태인류학을 주로 가르쳐 주셨던 인류학과의 루터 걸락 교수, 그리고 스펜서 선생께서 심사위원이셨다. 로저 교수가 첫 질문자로 나섰다. 얼어붙은 나에게 "오늘 아침밥을 무엇으로 먹었는가?"라고 하셨다. 순간 아찔했다. 이게 질문인가, 아니면 나의 긴장을 풀어주기 위한 말씀인가? 내가 머뭇거리니까,

인류학자는 인간사와 관련된 모든 문제에 대해서 답할 준비가 되어 있어야 한다면서, 그 질문이 시험 문제이며, 5분 동안에 답을 하라는 주문이었다. 그 이후로는 무슨 일이 어떻게 진행되었는지 아무런 기억이 없다. 그렇게 기억상실의 두 시간이 흘렀고, 나는 기진맥진하여 시험장을 나와 복도에 주저앉았다. 얼마 후 스펜서 선생께서 나오셔서 "Dr. Chun"이라고 부르시면서 악수를 청하셨다. 논문심사는 대단한 통과의례(rite of passage)였음을 나중에 알았다.

스펜서 선생께서는 나에게 특별한 배려를 하셨다. 학위가 끝나면 귀국하여 곧바로 교수가 되어서 학생들을 가르쳐야 하는데, 가르침에 있어서 경험이 전무한 나를 걱정하셨다. 그래서 학과에서 야간수업으로 진행하는 '인류학개론'의 강사직을 받을 수 있도록 주선하여 주셨다. 그것을 위하여 빈 강의실을 빌려서 강의 연습을 시키셨다. 몸동작은 어떻게 하고, 목소리는 어떻게 하라는 연습을 시키셨다. 칠판 앞에만 있지 말고 교실의 뒤까지 학생들 사이로 왕래하라는 주문도 하셨다. 덕분에 나에게는 미국 대학의 'Lecturer'라는 경력이 따라붙게 되었다. 일주일에 2회 야간 수업을 위해서 강의를 준비하는 것도 적지 않은 공부가 되었다. 논문도 작성하고 강의준비도 할 수 있는 '오피스' 공간이 학과에서 제공되었고, '오피스 메이트'로 위스콘신대학 스타우트 캠퍼스의 교수인 자파르 자파리(Jafar Jafari)라는 분이 있었다. 테헤란 출신으로서 관광 분야의 전문가였으며, 미네소타대학에서 박사과정을 밟고 있었기 때문에, 그는 일주일에 한 번씩 '오피스'에 들렀다. 그는 그때 이미 관광학 분야의 저명한 잡지인 *Annals of Tourism Research*의 편집자였다.

미네소타의 겨울은 참으로 춥다. 시월이 시작되면서 눈이 내리기 시작하여 이듬해 4월까지 눈 위에서 운전을 해야 했다. 눈이 흠뻑 내린 캠퍼스를 홀로 가로지르는 밤이면 참으로 정취가 있었다. 어느 날 밤 늦도록 논문을 쓰다가 집으로 가는 버스를 타기 위해서 여느 때처럼 심리학과 건물 옆을 지나는데, 누군가가 내 뒤를 따라오고 있었다. 그런데, 그가 워키토키로 말을 하는 소리가 들렸는데, 나의 모습에 관해서 설명하는 것을 들었다. '이 야밤에 웬 미친 놈인가' 하는 생각을 하면서 걸었고, 캠퍼스를 벗어나면서 길을 건너기 위해서 신호등에서 대기 상태인데, 그는 지속해서 워키토키로 무엇인가를 말하고 있었다. 버스가 올 시간이 좀 남았길래 늘상 시간 되면 방문하는 고서점으로 향했다. 그런데 그때 좀 이상한 느낌을 받았다. 사거리의 십자로를 향하여 네 군데로부터 경찰차가 오고 있는 것이었고, 워키토키를 가진 친구가 나로부터 먼발치에서 따라오고 있었다. 무엇인가 나에게 일이 일어나고 있는 것인가라는 의구심을 가지면서 고서점 안으로 들어가서 주인과 인사를 나누었다. 인류학 서적들이 있는 책장 앞에 서는 순간 고서점 문이 화다닥 열리면서 경찰관 한 명이 달려들었고, 나를 덮쳤다. 뒷주머니에서 신분증을 꺼내려 했건만 무엇인가로 내리친 느낌이었고, 순식간에 밖으로 끌려 나갔다.

경찰관이 무엇이라고 고함으로 지르면서 나의 양팔을 벽에 붙였다. 그 고함소리가 "Spread eagle!"이라는 것을 양팔 벽 위로 붙인 채로 영화 장면으로 생각했다. 곧 등 뒤로 한 손목에 수갑이 채워지고, 나는 경찰차의 뒷자리로 처박혔다. 그 옆을 지나가던 아는 일본인 학생이 놀란 표정으로 나를 바라보았다. 운전석의 경찰관이 "Rape suspect!"라고 고함을 질렀다. 헤. 그것은 검사하면 금방 나타날 것이고, 나는 속으로 쾌재를 불렀다. 이제 미국 경찰서 유치장을 체험할 수 있겠구나! 그런데, 미제 수갑은 아주 날카로웠고, 조금 움직이니 움직이는 것만큼 조여 왔다. 경찰차는 어디론가 움직였고, 무전기 속에서는 "코케이지언(Caucasian)"이라는 말이 또렷하게 들려왔다. 그래서 내가 말을 걸었다. "나는 아시아 사람인데, 무전기는 코케이지언이라고 하잖아?" 그랬더니, 경찰관은 버럭 소리를 지르면서 "어떻게 니가 아시아인이냐!"라고 말했다. 나는 웃었다. 차가 멎더니 오른쪽 창으로 누군가가 나를 보는 느낌이었다. 피해자인 백인 여성이었다. 눈이 마주쳤는데 소름이 끼쳤다. 그녀가 고개를 가로저었다. 경찰관이 뒷문을 열었고, 수갑이 풀렸다. 내가 다시 물었다. "왜 내가 범인이 아니냐?" 경찰관 왈, "너는 모자를 쓰고 있잖아. 범인은 모자를 안 썼대." 나는 털실로 짠 방울 달린 삼각 모자를 귀밑까지 눌러 쓰고 있었다. 그 털모자는 차고세일에서 5센트에 구입했던 것인데, 그것이 나의 경찰서 유치장 방문 계획을 수포로 돌린 셈이었다.

그날 밤에 스펜서 선생께 보고 전화를 드렸다. 노발대발한 선생께서는 다음날 아침 총장실로 처들어갔고, 당시 대학신문인 *Minnesota Daily*에 심심찮게 오르내리던 '잔혹한 경찰관(police brutality)' 문제를 공격하셨다고 들었다. 학생처를 관할하는 부총장이 나를 찾아왔고, 죄송하다는 인사를 하고 갔으며, 나는 그때

대학경찰(campus police)이 학생처 부총장 관할이라는 것을 알았다. 부총장은 한 뭉치의 커다란 명부를 나에게 내밀면서 나를 체포한 경찰관을 확인해 달라는 주문을 했다. 그 명부는 120여 명 경찰관의 신상이 적힌 것으로서 사진이 첨부되어 있었다. 나는 일부러 전부를 한 번 훑어보았다. 흑인 경찰관이 3명 있었고, 나머지는 모두 백인들이었다. 나를 체포했던 경찰관은 흑인이었다. 재차 명부를 보면서, 그를 지목했다. 얼마 후 경찰서장이 찾아와서 죄송하다는 말을 했고, 이 문제를 여기서 종식하자는 제안을 했다.

경찰서 유치장 체험이 수포로 돌아간 마당에 나는 대학경찰서에 대해서 좀 더 알고 싶었다. 나를 체포한 경찰관과 만나게 해달라는 주문을 했고, 허락이 되었다. 그와의 면담에서 알게 된 중요한 사실이 있었다. 그는 최근에 헤네핀카운티 경찰서로부터 대학경찰서로 전근했다고 했다. 그는 자신이 잘못한 점이 없다고 주장했다. 무전기로 오는 정보대로 임무를 수행했을 뿐이라고 했다. 그 과정에 알게 된 또 다른 사실이 있었다. 대학경찰관은 헤네핀카운티의 경찰관들과 달리 현행범이 아니면 수갑을 채울 수 없다는 규칙이었다. 카운티에서 대학으로 전근한 그 경찰관은 대학경찰관의 직무수행에 관한 교육을 받지 않은 상태였고, 기존에 카운티에서 해왔던 규칙대로 직무를 수행했던 것이다. 결국 문제는 경찰서장이 새로 부임한 직원의 직원복무규정에 관한 교육을 하지 않았다는 사실임을 알게 되었다. 이 문제는 그대로 대학 당국에 보고가 되었고, 대학의 처리 결과는 다음과 같이 진행되었다.

전입 경찰관에 대한 교육 불이행의 책임을 물어서 경찰서장이 면직되었다. 대학에서는 특별연구비를 마련하여 대학 경찰관의 직무 관행에 대해서 연구보고서를 6개월 내에 작성하도록 결정했고, 인류학과로 그 연구비가 하달되었다. 학생처의 부총장이 나를 찾아와서 설명했던 내용이었다. 나의 입학 동기생으로서 해군 제대군인인 바바라 윌렌스키가 그 프로젝트를 맡았다. 그 후 그녀가 종종 경찰차의 조수석에 앉아서 돌아다니는 광경을 목격했다. 문제의 발단은 야밤에 내가 심리학과 건물 옆으로 지나던 그즈음에 사건이 있었으며, 날쌔게 출동한 첩보원이 나를 범인으로 지목하여 나의 뒤를 추적하면서 워키토키로 보고를 했던 것이다. 지금 생각해 보면, 한 가지 내가 무식했던 점은 고서점에서 경찰관에게 처음 붙잡혔을 때, 신분증을 보이기 위해서 뒷주머니에 손을 가져갔던 것이다. 큰일 날 뻔한 일이었다. 그 순간 경찰관은 나의 행동을 집총시도로 간주하고 대응할 수도 있었을 것이었다. 손목을 조였던 수갑의 눌린 흔적이 한 달간이나 지속되었다. 미제 수갑은 성능이 달랐다.

미네소타에 있는 동안에 나에게 잊을 수 없는 학문적인 또 다른 경력은 HRAF(Human Relations Area Files)에서의 경험이다. 내가 서울대학에서 인류학과의 조교를 하고 있었던 1976년에 대학의 중앙도서관에는 HRAF로부터 전체 자료 한 세트가 들어왔다. 모든 자료들은 카드 형태로 되어 있었고, 3백만 권 분량에 달하는 각종 언어의 서적들을 포함하고 있는 방대한 비교문화 자료였다. 그것이 도서관으로 입고되는 과정에 당시 대학원생이었던 이용숙 씨(후일 덕성여자대학 교수)가 아르바이트를 했다. 물론 나도 그 자료에 관심이 있었다. 그러나 당시 서울대학에는 아무도 그 자료에 대해서 아는 분이 없었다. 당시 산학협동재단에서 10만 불을 제공하여 수입된 것이었는데, 그 배경에는 박충훈 씨와 HRAF의 연구부장을 하고 있었던 전혜성(Hesung C. Koh, 1929-) 박사의 친분 관계가 작용했음을 후일 알게 되었다. 경성제국대학 법문학부의 마지막 졸업생인 고광림(1920-1989) 박사가 전혜성 박사의 남편이었다. 이러한 사실들은 내가 1979년 여름에 HRAF의 인턴십을 받아서 예일대학이 있는 뉴헤이븐에 있는 동안 알게 되었다. 그곳에서 전혜성 선생으로부터 들었던 내용의 일부다. 미니애폴리스에서 뉴헤이븐까지 그레이하운드를 타고 갔다. 자다가 일어나 보면 운전수가 바뀌어 있었다. 승객은 처음부터 끝까지 흑인 일색이었다. 자정이 넘어서 도착한 시카고의 버스정류장에서는 당시 시카고대학 인류학과에 유학을 하고 있었던 최창규를 만나기도 했다. 여름 동안 HRAF의 파일들이 어떻게 만들어지는지에 대한 실습도 했고, 관련 자료들을 훑어보는 기회가 되었다. 무엇보다도 한복을 곱게 차려입으신 고광림 선생께서 "열심히 공부하라"고 격려해 주신 것이 지금도 생생하다. 그때 커넬리우스 오스굿(Cornelius Osgood, 1905-1985) 선생을 만날 계획을 세웠는데, 중풍으로 누워 계신다는 전언을 들어서 성사시키지 못했다.

미네소타대학은 한가운데로 미시시피강이 흐른다. 겨울에는 5분 이상 도로 위를 걷는 것은 위험하다는 경고 방송도 나왔다. 웨스트뱅크에는 사회학과 건물이 있었고, 그곳에 가서 사회학과 과목을 듣기도 했다. 그때 학기말 페이퍼로 '죽음의 비교문화론'을 써서 제출했는데, 얼마 후 테네시대학출판부에서 연락이 왔다. 담당 교수께서 출판사와 긴밀한 관계에 있었던 것으로 들었는데, 죽음에 관한 책을 한 권 집필해달라는 주문이었다. 당시 그 대학에는 김중순 교수께서 인류학 교수로 봉직하고 계셨고, 김 교수님께서 나의 연락처를 제공하셨다고 들었다. 박사논문으로 내 코가 석 자인데, 출판 제안에 응할 수가 없었다. 김 교수님께서 당시 미국에 체류하고 있었던 한국인 인류학자들의 주소록을 만들어서 모임을 구상하고 계셨고, 약간이나마 도움을 드린 적이 있었다.

마지막 학기에는 미시간주의 앤아버에서 개최된 미국중부인류학회의 연차회의에 논문발표를 하러 갔다. 오래전부터 알고 있었던 한성수 교수를 뵈었다. 서울대학교 치과대학 출신으로 미시간대학 교수로 있었다. 당시 그분은 퇴임을 하시고 노인학에 대한 연구에 골몰하고 계셨다. 미시간대학 인류학과는 박물관과 함께 수집한 자료들이 대단했다. 후일 알게 된 일이었지만, 그곳에는 제2차세계대전 당시의 군사관계 자료들이 대량으로 보관되어 있다.

미네소타대학 인류학과에는 작은 교실 한 개 정도 크기의 도서실이 있었다. 대학원생들이 늘상 들락거리는 곳이었다. 내가 4년간 그곳에서 적지 않은 시간을 보냈던 정든 곳이었다. 졸업식도 끝나고 귀국 준비를 하면서, 하루는 사용하던 오피스를 정리하러 나갔는데, 세미나실에서 회의하는 소리가 들렸다. 들으려고 해서 들은 것이 아니고 귓가에 스치는 소리였는데, 인류학과의 도서실 폐쇄와 관련된 회의였다. 주립대학의 예산이 줄었기 때문에, 학과 도서실부터 폐쇄한다는 내용이었다. 그날 저녁 스펜서 선생님을 찾아가서 자초지종을 여쭈었더니, 학과도서실의 도서를 모두 대학의 도서관으로 반납한다고 했다. 적지 않은 도서가 대학의 도서관과 중복된다는 것을 알고 있었던 나는 그 도서들이 탐이 났다. 선생님께서는 학과장을 찾아가서 의논해 보라는 주문을 하셨다. 내가 그 책들을 한국으로 가져가고 싶다는 말을 들은 고고학자 엘든 존슨 교수는 도서위원회를 소집해 줄 테니, 그 위원회에 제안해 보라는 조언을 하셨다. 교수들과 대학원생으로 구성된 위원회가 열렸고, 나는 자초지종을 설명했다. 책이 없는 곳으로 가는 것이 효율성을 극대화하고 합리적이 아니겠는가라고 설명했다. 위원회는 투표를 했고, 만장일치로 기증의사(You got it!)를 결정받았다. 학과장은 짐을 꾸리기 위한 포장비용과 인부를 지원했고, 나는 며칠간 책 짐을 쌌다. 스펜서 선생께서 아시아재단(Asia Foundation) 산하의 'Books for Asia'라는 프로그램을 소개해 주셨고, 그곳에서 모든 운송비용을 부담하여 서울의 현장까지 운송한다는 계획이 수립되었다. 단 한 가지 조건이 있었다. 그 프로그램을 통한 서적들은 개인을 위한 것이 아니라 재단이 인정하는 단체에 입고되어야 한다는 약속이었다. 그래서 나는 그 서적들의 수입처를 서울대학교 인류학과로 명시했고, 재단에서도 동의했다.

1982년 여름 우리 가족은 귀국했고, 그해 초겨울에 장충동의 아시아재단 사무실로부터 책이 도착했다는 연락을 받았다. 당시 학과장을 했던 이문웅 교수와 함께 현장에 가서 도서 접수를 확인했고, 협소한 대학의 연구실 한쪽에 인류학과 도서실을 마련하여, 미네소타대학 인류학과의 도서들이 흩어지지 않고 서울대학 인류학과의 도서실로 넘어오게 되었다. 약 3,500권이었다. 분실방지를 위하여 도서목록도 만들었다. 이후 책이 없어지는 일도 확인되었다. 사실상 도서실의 관리가 학과 교수회의의 골칫거리로 등장하기도 했다. 현재 인류학과에는 그 도서들이 없고, 잡지들만 일부 남아 있는 것으로 알고 있다. 내가 1997년 1년간 연구년을 나가면서 장기간 자리를 비운 사이에 학과교수회의의 결정이라는 형식을 거쳐서 모두 사회과학대학도서관으로 기증 처리되었음을 알게 되었다. 관리의 어려움이 그러한 결정을 하게 한 핑계였을 것이다. 그 후 사회대 도서관의 북페어라는 이름의 학생들을 위한 서비스 행사가 있었고, 그 현장에 "Department of Anthropology, University of Minnesota"라는 잉크 도장이 찍힌 책들이 몇 권 나와 있었던 것들을 내가 수습했던 적이 있었다. 그 책들은 나의 장서로 포함되어 현재 광주의 국립아시아문화전당 도서실로 기증되어 있다. 어렵사리 가져온 도서들이 그런 식으로 산일되는 경험은 참으로 뼈아픈 일이다. 그러한 과정을 거쳐서 현재 인류학과에는 학과도서실이 없다.

유학 시절 우리 가족이 살았던 곳은 기혼 대학원생 아파트가 밀집한 일종의 커뮤니티로서 농과대학 근처에 있었다. 한가운데에 넓은 잔디 운동장이 있어서 아이들이 놀기에는 아주 좋은 곳이었다. 그리고 그곳에 공동으로 이용하는 커뮤니티 센터가 있었다. 그곳에서 나의 졸업 파티를 열었다. 나를 도와주었던 학과의 교수들과 동료학생들, 그리고 미네소타에서 생활하는 동안 교류했던 그곳의 주민들과 한국유학생 가족들 100여 명이 모인 파티였다. 그때 주어진 나의 인사말 때, "나의 논문은 내가 삼분의 일을 썼고, 아내가 삼분의 일을 쓴 것이고, 나머지 삼분의 일은 스펜서 선생께서 쓰신 것이다."라고 했다. 정치학과의 로져 교수께서 감동적인 명연설이라고 칭찬하셨다. 귀국을 위하여 로저 스펜서 선생님께 하직 인사를 드리면서 "어떻게 이 은혜를 갚을 수가 있느냐" 반질문 인사를 드렸더니, 선생님께서는 두 가지 말씀을 하셨다. "너도 앞으로 유학생들이 올 것이니 그들에게 잘 대해주어라." "한국의 상황으로 보아 앞으로 한군데만 집중하지 말고, 가능한 한 많은 지역을 여행하도록 해라." 이후 이 두 가지 말씀은 좌우명으로 삼고 실천하려고 노력했다.

IV. 모교에서 홀로서기

만 4년 만에 관악의 캠퍼스로 돌아왔다. 80년을 기점으로 대학의 분위기는 상당히 달라져 있었다. 귀국길에 내가 다짐했던 것들 중의 하나는 기존의 서적들에 대한 비평문 작업을 집중적으로 하는 것이었다. 한상복 선생께서 펴내신 『한국인과 한국문화』, 최재석 교수께서 내신 『제주도의 친족조직』 등에 대하여 심도 있는 서평을 작성 발표했고, 최 선생님께서는 전화를 주시고 "고맙다"는 말씀을 몇 차례나 하셨다. 인류학전공을 하는 학생들에 대해서는 특별한 방법을 고안했다. 성리학이라는 관념의 바다에 빠진 수재들을 어떻게 하면 실천의 현장에 풍덩 빠지게 할 것인가 하는 문제였다. 선학들께서는 인류학이라는 학문의 성격을 "잡동사니들을 많이 끌어모아야 하는 잡학"(이광규)이라고 말씀하신 분도 있고, "발로 하는 학문"(김택규)이라고도 하셨다. 책상머리 공부에만 익숙한 학생들을 생활 현장으로 내모는 특단의 대책이 필요했다.

그래서 고안했던 것이 '껌팔이'였다. 인류학실습 과목을 전공필수로 했다. 수강생들을 2인 1조로 짜서 시내버스와 지하철에서 껌을 팔도록 했다. 한 사람은 승객의 입장이 되고 한 사람은 껌팔이의 입장이 되는 실습이었다. 나는 뒤를 따라다녔다. 부잣집 외동녀로 곱게 자란 여학생들은 죽을 맛이라는 실토가 뒤따랐다. 그 결과를 리포트로 제출하도록 했다. 80년대와 90년대 학번들은 모두 이 과정을 거치지 않을 수가 없었다. 나는 단호하게 추진했고, 아니나 다를까, 책상머리에서만 하는 작업과는 그 결과가 판이하게 다르게 나타났다. 학생들의 성적에 그렇게 반영되었다. 학생들의 실습과목은 그 후 한 조의 규모를 서너 명씩으로 조직했다. 이제 실토하는 일이지만, 당시 대학은 반정부 데모의 산실로서 너나 할 것 없이 참으로 힘든 시간을 보냈다. 개중에는 학생운동의 선봉에 나서 있는 학생도 있어서 필수과목의 성적 때문에 졸업을 할 수 없는 상황이 전개될 수 있었는데, 한 조의 성원을 서너 명으로 조직했던 이유가 거기에 있었지만 '프리 라이더'가 가능할 수 있도록 했다. 물론 당시 제대로 공동 현장실습을 하지 않고 이름만 올리고 졸업을 한 학생들도 있었다. 당시의 대학 상황에 나도 적응할 수밖에 없었다. 그러한 과정에 대해서 개인적으로 찾아와서 불만을 터트리는 경우도 있었다. 10년간 추진했던 결과 그 작업은 이제 신화가 되었다고 한다. 아무도 더 이상 현장실습을 그렇게 강요할 수 없는 세상이 되어 버리고 말았다는 말인가! 관념 일변도로 빠져들어 가는 인류학의 경향을 보면서 안타까움을 금치 못한다.

조교수로 '개업'한 후 처음으로 대했던 연구 프로젝트가 당시 정신문화연구원의 송선희 교수가 제안한 안동에 관한 공동연구였다. 그때 연구년으로 서울대학 사회학과에 풀브라이트 학자로 일 년간 계셨던 유재풍(서울고등학교와 서울법대 출신으로 보스턴대학 사회학과 교수) 교수와의 인연도 한몫했다. 유 교수의 빙장께서 박정희 대통령 시절 재무부장관을 역임하셨던 천병규(千炳圭 1918-1993) 씨였다. 그분의 고향이 안동이었고, 마침 자서전을 만들기 위해서 소설가 한 사람과 의논하는 중이라는 전언도 있었다. 속사정은 알 수 없지만, 사위인 유 교수의 권유로 인류학자에게 집안연구를 시키기로 결심을 하셨다고 들었다. 압구정동의 자택으로 찾아뵙고 기본적인 정보를 학습할 수 있었다. 그분의 고향은 안동에서 가장 산골짜기로 이름난 마일이란 곳으로서 안동호에 연접해 있었다. 고향 발전을 위해서 안동 시내에 있었던 집안의 상징인 열 칸이 넘는 영벽헌이란 한옥도 마일로 이건했다. 그렇게 하여 정신문화연구원의 연구과제로 해서 만든 논문이 「同族集團의 地位 上向移動과 個人의 役割: 安東 居住 穎壤 千氏를 중심으로」(『傳統的 生活樣式의 硏究(下)』, 韓國精神文化硏究院, 1984)였다.

양반이란 상징성으로 이름난 안동이라는 지역사회에서 하층 출신의 집안으로부터 식민지 시대를 경유하는 근대화 과정에서 어떻게 장관까지 배출하는 사회적 이동이 전개되었는가 하는 드라마 같은 스토리를 배경으로 하는 논문이었다. 이 연구를 위해서 안동 출신의 대학원생이었던 정희두(작고) 씨를 조수로 했고, 유재풍 교수와 함께 마일의 영벽헌의 덩그런 한옥에서 한겨울 동안 며칠을 지내기도 했다. 200자 원고지로 500매 정도를 작성하여 압구정동의 천병규 씨에게 건네었다. 조금이라도 마음에 들지 않는 부분은 모두 걸러내시라는 말씀도 드렸다. 그렇게 해서 나온 것이 약 절반 정도인 2백여 매가 되었고, 그것을 최종 보고서로 제출했다. 얼마 후 사회학과의 김채윤 선생님으로부터 당신의 연구실로 오라는 '호출'이 있었다. 선생님의 책상 위에 내가 정신문화연구원으로 제출했던 원고가 놓여 있었다. "단도직입적으로 말할게. 이 논문 출판하지 마라."라고 하셨다. 이성무 선생과 함께 논문을 검토하셨다는 말씀에 이어서 이것이 인쇄가 되어서 공개되면, "전 선생이 곤욕을 치를 수 있다"는 충고의 말씀이셨다. 자초지종을 설명드렸더니, 최종 판단을 다시 해 보라는 말씀을 하셨다. 그리고 며칠 후 최홍기 선생님(사회학과)께서 나의 연구실로 오셨다. "원고를 잘 읽었는데, 잘 썼더라. 그런데, 이거 출판되면 좀 힘들어질 수 있다."라는 고언을 주셨다. 그 상태로 원고는 인쇄로 넘어갔다. 천 장관께서 대금을 지불하신다고 말씀하시면서 200부의 별쇄본을 요청하셨다. 논문이 담긴 책과 함께 별쇄본을 자택으로 전달해 드렸고, 저녁 대접을 잘 받고 돌아왔는데, 그 후 7년 뒤에 그분께서 작고하셨다.

그 사이에 나의 논문에 대하여 일체의 가타부타 연락이 없었으며, 그 사이에 서울을 방문했던 유재풍 교수께서 후속 전언을 설명해 주었다. 나의 글 내용 중에서 딱 한 줄이 천병규 씨의 마음에 걸리셨다고 했다. 당시 전언해주시던 유 교수의 말씀 행간에는 장인으로부터의 질책도 있었던 것으로 느껴졌다. 당신의 일본 유학이 아버지가 점원을 했던 목재상의 일본인 주인의 후원이었다는 부분을 지적했다. 60페이지가 넘는 장문의 논문 속에서 당신께서 걸러내지 못했던 한 줄이 통한의 문제로 남았던 것이다. 필자인 나는 사실상 그 문제를 어떻게 할 수 있는 방법이 없었다. 내 연구의 핵심 제보자가 나의 연구 과정으로 인하여 문제를 안게 된 사건에 대해서, 내가 아무런 방법을 생각하지 못하고 있는 것이 문제이기도 하다. 천병규 씨와 사위인 유재풍 교수에 대해서 미안한 마음이 있는 점도 사실이지만, 나는 아직도 이 문제에 대한 뾰족한 대안이 없다. 삶에는 굴곡이 있게 마련이고, 그 굴곡의 과정이 어떤 개인에게는 상처가 되기도 하고, 전화위복의 기회가 되기도 하는 것이다. 그러한 과정을 기록해야 하는 인류학자가 개인들에게 상처를 남기지 않으면서 제대로 된 기록을 남기는 것은 어떤 방법일 수 있을까?

문자 사회라는 특성을 안고 전개되는 자문화인류학(自文化人類學, Native Anthropology)의 숙명적인 문제다. 인류학자가 만들어낸 민속지의 독자 속에는 연구 대상의 주민들이 포함될 수밖에 없다. 인생살이의 굴곡에 관한 이야기들이 포함된 논문 속에서 노정시키고 싶지 않은 내용들이 밖으로 드러나는 문제가 태생적으로 존재하게 마련이다. 이 문제를 어떻게 극복할 것인가가 관건이다. 그렇다고 하여 문제가 되는 부분을 삭제하는 경우, 그 내용이 민속지 전체의 맥락에 영향을 미칠 경우에는 인류학자가 거짓 정보를 생산하는 꼴이 된다. 그것은 민속지를 작성하지 않는 것보다 못한 결과를 생산할 수 있다. 자문화인류학을 하는 인류학자의 딜레마가 여기에 있다. 이에 대한 고민과 문제해결의 적절한 방안을 찾지 못하면, 한국에서 인류학은 실패할 가능성이 커진다. 반면에, 이 문제를 제대로 해결한다면, 앞으로 한국인류학에서 만들어낸 자문화인류학이 세계인류학을 선도할 수 있는 모델이 될 자격을 획득하게 된다.

서양으로부터 수입된 학문이 모두 그렇다고 생각하지만, 아직도 내가 제대로 소화하지 못한 부분들이 점재해 있을 뿐만 아니라 서양인들의 눈으로 본 인간을 생각하는 기본적인 아이디어 자체에 대한 의문도 있고, 인류학이란 학문의 기본 개념인 문화를 보는 기초적인 관점에 대한 제삼의 생각이 성장했기 때문이다. 문화가 거울이라는 클럭혼의 생각에는 흔들림이 없다. 그러나 그 개념을 적용하는 과정에 의심 없이 '원시사회'를 대상으로 설정했던 점에 대한 의문이 있기 때문이다. 하다가 보니, '자문화(自文化)'부터 연구 대상으로 설정하여 시작하게 된 우리의 대상은 무문자사회인 원시가 아니었다. 문자 사회의 특성이란 것이 인류문화의 커다란 특징의 하나로 자리하고 있는 이상, 문자 사회의 인류학이 갖는 문제들에 대해서 깊은 천착이 없이는 결코 '나의 인류학'이 탄생하지 않는다는 점을 확인하게 되었다. 빌즈(R. Beals)나 코탁(C. P. Kottak)이 인류학 개론을 작성하는 과정에서는 결코 생각해 보지도 못했던 문제가 문자 사회란 것이다. 그들의 교과서는 문자에 관한 내용을 포함하고 있지만, 그 문자란 현상이 문화의 핵심에 자리하고 있는 인간사회에 대한 문제의식은 전혀 드러나지 않고 있다. 세상은 이제 문자 없는 사회란 없다. 문자 사회의 인류학에 대한 인식론 확립이 '개론'을 집필하는 관건이 되어 있다. 이제는 더 이상 '카더라'식과 '오퍼상' 형의 글을 쓰고 싶지 않다. 왜냐하면, 그 짓만 하다 보면, 내가 누구인지에 관한 인식을 상실한다. 나는 없고, 미개인만 가득한 '인류학 개론'이 무슨 의미가 있을 것인가?

유네스코의 발주로 한국인의 해외 이민에 관한 연구과제가 출범했고, 나는 유학 시절에 포르투갈어를 조금 공부했다는 것을 배경으로 남미의 한국 이민에 관한 과제를 수행하게 되었다. 1980년대 중반에 인류학자가 해외 연구를 한다는 것은 그렇게 쉬운 일이 아니었다. 해외 교포 연구라는 장르가 해외 연구의 발판이 되었음은 부인하지 못한다. 일 년간의 자료 수집 준비기간이 있었고, 1986년 3월부터 1987년 2월까지 1년간 남미로 출장을 나가는 것이 서울대학교 측과 유네스코 사이에 약속되어 있었다. 그런데, 1986년 2월 느닷없이 전두환 정권에 저항하는 교수 서명 사건이 있었다. 40여 명 가운데 나의 이름이 포함되어 있었다. 그 일로 인하여 정부로부터 출국이 허락되지 않았다. 출국을 포기하고 있는데, 얼마 후 교무처장으로부터 만나자는 연락을 받고 본부의 4층으로 갔더니, '시말서'를 작성하면 출국을 허가한다는 얘기를 했다. 나는 거부했다. 그런데, 갑자기 7월 어느 날 유네스코의 김상균(외교학과 68학번) 과장으로부터 출국 준비를 서둘러 달라는 연락이 왔다. 얼떨결에 비행기에 올랐고 상파울루에 도착하여 이민에 관한 자료를 수집하기 시작했다. 매사가 이렇게 차분히 준비되는 과정을 허락하지 않는 한국 사회의 특수성을 반영하는 것이다. 임기응변에 능하지 않으면 헤쳐나가기가 힘든 사회를 살아가고 있는 셈이다.

5개월이나 시간을 허비한 상태였기 때문에, 서두르지 않을 수가 없었다. 가능한 한 많은 사람들을 인터뷰하는 것이 나의 일과였다. 상파울루 한인회(정광웅 회장)에서 적극적으로 협조하여 한인회관의 이층에 공간을 하나 별도로 마련하여 '이민연구실'이라는 간판도 걸어 주셨다. 그곳으로 찾아오시는 분들도 계셨고, 연락처를 받아서 내가 찾아뵙는 경우도 있었다. 당시 심리학과 차재호 교수님의 매씨가 상파울루에 거주하셨고, 정착하는 초반에 많은 도움을 주셨다. 한인들이 비교적 많이 거주하는 리베르다지 지역의 한쪽에 있는 아파트에 입주할 수 있었다. 얼마 지나지 않아서 나를 만나고 싶다는 전화가 오기도 했고, 저녁 식사 초대도 있었다. 여러분이 모여 있다는 곳으로 찾아갔더니 6명이 환대를 해주었고, 술자리로 이동되었는데, 얼마 지난 후 그중의 한 사람이 나에게 "나누어 씁시다"라고 했다. 나는 전혀 감을 잡을 수 없는 분위기였고, 반문을 하는 나에 대해서 이구동성의 야유가 나오기 시작했다. 잘못 걸렸다는 생각이 들었지만 상황은 돌이킬 수 없게 되었고, 나는 구체적으로 무엇을 원하는지에 대해서 설명을 요구했다. 당시 뉴욕으로는 새마을운동본부장 전경환(전두환 대통령 동생)이 방문하고 있었고, 그에게 공개적인 계란 세례가 투척되기도 했다. 그 자리에서 "전경환이는 뉴욕으로 빼돌리고, 전경수는 상파울루로 빼돌리고" 이런 말이 나왔다. 내가 가지고 온 외화를 내놓으라는 협박인 셈이었다. "그쪽은 환자돌림이고 나와는 상관이 없다"고 설명했지만 막무가내였다. 당시 여권의 마지막 면에는 지참하는 외화 액수가 기재되어 있었다. 여권도 꺼내어서 보여주었더니, "따로 가지고 온 것이 있지 않느냐"는 응수였다. 좀 더 생각해 보고 다시 만나자는 것으로 하고 일단 헤어졌다.

말하자면 해외 교포 마피아 조직이 나를 추적했던 것이다. 그날 밤 잠을 잘 수 없었고, 다음 날 아침 일찍 공항으로 가서 파라과이 아순숀행 비행기를 탔다. 그곳의 이민 자료를 수집하기로 했다. 아순숀의 메르까도 꽈뜨로를 중심으로 하여 시장에서 생활을 했다. 당시는 파라과이로 도착한 한국인들이 서너 명씩 좁은 공간에서 거주하고 있는 경우가 적지 않았다. 2주 뒤에 상파울루의 아파트로 돌아왔다. 다음 날 아침 전화가 왔다. 지난번 나를 곤욕에 빠트렸던 바로 그 사람이었다. 그들은 아르헨티나와 파라과이 그리고 볼리비아를 포함한 남미의 거점에 느슨하지만 연결이 되는 조직을 갖고 있었다. 내가 움직이는 동태를 알고 있었다. 자신들이 잘못 알았다는 설명과 함께 사과의 술을 사겠다고 했다. 한사코 거절을 했지만 막무가내였다. 다시 약속 장소로 가 보니, 일행들이 모두 일제히 "죄송하다"고 머리를 숙였다. 전경환과 전경수가 한통속이라고 잘못된 판단을 했다는 실토였다. 그리고 통성명을 했다. 우두머리 격인 사람이 나의 국민학교 2년 선배였다. 부산의 부잣집 아들이었는데, 남미로 이민하여 그쪽 길로 빠진 것이었다. 남미 교포사회의 주먹세계가 어떻게 돌아가는지에 대한 이야기도 소상하게 들을 수가 있었다. 그 뒤로는 호형호제 하면서 그분의 도움도 받을 수가 있었다.

우여곡절 끝에 나온 책이 『브라질의 한국이민』(1991, 서울대학교출판부)이다. 브라질 국기를 모티프로 하여 책 표지를 제작했다. 그 책이 발행된 후 약 1년이 지났는데, 상파울루로부터 한 통의 편지가 왔다. 나를 검찰에 고발한다는 장문의 내용이었다. 내가 쓴 책에 '한인아마존개척단'이란 단어가 나오는데, 그것과 관련된 내용이었다. 보사부의 공무원으로 이민관계의 업무를 보다가 스스로 이민 생활을 택하셨던 분이 보낸 편지였다. 책 속의 한 줄 때문에 자신의 명예가 훼손되었다는 항의였다. 아마존 개척과 관련된 내용은 소문만 무성했고 실체가 없는 것이었다. 소문만 무성한 상태의 아마존 개척과 관련된 얘기를 한 줄로 언급했는데, 그것을 소상하게 밝히지 않았기 때문에, 자신이 억울한 누명을 쓰게 되었다는 내용이었다. 황당했지만 어찌할 수 없는 노릇이었다. 다행스럽게도 상파울루에 계시던 고광순(1917-2019) 선생의 설득으로 송사가 취하되는 일이 있었다.

말리노브스키를 비롯한 수많은 인류 학자들이 자신이 연구를 했던 지역의 주민으로부터 고발이나 소송을 당한 경우는 인류학사상에 없었다. 문자 사회에서 자문화를 연구하면 반드시 발생할 수 있는 일이라는 점을 알게 되었다. 인류학에서는 1970년대부터 Native Anthropology라는 새로운 영역이 개척되었고, 상당한 양의 관련 서적과 그것과 관련된 방법론적인 논의들이 전개되었다. 문제는 연구 대상이 문자 사회인 경우, 연구 대상이었던 주민들이 연구 결과를 반드시 읽게 된다는 점이다. 연구 결과의 내용이 자신들의 입지와 맞지 않을 경우 재판이라는 송사를 일으킬 수 있다는 점은 앞으로 반드시 유의해야 할 문제라고 생각한다. 인류학이라는 학문의 방법론상으로 유의미한 논의가 될 것이다. 사실 내가 진정으로 원해서 시작한 연구가 이민연구가 아니었다. 해외 연구의 기회가 없었던 상황에서 이민이라는 대상을 통하여 해외 연구의 기회를 얻게 된 것으로 만족했던 것이다. 물론 나의『브라질의 한국이민』이 한국 이민 관계에 관한 인류학적 연구서로서는 최초에 나온 것이었기 때문에, 그 후에도 소위 재외동포와 관련된 연구의뢰가 몇 차례나 있었다. 남미의 이민에 관한 나의 연구는 투여한 시간과 노력에 비해서 큰 소득이 없었다. 그 과정에 개입되었던 정치적인 문제로부터 시작하여 그렇게 좋은 조건에서 수행된 작업이라고 말할 수가 없었다.

대우학술재단으로부터 집필 약속으로 집필 계약서를 작성했고, 착수금을 받았던 '생태인류학' 집필은 공수표로 넘어갔다. 그야말로 죄송하고 염치없는 일이 되고 말았다. 부끄러운 주홍점이 내 가슴에 지금도 깊이 박혀 있는 부분이다. 차일피일 집필의 진행이 더딘 사이에 재단도 해산되었고, 김용준 선생님께서 직접 전화하셔서 편달의 격려를 주신 것도 무산되는 부끄러움이 되고 말았다. '생태인류학'을 준비하던 원고들을 묶어서 관련 논문들을 모아『환경 친화의 인류학』(1987년, 일조각)을 발행했지만, 그것은 참으로 소략한 '생태인류학'이 되고 말았다.

내가 생태인류학에 매력을 갖고 이 방향의 공부를 시작한 계기는 골드버그 씨가 소개해주었던 로이 라파포트(Roy Rappaport, 1926-1997)의 *Pigs for the Ancestors*(1968년)이었다. 그야말로 단숨에 읽으면서 쾌재를 불렀던 민속지(ethnography)였다, 예일대학출판부에서 발행했던 페이퍼백을 읽었는데, 마지막 페이지에 도달할 때까지 손을 놓을 수가 없었던 책이다. 그만큼 이론적으로 분명하고 명쾌한 민속지를 본 적이 없었다. 그는 독실한 유태인 가정에서 성장했다. 유태인들이 오염공포로 가장 불쾌하게 생각하는 존재가 있다면, 그것은 돼지고기다. 돼지의 기름으로 제조한 과자나 음식은 금기가 되어 있다. 코셔(kosher)라는 단어가 그것을 말해준다. 그러한 종교적 배경을 갖고 있는 라파포트가 '조상을 위한 돼지'라는 제목의 책을 발행했다는 것은 유태인 사회에서는 상상을 넘어서는 일이다. 그 책이 베스트셀러로 팔린 데에는 그러한 그의 가정적인 그리고 종교적인 배경이 함께 작용한 것이라고 생각한다. "어떻게 유태인이 조상의 제사를 위한 돼지를 언급할 수 있단 말인가?"라는 인식이다. 라파포트의 저서가 베스트셀러에 올랐던 것은 유태인 사회에서 터져 나온 험담이 한몫했다는 뒷얘기를 들었다.

미시간대학 인류학과의 학과장으로서 그의 명성은 자자했다. 그는 뉴기니 고산의 쳄바가 마링(Tsembaga Maring) 부족의 인지 체계로 그의 연구 초점을 이동시킨 또 다른 서적을 출간했다. 그는 생태계(ecosystem)와 인지 환경(cognitive environment)을 통합한 문화이론을 창안하는 '새로운 인류학'을 제시하고 있었다. 1979년에 나온 그의 또 다른 저서 *Ecology, Meaning and Religion*을 통독한 나는 '뱁새가 황새 쫓아가기'가 되어 버렸다. 나의 가랑이는 여지없이 찢어져 버리고 말았다. 학문적 배경의 깊이에 한계를 느끼지 않을 수 없었다. 71세에 요절한 아까운 분이었다. 1970년대 후반과 80년대 초반에 나온 책들 중, 미네소타로부터 귀국하면서 구입한 신간에는 에릭 울프(Eric Wolf, 1923-1999)의 *Europe and People without History*(1982)가 있었다. 이 책도 많은 생각을 하게 한 영향력 있는 저작이었다. 울프 선생은 1988년 유고슬라비아의 자그레브에서 개최되었던 국제인류학민족학대회에서 담소를 나눈 적이 있었다. 그 자리에는 부인이며 인류학자인 지델 실버만(Sydel Silverman, 1933-2019)과 함께였다. 나의 친구인 프레드 로버츠(Fred Roberts, 이스트랜싱에 있는 미시간주립대학 인류학 교수)의 이름으로 금방 친하게 대화를 할 수 있었다.

1990년 여름에는 이광규 선생님의 요청으로 중앙아시아의 고려인 사회를 방문하는 프로젝트에 참가했다. 당시 소련의 붕괴 직전이라는 국제정치적인 거대한 사건의 소용돌이가 몰아치고 있었기 때문에, 나는 고려인이라는 소수 민족의 운명에 대해서 관심을 갖게 되었다. 역사적으로 다민족국가에서는 큰 사건이 터지면 항상 희생양이 따르게 마련이었다. 소련의 붕괴 조짐이라는 대사건에 직면하여 고려인이라는 소수민족의 운명이 당하고 있는 역사적 현장을 보고 싶었다. 당시 이광규 선생님께서 아산재단으로부터 수령한 연구비가 부족했기 때문에, 나는 대구문화방송에 피디로 근무하는 동창생인 손양덕 군에게 연락을 했다. 방송국에서 다큐멘터리를 제작하고 공동으로 행동하면 경비를 절약할 수 있다는 약속이 되었다. 그래서 대구MBC의 촬영팀과 일정을 함께하는 중앙아시아 고려인 사회 방문의 프로젝트가 진행되었다. 손양덕 군은 당시 영남대학교의 문화인류학과 대학원생이기도 했다.

2개월간 많은 사건들이 연속되었다. 모든 것이 새로웠고, 나는 내 귀를 의심할 정도로 고려인들의 언어에 익숙해 있었다. 그들은 내가 익숙한 함경도 방언과 가까운 발음과 단어로 말을 했다. 이광규 선생님께서는 그들의 말을 거의 알아들으실 수가 없었다. 사할린에서 성장했던 고려인 동포의 말씀은 잘 알아들으셨다. 그의 언어는 재일교포들의 언어와 유사했기 때문이었다. 그러나 함경도 방언의 억양과 악센트에는 적응하시기가 지극히 어려우셨다. 카자흐스탄에서는 박일 선생과의 만남을 잊을 수가 없다. 그분은 해방 후 북조선으로 들어간 소련파의 일원으로서 김일성대학 부총장을 역임하신 분이었고, 김일성에게 한글을 가르쳤다고 했다. 당시 소련파들 중에서 북조선으로 국적을 바꾼 사람들은 후일 모두 숙청되었다. 부인이 러시아인인 박일 선생은 끝까지 국적변경의 회유를 거부했다. 그 바람에 살아남을 수 있었다고 했다. 선생님의 안내로 알마티의 푸시킨도서관 지하에 소장된 '원동조선대학'으로부터 난민들과 함께 실려 온 도서들을 대할 수 있었다. 일부 도서는 부분적으로 불에 탄 상태가 그대로 남아 있었다. 꼬박 만 3일 동안 박일 선생의 도움으로 나는 그 도서들의 목록을 두 부 만들어서 한 부는 도서관에 주고 한 부는 내가 가지고 왔다. 복사기가 없었기 때문에 모두 손으로 쓸 수밖에 없었다. 적지 않은 한적들이 있었지만, 한적들은 거의 다 눈에 익숙한 것들이었고, 연해주에서 발행되었던 서적과 신문들이 생소한 것들이었다. 그 목록은 후일 내가 편집해서 만든 『카자흐스탄의 고려인』(서울대학교출판부)이라는 제목의 서적에 부록으로 실었다. 그 부록에는 그 서적들이 살아남게 된 경위를 소상하게 설명하여 적었다. 출판사 정보를 비롯하여 서지학적으로 참고가 되리라고 생각한다.

10년 만인 2000년도에 다시 알마티로 박일 선생님을 찾아갔지만, 대인공포증으로 인하여 만날 수가 없었다. 그분께서 1990년에 나를 만난 뒤, 한국 측의 초청으로 서울을 방문한 적이 있었고, 해방 직후 평양과 김일성 주변의 실정에 관한 사실들을 폭로하는 방송을 했기 때문에, 후일 평양으로부터 파견된 테러리스트에 의해서 죽임을 당할 뻔한 경험을 했다. 그 뒤로 사람을 만나지 않게 된 것이었다. 그분에게는 조선 여인과의 첫 혼인에서 태생한 박보리스라는 아들이 있었다. 나보다도 나이가 두셋 정도 많은 분이었는데, 전혀 한국어가 통하지 않았다. 화가였으며, 작품이 좋았다. '꼭덴 아진'에 있었던 나의 숙소까지 데려다준다고 야밤에 2시간 동안 함께 걸었는데, 한 마디도 나눌 수가 없었다. 찬 이슬 내리는 침묵의 야행이었음을 잊을 수가 없다. 그는 그 야밤에 다시 자기 집으로 돌아갔다. 보리스는 그림을 그릴 재료를 구함에 특이한 재주를 갖고 있었다. 그림도 그렸고, 조각 작품도 남겼다. 부서진 우산살을 이용하여 그것들을 녹여서 화폭에 담은 그림은 참으로 인상적이었다. 2000년에 알마티를 다시 방문했을 때, 보리스가 살해되었다는 신문 기사를 볼 수 있었다. 그의 작품들은 모두 어떻게 되었는지 궁금하지 않을 수 없다. 보리스가 나에게 몇 점의 작품을 주었다.

나는 '문화와 환경', '생태인류학'이라는 과목을 개설하여 환경문제에 집중된 강의를 했다. 학생들에게는 생물학 공부를 과외로 하도록 당부하기도 했다. 80년대 초반에는 환경운동이 거센 불길처럼 준동했다. 나의 글을 본 환경운동 단체들로부터 강연 요청이 쇄도했고, 처음에는 응했지만, 그들과 함께 행동을 할 수는 없었다. 운동하는 사람이 있으면 이론 하는 사람도 있어야 한다는 이유를 들어서 운동단체들로부터의 참가 권유를 거절했다. 단 한 군데는 상당 기간 함께했다. 그곳이 '한살림'이라는 조직이었다. 지방마다 한살림의 하부 조직을 결성하는 곳으로 환경문제를 다루는 생태학적 이론을 강의하러 다녔다. 그 단체에는 나의 고등학교 동창인 조희부 군이 몸을 담고 있었던 것도 그곳에 참가했던 이유가 되었다. 하루는 사범대학 생물교육과에서 정년퇴임을 하신 최기철(1910-2002) 선생님께서 연구실로 찾아오셨다. 민물어류의 생태연구에 큰 족적을 남기신 분이셨다. 생태인류학자가 남한강 연구를 해야 한다고 강조하시면서, 양평에 있는 경기도 내수면연구소라는 곳을 소개해 주셨다. 일부러 소개를 받고 찾아간 나에게 공무원들은 처음부터 전혀 협조하지 않았다. 자신들이 수집한 자료들을 공유할 수 없다고 단호하게 말했다.

그것이 80년대 중후반 우리나라 환경문제의 현주소였다고 생각한다. 환경문제를 본질적인 측면에서 바라보는 것이 아니라 사회운동이나 기업경영의 차원에서 바라보는 인식이 생태학이라는 학문의 진행 과정을 방해하는 방향으로 작동하고 있었다. 그래서 혼자서 시작한 것이 '똥'에 관한 문제의 전개였다. 실험 또는 정부 측의 자료 협조가 없어도 가능한 작업이었다. 반포 아파트의 한 동의 협조를 얻어서 수세식 변기 사용에 따른 물 이용에 관한 자료를 수집하기도 했다. 우여곡절 끝에 나온 책이 『똥이 자원이다』(1992)였다. 대학 내의 구성원들 중에서도 나의 책 제목을 거론하며 빈정거리는 소리도 들렸다. 나는 아랑곳하지 않았다. 계속해서 똥에 관한 글을 썼고, 공개 강연도 했으며, 방송도 했다. 일주일 내내 하루에 한 시간씩 방송을 한 적도 있었다. '똥박사'라는 별호를 얻기도 했다. 언젠가 명절에 부산의 본가를 찾았는데, 어머니가 조용한 말로 "이제 똥 얘기 좀 그만하면 안 되니?"라고 하셨다. 우리 동네 일대와 부산의 국제시장통에서 우리 어머니는 아주 알려진 분이셨다. '큰엄마'라는 통칭을 갖고 계신 분이셨다. 큰아들이 서울대학 교수라는 것이 어머니는 언제나 큰 자랑이셨다. 나의 성장 과정을 잘 아시는 주변 분들은 언제든지 어머니 편을 드셨다. 하루는 어머니가 시장에 가셨는데, 아는 분들과 인사를 하고 말씀을 나누시는데, 건너편에서 "큰엄마 아들이 똥박사란다!"라는 소리를 들으셨다고 나에게 귀띔을 해주신 분이 계셨다. 나는 그 뒤로는 더 이상 똥과 관련된 강연을 다니지 않게 되었다.

1994년과 1995년에는 한국에 관해서 발표했던 그동안의 논문들을 모아서 『한국문화론』(전4권, 일지사)을 출판했다. '상고편', '전통편', '현대편', 그리고 '해외편'으로 구성했다. 인류학이란 학문을 연마하면서 한국문화를 대상으로 하여 분석했던 논문들의 모음집이었지만, 아직도 학문이 서툴렀던 냄새가 물씬 풍긴다. 뒤를 돌아볼 여유가 없었기에, 어설픈 작업이지만 하나의 성과로서 발행했던 것이다. 일지사의 김성재 사장님께서 많은 격려가 있었고, 편집인이셨던 김유진 선생의 수고가 많았던 작업이었다. 여러 출판사에서 '인류학개론'을 집필해 달라는 권유가 있었지만, 그것은 아직도 해결하지 못하고 있는 과제다. 부분적으로 시도를 하기도 했지만 아직도 원고 상태이고, '개론'이란 그야말로 쉬운 작업이 아니다. 시간이 흐를수록 인류학이란 학문을 보는 나의 관점이 크게 바뀌고 있는 점도 선불리 '개론' 작업에 뛰어들지 못하게 하는 이유일 것이다.

세계1위 조선국의 꿈을 이루기 위한 나의 삶과 학문

장창두

서울대학교 공과대학
조선해양공학과 명예교수

I. 머리말

나는 1980년 일본 유학을 마치고 돌아와 1981년에 서울대학교 조선해양공학과 교수로 부임하여 정년퇴임할 때까지 30년간 봉직하면서 내게 있었던 오직 한 가지 꿈은 당시 50년 동안 세계 1위를 차지하고 있던 일본을 어떻게든지 따라잡고 일본을 추월하여, 우리나라가 세계 1위 조선국이 되는 것이었다.

일본이나 해외 조선 선진국들처럼 큰 배를 만들고 운항했던 조선업과 해운업의 화려한 역사도 전통도 없고, 황포 돛배와 똑딱선이나 만들던 수준의 한국 조선업으로서는 이 꿈은 정말 이루기 힘든 백일몽이나 다름없었다.

하지만, 맨땅에 헤딩하듯이 시작한 선박구조설계 및 용접 생산가공 관련 연구가 하나씩 결실을 보아 우리나라 조선 산업에 적용됨으로써 드디어 정년퇴임 전에 이 꿈이 이루어져 정말 감개무량했고 큰 기쁨과 보람으로 가슴이 벅차오름을 느꼈다.

또한, 이 글에는 독자의 이해를 돕기 위해 우리 집안 내력과 나의 어린 시절과 학창 시절 그리고 유학 생활을 포괄하여 기술했다. 또한 내 인생 여정 가운데 큰 전환점인 고교와 대학 및 대학원 입학시험과 서울대 교수 채용을 코앞에 둔 시점에 닥친 절체절명의 위기와 난관과 고비마다 기적적인 구원의 손길을 내민 하늘이 보낸 은인들의 이야기도 기록하지 않을 수 없었다. 왜냐하면 이분들이 없었으면 오늘날의 나도 없기 때문이다.

나는 1974년 선박구조공학자의 꿈을 안고 당시 세계 1위 조선국이었던 일본에 유학하여 많은 것을 배울 수 있었다. 즉 규슈대학 석사과정을 수석으로 합격하여 학위를 취득한 후, 도쿄 대학에서 유학생 최초로 3년 만에 박사학위를 취득하여 국내 선박구조공학분야 해외박사 1호가 되었다. 그 후 이시가와지마-하리마중공업(IHI) 조선소 현장에도 근무하면서 일본 조선산업의 기술 현황을 면밀히 분석함으로써 일본조선소 국제경쟁력의 허와 실도 파악할 수 있었다.

1980년 귀국한 후에 나는 대한조선학회 산하에 선박구조연구회를 창립하여 낙후된 국내 선박구조공학 분야 기술을 함양하고 보급하는 한편, 한일 간 선박구조 및 진동에 관한 학술회의(TEAM)도 창립하여 한일 간에 기술 교류를 도모했으며, 차후 아시아-태평양 학술대회로 확대 발전시켰다.

그동안 조선 선진국에서만 개최되어 왔던 국제선박해양구조회의(ISSC 2009)를 나는 반세기 만에 한국 최초로 서울에 유치하여 3년간 의장직을 역임함으로써 한국의 국제적인 위상을 격상하는 데 크게 기여했다.

또한 나는 서울대에 30년간 재직하면서 전 세계 조선소의 수세기 동안 어려운 숙제로 남아 있던 실제 문제들을 대학원생들의 학위논문 테마로 채택하고 이를 해결하기 위하여 불철주야로 학생들과 함께 고심한 끝에 종래보다 효율성과 정확도가 탁월하고 세계를 선도하는 새로운 이론을 제안할 수 있었다. 이를 실제 국내 조선소의 선체구조설계와 곡가공, 용접 조립 생산 등에 적용하여 이론을 입증함은 물론, 이를 통하여 국내 조선소의 생산성을 획기적으로 향상시켜 우리나라 조선 산업의 국제경쟁력을 세계 정상급으로 격상하는 데 일조한 것을 가장 큰 보람과 기쁨으로 생각한다.

II. 성장기

1. 우리 집안 내력과 어린 시절

나는 1945년 12월 강원도 삼척 정나진(정상리) 바닷가에서 태어나 유아시기에 그곳을 떠났기에 삼척 생활의 기억은 거의 없으나, 훗날 부모님들을 통해 출생지에 대한 이야기를 들을 수 있었다.

우리 집안은 조부가 통조림을 만드는 삼척 유지 공장과 당시에 청어가 많이 나서 금고라는 별명이 붙은 어장터와 고가의 큰 어선(댕구리 배) 두 척을 갖고 어업에 종사하셨던 부유한 집안이었다는 것을 알게 되었다. 그러고 보면 나는 태어날 때부터 배와 무척 인연이 깊었던 삶을 살아 온 것 같다.

당시 삼척은 6.25전쟁 발발 수년 전부터 이미 공비들이 자주 출몰하여 생명의 위협을 느낀 조부께서 삼척을 떠나 배를 타고 세 아들과 며느리 손주들과 함께 항구 도시 구룡포로 이주할 수밖에 없었다고 한다.

2. 초·중·고 시절

조부모님들이 구룡포에서 계속해 오던 어업을 청산하고 최종적으로 포항에 안착했기 때문에 나는 초등학교와 중학교 시절을 항구 도시인 포항에서 보냈다. 여름에는 송도에서 해수욕을 즐기고 부둣가에서는 놀래기 낚시도 하면서 바다와 친하게 지냈다. 그 후 경북사대부고에 진학하여 대구에서 고교 시절을, 대학 시절부터 취업한 후까지는 서울에서, 대학원부터는 일본 후쿠오카와 도쿄에서 유학 시절을 지냈다. 여러 곳으로 이주를 한 탓에 누가 고향을 물어보면 대답하기가 어렵지만 어린 시절의 아름다운 추억이 많이 남아 있는 곳은 역시 포항인지라 포항이 고향이라고 대답하고 싶다.

어업을 청산한 조부는 포항에서 벽돌과 기와를 만드는 공장을 지어 창업을 하셨다. 당시 포항에서 제일 큰 저택에서 부유하게 사셨는데, 장남인 내 부친이 모시고 살았다. 어느 날 조부의 첩 문제로 부자간에 심히 다툰 후 부친은 조부 집에서 만삭의 아내와 함께 한겨울에 쫓겨났다고 했다. 아무런 재정적인 지원을 받지 못한 탓에 우리 식구들(조모와 막내 삼촌 포함)은 참 가난하게 살았다. 나에게는 초등학교 시절에 공복으로 잠자리에 들었던 기억과 아침에 공복으로 학교에 갔다가 현기증으로 쓰러졌던 아픈 기억들이 남아 있다. 어린 마음에 하루 세끼를 걱정 없이 먹는 사람들은 얼마나 행복할까? 하루 세끼를 해결하는 것이 거인 골리앗처럼 나에게는 심히 버거운 상대로 느껴졌다.

포항초등학교 시절의 나는 소위 머리가 늦게 트여 2학년이 되어서야 겨우 읽기와 쓰기가 가능했고, 하교 후에도 밖에서 동네 아이들과 뛰놀기를 더 좋아했고 집에서는 숙제 외에는 공부하는 법이 없었다. 가난해서 6년 동안 월사금(수업료)을 제때 내지 못하여 담임선생님의 납부독촉에 학교 가기가 싫었다. 그러니 6년 동안 그 흔한 우등상 한 번 못 타고 졸업했다. 그러나 과학(당시에는 자연)과목만은 매우 좋아했고 성적이 우수했다.

중학교 진학은 공립 포항중학교가 있었지만, 사립 동지중학교를 택했던 이유는 입학성적이 우수하면 특대생으로 입학등록금을 면제해 주기 때문이었다. 다행히 특대생으로 입학 고사를 통과하여 등록금을 면제받을 수 있었다. 중학교 진학 후에도 집안 형편은 나아지지 않았고 수업료 독촉으로 담임선생님 대면하는 것이 참 힘들었다. 그러니 학업에 대한 의욕이나 동기 부여가 없는 상태로 지내다가 1학년 때 학교에서 브라스 밴드(취주악단)를 창단한다기에 지원해서 트럼펫을 불었다. 그런데 어느 날은 아침을 굶고 등교하여 수업 마친 후 점심도 못 먹고 매우 힘든 교향곡을 무리하게 연습하다가 현기증이 나서 쓰러지기도 했다. 그래도 소질이 있었는지 트럼펫 분야에서는 악단 내 1인자로 인정받고 극장에서 솔로연주도 했다. 또 우리 악단이 포항시에서 주최하는 행사가 있을 때마다 학교에서부터 행사장까지 행진하면서 나팔 불고 북치고 지나가면 우리 동네 사람들이 다 나와서 박수쳐 주고 응원하여 주니 신도 나고 자부심도 느꼈다. 60

여 년이 지난 지금도 〈축제〉라는 교향곡의 긴 악보가 그대로 기억나니 신기하기만 하다.

중학교 2학년까지는 공부를 거의 하지 않아서 반에서 석차는 꼴찌부터 세면 더 빠를 정도로 성적이 좋지 않았다. 그러다가 3학년 진학 첫날 '내가 이렇게 지내다가 같은 재단의 포항동지상고(이곳 졸업생 중에 이명박 씨가 나중에 대통령이 되어 화제가 되었지만)나 가서 포항 깡패나 건달 신세가 되겠구나! 어찌하든지 공부해서 외지(대구)로 나가서 일류 고등학교에 입학해야 내 인생살이 형편이 펴지겠구나!'라는 자각이 들면서 처음으로 학업에 대한 강한 동기 부여가 되었다. 같은 날, 돈이 없어 새 책은 못 사고, 갖고 있던 용돈으로 죽도 다리 앞에 헌책방을 찾아가서 『실력고교입시』라는 문제집을 한 권 사서 공부하기 시작했다. 전 소유주가 문제를 풀고 자기 답을 써놓은 헌 책이라 상당히 공부하는 데 방해가 되었지만 내가 워낙 자신을 테스트하는 문제 풀이를 좋아하는 편이라 감지덕지했다. 사실 초등학교 때도 전과지도서나 문제집을 살 돈이 없었는데, 다른 학생들은 일일공부 같은 문제지를 사서 방과 후에 남아 담임선생님의 특별지도를 받았지만 나는 항상 열외가 되어 청소 당번이나 하면서 소외감을 느꼈다. 집에서 내게 문제지를 사 주었다면 아마도 동기 부여도 되고 공부를 열심히 하지 않았을까 아쉬움이 남는다.

3학년 진학 후 첫 시험에 전교 2등을 하는 놀라운 일이 벌어졌는데, 처음에는 내가 커닝을 한 것이 아닌가? 담임선생님께 의심을 받기도 했다. 그 후 계속되는 시험에서 실력이 입증되니 선생님도 급우들도 나를 인정하고 존중하기 시작했다. 성적우수자로 한 분기 수업료도 면제받으니 정말 공부하는 맛이 났다. 그러나 집안 형편은 조금도 나아지지 않았고 끼니를 걱정해야 하는 형편에 외지(대구) 유학은 사치라는 생각이 들면서 점차 학업 의욕도 떨어져 성적이 내려갔으나 졸업 시까지 그런대로 상위권은 유지했다.

집안 사정으로 인하여 장래에 대한 희망과 포부가 좌절된 상태로 학년말이 다가왔다. 외지로 진학하고자 하는 아이들은 이미 원서를 제출한 것 같다고 집에서 이야기했더니 부친이 "너도 한번 원서를 내 보지 그러냐?"고 하시기에 "형편도 안 되는데 내면 뭐 합니까?"라고 했더니 "일단 시험은 한번 봐 보거라"고 하셨다. 그래서 부랴부랴 원서를 인편으로 부탁하여 입수하고 마감일이 임박했기에 담임선생님을 찾아가서 부탁드렸더니 밤중에 교무실 문을 따고 들어가 원서작성 후 직인을 날인하여 원서를 나에게 쥐어 주셨다. 사실 3년간 같은 담임을 만났는데 3년간 수업료 독촉에 면목이 없었다. 선생님께서는 내가 수업료 미납으로 졸업을 못할 줄 알았는데, 결국 무사히 학업을 마치고 경북사대부고 입시지원까지 하게 된 것을 참 다행으로 여기시고 무척 기쁜 마음으로 지원서를 써 주셨다. 수학(기하)과목 담당이셨고 별명이 '지독방망이'로 무척 엄한 분으로 시험성적이 나쁘면 엄청 무섭게 벌을 주시는 선생님이셨다. 우리 모두 벌벌 떠는 공포의 대상이셨는데, 그 밤에 나에게 원서를 써 주시는 모습 속에서 이전에 못 본 자상하고 인자한 일면을 발견하고 놀랐다. 지금도 참 고마운 담임선생님으로 내 마음에 남아 계신다.

경북사대부고는 국립인지라 전기입시보다 앞서 특차로 시

험을 보는 것이 특징이었는데, 내가 다니는 포항동지중학교에서는 모두 5명이 지원했다. 그리고 나를 제외한 4명은 불합격하는 경우를 대비해서 전기입시를 치르는 경북고에도 원서를 냈지만, 나의 경우는 부친이 돈이 없다고 내지 못하게 하셨다. 5명 모두 합격해서 결과적으로 나의 경우는 돈을 아꼈지만 불합격했으면 어쩔뻔했나 싶었다.

내가 경북사대부고에 입학한 것은 지내놓고 보니 정말 기적 같은 일로 여겨진다. 입시 바로 전날 수험표를 받기 위해 나는 대구 삼덕동에 있는 사대부고를 찾아가기 위해 포항에서 열차를 타고 떠났다. 우리 동지중학생 5명 전원은 학교에서 만나 수험표를 받았다. 4명은 같은 교실에서 시험을 보지만 나는 원서를 늦게 낸 탓에 다른 교실에서 홀로 시험을 봐야 하기 때문에 입시 당일 많이 떨렸다.

그런데, 입시 몇 달 전에 포항에서 대구로 부모님을 따라 이사 간 친구(Y. G. Kwon)가 한 명 있었는데, 그날 수험표를 받은 후 대봉동 자기 집으로 우연히 나를 데리고 가서 집 구경을 시켜 주었다. 이 친구가 아니었으면 오늘날 나는 없을 것임을 나는 잘 안다. 그가 참으로 고마운 은인(첫 번째)이 됨을 잠시 후 밝히겠다.

나는 모친과 만나기로 약속한 경북도청 토목과를 찾아가서 이모부를 만나려고 했으나 시내 출장을 나가고 안 계시니 자택 약도를 그려 줄 테니 찾아가면 되겠다고 했다. 사실 그날 아침 포항에서 출발할 때 대구 가는 여비만 갖고 집을 나섰다. 수험표를 받은 후 도청에서 모친을 만나 이모부와 같이 댁으로 갈 예정이었기에 수중에 돈이 얼마 남아 있지 않았다. 도청에서 삼덕동

이모 댁을 버스를 타고 가서 집을 찾아 여기저기 헤매었으나, 약도가 부정확해서 도저히 찾을 수가 없었다. 발이 다 부르터서 도저히 걸을 수 없을 정도가 되어서 하는 수 없이 다시 도청으로 찾아갔으나, 이모부는 내 모친과 함께 퇴근하고 안 계셨다. 댁에 전화도 없으니 연락할 방도가 없어서 실로 난감했다. 내일 입학시험을 치러야 하는데 나는 버스비도 떨어져 오갈 데가 없어서 도청에서 나와서 밤중에 울면서 부르튼 발로 중앙통 거리를 헤매면서 '어쩌면 좋아? 어쩌면 좋아?' 발만 동동 구르고 있었다.

그러다가 불현듯 낮에 우연히 따라갔던 친구 집이 생각났다. 대봉동이라는 것만 알고 부르튼 발로 절룩거리면서 중앙통에서 그 먼 대봉동 쪽으로 걸어가기 시작했다. 사실 대구는 길이 온통 구불구불하여 찾기 어렵고, 낮에 버스 타고 친구 따라 잠깐 들렀던 그 집을 밤중에 찾기란 "서울 사는 김서방 집 찾기"처럼 난감했다. 그 당시 교회는 안 다녔지만 지나놓고 보니 하나님의 도우심이었다고 생각된다. 낮에 보았던 기억을 더듬어 비슷한 집들이 있는 동네 어귀에서부터 큰소리로 친구 이름을 부르며 헤매기를 한참 했더니 봉창 문을 벌컥 열고 "누꼬?"라고 하는 친구의 목소리에 눈물이 왈칵 쏟아지며 구세주를 만난 것같이 기쁘고 반가웠다. 허기진 배를 남아 있던 국수로 채우면서도 감지덕지했다. 내일 입학시험인데도 저녁을 국수(통상 미끄러진다고 시험 때는 안 먹음)로 때우는 가난한 친구가 안쓰러웠다.

이모 댁에서는 난리가 났다. 내일 입시를 볼 수험생이 사라졌으니 그것도 돈 한 푼 없이 실종되었으니, 모친도 걱정으로 날밤을 꼬박 새우고 아침 일찍 학교 정문에서 기다리다가 나와 눈물의 상봉을 했다. 고사장 입실 후 첫 시간 영어시험은 잘 보았으나 국어와 수학이 상당히 까다로워서 자신이 없었다. 이튿날 체력장 시험에는 발이 부르터서 하위 성적을 받았으니 더더욱 자신이 없었으나, 발표일 조간신문에 실린 내 이름을 보고 정말 기뻤다. 이모님 부부도 무척 기뻐하시면서 가정형편도 어려우니 이모님 댁에서 기식하라고 하셨다. 이렇게 해서 가정 형편상 도저히 외지 유학이 불가능한 내가 사대부고를 다닐 수 있게 되었으니 부친의 권유로 시험을 치르기를 잘했다는 생각이 들었다. 사실 이모 댁은 자기 소유의 집이 아니라 포항의 부호 토건업자가 같은 해 경북고에 입학한 자기 아들 침식을 해결해 달라고 부탁하고 삼덕동에 집을 하나 사서 지내게 한 집이었다. 나더러 공부 잘하는 모범생이니 같은 방을 쓰고, 숙식비 안 내고 그 집 아들 가정교사 역할을 좀 해 주면 좋겠다고 하여 잘됐다고 생각했다. 사실 이 친구는 노는 데 이력이 났고 공부에는 취미가 없는 친구였다. 두 달에 한 번꼴로 소위 허파에 바람이 들면 무작정 가출하여 소동이 벌어졌다. 자기 아들은 가출하고 없는데 내가 아들 방에 앉아 열심히 공부하고 있는 것을 보면 친구 어머니는 속에 천불이 올라왔다고 했다. 나의 입장이 곤란해져서 고1까지만 그 집에 있고 집안 형편도 나아져서 고2부터는 이모님 댁을 나와서 하숙 생활을 시작했다.

나의 입학성적은 300명 중에서 106등으로 합격한 것을 나중에 교무실에서 우연히 생활기록부를 보고 알게 되었다. 수업시간에 질의응답 시 나는 포항 사투리와 억양이 세다고 놀림을 많이 받고 촌놈 취급을 당했다. 당시 사대부중 출신은 무시험 전형으로 입학이 가능했으며 성골(聖骨) 대우를 받았고, 경북중 출신들도 진골(眞骨) 대우를 받는 편이었으나, 포항의 사립 중학교 출신인 나는 무시를 당해도 참고 견뎌야 했다. 내가 특별히 공부를 열심히 한 것도 아니고, 그날 수업 중 필기한 내용을 과목당 5분 정도 매일 복습한 것이 전부였는데, 입학 후 첫 시험에 반에서 수석을 하고 전교 2등을 했더니 포항 촌놈이라고 더 이상 놀리지 않고 존경하는 눈빛으로 나를 대해주니 참으로 통쾌했다.

우리는 중3 때 4.19 의거와 고1 때 5.16을 겪었던 참으로 격변기를 지낸 세대였다. 고1 여름 방학이 시작되었을 때 서울대 정치외교학과에 진학한 한 선배가 포항으로 가는 기차에 우연히 동승했는데, 5.16이 터진 후 수많은 관료와 정치인들이 잡혀가는 것을 보고 하루아침에 정치무상을 느꼈다고 설파를 하면서, 너는 인문사회계로 가지 말고 공대로 가라고 하는 말에 설득당했다. 그 탓에 그동안 법대로 진학하려던 계획을 버리고 직접 땀을 흘리며 몸으로 산업에 기여하는 것이 훨씬 보람이 있는 일이라는 인식의 대전환이 일어나서, 고2 때 이과 반을 택하여 당시 서울대에서 제일 인기가 있고 들어가기 어려웠던 서울 공대를 목표로 입시 준비를 했다. 입시지원 시 전공에 대한 사전 교육이나 지식이 없이 막연히 기계공학과에 응시했으나 낙방하여 크게 실망하고 좌절했다. 포항에서 울진으로 이사하여 미싱대리점을 잘 운영하시던 부친이 빚보증을 잘못 서서 망하여 다시 집안 형편이 어려워졌다. 나는 재수하는 동안 서울에 올라가서 하숙하고 학원에 다닐 형편이 되지 않아서 울진에서 처음 석 달 동안은 책을 놓아버리고 시골 이바지(잔치)집이나 찾아다니면서 막걸리로 한을 풀었고, 산으로, 바다로, 연꽃 핀 호수로 놀러 다니면서 쓰라린 마음을 달래며 지냈다. 입시 때 수학 문제 풀이에서 실수한 것이 마음에 걸려 다른 교과목은 손도 안 대고 수학공부만 했다. 정답은 절대 보지 않고 문제가 풀릴 때까지 며칠을 씨름하여 해답을 구했다. 나의 그런 학습법 덕택에 고교수학은 60년이 지난 지금도 대부분의 공식 암기는 물론, 공식의 유도가 가능하니 스스로 생각해도 신기하다.

생계를 유지하기 위해서 사방 공사에 나가 산에서 하루 종일 아카시아 씨앗과 묘목을 심으면 원조 물품인 밀가루 한 포대를 받았다. 보릿고개에는 먹을 것이 없어서 들판에서 쑥을 뜯어서 밀가루에 버무려 쪄 먹으면 훌륭한 한 끼 식사가 되었다. 이때 했던 사방공사로 전국의 민둥산들이 오늘날같이 숲이 우거진 아름다운 산들로 변모한 것은, 탁월한 식견을 가진 지도자와 이름 없이 빛없이 애국심으로 희생 봉사한 사람들의 피와 땀과 눈물의 결과라고 생각된다. 세계에 유례없는 전무후무한 산림녹화의 기적을 이룩한 한국의 뒤에는 위대한 선각자 박정희 대통령이 있었음을 간과해서는 안 될 것이다. 재수 기간 중이었지만 나도 우리나라 산림녹화의 기적 수립에 일조한 셈이었다.

재수기간 중 두 번째 은인이 나타났다. 울진에 와서 사귄 친구로서 서울에서 재수하며 양영학원에 다니다가 입시를 열흘 앞두고 울진에 내려와서 학원의 수학문제집을 며칠 빌려줘서 보았는데, 그중에는 지수함수에 로그함수를 2층, 3층으로 올린 기상천외한 문제가 있어 못 풀고 사흘을 낑낑대다가 겨우 풀 수 있었는데, 서울 공대 입시에 거의 같은 유형의 문제가 나와서 바로 풀 수 있었으니 참으로 고마운 은인이라고 하겠다. 수학 주관식 8문제 중 하나를 그렇게 해서 건졌으니, 시험장에서 처음 그 문제를 접했다면 단시간 내에 도저히 못 풀었을 것이고 합격은 물 건너갔을 것이다. 정작 문제집을 나에게 빌려준 그 친구는 나와 같이 서울 공대에 응시했으나 실패하고 후기대로 진학했다.

입시 날짜가 점점 다가왔지만 서울에 올라갈 차비와 하숙비도 없는 상태로 안타깝게 하루하루가 지나고 있을 때 세 번째 은인이 나타났다. 부친이 대리점을 하다가 망하여 사업을 접었지만 미싱 머리가 하나 남아 있었는데, 그것을 사러 온 사람이 나에게는 고마운 은인이 되었다. 미싱을 판 돈으로 차비와 하숙비를 겨우 마련하여 상경했다. 1년 전에 머물렀던 공릉동의 민박집에 다시 투숙하고 입학시험을 쳤는데 합격했으니, 미싱을 산 그 사람이 없었다면 오늘날의 나도 없지 않을까 생각된다. 내 인생 고비고비마다 돕는 이들이 나타나 일을 성사시켜 주었으니 한 분 한 분에게 깊이 감사를 드리고 싶다.

한 해 재수할 동안은 다음 해 입시에 실수 안 한다는 보장이 없다고 생각하니 늘 불안한 마음이 있어 편하지 못했다. 그래서 재수를 하면 팍 늙는다는 말이 실감이 났다. 마음고생 탓이리라. 재수한 후 지원할 학과를 선택해야 하는데 이번에는 다른 사람들이 안 하는 희귀한 전공 분야에서 1인자가 되는 것도 좋겠다고 생각했다. 마침 재수하던 그해에 대한조선공사가 타이완에서 어선을 여러 척 수주한 것에도 고무되었다. 또한 어릴 때부터 친숙했던 바다와 배에 관한 선호도 있어서 세계 최고의 선박을 설계하겠다는 꿈을 가지고 서울대 조선항공공학과를 1지망으로 지원하여 드디어 합격했다.

3. 대학 시절

1) 한 학기 마치고 휴학하다

내가 꿈에도 그리던 서울 공대에 입학했으나, 1학년 때는 학과 전공별로 강의를 하지 않고 전공을 섞어 여러 개 반으로 나누어 고교 학급처럼 운영하여 학생 서로 간 유대감이나 친밀감도 없고 이질감이 많았다. 나는 재수로 마음고생을 많이 한 후 입학한 탓인지 기대를 많이 했던 만큼 대학 생활이 매우 실망스럽고 재미가 없었다. 학업에 대한 의욕이 없고 허무주의 사상에 젖어 전공서적보다는 니체나 카뮈를 즐겨 읽었다. 입학 후 첫 학기에는 고려대 앞 종암동에서 하숙했는데, 고대 국문과를 다니는 고향 친구인 룸메이트의 영향도 있었던 것 같다. 그는 결국 허무주의를 극복하지 못하고 안타깝게도 재학 중에 스스로 생을 마감했다. 이런 생활을 하다 보니 학업성적도 당연히 나빠지고 경쟁에서 밀리니 소위 콤플렉스(Inferiority Complex)가 생겨, 나는 대학 생활에 적응하지 못하고 방황하게 되었다. 집에서 어렵게 입학등록금은 마련해 주었으나, 그 이후는 홀로서기를 해야 하는 형편이라 입학 후 아르바이트(가정교사)를 구했지만 시골에서 갓 올라오고 보니 지인을 통한 소개도 받을 수 없어 아르바이트 구하기가 무척 힘들었다. 신문에 조그만 광고를 내고 하숙집 전화번호로 연락이 오기만을 애타게 기다려서 겨우 아르바이트 한 자리를 얻어 하숙비는 간신히 해결했다. 그러나 2학기 등록금을

1차 기한 내에 내지 못하고 추가 등록(통상 2, 3차까지 있었음)을 기다리고 있었는데, 당시 새로 부임한 법대 출신 총장은 추가 등록을 예고 없이 없애버려서 많은 가난한 학생들이 미등록으로 제적당할 위기에 처하게 했다. 1학년 2학기는 미등록 제적을 피하기 위해 눈물을 머금고 휴학을 할 수밖에 없었으니 나에게는 참 야속한 총장이었다.

한 학기 휴학을 마치고 2학년 1학기에 복학을 했는데 이때부터는 조선항공공학과에서 수업을 받았다. 입학원서를 낼 때 전공지망서를 낸 적이 있었는데, 당시에는 조선쪽이 더 인기가 있어 지원자가 몰려 결국 입학성적순으로 조선전공 13명과 항공전공 7명으로 나누어 따로 수업을 받았다. 나는 1학년 2학기를 휴학으로 건너뛰었기에 그 당시 있었던 선수과목제도 때문에 2학년 일부 과목의 수강이 불가능하였다. 2학년 진입 후부터는 마음을 다잡고 전공 관련 공부를 좀 더 열심히 하여 평균 B 학점을 겨우 받아 수업료를 면제받기도 했으나, 수업 마치고 시내로 나가서 아르바이트를 하고 만원 버스에 장시간 시달리며 상계동 캠퍼스 내 기숙사에 돌아오면 거의 녹초가 되어 실제로 공부하기도 무척 힘들었다. 방학 때는 아르바이트를 여러 개 동시에 해야 등록금을 겨우 마련할 수 있는 처지였으니 대학 생활의 낭만이나 취미 생활이나 연애 같은 것은 사치품이라 생각되었다.

2) 대한조선공사 현장실습 이탈과 송정해수욕장에서의 로맨스

조선을 전공한 우리 65학번 동기생들은 3학년 1학기가 끝난 후 1967년 여름 방학 중에 당시 국내 최대 조선소인 대한조선공사

(현 한진중공업)에서 예정된 실습을 위하여 부산행 열차에 몸을 실었다. 막상 조선소에 도착해 보니 별로 환영하는 기색도 없고, 또 딱히 할 일이 없었다. 요즈음과 달리 실습생을 위한 프로그램이나 재정 지원이 전혀 없었던 시절이었다.

항상 적자에 허덕이는 국영기업체이다 보니 무더위에도 냉방 시설은커녕 선풍기도 없이 설계실의 선배들이 러닝셔츠 차림으로 제도판 앞에 앉아 있는 모습은 아주 초라하고 딱해 보였으며, 구두가 닳아도 새것을 사 신지 못할 정도로 박봉에 시달린다는 실정을 알고서는 졸업 후에 조선소에 오고 싶은 생각이 달아날 정도였다. 우리가 한 일은 무더위 속에서 당시 선대에서 건조중이던 사상 최대인 G/T 6,000톤급 화물선의 이중저에 들어가 기어다니면서 내부 구조를 견학하는 것이 전부였다. 그 외에는 달리 할 일이 없어 그저 무더운 설계실 제도판 옆에 서서 선배들이 그리는 도면을 보고 기호를 익히는 정도로 매일 지겨운 나날을 보내고 있었다. 게다가 모두 자비를 털어 부산까지 갔던 터라 돈도 떨어져 갔지만, 며칠이 지나도 동문 선배님들이 밥 한 끼 사겠다는 기별이 없어 볼멘소리들이 나오기 시작했다. 마침내 우리는 역적모의(?)를 하고 말았다. 사실 우리 나름대로는 무언가 일을 하고 싶어서 이 화물선의 진수계산을 해 보겠다고 했으나 그것도 거절당했고 할 일은 주어지지 않으니 별도리가 없었다. 결국 실습 도중이었지만 너무 덥고 따분해서 무단으로 송정해수욕장으로 영광의 탈출(?)을 감행하고 말았다. 모름지기 배를 만드는 조선학도는 먼저 바다를 알아야 하니까 실습의 일환으로 임해실습(?)이 반드시 필요하다고 우리 스스로 명분을 세우고는 겁 없이 실행에 옮겼다.

하지만, 이 사건의 파장은 만만치 않았다. 나중에 알았지만 당시 사내 진수회 총무를 맡고 있던 선배(E. S. Kim)가 사내 동문들로부터 십시일반으로 모금해서 회식시켜 주겠다고 우리를 찾았다고 한다. 헌데 우리는 전원 송정해수욕장으로 달아나서 푸른 바다에서 무더위를 식히고, 백사장에서 뒹굴며 임해 실습을 즐기고 있었으니 선배님들의 배신감과 분노가 이만저만이 아니었다. 우리의 철없는 행동 때문에 선배님들의 사내 입장과 당시 실습 담당이셨던 교수님의 체면이 말이 아니었다. 우리는 담당교수님이 김 선배의 보고를 받은 후 대노하셨다는 소식을 듣고 학교에 돌아갈 일이 참 난감했다. 그러나, 우리 모두는 이왕 버린 몸이니 나중에 경을 치더라도 당장 눈앞에 넘실대는 푸른 바다와 백사장에서 젊음을 만끽하기로 했다. 마침 이화여대생 한 그룹이 수영복 차림으로 백사장에 있었지만 숫기가 없어 다들 쳐다보고만 있는데, 드디어 한 동기(K. H. Kim)가 용기를 내어 이대생들에게 접근하여 수작을 걸었다. 그는 우리 무리의 신분을 밝히고서 느닷없이 퀴즈 문제를 내고 아무도 대답하지 못하자 진짜 이대생이 맞느냐고 시비(?)를 걸고 말을 주고받으니 금세 친근해진 후에는 우리에게 건너오라는 사인을 보내와 우리는 그녀들과 합석했다. 그는 결국 우리 동기 모두가 홀아비 신세를 면하고 그룹미팅에 성공하게 한 일등공신(?)이 되었다.

그녀들 중 노랑수영복 아가씨가 우리들 중에 가장 인기가 있었으니 날씬한 몸매에 미모와 상냥함을 겸비한 탓이었다. 나도 노랑수영복에 많이 끌렸지만 경쟁이 워낙 심하여 티도 못 내고 자주 훔쳐보기만 했다. 우리는 매일 낮에는 바닷가에서 밤에는 그녀들의 민박집에서 그룹미팅을 가졌다. 야간 기쁨조는 한 동기(S. Y. Koh)가 맡았다. 그는 교회학교 교사로 단련된 실력을 마음껏 발휘하여 여러 가지 게임과 노래와 유희로 우리 모두를 동심으로 돌아가 유쾌한 시간을 갖게 해 주었다. 나는 게임을 할 때 운 좋게 예의 노랑수영복과 짝이 되어서 열심히 게임을 하다 보니 많이 친해질 수 있었다.

비록 우리는 돈이 거의 바닥이 나서 매끼 맨밥에 버터와 고추장을 비벼 먹으면서도 자유로운 청춘의 풍요로움을 마음껏 누릴 수 있었다. 드디어 우리는 임해실습을 마치고 밤차로 상경하기 위하여 부산진역에 갔다가 송정에서 만난 이대생들을 또다시 만나 반갑게 인사를 나누었다. 그런데 기차표를 각자 따로 끊었는데도 불구하고 나와 노랑수영복은 마주 보고 앉게 되었다. 밤새도록 가는 상경열차라 무료함을 달래느라 둘이서 팔뚝맞기 화투를 쳤는데 계속 져서 팔뚝이 벌겋게 되었지만 싫지는 않았다. 우리는 새벽에 서울역에 도착한 후 서로에게 잘 가라고 인사만 하고 기약 없이 헤어졌다.

귀교 후 우리는 실습담당 교수님께 모두 불려가 경을 쳤다. 과대표를 맡았던 동기가 제일 많이 혼이 났다. 게다가 실습 빵소니 탓에 연계 학과목인 조선공작법(4학점) 성적을 전원 D학점을 받아 평점이 낮아져 어느 동기는 장학금 수혜에서 제외되는 불이익을 당하기도 했다.

그해 가을 어느 화창한 날 배가 한창 무르익었을 때, 우리 동기들은 수업을 땡땡이치고 태릉 배 밭에 가서 배 파티를 했는데, 거기서 또 다시 송정에서 만났던 이대생들을 만나게 되었다. 세 번씩이나 우연히 만나다니 무슨 인연이 있는 것이 틀림없었다. 그러나 노랑수영복은 보이지 않았다. 나는 그쪽 대표에게 수소문하여 그녀에게 데이트를 신청했다. 우리는 연말까지 자주 데이트를 하며 서로에 대한 연정이 깊어져 갔다. 그러나 앞으로 2년 반의 군 복무와 복학 후 졸업까지 너무 오랜 세월이 남은지라 그렇게 오래 기다려 달라고 말할 엄두가 나지 않았고, 그때까지 기다려 줄 여자는 세상에 없을 것 같아 고민하다가 더 이상 정이 들기 전에 결국 조용히 헤어지는 것이 그녀를 위하는 길이라 생각하고 새해가 되어 말없이 그녀를 떠나 연락을 끊었다. 약 두 달 후 2월 중순에 입대하기 전 마지막 작별 편지를 그녀에게 보냈는데 그 편지를 받기까지 그녀는 여러 곳에 수소문하며 나를 찾느라 안타까운 시간을 보냈다고 했다. 그 후 나는 대구 50사단에서 6주간 신병훈련을 마치고 춘천으로 이동 중 군용 열차가 잠시 용산역에 정차했는데, 통학열차를 기다리던 과대표 동기(S. I. Yang)를 극적으로 만났다. 그는 빡빡머리 이등병 모습의 나를 보고 무척 안쓰러워하면서 아리랑 담배 한 갑을 사주고, 노랑수영복이 여러 차례 소재를 물어 왔었다고 꼭 연락을 하라고 당부하고선 황급히 통학차에 올랐다.

3) 재학 중 입대와 군대생활

나는 춘천 103보충대에서 양평의 32사단 사령부로 배치된 후 어느 날 부대 면회소에서 연락을 받고 급히 나가 보니 그녀가 기다리고 있어서 극적인 재회가 이루어졌다. 초라한 모습으로 오랜

만에 만나니 나는 자격지심이 들었지만 그녀는 전혀 개의치 않고 반갑게 대해 주어 고마웠다. 그녀는 웃으면서 오늘 서울 공대 건축과 출신 남자와 선을 보라고 해서 도망 왔다고 했다. 그렇게 우리의 만남은 다시 계속되었다. 다행히 당시 우리 부대가 구파발과 송추에서 방어진지(지금은 문재인 전 대통령에 의해 모두 파괴되고 없음)공사 관리를 맡아, 나는 2년에 걸쳐 장기 파견되었기 때문에 주말에는 외출을 나가 서울에서 그녀를 자주 만날 수 있었다.

돌이켜 보면 나의 군대 생활은 최악으로 고통스러운 상황에서 시작되었다. 김신조 일당에 의한 1.21 북한무장공비 청와대 습격사태 바로 다음 달에 입대했기에 소위 군에서 말하는 특과 자리는 제로였고, 힘든 전투병과 보직뿐이었다. 김신조 일당의 훈련을 모방하여 혹독한 주간 훈련은 물론 야간 사격훈련과 행군에다가 항상 무거운 모래주머니를 다리에 차고 다녔고 3보 이상을 걸을 때 반드시 뛰어다녀야 했으며, 사무를 보거나 식사 시간에도 단독군장으로 총과 탄띠와 수통과 대검과 무거운 철모를 착용하지 않으면 기합을 받았다. 그러나 이것들은 내무반 생활에 비하면 약과였으니 나이 들어 군에 간 것도 서러운데 S대 다니다가 왔다고 삐딱하게 보고 꼬투리를 잡았다. 밤마다 중졸 출신의 내무반장은 전원 침상에 엎드려뻗쳐 시켜놓고 일장 훈시 후에 곡괭이 자루로 사정없이 내려쳤으니 제대할 때까지 약 천 대는 맞은 것 같다. 요즈음 같으면 상상도 할 수 없는 일이지만 그때는 일상으로 있는 일이었다. 이 모든 것보다 더욱 나를 고통스럽게 한 것은 김신조 일당 덕택에 복무기간이 2년 반에서 3년으로 늘어나 버렸던 것이다. 나는 3년을 채우고 제대했기 때문에 학기가 맞지 않아 한 학기를 더 휴학하지 않을 수 없었고, 결과적으로 군대 때문에 내 청춘을 4년이나 소모하고 8년 걸려 대학 졸업을 했다.

나를 오래 기다리고 있는 그녀에게도 참으로 고통스러운 결과를 안겨 주었기에 김신조 일당이 당시에는 참으로 미웠으나, 그가 나중에 목사가 되어 좋은 일을 한다기에 용서했다. 아까운 세월을 긴 군대 생활에 소모했지만 극한상황에서 길러진 극기심과 인내력이 후일의 인생살이에 다소 도움이 되었으리라고 애써 자위를 하곤 했다.

4. 졸업 후 한국과학기술연구소(KIST) 근무 시절

1) 일본 문부성 초청 국비유학생 시험 합격

나는 제대 후 복학하여 2년간의 학업을 마친 후 학과 차석으로 졸업을 하고 현대중공업에 무시험 합격했지만, 우리 학과 김 교수님(K. C. Kim)과 당시 KIST 조선해양연구실장이었던 김 박사(H. C. Kim)의 강권으로 현대를 포기하고 한국과학기술연구소 조선해양연구실에 1973년 1월 입소했다. 그해 4월에 노랑수영복과 우여곡절이 많았던 7년간의 로맨스의 결실을 맺고 드디어 결혼에 골인했다. 신혼여행은 해운대로 갔는데, 곧이어 우리는 바로 옆에 있는 송정해수욕장을 찾아가 그녀를 처음 만났던 바로 그 바닷가에서 추억에 젖어 보았다. 나는 조선공사 실습 빵소니 사건을 추억하며 입가에 빙그레 미소를 지으며 신부를 바라보았다.

나는 연구소에 입소한 그해 4월에 같은 연구실에 근무하던 우리 학과 출신 정 선배(H. Y. Cheong)의 강권으로 일본문부성 초청장학생 시험을 3일 앞두고 지원하게 되었다. 그동안 대학교에만 기회를 주었으나 그 해 처음으로 연구소에도 응시할 기회를 준다는 교육부(당시 문교부) 공문을 받고 나에게 기회를 잡으라고 하셨다. 3일 후에 시험이 있는데 나는 아직 일본어(가타카나)도 다 못 읽는 수준이라 학원도 다니며 준비해서 내년에 시험을 보겠다고 하니, 버럭 화를 내시면서 "금년에 떨어져도 내년에 도움이 될 테니 무조건 시험을 보라"고 했다. 그날 마감 직전에 가까스로 원서를 내고 3일간 시험 준비를 했다. 두 달간 일어학원에 다닌 것이 전부인 나로서는 일본어도 걱정이고, 일반사회논술과 국사시험도 치러야 하는데, 더욱이 고교 때 국사 선택을 하지 않아서 난감했다. 『10주 국사』라는 책을 한 권 샀는데 직장 출근하면서는 3일 동안 도저히 다 읽을 수도 없을 것 같아서 특단의 조치를 취하기로 했으니 곧 "내가 만일 출제자라면 국사문제로 무엇을 낼까?"라고 자문하면서 깊은 명상에 들어갔다.

최종적으로 나는 국사시험문제로 "고대에서 현대에 이르기까지 한국과 일본의 상호 교류사에 대하여 기술하시오"라는 문제가 출제될 것으로 예상하고 모범답안을 미리 작성하여 써 두었는데, 국사시험시간에 문제지를 받아 보고 내가 예상한 문제가 그대로 나와 소름이 끼쳤다. 물론 미리 준비된 답안으로 일사천리로 답안을 작성했다. 다음으로 일반사회논술 문제도 동일한 방식으로 "내가 출제자라면 무슨 문제를 낼까?" 예상해 보았다. 당시 박정희 대통령은 과학을 매우 강조했고, 과학하는 대통령이라고 불리기도 했으며, 전 국민이 과학에 대한 관심이 어느 때

보다 높을 때였다.

그래서 최종적으로 나는 "전 국민의 과학화 정신에 대하여 논하시오"라는 문제가 출제될 것으로 예상하고 모범답안을 미리 작성하여 두었는데, 시험시간에 문제지를 받아 보고 내가 예상한 문제가 그대로 나와 또 한 번 소름이 끼쳤다. 기막힌 우연이라고 하기에는 확률상 말이 안 되고 이제 와서 돌이켜 보면 하늘의 도움이 아닌가 생각된다. 물론 미리 준비된 답안으로 일사천리로 답안을 작성했다.

일본어 시험에도 객관식에는 다행히 덴마크의 엔리코 달가스 이야기가 나와서 본문의 내용과 문제에 대한 해답을 유추하기가 쉬워서 정답을 대부분 맞출 수 있었다. 단 3일간 공부했지만 교육부의 선발시험에 무사히 합격하고 한 달 후 일본대사관 일본어 면접시험도 예의 KIST 정 선배의 도움으로 예상 질문들을 만들어 번역하여 외운 다음 일어로 답변을 잘하여 일본문부성초청 장학생 시험에 최종적으로 합격했다. 우리 연구실에서는 일본어를 잘하는 학과 2년 선배와 함께 시험을 보았으나 나만 합격했다. 나와 함께 시험을 보았던 부산대 조선공학과 조교는 결국 5수 후 합격하여 4년 후에 히로시마대학에서 만나게 되어 놀랐다. 내가 3일 공부하고 붙은 일본문부성 초청 국비유학생 시험이 결코 쉬운 것이 아니라는 것을 알고 새삼 놀라는 한편, 도움을 주신 정 선배(네 번째 은인)와 하늘에 감사를 드리지 않을 수 없었다.

합격 후 일본으로 유학길을 떠나 도쿄 대학 선박공학과에서 박사학위를 취득했는데 조선해양 관련해서는 한국 사람으로서

그림 1. 실습 뺑소니친 후 송정해수욕장에서(필자는 우측에서 첫 번째)

그림 2. 신혼여행 시 다시 찾은 송정해수욕장

는 일본에서 최초로 학위를 하게 되었다. 물론 선체구조공학 분야의 해외박사 1호이기도 했다. IHI 요코하마연구소를 거쳐 7년간의 유학을 마치고 연구소로 귀소했다가 서울대학교로 옮기게 되었으니, 만일 현대중공업으로 취업했다면 나의 인생은 사뭇 다른 길을 걷지 않았을까 생각된다.

나는 중2 때 브라스밴드에서 트럼펫을 무리하게 불다가 기관지확장이 되어 대학 재학 중에는 천식으로 매우 숨이 차서 힘들어했다. 그녀는 데이트 때 가끔 고통스러워하는 나를 보면서 50까지 살기 힘들 것이라고 생각되었지만, 조강지처를 버리고 딴 살림을 차렸던 부친으로부터 받은 트라우마가 있어서 남자를 불신하고 마음을 줄 수 없었던 자신이 평생 처음 느끼는 연애감정에 충실하여 50에 사별해도 좋다고 결혼을 결심했다고 한다. 다행히 팔순을 눈앞에 둔 오늘날까지 건강하게 오래 살아줘서 고맙다고 했다. 세브란스병원 의사, 나중에 지점장이 된 서울상대 출신 은행 차장과 서울 공대 출신 건축사 등 쟁쟁한 인물들을 마다하고 초라한 육군 이등병이자 가난한 공대생을 7년이나 기다린 끝에 결혼하여 세 자녀 키우느라 고생 많이 하고 오늘날까지 함께 살아준 그녀가 늘 고마울 따름이다. 지금도 우리 부부는 가끔 해운대에 들릴 기회가 있을 때는, 그 옆의 송정해수욕장을 일부러 찾아가서 1967년 여름 조선공사 실습을 빵소니치고 그곳 해변에서 그녀를 처음 만났던 우리의 지난날의 아름다웠던 추억을 함께 나누어 보곤 한다.

2) 중고 코로나 엔진테스트 중 과열문제 해결 비화

KIST 근무는 일본 문부성초청 국비유학생 시험에 합격하여 유학을 떠난 관계로 근무 시간은 1년 4개월밖에 되지 않지만 기억에 남는 획기적인 연구 성과를 올린 부분이 있기에 간략히 언급하고자 한다.

사실 나는 제대 복학 후 4학년 2학기 재학 중 졸업을 몇 달 앞둔 시기에 학교 수업을 마친 후, 해군장교로 제대하고 나보다 6개월 먼저 KIST에 입소한 조선항공공학과 동기(S. I. Yang)를 만나러 KIST를 우연히 방문했다. 내가 대구 훈련소를 떠나 춘천행 열차가 일시 정차한 용산역에서 그를 극적으로 상봉한 후 처음으로 만나는 것이었다. 그는 무척 반가워하며 이야기를 나누던 중 연구실의 한 가지 고민거리를 내게 언급했다. 즉 연구실의 한 선배(S. W. Seo)가 중고 코로나 승용차 엔진의 마력 측정을 위하여 엔진을 따로 분리하여 시동을 걸고 회전수를 올리면 금방 엔진이 고온으로 과열되어 도저히 마력측정을 위한 다이나모미터 테스트를 할 수 없어서 고민이라고 했다.

당시 조선해양연구실장님 이하 모든 실원의 지혜를 총동원하여도 문제를 해결할 수 없어 다음 과제인 〈중고 코로나 엔진을 이용한 고속정 개발〉에 관한 연구는 엄두도 못 내고 있다고 했다. 그 말을 듣고 나는 호기심이 생겨 한번 구경이나 하고 싶다고 했더니 담당 선배가 엔진을 설치한 현장으로 나를 안내하여 시범을 보여주었다.

과연 엔진은 금방 과열이 되어 온도게이지가 끝까지 올라가고 있었다. 나는 뒷주머니에서 손수건을 꺼내서 라디에이터와 엔진팬 사이에 들고 있었더니 팬이 손수건을 라디에이터 쪽으로 불어내고 있었다. 나는 바람의 방향이 역방향이라 차가 달리면 외부에서 들어오는 공기와 팬에서 불어내는 공기가 라디에이터 위치에서 맞부딪쳐서 소위 데드 플로우(Dead Flow) 현상이 생겨 라디에이터 냉각이 안 될 것 같다고 했더니, 담당 선배는 라디에이터를 전후 양면에서 식히면 더 좋은 것 아니냐고 서로 의견이 대립되었다. 당시만 해도 자가용을 가진 연구원은 한 사람도 없고 KIST 각 연구실장만 차를 소유하고 있었는데, 조선해양연구실의 실장님도 공냉식 소형차 신진퍼블리카를 타고 있었는데 모두들 부러워하던 시절이니 자동차 구조와 기능에 대해서 잘 몰라 서로의 주장에 확신이 있는 것은 아니었다.

그래서 나는 다음 단계 점검을 위해 엔진을 멈춰 줄 것을 요구하고 의심이 가는 엔진 팬의 피치(pitch)를 점검했는데 공기를 라디에이터 쪽으로 불어내는 역(逆)피치인 것을 확인하는 동시에 2개의 얇은 강철판을 십자모양으로 서로 맞대고 스팟 웰딩으로 결합하여 4날개를 가진 엔진 팬의 구조로 되어 있음을 알 수 있었다. 그런데 스팟 웰딩부를 자세히 관찰했더니 용접열영향을 받아 변색된 부위를 발견하고 나는 이 차는 사고차라는 생각이 전광석화처럼 떠올랐다. 앞 차를 추돌해서 라디에이터 손상은 물론 엔진 팬까지 충돌하여 스팟 웰딩 부위가 떨어져 서로 분리된 것을 차 수리하는 사람이 유체역학 개념이 없으니 역피치로 대충 용접하여 엔진 팬을 재사용했을 것이라는 데까지 순식간에 유추가 되어 나는 확신을 갖고 "이 차는 사고차이고, 엔진 팬도 부서진 것을 잘못 용접하여 역피치 엔진 팬이 되어서 엔진이 과열된 것"이라고 주장했다. 그런 후 선배와 나는 실험실 밖으로 나와 연구소로 들어온 코로나 택시를 붙잡고 운전기사에게 양해를 구하고 엔진 보닛을 열고 엔진 팬의 바람의 방향을 예의 손수건으로 체크했더니 내가 주장한 대로 엔진방향으로 공기를 끌어당기는 것을 확인한 후 시험용 엔진의 팬이 잘못되어 있다는 결론에 도달했다. 담당 선배는 새 엔진 팬을 구입하여 교체한 후 엔진 과열 문제를 단숨에 해결하고 환호성을 올렸다. 일개 학부학생이 우연히 연구실에 놀러왔다가 3개월 동안 속수무책으로 연구실원 모두가 골머리를 앓고 있던 문제를 단번에 해결했으니 연구실에서는 난리가 났다. 그 친구를 당장 스카우트하라고 실장님의 특별 지시가 떨어졌다. 결국 학과 김 교수님의 강권도 있고 해서 입사시험에 합격했던 현대중공업으로 가지 않고 KIST 조선해양연구실로 입소하게 되었으니 이것 또한 내 인생의 전환점이라고 하겠다.

3) 한국 최초 활주형 고속정 개발 성공 비화

(1) 한국 최초의 엔진출력 다이나모미터 테스트

3개월 동안 해결하지 못하고 수렁에 빠져있던 엔진 과열 문제를 나의 도움으로 해결한 담당 선배는 〈중고 코로나 엔진을 이용한 소형 순찰정 개발에 관한 연구〉 과제책임자가 되어서 나를 연구원으로 참여시켰다. 이 과제는 울진, 삼척 무장공비들의 해상 침투로 많은 사람들이 학살된 사건이 발생한 후 정부차원에서 추후 해상 침투하는 적을 조기에 발견하고 대응하기 위한 것으로, 이에 필요한 고속 순찰정을 개발하기 위한 국방부 주관의 3급 비밀로 분류된 과제였다. 선박에 웬 코로나 승용차 엔진을 올리나? 의아하겠지만 당시에는 선박용 엔진 하나 제작하지 못하던 우리나라 선박 관련 산업의 초라한 현실이었음을 말씀드리고 싶다. 무장 공비들이 다시 해상으로 침투하는 상황이 발생하면 유사시 중고 코로나 승용차를 징발하여 엔진 두 대를 올리고, 트윈 프로펠러 추진으로 고속으로 순찰하는 배를 만들어 캘리버50 기관포로 무장하여 공비를 소탕하는 목적으로 추진하는 과제였다.

코로나 승용차 엔진의 마력을 정확히 알아야 거기에 맞는 프로펠러를 설계하여 목표로 하는 선박의 속도를 달성할 수 있을 터인데, 문제는 중고 엔진의 마력이 어느 정도인지 알 수가 없어 마력측정 테스트를 해야 하는데, 국내에는 마력측정을 위한 소위 다이나모미터 테스트를 하는 곳이 한 군데도 없다는 점이었다. KIST 안에 "기계장치연구실"이 있는데 국내 최초로 다이나모미터 테스트 장치를 수입했으나 쓸 일이 없어 포장도 뜯지 않고 그대로 갖고 있다고 했다. 테스트 장치와 계측패널 장치 간에 연결도 하나도 안 되어 있어서 도면을 보면서 연결 조립을 해야 하는데, 전부 전기 전자 관련 기호들이라 전기공학개론 한 학기 들은 실력으로 조립하는 것은 지난한 과제였다. 국내 최초로 도입한 장비이니 어디 물어볼 데도 없었다. 궁여지책으로 연구실에 야간 공고 전기과에 다니는 급사가 한 사람 있어 그에게 설계도에 나와 있는 전기 기호를 하나하나 물어 가면서 부품을 찾아 조립을 완성했지만 제대로 했는지 도무지 자신이 없었다. 아무튼 다이나모미터 조립을 완료하고 테스트에 들어갔는데 엔진이 전혀 과열이 안 되고 정상 작동하여 우리는 크게 안도의 한숨을 내쉬었다.

그러던 어느 날 테스트 중에 실험동 전체가 떠나갈 듯이 엔진이 큰 굉음을 내고 고속회전을 하면서 과열이 되어 머플러 전체가 새빨갛게 달아올라 나는 너무 무서워 엔진에 접근을 못 했는데, 연구책임자인 선배는 위험한 가운데도 엔진으로 달려가 시동을 끄는 책임감을 보여주었다. 분명히 엔진 팬이 잘 작동하여 엔진 온도도 정상 수준이었는데 갑자기 이런 상황이 발생하여 우리는 물어볼 데도 없어 또 다시 큰 난관에 봉착했다. 그래도 우리 나름대로 원인을 분석해 본 결과, 다이나모미터에 공급되는 냉각수가 부족하여 다이나모미터가 자체 과열을 방지하기 위하여 엔진과의 체결부에 자동 디커플링이 일어나면서 엔진에 부하가 안 걸리니까 엔진이 고속으로 공회전한 탓에 머플러가 새빨갛게 가열된 것이라는 결론을 내리고 추후 냉각수 공급을 충분히 하면서 이 문제는 해결할 수 있었다. 우리는 우여곡절을 겪기는 했으나 한국 최초로 엔진다이나모미터 테스트에 드디어 성공을 거두었다. 코로나자동차사에서 제공한 신차의 공칭 엔진 마력은 70마력(PS)이었지만 우리가 테스트한 두 중고엔진의 최대 출력은 각각 37마력과 41마력이었다.

(2) 한국 최초의 선박용 프로펠러 설계

두 엔진의 최대출력을 측정하여 알아내었기 때문에 다음 단계로는 여기에 맞는 프로펠러를 설계하고 제작하는 일이 남아 있었다. 프로펠러를 설계하고 주물공장에 제작 의뢰하라는 연구실장님의 명령이 나에게 떨어졌는데 실로 난감하여 불면의 밤을 며칠 보냈다. 사실 당시 국내에는 선박용 프로펠러를 제작하는 곳이 단 한 곳도 없었다. 그러니 국내에서 프로펠러를 제작할 일도 없으니 프로펠러 설계도면도 외국에서 설계하고 제작도 외국에서 해 오던 실정이었다. 무엇보다 대학 다닐 때 프로펠러를 설계하는 법을 배운 적이 전혀 없었다. 미국 원서(PNA: Principle of Naval Architecture)를 교재로 한 〈저항추진론〉 강의 시간에 책에 나와 있는 프로펠러 그림과 프로펠러 성능을 나타내는 트루스트 차트(Troost Chart)란 것이 있다고 주마간산 식으로 설명을 들은 것이 전부인데, 학부를 막 졸업한 나더러 가르쳐 주지도 않고 막무가내로 프로펠러를 설계하고 제작까지 하라고 지시하니 잠이 안 오는 것이 당연했다.

며칠 밤을 불면으로 지샌 후, 대학 다닐 때 읽은 강의교재(PNA)를 다시 끄집어내어 정독하기 시작했다. 한 달간 교재와 씨름하며 집중적으로 공부한 결과 아무도 가르쳐 주지 않았지만, 드디어 프로펠러 설계과정과 방법을 독학으로 터득했다. 우리 연구실장님께 물어본 것은 프로펠러 성능곡선상에서 설계점을 피크 포인트(Peak Point)에 잡아야 하는지만 물어보았다. 그랬더니 피크 포인트 직전에 잡는 것이 좋다는 조언을 듣고 설계에 참고했다. 우선 쌍엽(two-blade) 프로펠러가 추진효율이 제일 좋기 때문에 일단 채택했으나, 캐비테이션 체크(Cavitation Check)[1]에 걸려서 프로펠러 날개수를 하나 더 늘려 3엽-프로펠러(3-blade)를 채택하여 프로펠러에 걸리는 부하를 줄여 줌으로써 캐비테이션을 회피할 수 있었다. 결국 캐비테이션을 회피하는 범위에서 최대 추진효율을 주는 것은 바로 3엽-프로펠러이고, 4엽으로 날개 수가 올라가면 효율이 오히려 감소하므로 최종적으로는 3엽으로 결정하고 트루스트 차트를 이용하여 한국 최초로 선박용 프로펠러 설계를 시도하여 완성했다. 즉 최종적으로 설계된 프로펠러의 전체 형상 및 각 위치에서의 단면도까지 보여주는 프로펠러 설계도면을 완벽히 작성하여 작업을 마무리했다. 한국 최초로 작성한 프로펠러 설계도면을 보는 순간 "드디어 해냈다!"는 성취감과 자부심을 아울러 느끼는 행복한 순간이었다.

다음 단계로 프로펠러 제작을 위해 영등포 주물공장을 수소문하여 찾아갔다. 문제는 주물공장의 작업자가 프로펠러를 한 번도 제작한 일이 없어 설계도면을 가지고 아무리 설명을 해도

---

1 캐비테이션 체크(Cavitation Check): 프로펠러 표면에 기포가 발생하여 부식되는 소위 공동(空洞 Cavitation)현상이 일어나는지 여부를 검토하는 것.

알아먹지 못하고 의사소통이 안 되다 보니 이런 곳에서 도저히 프로펠러를 제대로 만들 수 있을 것 같지 않았다. 나는 그만 제작을 포기하고 연구소로 돌아올 수밖에 없었다. 이 사건으로 미루어 보아도 당시의 국내 박용기계 관련 산업이 얼마나 열악하고 한심한 실정이었는지 알 수 있을 것이다. 주물공장을 나서는 나는 '천신만고 끝에 국내 처음으로 설계한 프로펠러인데 빛을 보지 못하다니…….' 생각할수록 가슴이 쓰리고 아팠다. 상한 마음을 겨우 추스르고 연구소로 돌아와 연구실장님께 제작 포기한 상황을 보고드렸더니 "하는 수 없으니 내가 미국에서 귀국할 때 갖고 온 레저보트용 프로펠러가 두어 개 있으니 설계도와 최대한 유사한 놈을 택하여 건조할 배에 달아 보도록 하시오."라고 대안을 제시해 주셨다.

(3) 중고 코로나 엔진을 탑재한 고속 소형순찰정 개발에 관한 연구

해상으로 빠르게 침투하는 무장 공비들의 배를 추적하여 소탕하기 위해서는 고속선이 필수적이기 때문에 이 연구과제에는 선속으로 20노트를 달성해야 한다고 계약조건에 들어 있었다. 속도가 20노트라 별것 아닌 것 같지만 배의 길이가 소형선으로 짧기 때문에 소위 속장비(속도/배길이)가 커서 유체역학적으로는 초고속으로 분류되어 보통 배의 30노트 이상에 해당하니 계약 선속을 달성하기가 무척 어려운 과제였다.

중고코로나 엔진의 출력도 마력 테스트로 알아냈고, 프로펠러 설계도 완료했는데, 다음으로 선체를 설계해야 하는 지난한

과업이 남아 있었다. 당시만 해도 국내 여러 곳에서 설계한 고속선이 활주(Planing, 물 위로 선체가 들어올려져 낮은 저항으로 고속 주행하는 현상)에 한 번도 성공한 적이 없어 활주형 고속선 개발은 지난한 과제로 여겨졌다. 담당 선배와 나는 고속정에 관한 여러 외국서적을 탐독한 결과 배가 날씬하고 홀쭉한 모양보다는 선폭이 비교적 넓은 와이드 빔(Wide Beam) 선체가 활주하는 데 유리하다는 것을 알아냈다. 선형을 선저가 둥근(Round Bottom) 형으로 할 것인지 선저가 각이 진(Chine) 형으로 할 것인지 고민하다가 참고하고 있는 논문이 주로 각이 진 형이 많아서 최종적으로 각이 진 형 선체 형상을 채택하고, 선체의 각 단면형상을 나타내는 선도(Lines)의 작성은 주로 서 선배(S. W. Seo)가 담당했다.

다음은 선체저항을 추정하는 단계로서 내가 담당자가 되었다. 정상적으로는 선도(Lines)대로 선체 모형을 제작하여 예인수조에서 모형을 끌어서 저항을 측정하여야 하는데, 당시 국내에는 고속선 시험수조가 단 한 개도 없어 테스트가 불가능할뿐더러 과제 기간이 너무 짧아 외국에 의뢰할 수도 없고, 또 그런 용도로 책정된 연구비도 없으니 나는 맨땅에 헤딩하는 수밖에 없었다. 세상에 수조 시험도 해 보지 않고 선체저항을 추정하라고 하니 요즈음 생각해도 이 또한 얼마나 황당한 주문이었는지 모르겠다. 그래도 과제기간 내에 선박을 건조까지 해서 시운전하여 계약 선속을 달성하여야 하니 어떻게 하든 과제를 완성하기 위해서 달려갈 수밖에 없었다.

나는 도서실에서 고속선에 관한 수많은 논문을 찾아서 읽고 그중에서 우리가 설계한 배와 형상(Lines)이 가장 유사한 선박을 찾아내어 배의 크기 차이를 고려한 상사법칙을 적용하여 최종적으로 선체저항치를 추정하는 데 성공했다. 속도에 따른 저항을 추정하여 소요마력(Ehp: Effective Horse Power) 곡선을 작성하고 실장님이 제공한 프로펠러에 대해서 계산한 추진마력(Php: Propeller Horse Power) 곡선을 작성하여 비교한 결과 모든 선속에서 코로나엔진의 출력은 저항을 이기기에 충분하여 안도의 숨을 돌렸다.

완성된 설계도에 따라 진해기계창에서 알루미늄으로 선체를 건조했는데 건조 현장과 시운전에 우리 둘은 사정상 참여하지 못했다. 순찰정의 건조를 마치고 드디어 시운전에 들어갔는데, 20노트는커녕 선체가 몹시 진동하여 프로펠러 샤프트를 고정한 볼트도 탈락하고 속도가 도무지 나지 않아 대실패로 끝났다고 시운전 팀으로부터 장거리 전화가 연구실로 걸려왔다고 했다. 나는 점심시간 식사 중 호출을 당하여 선임연구원으로 있던 다른 선배로부터 "도대체 선체저항과 추진마력을 어떻게 계산한 거야?"라고 몹시 질책을 받았다. 사실 수조시험도 안하고 선체저항을 추정한다는 것 자체가 말이 안 되는 일임에도 불구하고 나에게 당장 비난의 화살이 날아왔다. 그래서 나는 선체소요마력 곡선과 추진마력 곡선을 다시 면밀하게 검토한 결과 확신을 갖고 단언했다. "나의 계산대로라면 계약 선속 20노트에 도달할 때까지 절대로 엔진에 과부하(Over Load)가 걸릴 일이 없다. 무언가 잘못하지 않았는가?"라고 되물어 보니 시운전자의 실수가 있었던 것을 알 수 있었다. 시운전 매뉴얼에 분명히 기어를 2단까지만 넣고 운행하라고 명시했는데도 불구하고 시운전자가 이를 무시한 것이었다. 시운전석이 자동차 운전석과 동일한 모양을 하고 있으니까 3단을 넣으면 더 빨리 갈 줄 알고 액셀을 세게 밟으니 적정회전수를 넘어간 프로펠러에 과부하가 걸려 추진효율이 떨어지고, 선속도 나지 않음은 물론 진동까지 심하여 볼트도 탈락하는 등의 문제를 야기했던 것을 알 수 있었다. 그래서 탈락한 볼트를 다시 체결하고 시운전 지시사항을 엄격히 지키면서 시운전을 다시 시도한 결과 진동도 없이 부드럽게 달려 선체가 활주상태(Planing)로 들어올려지며 드디어 수탉 꼬리처럼 배후미에 높이 물살을 내어뿜으면서 계약선속을 달성할 수 있었으니 한국 최초의 활주형 고속선의 개발에 성공한 감격적인 순간이었다. 수탉 꼬리는 배가 활주상태에 이르면 선수가 들리면서 경사하게 되니 프로펠러 후류가 바다 아래로 비스듬히 내려갔다가 부력 때문에 다시 차고 바다 위로 올라오는 모양이 마치 수탉의 꼬리같이 보이기 때문에 그렇게들 불렀다. 수탉 꼬리를 본다는 것은 곧 배가 활주에 성공했다는 표징이니 고속정 개발자는 다들 수탉 꼬리 보기를 그동안 열심히 고대했던 것이다. 아! 얼마나 오랫동안 고대했던가? 반갑다 수탉 꼬리여!

5. 일본유학시절

1) 규슈대학 시절

(1) 야마코시(山越) 교수 연구실로 배정

나는 1년 4개월 동안의 KIST 연구원 생활을 마감하고, 1974년

4월 휴직상태로 일본 문부성 초청 국비유학생으로 파견 발령을 받았다. 당시에는 가족동반 출국이 허용되지 않았기 때문에 나 홀로 출국했다. 우리 국비유학생들이 단체로 도쿄 하네다 공항에 도착해보니 일본의 고질적인 노동계의 춘계 투쟁으로 철도는 올스톱 상태였다. 우리는 도쿄에서 단체로 1박한 후 각자 배정된 대학으로 항공편으로 출발하였는데, 나는 하네다를 출발하여 규슈대학이 있는 후쿠오카 공항에 도착했다.

일단 주거 문제가 가장 시급한지라 규슈대학에 다니는 선배 유학생들의 도움으로 대학 후문 앞에 있는 다카마쓰 단지에서 숙소를 얻었다. 다음 날은 식품영양학과 석사과정에 유학 중인 선배를 통역으로 대동하고 조선공학과 야마코시 교수와 면담을 했는데, 주로 어떤 것을 연구하시느냐고 물어봤더니 선체구조 외에 라면을 연구하기도 한다는 통역을 받고 무척 황당한 생각이 들었다. 나중에 알았지만 통역한 선배가 식품영양학 전공이다 보니 라멘구조물을 먹는 라면으로 잘못 해석한 결과라 실소를 금치 못했다. 하기는 둘 다 일본식 발음은 라멘으로 동일하다 보니 생긴 실수였다.

야마코시 교수는 일본이 세계 조선사에 유례없는 20만~30만 톤급 초대형 유조선(VLCC / ULCC)을 세계 최초로 설계하기 위해 선체구조의 효율적인 입체강도해석법을 개발하는 등 뛰어난 업적을 달성한 분이었다. 규슈대학 조선공학과는 나가사키 조선소 등 대형조선소와 지리적으로 인접하여 실제 선박을 대상으로 한 실용적인 연구에 강점이 있는 학과라고 했다.

(2) 1년 만에 가족 상봉하다

1974년 4월 내가 한국을 출국한 지 2주 후에 장남이 태어나고, 그다음 해 4월에 지도교수의 명의로 된 초청장을 한국으로 보내어 이를 근거로 여권을 만들어 아내와 아들이 함께 출국할 수 있었다. 후쿠오카 공항에서 1년 만에 아내와 상봉했으나 첫돌이 다가오는 아들은 나를 낯선 아저씨 대하듯 서먹서먹해하고 어려워했다. 아내와 달리 내가 조금만 야단을 치면 금방 울음을 터뜨리고 서럽게 울었다. 어릴 때 곁에 있으면서 안아주고, 기저귀도 갈아 주고, 젖병을 물려도 주는 등 사랑으로 보살피는 과정을 전혀 겪지 않았으니 서로가 서먹해하는 것은 어쩌면 당연한 결과였다.

그래서 가족은 떨어져 있으면 좋지 않다고 하는 말이 괜한 말이 아니었다. 특히 아이가 어릴 때는 함께 살아야 한다는 것을 다시 한번 뼈저리게 느꼈다.

(3) 규슈대학 조선공학과 석사과정 입학시험 수석 합격

2년간 연구생으로 있다가 귀국하는 것보다는 학위과정을 이수하는 것이 훨씬 도움이 될 것 같아서 석사과정 입학에 대해서 물어봤더니 바로 입학은 허용되지 않고, 1년간 연구생 과정을 거친 뒤 일본학생과 동일한 입학시험에 응시하여 합격하여야 한다고 해서 관련 시험교과목을 알아보고 시험 준비를 나름 열심히 했다.

규슈대학에 도착한 지 3개월 만인 하기방학 중에 대학원 석사과정 입학시험을 일본학생들과 함께 응시했는데 일본어로 답안을 작성하는 핸디캡도 극복해야 했다. 드디어 합격자 발표일이 다가왔는데 야마코시 지도교수로부터 축하한다는 말과 함께

그림 3. 야마코시 교수와 함께

그림 4. 우리 가족 환영연에서 야마코시 교수와 규슈대학 대학원생 일동

수석으로 합격했다는 이야기를 듣고 놀라지 않을 수 없었다. 당시 학부 과정을 수석으로 졸업한 일본 학생도 함께 시험을 보았는데 그를 누르고 수석한 데 대하여 교수회의에서 학과 교수들 간에 큰 화제가 되었다고 했다. 미력이나마 국위를 선양한 것 같아 무척 기뻤다.

그러나 기쁨도 잠시, 직장을 가진 채 대학원에 입학할 수 없다는 학칙 때문에 내가 한국선박해양연구소를 사직해야 입학이 가능하다고 해서 참으로 난감했다. 진퇴양난에 빠진 나의 처지를 안타깝게 여긴 학과교수님들의 청원에 의해 나를 위하여 규슈대학 공학부 전체교수회의를 열고 격론 끝에 30년 만에 학칙을 개정하였다고 하니 실로 놀라운 일이었다. 이 회의 때 한국유학생을 받아본 적이 있는 토목공학과 최고령 원로교수(다섯 번째 은인)가 일면식도 없는 나를 적극 지원해 주셨고, 또한 내가 유학생이면서 조선공학과 수석입학을 했다는 점도 많이 참작했다고 하니 참으로 감사한 일이었다.

(4) 석사과정 이수 및 학위논문 연구

석사학위 논문연구 테마를 발굴하기 위해서 당시 초대형 유조선의 구조 손상 문제를 집중적으로 조사해 보았다. 즉, 초대형 유조선의 윙 탱크(Wing Tank)의 격벽을 지탱하고 있는 스트럿(Strut) 구조의 좌굴에 의한 손상이 실제로 선박을 운항하는 과정에서 자주 발생하여, 이 구조의 좌굴현상에 의한 파괴강도의 정확한 계산이 시급히 요구되었기 때문에 나의 석사논문 주제로 채택하여 효율적인 탄소성 좌굴강도 해석법을 개발하여 제안했다.

야마코시 교수의 석사논문 지도과정에서 나는 참 많은 것을 질문했고, 그는 한 번도 귀찮아하는 내색을 하지 않고 정성껏 설명해 주실 뿐만 아니라, 나에게 물리적인 직관력(Phisical Intuition)을 심어 주기 위하여 매번 열과 성을 다하여 친절하게 설명해 주신 것을 지금도 잊을 수가 없다. 나의 예리한 물리적 직관력은 석사과정 재학 중 그와 토론 과정에서 대부분 터득한 것이라고 볼 수 있다. 어느 날은 내가 오후 2시가 좀 지나서 교수연구실에 들어가 저녁때가 되어서 나오기도 했다. 너무 죄송해서 저녁 식사를 대접하고 싶어 식당으로 모시고 식사 후 식대를 지불하려고 하면 한사코 말리시며 "내가 장 군의 성적을 매기고 있는 교관의 신분에 있기 때문에 절대로 식사대접을 받을 수 없다. 졸업 후에 대접하면 그때는 사양하지 않고 받겠다"고 극구 사양하셨다. 이런 날이 여러 차례 있었지만 단 한 번도 예외 없이 항상 교수님이 식대를 내셨다.

그는 유학생이라고 결코 차별하는 법이 없었으며, 참으로 고지식할 정도로 원칙에 충실하고 양심적인 학자 중의 학자로 마음속으로부터 존경심이 절로 나왔다. 지난날 미쓰비시중공업(MHI)과 이시카와지마-하리마중공업(IHI)에서 건조한 두 광석 운반선(캘리포니아호, 볼리비아호)이 두 동강이 나서 북대서양 깊은 바다에 침몰했을 때 해난심판위원으로 선임된 적이 있었다. 도쿄대학 교수인 다른 심판위원은 법정에서 설계에 문제가 없다고 조선소의 편을 들어주었음에 반해서, "나는 학자적인 양심에 따라 말하겠다. 나의 계산에 의하면 호퍼 탱크(Hopper Tank)의 비틂강도가 분명히 부족하다는 결론을 내리지 않을 수 없다"고 소신껏 양심 선언하여 일본 조선계가 발칵 뒤집어진 적이 있었다고 한다. 배상문제가 따르기 때문에 웬만한 학자는 눈치를 볼 수밖에 없는데 그는 소신 발언을 했다고 한다. 그러나 최종 심판은 배가 북대서양 깊은 바다에 빠진 관계로 증거 불충분으로 조선소의 배상은 면제받았다고 했다. 내가 IHI 연구소에 취업했을 때 야마코시 교수의 제자라고 하니 엄청 잘 대해 주었다. 조선소로서는 아픈 지적이었지만 학자로서 소신대로 양심껏 발표하셨던 교수님을 도쿄대학 교수님보다 더 존경한다고 설계를 담당했던 분이 나에게 말해 주었다. 그래서 한·일 양국에서 가장 존경하는 스승을 꼽으라고 하면 나는 주저 없이 내 석사과정의 지도교수였던 야마코시 교수를 꼽고 싶다.

양력 새해를 맞이하는 정월 초하룻날에 지도교수께서는 우리 가족을 자택으로 초대하여 주시곤 했다. 교수님 댁에 들어서면 사모님이 마루 끝에 엎드려 머리를 마룻바닥에 대고 우리가

방으로 들어설 때까지 머리를 들지 않으시고 귀빈을 환영하는 극상의 예를 표시하셔서 우리는 황송해서 안절부절못했다. 그리고 한국과 달리 음식을 코스별로 차례차례 내오시기 때문에 우리가 식사할 동안 사모님은 주로 부엌에 계시고, 우리와 함께 식사를 하시지 않아 더욱 황송했다. 사모님은 매우 겸손하시고, 온유하고, 상냥하신 분이고, 자상하고 정이 많으신 분이시라 어린 아들을 특히 이뻐해 주셨다. 어린 아들이 화상을 당했던 이야기를 들으시고는 눈물이 글썽글썽하셨다.

대학원생들은 전공 공부 외에 수요일은 체육의 날로 정하고 연구실 대항 소프트볼 시합을 했고, 매년 4월과 10월에는 공과대학 내 역전(릴레이)마라톤 대회가 있는데, 조선공학과는 여러 차례 우승 전력도 있어 강한 편이었다.

주말에는 함께 학교 주변에 있는 노미야(술집)에 가기도 했는데, 규슈 오도코(남자)들은 정이 많고, 화통하며, 한국인과 흡사하여 이야기가 잘 통하고 기분파이며, 금세 친해질 수 있는 특징이 있었다. 밤새도록 마시는 그들의 술 문화는 참으로 못 말릴 정도였다. 1차로 첫 집에서는 맥주로 시작하고, 다음 집에서는 청주를 마시고, 그다음 집에서는 소주를, 마지막 집에서는 반드시 위스키로 마무리하는 4차 코스를 마쳐야 귀가할 수 있었다. 어쩌면 2차, 3차 가는 한국의 술 문화가 일제 강점기의 잔재인지 모르겠다는 생각이 들었다.

한편, KIST 조선해양연구실은 내가 파견되어 있는 중에 KIST 부설 선박해양연구소로 승격이 되고 소장님이 새로 부임하셨는데, 소장의 방침으로 해외파견 중인 연구원들을 불러들이기 시작했다. 소장 입장에서는 해외 연수자들이 많이 귀국해서 연구 실적을 많이 올려 줘야 자신의 업적 평가에도 도움이 될 것이기 때문에 어쩌면 당연한 조치였다. 나는 석사과정 1년을 마친 후 바로 귀국하라고 통보가 와서 비상이 걸렸다. 나는 방학 기간에 급히 귀국하여 석사과정 수료 시까지 해외 파견한다는 소장님의 친필 허가서 사본을 보이고 겨우 1년 더 연장할 수 있었다.

KIST 설립 초기 해외에서 박사들을 유치하여 고액 연봉과 연구실장 직위를 주고, 연구소 단지 내 고급저택과 차량을 제공하고, 타 연구원들과는 비교도 안 되는 그야말로 파격적인 대우를 해 주는 것을 직접 목도한 모든 연구원들은 해외에 파견되면, 너나없이 박사학위를 취득하려고 필사적으로 될 수밖에 없는 것이 당시의 실정이었다. 박사학위를 포기하는 것을 죽기보다 싫어했다. 나도 박사과정에 진학하여 학위를 취득하고 싶은 강렬한 열망이 있었지만, 석사졸업까지도 못 기다리고 빨리 돌아오라는 연구소의 독촉을 받고 보니 박사과정에 진입하는 것은 꿈도 못 꿀 것 같아서 고민이 깊어졌다. 그럼에도 불구하고 박사학위에 대한 간절한 소원은 버리지 않고 품고 있었다. 내가 유학 지원할 때 규슈대학에 추천서를 써 주신 모교 조선공학과 은사님(K. C. Kim)께 나의 고민을 털어놓고 상의를 드리니까 "연구소장님께 매학기 성적표가 나오면 편지를 올리라"고 조언해 주셔서 그대로 실행했더니 효과 만점이었다. 소장님이 성적이 우수한 것을 보고 칭찬하시면서 이렇게 열심히 하는 연구원은 내가 계속 유학하도록 돕고 싶다는 말씀까지 하셔서 박사과정 진학에 대한 희망의 불씨를 꺼트리지 않고 지필 수 있었다. 그래서 규슈대학 조선공학과에서 박사학위를 받은 경우를 조사해 보았더니 최소한 5년이 걸렸다는 사실을 알고 크게 낙담했다. 박사학위에 대해서는 지방 국립대학이 더 권위적이며 보수적이고, 오히려 도쿄대학은 진취적이라 자격을 갖추면 3년 만에 학위를 주는 경향이 있다는 이야기를 듣고 고민하던 끝에 야마코시 지도교수에게 연구소의 사정과 나의 고충을 말씀드리고 박사과정은 소요기간이 덜 걸린다는 도쿄대학으로 진학하고 싶다고 어렵게 말씀드렸다.

규슈대학 유학생 선배들에게 이런 사정을 이야기했더니 미국과 달리 일본에서는 지도교수의 체면이 걸린 문제라 절대로 해서는 안 되는 금기사항이라고 다들 펄쩍 뛰면서 큰 실수를 저질렀다고 했다. 그래서 나의 고민은 점점 깊어져 고통스러운 나날을 보내고 있었는데, 지도교수께서 나를 찾아오셔서 말씀하시기를 나의 간청을 듣고 학과 내 자신의 입장과 체면이 걸린 문제라 나름 고민하고 숙고한 끝에 결국 내가 도쿄대학으로 옮기는 것을 도와주기로 결심했다는 것이었다. 과연 자신의 입장이나 체면보다 학생의 형편과 유익을 먼저 생각하시는 참학자 중의 학자(여섯 번째 은인)이시라는 것을 새삼 깨닫는 순간이었다.

지도교수는 원래 도쿄 출신이며 도쿄 도립(당시는 부립)고교 선배인 도쿄대학 선박공학과 후지타 교수(일곱 번째 은인)께 전화해서 나를 잘 부탁한다고 했으며, 참고로 석사과정 입학시험에 수석으로 합격한 한국 유학생이라고 말씀드렸다고 하셨다. 그러나 일본 국내에서 석사를 했으니까 일본학생과 경쟁해서 합격하여야 받아줄 수 있다고 하셨으니 열심히 해서 합격하라고 하셨다. 나는 너무나 감격해서 기쁨의 눈물을 흘렸다.

나는 석사과정 2년차 여름방학 때 도쿄대학 박사과정 입학 시험을 위해 도쿄로 상경해서 이틀간 시험을 보고 규슈로 다시 돌아왔다. 그다음 해 3월에는 규슈대학원 석사과정을 졸업하고 야마코시 교수님께 온 가족이 작별 인사를 드리고 후쿠오카를 떠나 도쿄로 출발했다.

(5) 유학기간 중 가족이 당한 수난

일본에 온 지 한 달도 채 안 되는 시기에 저녁 무렵 다다미 위에서 커피포트로 물을 끓이다가 포트가 넘어져서 아기가 두 다리에 엄청난 화상을 입었다. 수돗물에 바로 식혀야 하는데 무식한 아비가 양말을 무리하게 벗기려다 연한 아기 피부가 완전히 벗겨지는 중상을 입혀 버렸다. 우리 부부는 택시를 타고 정신없이 대학병원으로 달려갔는데 의사가 어쩌다가 다쳤느냐고 묻는 말에 우리나라 방식으로 "물(水, 오미주=찬물)에 데었다"고 했더니 의사가 이상한 표정을 지으며 나를 빤히 쳐다보던 것이 기억난다. 사실 일본 사람들은 뜨거운 물은 한자로 탕(湯) 자를 쓰고 오유라고 하고, 한자로 물 수(水) 자는 오미주라고 하며 찬물에만 쓰는 것을 내가 미처 몰랐기 때문에 의사가 그런 표정을 지었던 것이었다.

화상에는 별 약이 없고 그저 바셀린 거즈를 감아주고 2차 감염이 안 되게 하면서 자연 치유되기를 기다리는 수밖에 없었다. 그 밤에 집에 돌아왔으나 아이는 통증으로 계속 울기만 했다. 통증 중에 화상의 통증이 제일 심하다고 하는데, 내가 한 살

배기 아이에게 두 번이나 실수를 함으로써 엄청난 고통을 입혀 죄책감이 심히 들고 아이에게 너무 미안했다. 더욱이 아이를 눕히면 붕대 감은 발이 바닥에 닿아 아파서 못 견뎌하기 때문에 우리 부부는 교대로 아이를 업고 며칠 밤을 지새웠다. 고통 가운데서도 아기의 회복력은 참으로 놀라웠다. 한 주일이 지나자 상당히 회복되어 아픈 다리를 아껴서 끌면서 기어다니기 시작했고 40일 만에 완전히 회복되었다. 그나마 물에 데었기 때문에 피부 색깔만 얼룩얼룩하고 피부 표면은 상하지 않고 매끈했고, 1년 후에는 피부색도 완전히 회복되어 화상 흔적은 완전히 사라져서 다행이었다.

이 아들은 그 후에도 내가 유학 중에 일본에서 잦은 사고를 당했으나 아무 후유증도 없이 잘 성장하였으며, 학업성적도 뛰어나서, 서울 공대에서 석사과정을 마친 후, 일본 도쿄대학 초청 문부성 장학생으로 선발되어 일본 도쿄대학에 유학하여 대를 잇는 나의 동문 후배가 되었다. 3년도 채 안 걸려 바이오칩 전공으로 박사학위를 취득하고 지금은 경기도 화성에 있는 삼성전자반도체 연구소에서 책임연구원으로 근무를 잘하고 있으니 하나님의 은혜에 참으로 감사를 드리고 싶다.

2) 도쿄대학 시절

(1) 도쿄대학 박사과정 입학시험 합격

규슈대학 석사과정 2학년 여름방학 때 며칠간 상경하여 도쿄대학 박사과정 입학시험에 응시했다. 제2외국어로 독일어 시험이 힘들었지만 전공과목 시험은 그런대로 치렀다. 다만, 이튿날 나의 석사논문연구에 대한 발표가 있었는데, 인장력에 의한 좌굴 현상에 대해 선박공학과 천재라고 불리는 야마모토 교수님과 의견이 맞서 논쟁을 벌인 것이 내내 마음에 걸렸다. 규슈대학으로 돌아와서 한 주일 동안 초조하게 결과를 기다리고 있던 중 드디어 합격 통보를 받고 보니 뛸 듯이 기뻤다. 그동안 수많은 우여곡절을 겪고, 수많은 난관을 돌파하고, 그 과정에서 수많은 사람들의 도움이 있었기에 그날의 영예의 기쁜 소식을 받아 들 수가 있었던 것이다.

(2) 다시 찾아온 위기: 귀국명령

일본 사람들이 가장 동경하고 그 문을 통하여 학내로 들어가고 싶어 하는 꿈에도 그리던 도쿄대학 아카몬(赤門, 붉은 문)을 드디어 내가 통과하니 감개가 무량했다. 만사가 잘 돌아가고 있었고, 내가 첫 학기 강의를 열심히 듣고 있던 중, 어느 날 KIST 부설 선박해양연구소장에게서 귀국하라는 청천벽력 같은 서신을 받고 나는 망연자실할 수밖에 없었다. 그래서 급히 귀국하여 소장님을 만나 다음과 같이 호소했다. "성적우수자는 계속 유학 허가를 해 주신다고 하시지 않았습니까?", "그 어려운 도쿄대학 선박공학과 박사과정에 한국인 최초로 합격하여 다니는데 소환하시면 어떡합니까? 부디 박사과정을 마칠 수 있게 해 주십시오."라고 호소했더니 다른 사람들과 형평성 문제도 있으니 행정적으로 일단 귀국하는 것으로 처리해야 무리가 없다고 하셨다. 그리고 연구소에서 필요하다고 인정할 때 다시 재파견하는 형식을 밟으면 될 것이라고 나를 설득하셨다. 나는 이에 순응하여 일단 귀국 후 1월부터 3월까지 3개월간 연구소에 근무하다가 재파견되어 도쿄대학을 다닐 수 있게 되었으니 이는 실로 파격적인 조치였다. 이번에는 연구소장님(J. H. Yoon)이 은인(여덟번 째)이 되어 오늘날의 나를 만드시기 위하여 도우시니 참으로 감사한 마음뿐이었다.

(3) 후지타(藤田) 교수 연구실

도쿄대학 선박공학과 후지타 교수 연구실은 일명 용접연구실이라고도 불리었는데, 후지타 교수는 미국 리하이 대학교(Lehigh University)에서 박사학위를 한 선체구조 소성설계의 대가요, 일본조선학회장과 일본용접학회장은 물론 세계용접학회장 직을 두루 역임한 거물이었다. 지도교수는 너무 바빠서 비서와 미리 예약하지 않으면 만날 수도 없을 정도였으니 규슈대학의 지도교수이셨던 야마코시 교수와는 사뭇 다른 타입의 지도교수였다. 수하에 있는 노모토 조교수는 용접 열탄소성 구조해석의 실무 전문가이기에 대학원생의 논문지도는 대부분 조교수에 의해 이루어졌다. 그러나 나의 전공분야는 순수 구조물의 좌굴이나 최종강도 해석이기에 후지타 교수의 전공에 더 가까워서, 노모토 조교수의 도움을 받기도 힘든 형편이었다.

후지타 교수는 약간 자유방임형 지도교수로서 본인이 해결하지 않으면 그대로 방치해 두는 스타일이라 박사과정에만 7년 있다가 학위도 하지 못하고 나간 선배가 있었다는 이야기를 듣고, 박사논문 테마를 아직 정하지 못하고 있던 나의 고민도 깊어졌다. 내 코가 석 자인데 노모토 조교수가 나에게 학부 4학년 논문지도를 맡겨서 내키지는 않았지만 그것이 오랜 관행이었고, 또 실제 수치계산의 노하우는 교수보다 박사과정 선배에게서 자세히 배울 수 있으니 학부 졸업반에게는 유익한 제도라고 볼 수 있었다.

어느 날 학부생들 논문지도를 하는 과정에서 전광석화 같은 아이디어가 떠 올라 박사논문 테마를 선정했으니 "타인에게 유익을 주는 과정에서 자신도 그 과일을 먹게 된다"는 것은 불변의 진리라고 생각되었다. "용접 골조 강구조물의 좌굴 및 최종강도에 관한 연구"라는 박사논문의 테마를 잡을 수 있었고, 통상의 유한요소법을 이용하여 해석하는 것보다 100배나 더 효율적인 최종강도해석법을 개발했다. 이 해석법으로 이론 계산한 결과를 실제 강철 프레임의 모형을 제작하여 실험을 수행하고 비교함으로써 제안한 최종강도해석법의 유효성을 입증하여 학회에도 발표하고 학위논문으로 심사위원회를 무사히 통과하여 인정되었다. 실제 모형실험 과정에서 마찰 문제로 난관에 봉착했으나 후지타 지도교수가 테프론시트를 사용하라고 조언해 주셔서 해결할 수 있었다.

선배들 경험에 의하면, 박사학위 논문이 최종심사위원회에서 통과되고 나서 그 자리에서 심사위원장이 "장 박사, 학위논문 통과된 것을 축하합니다."라고 하면서 따라 주는 맥주 한 잔이 그렇게 시원하고 맛이 있었다고 하나같이 말했다. 그동안 불철주야 애쓰고 마음고생 많이 한 것이 그 한 잔의 맥주로 씻겨 내려가는 듯한 각별한 경험이 되었던 것이라 생각되었다. 내심 나도 기대하며 그날을 기다렸는데 하필이면 전날 밤에 감기 몸살로 편도선이 너무 붓고 아파서 그 맛있다는 맥주 한 잔을 마시지 못한 것이 지금도 아쉬움으로 남아 있다.

아내는 내가 박사과정 공부를 하는 동안 참 고생을 많이 했다. 도쿄로 이사 온 지 열 달 만에 둘째 아들이 태어나자마자 아내는 유선염으로 고생하다가 수술까지 받았다. 한겨울에도 두 아이를 자전거에 태우고 가서 보육원에 맡기고 스시집에서 아르바이트까지 하며 남편 박사과정 뒷바라지를 했다. 그러다가 드디어 남편이 박사학위논문 심사를 통과했다는 전화를 받았는데, 아내는 너무나 고대하던 소식이었지만 기쁘기보다는 오히려 허탈했다고 한다. 박사학위가 무어라고 이것을 위해 그토록 힘든 나날들을 아이들과 함께 보내고 노심초사했단 말인가? 연구소의 체류연장 허가를 받기 위해서 또한 얼마나 노심초사했던가? 도쿄대학으로 옮기는 문제를 규슈대학 야마코시 교수에게 차마 말씀드리지 못하고 노심초사하기를 얼마나 많이 했던가? 박사과정 입학시험을 앞두고 또한 얼마나 마음고생을 했던가? 그 많은 난관과 그때마다 귀인이 나타나서 도움을 주신 일들이 주마등같이 스쳐 지나갔다. 그러니, 이 박사 학위는 나홀로 노력해서 내가 취득한 것이 결코 아니요, 수많은 은인들이 고비마다 나를 도와 이루신 결과라고 겸허히 고백하지 않을 수 없었다.

(4) 콤파: 연구실 단합대회

후지타 연구실에서의 생활은 주로 석박사과정 논문 작성하는 일에 주력을 하지만 한 해에 몇 번씩은 연구실원 상호 간에 친목 도모와 단합을 위한 모임을 갖는데 이들은 이것을 콤파라고 불렀는데 영어로 companion(동료/ 일어로 나카마)의 약자가 아닌가 생각된다.

박사과정에 입학한 첫해 여름에는 해변가에 있는 후지타 교수의 별장에 합숙을 갔는데, 낮에는 백사장에서 해수욕을 하며 즐겁게 지내고, 석식 후 밤에는 몇 개의 방에 나뉘어 취침을 해야 하는데 좁은 방에 여러 명이 입실하여 무척 복잡한데도 아무도 지도교수와 같은 방을 쓰려고 하지 않았다. 결국 지도교수와 노모토 조교수와 뭣 모르고 입실한 나만 그 방에서 널찍하게 잠을 잤는데, 한밤중에야 학생들이 극구 그 방에 입실하는 것을 기피했던 이유를 알았던 것이다. 지도교수님의 잠버릇이 장난이 아니었다. 나는 자다가 숨이 답답해서 깨어 보니 내 상체가 교수님의 두 다리 사이에 끼어 있었던 것이다. 그래서 "센세이(선생님)! 다이조부데스카(괜찮습니까)?"라고 물었더니 "응! 다이조부(괜찮아)! 다이조부!"라고 하며 다리를 풀어 주셨다. 그러고 보니 노모토 조교수는 벽을 향하여 숨소리도 안 내고 죽은 듯이 자는 척하고 있었던 것 같았다. 이미 지도교수님 별장에서 숙박한 경험이 있는 학생들은 미리 알고 화(?)를 피했으나 나만 뭣 모르고 당했던 것을 생각하면 지금도 실소를 금할 수 없다. 일설에 의하면 잠버릇이 그런 사람이 건강한 편이라고도 하니 본인에게는 다행인지도 모르지만 학생들에게는 민폐가 되었다.

도쿄의 겨울 추위는 매섭지 않아서 서울보다는 지내기가 좋으나, 여름은 습기가 너무 많아 무덥고 지내기가 정말 힘든 편이었다. 박사 2년 차 여름에는 노모토 조교수와 함께 연구실 전원이 시원한 가루이자와 고원지대로 피서를 가서 테니스도 하면서

그림 5. 도쿄대학 노모토 조교수, 후지타 지도교수 및 연구실원들과 함께(필자는 둘째 줄 우측 두 번째)

즐거운 시간을 보내고 돌아왔는데, 쉴 새 없이 달려온 나로서는 재충전을 위한 이러한 휴식 기간이 정말 꿀맛 같았다. 실제로 우리 연구실원들은 골프도 치고, 스키도 즐기지만 나의 유일한 운동은 연구실 바로 앞 복도에 탁구대가 하나 있어 매일 방과 후에는 탁구를 치는 것이었다. 중학교 때 탁구를 배우지 못한 나였지만 타이완에서 유학 온 박사 동기생이 코치를 좀 해 줘서 빠르게 적응하게 되었는데, 박사과정 3년간 탁구가 많이 늘어 귀국하였다. 그 덕택에 서울대 교수가 된 후에도 제자들과 탁구시합을 해도 좀처럼 지지 않았으니, 해마다 내 연구실 제자들의 외치는 구호는 "타도! 장!"이었으나 내가 정년퇴임 시까지 그들의 구호는 허공을 쳤고 하극상은 없었다.

3) IHI 요코하마연구소 시절

나는 도쿄대학 선박공학과에서 유학생 최초로 3년 만에 박사학위를 취득했는데, 이는 일본에서 선박공학 관련 박사학위를 한국인으로서는 최초로 취득한 것이었다. 또한 한국인으로서 해외에서 취득한 선박구조공학 관련 박사학위 1호의 영예도 차지하게 되었다. 도쿄대학에서 학위를 취득한 후 한국해외연수협회(AOTS)의 주선으로 IHI(이시카와지마-하리마 중공업) 요코하마연구소의 선체강도부에 취업할 수 있었다. 그 부서에는 규슈대학 석사과정 1년 선배도있고, 과장도 야마코시 교수 연구실 동문이고, 부장은 내가 도쿄대학 재학 중 함께 위원회 활동을 했던 적이 있어 낯설지 않고 친근한 분위기 속에 근무했다. 숙소로 이소고에 있는 큰 평수의 사원 아파트를 할애해 주어서 세 식구가 지내기에는 충분했다.

돌이켜 보면, 학위논문 작성 막바지에 밤을 꼬박 새우고 새벽에 신문 투입하는 소리를 듣고 나서야 잠깐 눈을 붙이고 다시 연구실로 나가는 생활을 40일 이상 계속하여 학위논문 통과 시점에서는 거의 기력이 소진될 지경이었다. 학위논문을 쓰는 노력과 정성이면 무엇인들 못할까? 이때의 경험이 차후 여러 가지 과제를 수행하는 과정에서 봉착한 난관을 돌파하는 데 큰 힘과 자산이 되었다고 생각된다.

IHI에서 근무하면서 당시 내가 본 놀라운 점 한 가지는, 조선소 내에서 선박의 건조과정에 발생하는 모든 트러블과 오작과 손상과 실패와 이에 대한 대책 및 해결책까지 일일이 각 부서에서 보고서를 올려 중앙전산소에서 취합하여 데이터베이스를 구축함으로써 직원 누구나 접근하여 동일한 문제가 되풀이되지 않도록 참고케 하는 시스템을 운영하고 있는 점이었다. 당시 우리

나라 조선소에서는 오작이나 손상이 발생하면 쉬쉬하여 덮고 넘어갔으며, 설사 그 문제가 해결된다고 해도 그 노하우는 개인의 머릿속이나 서류철 속에 자신의 자산으로 숨겨놓고 있어서 추후에 사내 다른 사람이 또다시 같은 잘못을 되풀이하고 있다는 점이었다. 당시 국내 조선소에 자리 잡고 있는 실패를 두려워하고, 실패를 심하게 문책하는 풍토를 먼저 개선하는 것이 급선무라고 생각되었다. 이에 비해 일본 조선소에서는 큰 실패를 한 사람일수록 큰일을 성공시킨다고 하면서 실패를 용인하는 풍토가 정착되어 있었던 점도 한국과 사뭇 달랐다. 그래서 나는 IHI 리포트를 몰래 출력받아서 국내 조선소 관계자들에게 제공하고 한국도 하루빨리 이런 시스템을 구축하면 좋겠다고 조언을 했다. 지금은 한국조선소에서도 유사한 시스템을 구축하여 잘 운영하고 있는 것으로 알고 있다.

IHI에 근무하고 있던 중 어느 날, 나에게 일본 유학 추천서를 써 주신 서울대 조선공학과 은사님께서 편지가 왔는데, 선체구조역학을 가르치시는 담당 교수님이 건강이 악화되어 강의가 어려워 급히 선체구조분야 교수채용을 해야 할 형편이니 자네가 좀 와 주면 좋겠다고 말씀하시기에 선박연구소에 오블리게이션(Obligation)이 있어서 안 될 것 같다고 말씀드렸다. 그랬더니 그 문제는 일단 귀국해서 알아보고 처리하면 될 것이니 조속히 귀국하길 바란다고 하셨다. IHI근무 경력이 중요한 자산이 될 것 같아서 계속 근무하고 싶은 마음이 강렬했지만, 또한 모든 박사학위 취득자들의 꿈은 교수가 되는 것인데, 그것도 모교 조선공학과 교수의 기회를 놓치고 싶지 않은 마음도 강렬하여 며칠을 갈등하다가 결국 귀국을 결정하고 이삿짐을 쌌다. 나는 1980년 8월 15일 드디어 일본에서부터 해방되었으니 이날 한국행 비행기에 몸을 실었기 때문이다. 한국을 떠나 일본에 온 지 7년 만에 다시 한국으로 돌아가는 비행기 안에서 지난날의 수많은 난관과 때마다 큰 도움을 주신 은인들의 얼굴이 주마등 같이 지나갔다. 그때 '나는 참 인복이 많은 사람이구나!'라는 생각이 들면서 감사와 감격의 눈물이 두 빰을 적셨다.

III. 교수시절

1. 서울대 교수 발령

1) 서울대 강사시절

1980년 8월 귀국하여 보니 내가 근무했던 곳은 KIST조선해양연구실에서 KIST 부설 선박해양연구소를 거쳐, 대덕단지 1호 연구소로 입주했으니 곧 한국선박해양연구소로 독립했던 것이다. 나는 연구소에 근무하면서 1980년 9월부터 모교 조선공학과 강의를 지원하기 위해서 주당 3일간 출강하여 선체구조관련 3과목을 강의했으니 거의 전임 수준의 강의로드를 담당하여야 했다.

2) 연구소 오블리게이션 문제

선박해양연구소는 군사정권의 국보위 시절 기계연구원에 통폐합하는 것으로 결정되어 결국 연구소 간판을 내리고 나는 1981

년 1월부터 기계연구원 소속이 되어 3월 말까지 근무했다. 기계연구원에서는 앞선 선박해양연구소로부터 오블리게이션을 승계 받았다고 유권해석하면서, 내가 서울대학 교수로 이적하는 것을 허용할 수 없다고 하여서 또다시 내 인생은 큰 난관에 봉착하게 되었다.

모교 조선공학과 은사님(K. C. Kim)께서는 한때 KIST부설 선박해양연구소장으로 부임한 적도 있어서 연구소 규정을 잘 아시는 편이었다. 그는 규정을 면밀히 검토한 끝에 조선해양연구실에서 KIST부설 선박해양연구소로 소속이 바뀌면서 나의 퇴직금 정산이 이미 이루어진 점에 착안하여 오블리게이션이 무효임을 주장하셨다. 왜냐하면 퇴직금 지급 정산 후 나는 무급 휴직으로 처리되어 왔기 때문에, 권리(퇴직금 누적)는 승계해 주지 않으면서 의무(오블리게이션)만 강요하는 것은 근로자에게 일방적인 불이익을 주는 불평등 약관이기 때문이었다. 당시 기계연구원 원장은 육사 출신으로서 서울대 기계공학과 이 교수님(T. S. Lee) 지도로 석사과정을 마친 적이 있었다. 이를 알고 계셨던 은사님께서는 당시 공과대학장으로 계셨던 이 교수님을 모시고 나와 함께 서울에서 기계연구원 원장님을 뵙고 이 학장님께서 조선과의 어려운 사정을 말씀드리고, 오블리게이션 문제를 도와주면 좋겠다고 하시고, 연이어 우리 학과 은사님께서 오블리게이션 승계의 부당성을 설명하니 원장님도 완전히 납득하시고, 바로 오블리게이션 문제를 없는 것으로 처리해 주셨다. 이 또한 여러 귀인들이 협력하여 나를 도와주신 것이었으니 참으로 감사했다.

3) 교수 발령과 학생데모 현장 출동

1980년 9월부터 두 학기째 시간강사를 맡아 강의를 해 오다가 최종적으로 1981년 6월 9일 교수 발령을 받았다. 당시 관악캠퍼스는 군사독재정권 타도의 기치를 높이 든 학생들의 데모로 하루도 잠잠할 날이 없었다.

각 교수 연구실에 스피커를 설치하고 공과대학 본부에서는 수시로 방송을 해댔다. "알립니다! 지금 본부 도서관 앞에 긴급 상황이 발생했으니 수업이 없는 모든 교수들은 도서관 앞으로 즉시 출동하여 주시기 바랍니다!" 학장님이 간곡히 부탁하는 음성을 듣고 우리는 나가지 않을 수 없었다. 사실 당국에 비협조적인 교수로 찍히면 재임용 시에 어려움을 당할지도 모른다는 걱정이 들기도 했다. 눈도장을 찍기 위해서도 우리는 출동하지 않을 수 없었다. 가서 할 수 있는 것은 아무것도 없었고, 그저 데모하는 자기 학과 학생들의 얼굴을 쳐다보고 중지해 달라고 애원하는 눈빛으로 쳐다보는 것이 전부였다. 그들은 학과 교수들을 아랑곳하지 않고 데모만 계속했다. 이윽고 전경들이 학교 정문으로 밀고 들어오고 최루탄이 작열하고 데모 학생들과 감시하던 교수들은 함께 최루가스로 인해 심한 재채기를 하고 눈물 콧물을 끝없이 흘릴 수밖에 없었다.

"아! 언제 이 지긋지긋한 데모가 그치고 캠퍼스가 잠잠해질까?" 교수들의 탄식소리에 내가 한마디 해 주었다. "풍수지리설에 의하면 돌이 많은 악산 밑에서는 역적과 반골이 많이 난다고 했으니, 아마도 이 관악산에 나무가 자라서 산세를 험악하게 하고 있는 저 바위들을 가려 부드러운 산이 되면 데모가 그칠 것입니다." 과연 내가 한 말대로 되었다. 관악산에 나무가 자라 완전히 부드러운 산이 된 오늘날은 부정과 불의를 보고서도 분노하지 않는 참으로 무골호인이 되어버린 이 나라 대학생을 보면 차라리 지난날 데모하던 학생들의 기개가 그립다. 누가 이들을 이렇게 만들었는가? 전교조인가? 이기적으로 키운 우리네 부모들인가? 아니면 대학에 있는 우리 교수들인가? 과연 누가 이들을 다시 일으키랴? "일어나라! 이 나라 대학생들이여! 제발 부정과 불의와 불법이 판치는 이 나라 현실 앞에서 분연히 일어나자! 분노하자! 분개하자!" 정말 크게 외치고 싶은 심정이 든다.

2. 학생지도와 바이블 스터디

발령을 받은 첫 학기에 본부 학생지도연구소에서 한 학생의 심리검사를 한 결과를 알려 주면서 학교생활 지도교수인 나에게 개인 상담을 실시하라고 공문이 온 적이 있었다. 지방고교 출신으로 도시 생활에 잘 적응하지 못하고, 열등감도 매우 많아 대인관계에도 문제가 있음을 알 수 있었다. 나는 이 학생을 불러 면담을 했는데, 좀처럼 마음을 오픈하지 않고 자신은 괜찮다고만 했다. 그래서 사실은 나도 대학 다닐 때 콤플렉스가 심했다고 나의 연약함을 이야기하니까 금방 마음의 문을 열고 내 말을 경청하기 시작했다. 나는 대학교수가 되고 나서 교회에 나가게 되었지만, 만일 대학시절 크리스천이 되었더라면 훨씬 빨리 콤플렉스를 극복할 수 있었을 터인데 그러지 못했다고 그에게 고백했다. 나는 그에게 절대자를 믿는 신앙이 콤플렉스 극복에 큰 도움이 된다고 설파하고, 그의 동의하에 복음을 전하여 그는 크리스천이 되었다. 그는 선교단체 모임에도 나가는 등 신앙생활을 열심히 하여 결국 분당 할렐루야 교회 청년부 전체의 톱 리더(Top Leader)가 되어 헌신했다. 우리 학과에서 박사학위를 취득하고, 교회 내 자매와 결혼하여 홍콩에서 일하고 있는데 부인도 국제변호사로 일하며 함께 잘살고 있다고 어느 날 학교로 전화가 걸려 와서 무척 기뻤다. 내가 지도한 학생이자 나의 전도 1호 학생이었기에 그 열매를 보게 되어 큰 보람을 느꼈던 사례인지라 소개를 드린다.

연구실에서 아침 경건의 시간에 데모가 극심한 캠퍼스를 두고 기도하면 마음에 부담이 늘 생기는데, '너는 이데올로기의 늪에 빠져 죽어가는 영혼들을 보고만 있을 것이냐?'라고 하는 내 속에서 들려오는 목소리(Inner Voice)였다. '네가 교수의 위를 얻은 것이, 이때를 위함인지 어찌 아느냐?', '네가 만일 이때 잠잠하면 저들은 다른 데로 말미암아 구원을 얻을 것이요, 너와 너의 집안은 멸망하리라'고 들려오는 이 음성에 다음과 같이 반응하지 않을 수 없었다. '아이고! 알겠습니다. 내가 하겠나이다. 내가 죽으면 죽으리이다!'

결국 4학년 학사졸업 논문지도 학생과 대학원 석박사 논문지도 학생들을 대상으로 본인들의 동의하에 먼저 복음을 전하여 X를 영접게 한 후, 매주 수요일 바이블 스터디를 시작했다. 학생들의 반응은 너무나 좋았다. 왜냐하면 통상적으로 지도교수를 가까이서 뵙기가 어려운 실정인데, 매주 하루는 논문연구 발표 세미나를 갖고, 또 하루는 바이블 스터디를 한 후, 저녁 회식을 함께하고 실험실에 돌아오면, 탁구 경기로 줄줄이 지도교수에게 도전하여 탁구 실력을 겨루는 등 지도교수를 가까이서 대할 수 있는 학과 내 유일한 연구실이기 때문이었다.

3. 국내외 학술활동 및 교육활동

나는 1973년 대한조선학회에 입회한 이래로 활발한 학술 활동을 하여 왔다. 1981년에는 선박구조연구회를 결성한 후 학회 산하 연구회로 발전시킴으로써 선박구조공학 및 진동분야의 산학연 학술교류를 통하여 당시 낙후했던 이 분야 기술의 학술발전에 크게 기여했다. 1987년에는 제1차 한·일 선박구조학술회의(TEAM)를 결성하여 당시 일본에 비해 상당히 낙후했던 선박구조공학 분야의 국제학술교류를 통하여 국내 기술 수준의 향상을 도모했다. 이는 오늘날의 아시아-태평양선박구조회의(TEAM)로 발전하게 되었으며, 2006년에는 제20회 대회인 TEAM 2006의 의장을 맡아 서울에서 성공리에 개최한 바 있다.

2000년부터는 국제선박해양구조회(ISSC)의 상임이사직을 맡아 오다가 2006년부터 3년간 국제학술대회 의장직을 성공적으로 수행했다. 특히 2009년에는 반세기 만에 제17차 ISSC 2009 대회를 서울 르네상스호텔에서 개최하여 세계 30여개국에서 250명의 대표가 참석한 가운데 성공리에 마쳤다.

그 외 한국선급 기술위원회를 비롯하여 15개의 국내외 전문위원회 위원장 및 위원직을 역임하고, 5종의 국제전문학술지의 편집위원직을 맡아 활발한 국내외 학술활동을 해 왔다. 선체

구조해석, 최적설계 및 용접/열탄소성가공 분야에 SCI급 논문을 포함 국외 33편, 국내 논문 63편, 국내외 학술발표 99편, 저서 및 보고서 30권, 특허 및 소프트웨어 등록 6건 등의 업적을 통하여 국내 조선공학기술의 선진화를 이루었다.

교육 분야에서도 그동안 박사 19명, 석사 72명을 배출했다. 그중 총 12명(울산대 1명, 목포대 3명, 해양대 1명, 목포해양대 1명, 동의대 1명, 전북대 1명, 동양공전 1명, 인천대 1명, 인하공전 1명, 버지니아공대 1명)이 대학 교수로 재직 중에 있다. 동 연구실 소속 학생들에게 매주 세미나와 논문지도를 통해 세계를 선도하는 전문지식의 습득은 물론, 1988년 이후 매주 1회 갖는 바이블 스터디를 통하여 인성 함양 교육에도 정진해 왔다. 그 결과 동 연구실 출신자 모두가 탁월한 전문성과 인성을 갖춘 국내 조선 산업계 및 학계의 키 멤버(Key member)로 활약해 오고 있다.

2005년 11월 26일에는 그동안 배출된 많은 제자들이 나의 회갑을 맞이하여 우리 가족을 초청하여 인터콘티넨탈 호텔에서 풍성한 연회를 베풀어 주기도 했다.

4. 해외 초빙교수 시절

1) MIT 초빙교수

나는 1981년 서울대 교수로 임용된 후 한국과학재단 후원으로 1985년 1월부터 1년간 미국 보스턴의 매사추세츠공대(MIT) 해양공학과 초빙교수로 '해양구조물의 손상된 원통형부재의 좌굴 및 최종강도연구'차 파견되었다. 파견지로 미국을 택한 것은 언어적인 것 외에 박사학위를 취득했던 일본 도쿄대학과 MIT의 교육과 연구시스템도 비교하고 싶었기 때문이다.

MIT는 미국 최고 수준의 대학이지만 내가 갔을 때, 각 학과 연구실에서 개발한 기초적인 프로그램들을 중앙전산실에 집대성하는 작업인 '프로젝트 Athena'를 막 시작하는 것을 보고 이 부분은 도쿄대학에 비해 10년 이상 뒤처져 있음을 알 수 있었다. 일본의 경우는 각 연구실에서 개발했지만 공통적으로 사용할 수 있는 프로그램은 소유권을 주장하지 않고 함께 공유하려는 마인드가 있으나, 미국의 경우는 연구실 개발품은 자신들의 소유 자산이라는 마인드가 강한 것이 결과로 나타난 것이라고 생각된다.

우리 가족이 보스턴에 막 도착하여 숙소나 차를 해결하지 못하고, 맥도날드로 끼니를 때우고 있을 때, MIT 박사과정에 재학 중인 모교 조선공학과 출신 제자(M.S.Seo)가 저녁 식사에 초대하면서 픽업을 오겠다고 하길래 반가이 응했다. 식후에 상을 물리고 성경 공부를 같이 하자고 하니 거절하지 못하고 응했다. 또 그가 나가는 보스턴 한인장로교회로 따라 나가게 되었고, 4월에는 세례도 받았다. 사실 나는 미국에 오기 몇 달 전에 어느 날 밤 아내의 권유로 얼떨결에 예수그리스도를 영접했었다. 아내는 보스턴에 오기 전에 미리 정보를 입수하여 지구촌교회 김 목사님(M. P. Kim)이 MIT 학생 상대로 성경을 가르치고 있는 것을 알고, 갓 믿은 남편의 신앙 성장을 위해 기도해 왔는데, 그 응답으로 우리와 같은 아파트에 그가 살고 계시다고 하니 너무나 감격해했다. 나는 물론 싫다고 했다. 교수가 채신없이 어찌 학생들과 함께 그런 걸 하냐고 하면서 핑계를 댔으나 관철되지 못했다.

MIT에는 기혼 대학원생을 위한 숙소가 이스트게이트(Eastgate)와 웨스트게이트(Westgate) 둘 있는데, 박사논문 쓰기에 바쁜데도 불구하고 매주 금요일 밤마다 두 곳에서 성경 공부를 하고, 나온 질문들을 수합하여 김 목사님과 연합미팅에서 질문에 대한 답변을 듣곤 했다. 당시 성경공부 팀원 모두가 박사학위를 취득하고 대부분이 귀국해서 교수가 되었고, 현 포항제철(POSCO) 회장도 그중에서 나왔으니 참으로 한국을 이끄는 엘리트 인재들의 모임이었다고 하겠다.

사실 나는 성경 공부보다는 성경 공부가 끝난 후 다과를 함께 먹는 시간이 더 좋았다. 공부 시간에는 어깃장을 놓고 진도 방해만 했다. 그도 그럴 것이 처녀가 애 낳았다고 하고, 바위에 물 나오고, 홍해가 갈라졌다고 하는 것들이 도무지 비과학적이고 비합리적이라 믿기지 않았기 때문이었다. 그럴 때마다 "교수님, 조금만 지나면 다 믿어지고 납득이 가실 겁니다." 이렇게 말하는 학생들이 장성한 어른 같고 나는 어린아이 같다는 느낌을 지울 수가 없었다. 내가 육신의 나이도 정신연령도 더 높을 터인데 성경이라는 거울 앞에 선(비추어진) 내 모습(영)이 어린애 같은 것을 깨닫고, 그때부터 인간의 본질인 육신과 혼과 특히 영에 대하여 집중연구하기 시작했다.

나는 가족과 함께 파견되었기 때문에 장남과 차남은 초등학교 5학년과 1학년에, 막내딸 아이는 킨더가든에 들어가서 오랜만에 공부에서 해방되어 미국 아이들과 마음껏 뛰놀며 학교생활을 정말 재미있어했다. 그러고 보니 이 아이들이 커서 장남은 일본에, 아래 두 아이는 미국으로 유학하게 된 것이 우연은 아닌 것 같다. 어릴 때 좋은 추억이 유학의 원동력이 되었을 것으로 생각된다.

또한, 그 지역 학교와 교회에서 제공하는 특별기획 프로그램으로 가족 애플 피킹(picking)을 가기도 하고, 아이들과 함께 헤링 폰드(Herring Pond)로 가서 회귀하는 청어를 좁은 수로에서 두 손으로 잡기도 하고, 셀렘에 가서는 홍합 캐기와 트랩으로 털게 잡기 등 실로 오랜만에 가족과 함께 재미있는 추억을 많이 쌓는 미국 생활이었다. 4월의 부활절 휴일에는 온 가족이 내 차를 타고 장거리 이동하여 나이아가라 폭포를 미국과 캐나다 양측에서 구경한 후 몬트리올, 토론토, 퀘벡과 노바스코샤 반도를 거쳐 보스턴으로 돌아오는 대장정을 마쳤다. 그리고 여름방학 때는 내 차로 플로리다 마이애미비치까지 2주에 걸쳐 직접 운전하여 다녀왔는데, 차가 낡아 도중에 엔진고장으로 고생을 좀 했지만 수리하여 돌아오니 MIT에 있는 서울대 제자들이 낡은 차로 그곳까지 갔다는 소식을 듣고 걱정을 많이 했다고 한다. 드디어 1986년 1월에는 1년간의 체재를 마치고 귀국길에 올랐는데 온 가족이 하와이에 들러 와이키키 해변에서 해수욕도 하면서 한 주일간 휴가를 즐기고 귀국했다.

2) 미시간대학 초빙교수

나는 2002년 9월부터 1년간 미시간대학(Univ. of Michigan)에 초빙교수로 다시 파견되었다. 조선생산 관련연구를 하는 램 교수(Prof. Lamb) 연구실과 협동연구과제를 협의했고, 당시 군함을 주로 건조하는 미국조선소의 심각한 생산성 저하에 대한 대책으로, 내가 그동안 서울대에서 연구한 조선용접 및 곡가공 공정의 획기적인 개선에 관한 연구 결과들을 집대성하여 해군해상시스템사령부(NAVSEA)에 보고서로 제출하는 프로젝트(연구비 10만 달러)를 수행했다. 이 보고서를 통해 한국과의 생산성 격차를 비교하여 미국 조선소에 압력을 가하는 것이 목적이라고 했는데, 20년이 지난 지금도 개선이 제대로 되지 않자 최근 미해군 사령부에 비상이 걸렸다. 미국 조선소에서 군함 건조와 수리가 제때 이루어지지 않아 장차 중국을 견제하는 것이 불가능할 것으로 판단되어 한국 조선소에 도움을 요청하러 미해군성 장관이 지난 2월 긴급 방한하기도 했다. 앞으로 우리나라 조선소에서 미국 군함의 수리와 건조까지 하게 될 날이 머지않은 것 같은데, 우리에게는 새로운 기회가 될 것으로 생각된다.

내가 미시간대학에 갈 때 서울대 체육교육학과에 다니던 딸이 동행했는데, 서울대 4학년 1학기를 마친 후 휴학하고 어학연수차 나를 따라왔다. 나는 딸을 데리고 미시간대학 무용학과장을 만나서 초빙교수로 왔는데 딸이 실기 연습을 할 수 있도록 댄스홀 사용을 좀 허가해달라고 요청하여 흔쾌히 허락을 받았다. 딸은 어학연수학원의 강의가 부실하여 차라리 커뮤니티 스쿨(Community School)에 입학하여 다니면서 직접 영어를 익히는 게 훨씬 경제적이고 효율적일 것 같다고 하면서 토플시험을 쳐서 무용학과에 입학했으며, 열심히 공부하여 학장이 수여하는 우수학생(Dean's Honored Student) 상을 받기도 했다.

앤아버에서의 가족생활은 겨울에 눈이 좀 많이 오는 것이 흠이지만, 도회지인 보스턴보다는 훨씬 더 여유롭고 아름다운 풍경과 목가적인 삶을 누리기에 좋았다. 특히 가을에는 뉴욕에 유학하고 있던 차남이 합류하여 가족 4인이 캐나다 국경에 가까운 미시간주 북부지역(Upper Michigan)까지 단풍 여행을 갔었다. 가도 가도 끝이 없는 단풍 터널을 차로 달렸던 기억은 잊지 못할 아름다운 추억으로 남아 있다.

앤아버에서는 우리 가족이 미국인 교회인 개혁교회(Reformed Church)에 다녔는데 뮤직콘서트에 초청을 받기도 하고, 미시간호 근처의 모래언덕(Sand Dune)까지 자동차여행을 시켜 주는 등, 담임목사님이 한국과 달리 집사처럼 몸소 우리를 정성껏 섬겨주셨다. 한번은 차로 3시간 걸리는 인근 도시의 목사님 댁에 홈스테이를 알선해 주셨는데, 목사님이 C형 간염으로 간 이식하는 위중한 상태에서도 한국인 핏덩이 쌍둥이 자매를 입양했는데, 두 딸을 잘 키워서 모두 장학생으로 대학에 진학시켰다고 하니 참으로 감동적이었다.

귀국을 3주 정도 앞두고 우리 딸이 미시간대학교 무용학과장에게 한 학기 동안 댄스홀 사용을 허락해 주신 데 대해 감사와 더불어 출국 인사를 드리러 갔는데 놀랍게도 무용학과장은 다음과 같이 말했다. "우리 와이프가 집에 오면 한국에서 온 한 여학생이 있는데, 무용을 너무 잘하고 또 열심히 한다고 매일 자랑하는데 알고 보니 그것이 너란다. 그러니 우리 학교 대학원에 진학하지 않을래?" 딸이 다녔던 학교의 무용학과장과 미시간대학교 무용학과장이 부부사이였던 것이다. 딸은 아빠가 재정적인 여유가 없어서 유학은 어렵다고 얘기했는데 "네가 토플성적만 되면 내가 GRE시험은 면제해 주고, 너를 강사(Instructer) 겸 학생으로 뽑아서 수업료를 면제해 줄 뿐만 아니라 매월 생활비도 지급해 주겠다"는 파격적인 제안을 받았으니 도저히 있을 수 없는 일이 일어난 것이었다. 사실 서울대에서도 박사과정생에게 일시적으로 강의를 맡길 때가 있으나, 석사과정생에게는 절대로 강의를 맡기지 않는데, 영어도 서툴고 자기 학점도 따야 하는 유학생에게 T/A가 아니라 실제로 강의를 담당하고 성적까지 내는 강사를 시킨다는 것은 기적이나 다름없는 것이었다. 딸은 귀국 후 서울대에서 마지막 학기를 마치고 바로 미시간대학에 입학하여 사립대 수준의 수업료를 2년에 걸쳐 억대를 면제받고 생활비도 받으면서 경제적으로는 엄청난 도움을 받고 학위과정도 마쳤으나, 매주 두 과목을 강의 준비하고 가르치느라 딸은 매일 새벽 2시 전에 잠을 자본 일이 없다고 졸업식 날 나에게 실토를 했다. 엄청난 하드 트레이닝을 견딘 결과 영어와 티칭이 달인 수준에 도달한 것이 딸에게는 나중에 버지니아의 홀린스(Hollins) 대학 무용과 교수가 되는 데 큰 자산이 되었다고 했다.

우리 부부는 3주간 차를 렌트해서 미시간에서 출발하여 중간에 옐로스톤, 요세미티, 메타세콰이어, 브라이스캐년, 자이언 등 10여 개의 국립공원을 섭렵하고, 하루 종일 달려도 옥수수 밭만 보이는 중부의 광활한 대지를 횡단하여 서부의 데스 밸리(Death Valley) 국립공원을 통과한 후 2주 만에 LA에 도착하여 여장을 풀었다. 실은 마지막 한 주는 샌디에이고에서 국제학회에 참석하고 귀국하는 일정을 잡다 보니 엄청난 대장정을 소화하게 되었던 것이다. 당초 딸과 함께 세 사람이 교대로 운전할 예정이었으나 딸이 급한 일정으로 빠지고, 우리 부부만 남았으니 운전은 주로 내가 하고 하루에 10시간 정도는 달렸던 힘든 여정이었으나 잊지 못할 추억의 국토횡단(Cross Country) 여행으로 기억된다. 나는 샌디에이고 컨퍼런스에 참석한 후 LA를 떠나 하와이에 도착하여 재일교포 친구의 배려로 그가 비워둔 와이키키 해변의 별장에서 온 가족이 한 달간 여유롭게 머물면서 오하우 섬 전체를 섭렵하는 호사를 누릴 수 있었다.

미주지역 외에 단기 해외 초빙교수로 파견된 것은 아래와 같다.

- 도쿄대학 선박공학과 노모토교수 연구실(1993.1~1993.2)
- 하얼빈대학 조선공학과 린교수 연구실(2003.9.23~30/2005.2.2~9)
- 오사카대학 용접연구소 후지사와교수 연구실(2008.10~11)

5. 세계를 선도하는 탁월한 연구업적 달성과 조선 산업에 적용한 획기적인 성과들

나는 서울대에 30년간 재직하면서 전 세계 조선소의 수세기 동안 어려운 숙제로 남아 있던 아래와 같은 실제 문제들을 대학원생들의 학위논문 테마로 채택하고 이를 해결하기 위하여 주야로 학생들과 함께 고심한 끝에 종래보다 효율성과 정확도가 탁월한 세계를 선도하는 새로운 이론을 제안할 수 있었다. 이를 실제 국내 조선소의 선체구조설계와 곡가공, 용접 조립 생산 등에 적용하여 이론을 입증함은 물론 이를 통하여 국내 조선소의 생산성을 획기적으로 향상시켜 우리나라 조선 산업의 국제 경쟁력을 세계 정상급으로 격상하는 데 크게 기여했다.

1) 실물 초대형 유조선(VLCC / ULCC)의 최적구조설계시스템 세계 최초 개발: 선체설계공수 및 강재중량 대폭 절감으로 일본을 단숨에 추월

1988년 국내 20만 톤급 초대형 유조선의 구조설계 결과는 개발 종주국인 일본 조선소에 비해 1,500톤 내지 2,000톤가량 더 무겁게 설계되어 유조선 수주 시장에서 열세를 면치 못했다. 상용 유한요소해석 코드를 이용한 대형선체구조물의 최적설계는 설계 변수가 많은 대형구조물의 구조해석을 수백 번 반복 계산해야 하기 때문에 엄청난 계산시간이 소요되어 실제 적용이 도저히 불가능한 실정이었다. 이 문제를 해결하기 위해서는 기존의 유한요소법보다 계산효율이 탁월하면서도 정확도가 높은 새로운 구조해석법의 개발이 필요했다. 나는 대형선의 횡강도부재 구조해석을 위하여 상용 유한요소해석 코드보다 1,000배 이상 계산시간이 빨라 효율이 높으면서도 결과가 정확한 탁월한 구조해석법인 일반화경사처짐법(Generalized Slope-Deflection Method)을 새롭게 제안했다(Proc. 3rd Int. Symposium on Practical Design & Mobile Units, Trondheim, 1987). 그리고 초대형 유조선의 복잡한 중앙 횡단면을 강체부가 붙은 이상화 보요소로 구성된 골조구조로 독창적으로 모델링하여 일반화경사처짐법을 적용함으로써 멤브레인(Membrane) 요소를 이용한 유한요소해석 결과 및 일본 조선소의 실선 실험 결과와도 완전히 일치하면서도 계산시간은 약 1,000

배 빠른 결과를 얻었다(대한조선학회 논문집, 제29권, 4호, 1992; 대한조선학회 논문집, 제33권 제3호, 1996).

이 효율적인 구조해석법을 이용하여 세계 최초로 실물 초대형 유조선의 최적구조설계에 성공했다. 즉 1988년에 대우조선해양(주)과의 산학협동과제를 통하여 "초대형 유조선(VLCC)의 최적설계시스템(TANKOD)"을 개발하여 실제 조선소의 구조설계에 적용함으로써 획기적인 경량화와 설계공수를 대폭 절감하는 데 성공하여 일본의 조선소보다 가볍고 우수한 초대형 유조선을 효율적으로 설계함으로써 일본 조선소를 단숨에 추월할 수 있게 했다.

이 시스템(TANKOD)을 사용하면 컴퓨터 안에서 100여 케이스의 설계를 수행하고 가장 최적으로 설계된 배를 선택하여 중앙단면 설계도면을 작성해 주고, 선급제출용 계산서까지 출력하는 데 하루도 채 걸리지 않음으로써 설계속도를 700배가량 높여 일본을 완전히 추월하는 데 크게 기여했다.

그 외 1993년 현대중공업과의 산학협동과제를 통하여 "구획배치를 고려한 대형 유조선의 최적구조설계시스템"을 개발하여 현업에 적용했으며(대한조선학회논문집, 제33권, 제4호, 1996), 이후 각 조선소는 최적설계 시스템을 현실에 맞게 계속 업데이트함으로써 한국 조선소의 국제경쟁력은 세계 최고의 우위를 오늘날까지 유지해 오고 있는 실정이다.

건조비 절감의 일례로 대우조선해양(주)의 경우를 보면 그동안 연간 유조선 12척 건조기준으로 환산하면 200만 원(강재비+가공비)/톤×1,500톤×12척/년×20년=7,200억 원의 건조비 절감

효과를 거두었으리라 사료된다[확인: 대우조선해양(주) 김만수 이사].

2009년에는 최근 세계선급협회의 통일규칙(CSR)을 유조선 설계에 의무적으로 적용함으로써 선체중량이 대폭 증가되어 조선소가 고통을 당하고 있는 실정을 해소하기 위하여 STX조선과의 산학협동과제를 수행하여 중형 유조선의 최적설계시스템(OASIS)을 개발하여 7만 3,000 DWT급 선박에 적용한 결과, 선체중량을 대폭(6.7%: 93톤) 절감하는 데에도 크게 기여했다. 연간 8척 건조 기준으로 매년 255만 원(강재비+가공비)/톤×93톤×8척 =19억 원의 건조비 절감 효과를 거두게 될 것이라고 사료된다(확인: STX조선 이정철 과장).

2) 이중 선각(Double Side Skin) 산적화물선의 세계 최초 제안 및 최적구조 설계 시스템 개발: 선체구조 안전성의 획기적 향상으로 수많았던 침몰사고 방지는 물론, 선체설계공수 및 강재중량의 대폭 절감으로 기존 단일 선각(Single Side Skin) 선박에 비해 강재비 증가 1~2%로 최소화 가능

1852년 최초의 산적화물선(Bulk Carrier)이 건조된 이후 1969년 1월과 1970년 2월에 북태평양에서 침몰한 일본의 미쓰비시중공업(MHI)과 이시가와지마-하리마중공업(IHI)에서 건조한 볼리바 마루(Bolivar Maru) 및 캘리포니아 마루(California Maru)의 사고를 시작으로 그 이후 해마다 10여 척, 1990년~1991년에는 무려 27척의 산적화물선이 침몰하여 막대한 재산 피해와 귀중한 인명의 손실이 있었으나, 그동안 국제해사기구(IMO)나 세계선급협회(IACS)에서는 별다른 대책을 제시하지 못하여 왔다.

나는 대부분의 산적화물선의 침몰사고가 선측구조의 강도가 부족하여 발생한 점에 착안하여 1993년 이중 선각(Double Side Skin) 산적화물선을 건조할 것을 세계 최초로 제안하고 구조해석 및 설계에 착수했다. 그러나 이중 선각으로 인한 선체 중량이 상당히 증가하기 때문에 선주들의 기피 사항이 되어 난관에 봉착했다. 이 문제를 해결하고 기존 선에 비해 선체 중량의 증가를 최소화하기 위하여, 실물 산적화물선의 횡단면 구조를 변단면 효과를 고려한 강체부를 갖는 특수보요소로 모델링함으로써 자유도를 최소화하고, 기존의 유한요소해석 코드보다 계산속도가 1,000배 정도 빠른 동 연구실에서 개발한 효율적인 구조해석법인 일반화경사처짐법(GSDM)을 적용하여 1997년 세계 최초로 실물 이중 선각 산적화물선의 최적구조설계시스템을 개발했다.

이 시스템으로 전산기 내에서 100여 케이스의 구조해석 및 설계를 수행하여 최적설계치수를 계산해 내어 중앙횡단면 도면과 선급제출용 계산서까지 출력하는데 1~2일 내에 수행함으로써 설계속도를 300~400배 이상 올릴 수 있음을 입증했다.

동 연구의 결과 선체 중량은 불과 1~2% 증가에 그치면서도 선체 구조 안전성은 획기적으로 향상시켜 침몰사고의 염려가 전혀 없는 산적화물선을 설계하는 데 성공했다. 또한 종래 단일 선각선(Single Side Skin Ship)에 비해 이중 선각선(Double Side Skin Ship)은 화물창 내에 늑골(Frame)이 노출되지 않기 때문에 하역시간이 10~25% 단축되는 이점이 있다고 조사 발표된 바 있다.

나는 세계를 선도하는 이중 선각 산적화물선의 최적 설계도를 영국에서 개최된 국제학술발표회의(Proc. of International Conference on Design and Operation of Bulk Carriers, London,1998)에서 공개 보급하고 이중 선각 산적화물선의 건조로 선체 중량의 큰 증가 없이 선체 안전성을 획기적으로 증가시킬 수 있음을 시작선(Proto Type Ship) 설계 결과를 제시하며 전 세계 조선 및 해운 관계자에게 역설했다.

이와 같은 나의 세계를 선도하는 이중 선각 산적화물선 최적 설계에 관한 연구발표 이후 세계선급협회(IACS)에서는 이중 선각 산적화물선을 옵션으로 건조할 수 있도록 용인하게 되었으며, 이 조치 후 산적화물선의 침몰사고는 일부 노후선을 제외하고는 급격하게 줄어들어 막대한 재산과 인명의 피해를 현저히 줄이는 데 세계적인 공헌을 했다.

동 연구실에서 개발한 최적구조설계시스템을 이용하여 국내 조선소들의 이중 선각 산적화물선의 최적 설계가 매우 단시일 내에 효율적으로 이루어지며, 강재비 및 설계 공수의 대폭 절감이 가능하여 국제경쟁력 향상에 일조한 것으로 사료된다.

3) 선체 외판 곡가공 공정(선상가열, 삼각가열, 고주파 유도가열) 시뮬레이션 시스템 세계 최초 개발: 곡가공 공정의 고능률화, 자동화, 무탄소 친환경 작업환경으로의 개선에 성공

(1) 선상가열 공법 시뮬레이션 및 가열선 결정 알고리즘 세계 최초 창안

1818년 최초의 철선 발칸호의 건조 이래로 최근의 강선(Steel Ship) 건조에 이르기까지 선체 외판의 복잡한 3차원 곡면을 곡

(굽힘)가공하는 공정의 개선은 2세기에 걸친 세계적인 큰 숙제가 되어 왔다. 왜냐하면 그동안 숙련공의 경험과 직관에 의존하여 가스토치로 직선이나 삼각형 형태의 영역을 가열 팽창시킨 후 물을 뿌려 급냉각 수축시켜 곡면을 조금씩 성형하고 일일이 곡형을 대어서 차이를 점검하고 다시 조금씩 시행착오적으로 가공하는 공정으로서, 매우 많은 공수를 필요로 하기 때문이다. 그동안 미국 NASA의 아폴로 탐사팀의 싱크탱크(Think Tank)가 한국 조선소를 방문하여 무엇이든지 해결해 주겠다고 장담했을 때 바로 이 문제를 기술적으로 고능률화, 자동화할 수 있는 길을 찾아달라고 부탁하자 아폴로 팀도 두 손 들고 떠나갔다는 일화가 있다. 선박의 곡면 곡가공은 매우 원시적인 방법으로 2세기간 이루어져 왔지만, 막상 첨단 우주과학팀도 해결하기 힘든 기술적으로 고난도의 작업임을 짐작할 수 있다.

그러나 나는 바로 2세기 동안 숙제로 남아 있던 이 문제에 도전하기 시작했다. 우선 선상가열공정을 시뮬레이션하기 위한 원판-스프링 모델을 창안하여 가열 및 냉각과정의 선상가열변

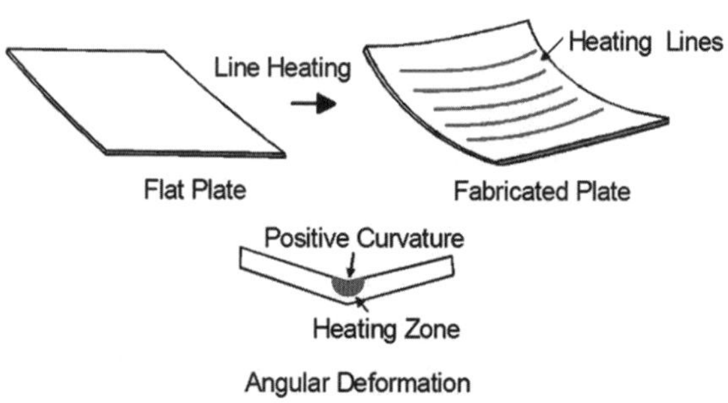

그림 6. 선체 외판 곡 가공을 위한 선상가열 공법 시뮬레이터 세계 최초 개발

형을 계산하는 독창적인 논문을 국제저널(*J. of Ship Production*, Vol. 13, No. 1, 미국 조선학회, 1997)에 게재했다. 그뿐만 아니라 그동안 숙련공의 손에 맡겨져 어디를 어떤 순서로 얼마나 어떻게 가열해야 하는지 등에 관해서는 도저히 원칙을 찾을 수 없다고 포기해 왔던 문제에 대한 길을 약 200년 만에 세계 최초로 찾아내었다. 즉 목표곡면과 현재 가공상태의 곡면과의 형상차이 곡면의 주곡률 개념을 도입하여 기하학적인 형상정보만 가지고 최적의 가열선을 순차적으로 결정하는 알고리즘을 2세기 만에 처음으로 창안하여 실제 다양한 목표곡면을 정확히 구현해 내는 선상가열 곡가공 시뮬레이션시스템을 개발하는 데 성공했다(*J.of Ship Production*, Vol. 14, No. 4, 미국조선학회, 1998). 또한 조선소 실험결과와 비교한 결과 그 유용성을 확인함으로써 선상가열 공정의 고능률화 자동화의 새로운 길을 개척한 선구자가 되었다.

(2) 삼각가열 공법 시뮬레이터 세계 최초 개발

또한 실제 조선소에서 선상가열 다음으로 많이 사용하는 삼각가열 공정은 가스토치를 좌우 혹은 원형으로 돌리면서(weaving) 삼각영역에 넓게 가열하기 때문에 입열량의 추정조차도 극히 어려워 가열공정 중 열탄소성변형의 전체 과정을 모사하는 것은 도저히 불가능하다고 포기되어 왔었다. 그러나 이 문제를 시뮬레이션하기 위하여 고유변형도 영역모델을 처음으로 제안하고 이 고유변형도를 기반으로 한 등가하중법을 새롭게 제안하여 국제저널(*J. of Marine Science & Tech.*, Vol. 10, No. 4, 2005)에 게재하는 한편 이 이론을 이용하여 실제 삼성중공업 조선소에서 시행한 삼

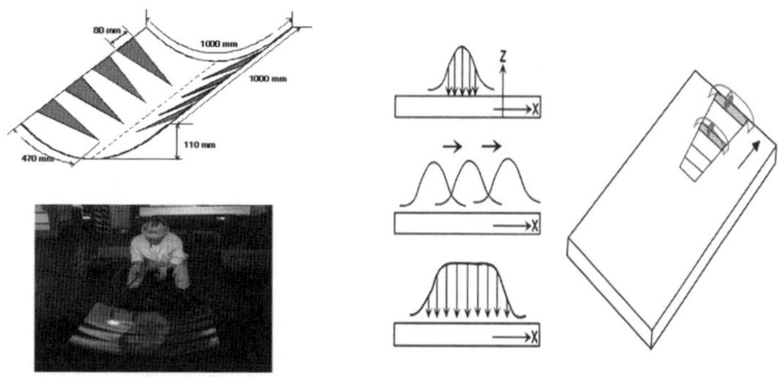

그림 7. 삼각가열 공법 시뮬레이터 세계 최초 개발

각가열 공정실험 결과와 비교하여 거의 일치함으로써 삼각가열 시뮬레이터의 개발에도 세계 최초로 성공했다.

(3) 장형 고주파유도가열공법 시뮬레이션시스템 및 유도가열기 세계 최초 개발

선체 외판의 곡가공 공정은 전술한 바와 같이 2세기 동안 매우 원시적인 방법으로 숙련공들의 직관과 경험에 따라 각자 다른 방법으로 시행착오법을 통해 한 번씩 토치가열과 수냉을 번갈아 가며 시행해 왔는데, 최근에는 그나마 숙련공을 구하기가 어려워 조선소마다 비상이 걸린 실정이다. 왜냐하면 심한 토치소음과 탄산가스 공해 및 작업장의 열기 등 열악한 작업환경 때문에 3D 업종을 기피하는 최근의 풍조에 따라 은퇴한 숙련공의 뒤를 이을 기능공을 확보하는 것이 상당히 어려워졌기 때문이다. 이 문제에 대한 해결책으로서 소음이 거의 없고 이산화탄소나 유해가스가 전혀 발생하지 않는 친환경 고주파 유도가열공법을 생각

할 수 있다.

2001년 유도가열기를 일본 업체로부터 수입하여 삼성중공업 조선소에서 실험을 수행했으나 강판의 과도한 용융과 강판과의 마찰부의 금속 마모 등의 문제로 곡가공 실험에 실패한 적이 있으나, 그래도 유도가열공법에 해답이 있다고 생각하여 계속 가열시스템 개선을 위한 구상 중 PC가 초창기에 나왔을 때 프린터의 변천사에서 아이디어를 얻었다. 즉 도트 프린터(Dot Printer)에서 라인 프린터(Line Printer)로 바뀜으로써 인쇄 속도가 엄청나게 상승한 점에 착안하여 원형 유도가열기를 끌고 다닐 것이 아니라 선상의 유도가열기로 단숨에 가열하는 방식으로 장형 유도 가열기를 개발하는 데 세계 최초로 성공하여 2007년 특허 등록(특허 제10-0677465)을 마쳤다. 또한 장형 유도 가열공법을 컴퓨터 시뮬레이션하기 위하여 고유변형도 기반 등가하중법을 제안하여 실제 가열 실험에 적용한 결과 거의 일치하여 유용성이 입증되었다(대한조선학회 논문집, 제45권, 제3호, 2008). 이 공법을 이용하면 종래 가스토치를 이용하거나 원형 유도가열기를 이용하여 곡가공하는 것에 비하면 10~40배의 가공 속도를 올릴 수 있는 획기적인 가열 방식임은 물론 소음과 최근 지구 온난화로 화두가 되고 있는 CO_2 배출이 전혀 없어 금후 획기적인 작업환경 개선이 가능하여 기능공 확보도 용이할 것이다. 또한 공정의 고능률화, 자동화가 가능하여 조선 생산성을 크게 향상시키는 길을 개척했다.

(4) 장형 고주파유도가열기 및 다점프레스에 의한 복합 곡가공 시스템 세계 최초 개발

선체 외판 곡가공 효율을 높이기 위하여 STX조선 산학협동과제로 2006년부터 2년간 연구를 수행했다. 전술한 장형 고주파 유도가열기의 장점과 냉간 가공인 다점프레스를 결합한 복합 동시 곡가공시스템을 세계 최초로 개발했다. 실제 복합곡가공기의 시작품을 설계 제작하여 유도가열 코일 부분은 국제학술대회(Prof. of TEAM 2008, Istanbul)에 발표하고 2007년 11월 특허등록(특허명: 수축변형 유발을 위한 고주파 유도가열코일)을 마쳤다.

유도가열기와 다점프레스에 의한 동시 곡가공의 복잡한 시뮬레이션 과정을 유한요소법으로 해석하고 실제 조선소에서 수행한 실험 결과와 비교하여 잘 일치함으로써 새로 개발된 시스템 알고리즘과 시작품의 정도와 유용성이 입증되었다. 금후 보다 개선된 대형제품을 복합 곡가공공정에 도입하면 고능률화가 가능하여 조선생산성 향상에 크게 기여할 것으로 기대된다.

4) 용접 조립보의 종굽힘 변형 가열교정 알고리즘 세계 최초 개발: 용접 조립보의 설계 및 용접변형의 교정 고능률화 성공

지금까지 세계적으로 아무런 개선도 없이 원시적으로 되풀이되어 오던 이 공법을 이론적으로 모사하기 위하여 1993년 삼성중공업 산학협동과제로 "용접 조립보의 설계 및 생산자동화 기술개발"에 관한 연구를 수행했다. 즉 용접조립에 의한 종굽힘 변형을 해석한 후, 그동안 숙련공의 개인적 경험과 직관에만 의존해 오던 것을 혁신하여 교정 후 최종 잔류 종변형이 허용공차 안에

그림 8. 고주파 유도가열 광경

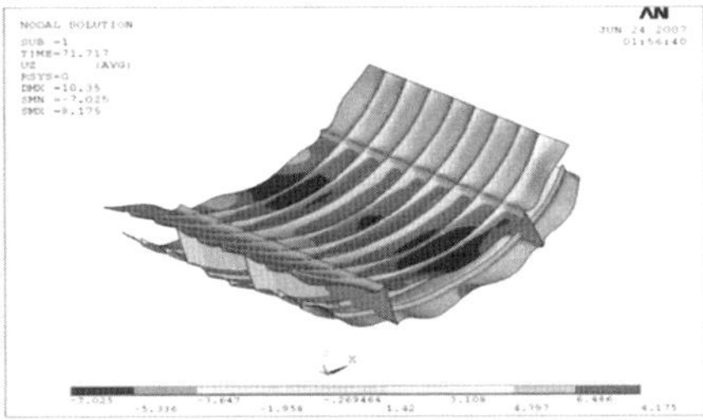

그림 9. 대형 선체블록의 용접변형 및 잔류응력 예측시스템 세계 최초 개발

들어오도록 삼각가열의 위치, 형상 및 개수를 이론적으로 정확히 계산해 내는 가열교정(곡직) 알고리즘을 세계 최초로 제안했다(*J. of Ship Research*, Vol. 39, No. 2, 미국조선학회, 1995). 개발된 이론을 삼성중공업(주) 조선소에서 실제 용접조립보 곡직실험에 적용한 결과, 잘 일치하여 유용성이 검증되었다. 이 시뮬레이션기법을 이용하여 숙련공의 주관에 의존하지 않고 삼각가열 교정위치와 개수 삼각형의 형상비까지 계산해 내어 작업매뉴얼에 명시함으로써 초보자라도 매뉴얼만 따라 하면 허용공차 안에 들어오도록 교정작업을 성공적으로 수행할 수 있어 작업을 획기적으로 개선하여 생산성을 크게 높이는 데 기여했다.

5) 대형 선체블록의 용접변형 예측 및 잔류응력 예측시스템 세계 최초 개발: 상용 유한요소해석코드로 계산 불가능한 문제를 수일 내에 계산 가능케 하는 세계 유일의 효율적인 해석시스템 개발

선박의 건조는 기본적으로 강판에 보강재를 여러 개 용접하여 소형 블록을 만들고, 이들을 대형 블록으로 조립하여 도크에서

이들 대형 블록들을 탑재 조립함으로써 완성이 되어 간다. 각 용접조립 과정에서 필연적으로 발생하는 용접변형을 예측하고 또한 트랜스포터에 적치하여 운반하고 기중기로 리프팅(Lifting)한 후 탑재하는 과정에서 용접 후 추가 소성변형이 과도하게 발생하기도 하는데, 이 모든 과정에서 허용공차를 넘는 과도한 변형은 반드시 교정되고 미리 제어되어야 마지막 고품질의 완성품을 제작할 수 있다.

그러나 현존하는 상용 열탄소성 유한요소해석 코드를 사용하면 엄청난 계산시간이 소요되어 해석이 불가능하다. 대형 선체 블록의 열전달 해석에만 3~6개월이 소요된다고 하므로 실제 용접조립 순서를 다 고려한 열탄소성해석을 하는 데는 아마도 몇 년간 전산기가 돌아가도 결과가 나오기 힘든 실정이다.

나는 1981년부터 최근까지 대형구조물의 최종 용접변형을 결정하는 것은 고유변형도(잔류소성변형도) 성분이므로 고유변형도의 분포 영역과 세기를 결정하기 위한 연구에 전념해 왔다. 드디어 2002년 국제 저널(*JEME* Vol. 1, No. 1)에 용접조립순서를 고려한 보강판의 용접변형을 기존의 유한요소법보다 100배 이상 높은 계산효율로 예측하는 고유변형도 기반 등가하중법을 제안하여 실험 결과와 비교하여 유용성을 입증함으로써 복잡한 대형 선체 블록의 용접조립변형을 예측하는 길을 세계 최초로 개척한 바 있다. 그후 실제 선박의 평블럭과 곡블럭 및 자동차운반선의 거라지 데크(Garage Deck) 등의 용접변형을 단시간 내에 예측하고 그 변형을 제어하는 시스템을 개발하여 실제 용접변형 실험과 비교하여 유용성을 입증했다.

그러나 개발된 고유변형도 기반 등가하중법은 용접변형은 비교적 정확히 해석할 수 있지만 용접잔류응력을 해석하지 못하는 단점이 있어 전술한 바와 같이 용접 후 적치, 이동, 리프팅 및 탑재과정에서 추가로 발생하는 소성변형을 전혀 예측할 수 없는 실정이었다. 2009년에는 이 문제를 극복하기 위하여 고유변형도를 열탄소성해석을 통하여 계산하는 종래 바-스프링(Bar-Spring) 모델을 대체하는 새로운 솔리드-스프링(Solid-Spring) 모델을 창안했다. 이를 이용하면 판재에 발생하는 평면응력상태를 완벽히 표시할 수 있으며 모델 내에 발생하는 고유변형도를 최고도달온도와 용접부 주위의 구속도만으로 계산할 수 있었다. 이 고유변형도를 등가변형도로 치환하여 각 요소에 초기온도로 입력함으로써 용접변형의 정확한 예측 및 제어는 물론 용접잔류응력까지 완벽하게 예측할 수 있는 탁월한 시스템을 세계 최초로 개발했다(Proc. TEAM 2009, Kaoshiung, Taiwan).

이 이론을 검증하기 위하여 실험치나 열탄소성 유한요소해석 결과와 비교하여도 잘 일치함으로써 해의 정도와 유용성이 입증되었다. 계산효율은 기존의 유한요소법에 비해 비교적 간단한 보강판구조의 경우는 비교가 가능하며 약 100배 이상 높다. 그러나 2009년 대우조선해양(주)과의 산학협동과제로 수행했던 실물 콘테이너 운반선의 횡격벽 구조처럼 대형 블록의 경우는 기존의 유한요소법으로는 열전달해석에만 6개월이 소요되었으며, 용접변형 및 잔류응력 계산은 불가능했다. 한편 동 연구실에서 개발한 변형 및 잔류응력 예측시스템을 적용하니 최초 용접변형, 적치, 운반, 리프팅(Lifting) 및 탑재 과정의 모든 추가 변형과 부재 내에 발생하는 잔류응력을 2, 3일 안에 모두 계산하는 데 성공함으로써 대형구조물의 용접변형 및 잔류응력을 단시일 내에 효율적으로 정확하게 예측할 수 있는 세계 유일한 시스템이라고 평가되었다.

6. 세계1위 조선국의 꿈을 이루다

내가 선체구조공학 연구를 위한 유학지를 미국이나 유럽 쪽을 택하지 않고 일본을 택한 것은 이유가 있었다. 서구 쪽은 전통적으로 선박유체역학(Ship Hydro-Dynamics)에 중점을 두고 연구를 해왔고, 세계를 선도하는 업적을 세운 대가들이 많았지만 선박구조공학분야 연구전문가는 드물었다. 따라서 기존의 토목공학이나 항공공학 분야의 일부 구조전문가들이 선박구조 분야를 커버하고 있었고, 독자적인 선박구조공학 연구 분야를 개척하지 못하고 있었던 것이다. 그러다가 일본의 미쓰비시중공업(MHI)과 이시카와지마-하리마중공업(IHI) 조선소에서 기존의 선급협회(Ship Classification Society) 규칙에도 없고 규칙을 훨씬 뛰어넘는 초대형 유조선(VLCC/ Very Large Crude-Oil Carrier, ULCC/ Ultra Large Crude-Oil Carrier)을 세계 처음으로 설계, 건조하는 과정에서 필요한 독자적인 구조해석법을 개발하면서 독립적인 선박구조공학 분야의 연구 영역을 일본에서 정립할 수 있게 되었다. 따라서 선박구조공학 분야를 해외에서 더 배우기 위해서는 서구보다 일본이 더 적합하기에 최종적으로 일본을 유학지로 택했던 것이다.

1974년 4월 내가 처음 일본에 입국할 때는 한국의 경제력이 일본의 5%에 지나지 않는다고 했는데, 당시 포항제철의 조강 생산능력이 103만 톤으로 일본의 2억 1,000만 톤의 딱 20분의 1이었으니 맞는 것 같았다.

일본의 전자산업은 SONY가 전 세계를 제패할 때이니 한국과 비교가 되겠는가? 당시 일본의 조선산업도 이미 30년간 세계 1위를 차지해 오고 있을 때이니, 황포돛배와 똑딱선이나 만들고 있던 한국의 건조 실적은 더더욱 일본과 비교가 안 되고 한마디로 족탈불급(足脫不及)이었다.

그랬던 우리지만 삼성전자와 LG전자가 이제는 천하의 SONY를 잡은 것은 진정한 애국이요 쾌거 중의 쾌거라고 나는 생각한다. 한국의 외교 역사를 통틀어서 이처럼 국위를 선양한 때가 있었던가?

나는 일본에 유학하여 일본조선학회 서재 창고에 산더미처럼 쌓여 있는 선박관련연구(SR/ Ship Research) 보고서들을 보고 정말 놀라지 않을 수 없었다. SR 보고서는 일본선박진흥회 경정(모터보트) 수익금으로 지원하는 연구비로 전국 각 대학과 연구소 인력들이 연구위원회를 구성하여 수십 년 전부터 선박관련 여러 요긴한 연구과제들을 연구한 결과를 실은 연구 보고서이다. 그 연구 결과를 전국의 모든 연구기관이 함께 공유하며 수십 년간 기술 수준을 상향평준화시켜 온 것이었다. 이는 분명 우리나라는 갖고 있지 못한 일본 조선계의 엄청난 자산이라고 생각되었다. 이 보고서들을 볼 때마다 우리는 언제 저렇게 연구하여 일본을 따라갈까 한숨이 절로 나오곤 했다.

서울대에 부임한 후 30년간 재직 중 나의 꿈은 오로지 우리나라가 세계1위 조선국이 되는 것이었다. 2006년 드디어 선박수주량 면에서 일본을 추월하여 세계1위 조선국의 꿈을 그것도 내가 서울대학교에 재직 중에 달성하고 정년퇴임을 맞이하게 되었으니 정말 큰 보람과 감개가 무량하여 가슴이 벅차오름을 느꼈다. 한국 조선업계가 이룬 이 업적도 전자업계가 SONY를 잡은 쾌거에 감히 비견될 수 있다고 나는 생각한다.

7. 천안함, 세월호 침몰 원인 분석 관련 인터뷰 및 방송 출연 유감

아직도 우리에게 아픈 기억으로 남아 있는 천안함과 세월호의 비극적인 침몰사고 중계방송과 관련하여 나의 소감을 몇 자 남기고 싶다. 당시 학과장님(Y. H. Kim)을 통해 나에게 방송 섭외가 들어왔으나, 워낙 민감한 부분이 많아 당초에는 일부러 기피했다. 특히 녹화방송 인터뷰의 경우는 본인의 동의 없이 방송국에서 자의적으로 편집하여 왜곡 방송되는 경우를 몇 번 당해 보았기 때문에 더욱 조심스러웠다.

그러나 천안함의 침몰 원인에 대해서 내부 폭발설, 좌초설, 피로 파괴설, 미군 잠수함 충돌설 등 괴담이 난무하여 혹세무민하는 경우가 많은 것을 보고 선체 구조 피로, 파괴강도 전문가로서 더 이상 침묵을 지키는 것은 국민의 알 권리를 위해서도 바람직하지 않다는 결론에 도달했다. 그래서 왜곡 편집할 수 없는 생방송에만 직접 출연하여 나름대로 분석하고 유추한 침몰 원인에 대해서 천안함의 국제조사위원회의 연구발표에 몇 달 앞서 방송에서 유추 발표했는데, 이를 본 인하대 조선공학과의 한 선배 교수는 내가 굉장히 확신에 차서 말한 것에 대해 상당히 염려하기도 했다. '혹시 틀리면 어떻게 하려고……' 걱정이 되었던 것이다.

나는 어뢰의 수중 폭발 위치에 따른 배의 횡경사 그림을 보여주며 당시 야간에 견시병이 물보라를 관측하지 못한 이유를 규명하고, 버블에 의한 선체의 파괴양상까지 구체적으로 설명했더니, 많은 시청자들이 납득하고 반응이 좋아 시청률도 높게 나왔다고 담당 PD가 기뻐했다.

수개월 후에 국제조사위원회에서 엄청난 비용을 들여 슈퍼컴퓨터로 계산한 결과와 나의 물리적인 직관과 간단한 손 계산으로 분석한 결과는 거의 일치하는 놀라운 결과를 확인하고 한편으로 안도하고 한편으로는 기쁘고 흐뭇했다.

그 후 세월호 침몰 당시에도 침몰 원인과 관련해서 여러 차례 인터뷰와 생방송에 출연한 바 있다. 세월호는 원래 상부구조를 증축했기 때문에 상부가 너무 무거운(Top Heavy) 문제가 있어 평형수로 중심을 낮추도록 권고 받은 배인데, 과적을 하고 화물고박도 제대로 하지 않은 상태로 무리하게 출항했다. 진도 맹골수도 부근의 항적을 보면 파랑중 배의 횡방향 동요 소위 롤링(Rolling)을 줄이기 위하여 배의 좌,우현 양편에 붙어 있는 두 개의 수직 안정판(Fin Stabilizer) 중 한쪽편(우현)만 펴지면서 핀(Fin)의 저항 때문에 배가 우측으로 급선회한 것으로 유추된다. 이 과정에 고박하지 않은 화물과 차량들이 원심력 때문에 배의 좌현 쪽으로 쏠리고, 전복되면서 배의 좌우편 무게중심이 좌현 쪽으

그림 10. 천안함, 세월호 침몰 원인 분석 관련 인터뷰 및 방송 출연

로 크게 이동하여 복원력을 잃고 좌측으로 경사된 채 있다가 최종적으로 전복되어 비극적인 참사로 이어진 것으로 볼 수 있다. 이 사고의 주범은 우현 핀을 펴라고 지시했거나, 폈던 자일 가능성이 가장 높은데, 그토록 많은 돈을 들여 오랫동안 세월호 조사위원회를 가동하고서도 아직까지 이를 못 밝히고 있는 것이 불가사의하다.

8. 반세기 만에 한국 최초로 개최한 국제선박해양구조회의 (ISSC 2009) 의장 역임

나는 2000년부터 국제선박해양구조회의(ISSC/International Ship & Offshore Structures Congress)의 상임이사직(Standing Committee Member)을 맡아 왔었다. 또한 나는 2006년에 직접 제안서를 제출하여 그동안 주로 조선선진국에서 3년마다 개최되어 오던 동 국제회의를 48년 만에 한국에 처음으로 유치하는 데 성공하여 2006년부터 3년간 국제선박해양구조회의 의장직을 맡아 성공적으로 수행했다.

그림 11. 반세기 만에 한국 최초로 개최한 ISSC 2009 의장 역임(필자는 좌측 다섯 번째)

특히 2009년에는 제17차 ISSC 2009 회의를 서울 르네상스 호텔에서 개최하여 세계 30여 개국에서 250여 명의 대표가 참석했다. 이 대회는 역대 가장 성공적인 학술대회로 호평을 받았으며, 세계1위 조선국에 걸맞은, 곧 세계를 선도하는 한국 조선산업 및 학계의 대외위상을 획기적으로 격상시키는 데 큰 역할을 담당했다.

9. 스승을 뛰어넘는 출람(出藍)한 제자들 양성

서울대에 재직한 30년 동안 박사 19명, 석사 72명을 배출했다. 그중 총 12명(울산대 1명, 목포대 3명, 해양대 1명, 목포해양대 1명, 동의대 1명, 전북대 1명, 동양공전 1명, 인천대 1 명, 인하공전 1명, 버지니아공대 1명)이 대학교수가 되어 탁월한 연구 업적들을 올리고 있다. 행정 능력들도 탁월하여 정작 지도교수는 못해 본 총장직에 2명,

부총장직에 1명, 학장직에 2명 등 보직을 담당함으로써 스승을 뛰어넘는 출람(出藍)한 제자들이 되었다.

우리 연구실 소속 학생들에게 매주 세미나와 논문지도를 통해 세계를 선도하는 전문지식의 습득은 물론, 1988년 이후 매주 1회 갖는 바이블 스터디를 통하여 인성 함양 교육에도 정진해 왔던 것이 결과적으로 큰 도움이 되었다고 생각한다. 그 결과 우리 연구실 출신자 모두가 탁월한 전문성과 인성을 갖춘 국내 조선 산업계 및 학계의 키멤버(Key member)로 활약해 오고 있다. 해마다 6월 휴일에는 홈커밍 대회를 갖는데, 점심 후 함께 모여 축구, 족구, 탁구나 배드민턴 시합을 하고 구조실험동으로 와서 기타를 치면서 찬양과 말씀과 기도로 부흥회(?)를 하고 함께 저녁 회식을 하면서 선후배간 유대 강화 및 정보교환도 하며 유익한 시간을 갖는다. 저녁 회식 때 운동시상이 있는데, 탁구는 아직까지도 하극상이 없이 연속수상으로 나의 아성을 지키고 있다. 내가 정년퇴임한 후는 전국을 다니면서 홈커밍 대회를 가졌는데, 작년에는 우리 연구실 출신 송하철 교수의 목포대 총장취임을 축하하여 목포대 초청 홈커밍 대회를 가졌다. 당분간 홈커밍 대회는 전국 순회로 계속하자는 합의가 제자들 간에 이루어졌다고 한다.

Ⅳ. 맺는말

맹자는 천하의 영재를 얻어 제자 삼는 것이 인생3낙(人生三樂) 중에 하나라고 했지만, 나는 이에 더하여 제자 삼는 데 그치지 않고 그 제자를 스승을 뛰어넘는 제자로 양육하는 것이 인생의 진정한 즐거움이라고 생각한다. 또 그런 스승이야말로 성공한 스승이라고 하겠다.

소위 청출어람(青出於藍)이나 이청어람(以青於藍)이라 한 것은, 청색이 남색에서 나왔지만 푸르기가 남색보다 더하다고 하는 말을 줄여서 출람(出藍)이라고들 하는데, 서울대학교에서 지난 30년 동안 양성한 나의 제자들에게 적용되는 말이 아닌가 생각된다.

천하의 영재가 모여드는 서울대학교에 내가 몸담고 있었기에 우수한 인재들을 제자로 삼을 수 있었고, 더욱이 그중에서도 신앙심이 깊은 크리스천 학생들이 위로부터 임하는 지혜와 아이디어를 받아 탁월한 연구업적들을 많이 달성하고, 우리나라 조선 산업에 적용하여 획기적인 성과들을 올릴 수 있었다고 생각된다.

이 과정에서 지도교수인 나는 그저 그들의 연구를 올바른 방향으로 인도하는 길라잡이의 역할과 뒤에서 두 손 모아 기도한 것밖에 없었다고 고백하고 싶다. 물론 때로는 험한 풍랑을 맞아 배가 침몰할까 조바심하기도 하고 소용돌이에 빠져 한 치도 나가지 못한 때도 있었지만, 믿음과 인내로 돌파하고 나면 그때마다 진리의 등대가 나타나 갈 길을 비추어 주었다.

전 세계 수많은 사람들이 수십, 수백 년간 보아도 보지 못하고, 깨닫지 못했던 길을 우리들이 발견했던 것은, 첫째로는 자신들의 학위와 장래가 걸린 문제인 만큼 자나, 깨나, 앉으나, 서나,

오직 한 가지 일에 몰두한 제자들의 공로요, 그다음에는 풍랑 중에도 배가 난파하지 않도록 키를 놓지 않고 붙들고 있었던 나의 공로도 약간은 있었을 것이라고 고백하며 이 글을 맺는다.

한국 교육재정학 확립

윤정일

서울대학교 사범대학
교육학과 명예교수

I. 교사의 길로 방향 전환: 청주사범학교

내 세대는 어린 시절을 혼란 속에서 지낸 대단히 불행했던 세대이다. 일제의 탄압이 극에 달했던 시기에 태어났고, 광복의 기쁨을 제대로 누리지도 못한 상태에서 6.25전쟁이라는 참혹한 참상을 경험해야 했던 세대이다. 내가 초등학교에 입학한 것은 8.15 광복 후 사회가 여전히 안정을 찾지 못하고 혼란이 계속되고 있었던 1949년이었다. 초등학교 2학년 때 6.25동란이 일어났다. 당시에는 중학교 입시 경쟁이 고등학교나 대학 입시보다 치열했다. 6학년 여름 방학이 끝나고 2학기가 시작되면서부터 방과 후 입시 준비 교육이 본격적으로 실시되었다. 겨울방학에도 입시를 대비한 과외수업은 계속되었다. 늦은 밤, 방과 후 수업이 끝나 교실을 나서면 무릎까지 수북이 쌓인 눈 때문에 귀가가 어려운 때가 한두 번이 아니었다. 내가 다닌 화곡(禾谷)초등학교는 6학년이 32명이었는데, 그중 4명을 제외하고 28명이 입시 준비 공부를 해서 전원이 중학교에 합격했다. 이 학교는 1940년 5월에 설립된 학교로서 한때 재학생 수가 1,000여 명이 넘었지만 이농 현상과 출산율의 저하로 학생 수가 계속 감소해 2013년에 면사무소에 있는 초등학교로 통합되었다.

중학교 입학시험 날, 도시락을 싸 들고 긴장 반 설렘 반의 마음으로 20리나 떨어져 있는 중학교를 찾아갔다. 한 번도 가본 적이 없는 괴산중학교를 찾아가서 입학시험을 보아야 하는 것이다. 필답시험 이외에 여러 가지 시험을 치렀는데, 그중 가장 기억에 남는 시험이 세 가지이다. 첫째는 체육 시험으로 달리기, 던지기, 턱걸이 등 여러 가지가 있었는데 모두 만점을 받았다. 둘째는 음악 시험인데 생전 처음 들어보는 악기로 음을 치더니 그 음계를 오선지에 그려 넣으라는 것이었다. 추측건대 아마도 "도미솔이나 도파라" 같은 것이 아니었나 싶다. 음악 시간에 풍금 소리만 듣고 노래를 배운 내가 어찌 처음 들어보는 피아노 소리를 제대로 인식할 수 있겠는가? 셋째는 자연과학 시험인데 몇 가지 나뭇잎을 보여주면서 무슨 나뭇잎인지 쓰라는 것이었다. 시골에 살고 있었기 때문에 쉽게 알 수 있었는데 한 가지는 태어나서 처음 보는 잎이었다. 입학식이 끝나고 학교 울타리를 보았더니 온통 이 나무가 울타리를 이루고 있는데 바로 측백나무였다. 결국 입학시험에서 피아노 소리 문제와 측백 나뭇잎 문제 두 개를 틀려서 아쉽게도 수석 합격의 영광을 놓치고 말았다.

집에서부터 학교까지 20리(8km)가 된다. 20리 길을 빨리 걸으면 1시간 정도 걸린다. 따라서 등굣길 1시간 귀갓길 1시간 매일 2시간을 가고 오는데 길에서 소비해야 한다. 학교 근처에 사는 친구들과 비교할 때 매일 2시간씩 공부하는 시간이 줄어드는 것이다. 따라서 20리 통학길에 소비되는 시간을 철저히 활용하지 못하면 집에 와서 아무리 열심히 공부해도 경쟁에서 밀릴 수밖에 없다는 생각을 하게 되었다. 그래서 학교에 갈 때 1시간, 집에 올 때 1시간을 효율적으로 활용하기 위해서 걸으면서 책을 보기로 결심했다. 나는 누가 무어라 해도 결코 흔들리지 않고 등하교 시간을 철저히 나만의 시간으로 가져 공부했다. 중학교 다니는 3년 내내 통학길에 내 손에서 책을 놓은 적이 없다. 시험공부를 하는 것도 소설책을 읽는 것도 걸어다니면서 했다. 작은 사전을 가지고 다니면서 영어 단어를 외웠는데, 3년간 영어사전을 첫 페이지부터 끝 페이지까지 두 번이나 읽고 외웠다. 그래서 3학년 때는 친구들이 나를 '걸어다니는 사전(walking dictionary)'이라고 부르기도 했다. 중학교를 졸업하면서 3개년 개근상을 받은 것이 우등상을 받은 것보다 자랑스러웠다. 비가 오면 그대로 비를 맞고, 눈이 오면 눈을 벗 삼아 하루도 결석하지 않고 그 길을 걸었다.

농촌에서 좋은 논과 밭이 많다는 것은 분명 자랑스럽고 힘이 되는 것이 사실이다. 그러나 마을의 어느 집보다도 일찍 들에 나가야 하고, 해가 저물어 다른 사람들이 모두 집으로 돌아간 후에도 컴컴한 들에 남아 일을 해야 하는 어려움이 있다. 한여름에 뜨거운 햇볕 아래서 콩밭을 매고, 논을 매고, 담배밭에서 담배를 뜯어 본 사람은 공부하는 게 얼마나 쉬운 일인지를 경험으로 안다. 칠갑산 노래에 "콩밭 매는 아낙네야 베적삼이 흠뻑 젖는다. 무슨 설움 그리 많아 포기마다 눈물 심누나…"라는 가사가 있다. 콩밭을 매 본 사람은 이 가사의 의미를 정확하게 이해할 수 있다. 밭을 매기도 전에 이미 옷옷은 흠뻑 젖고 두세 고랑을 매면 옷에서 물이 줄줄 흐르고, 포기마다 땀방울을 심게 되고 콩잎에 스친 목은 쓰라리다 못해 칼로 베는 것 같다.

일찍부터 시골에 있는 고등학교가 아니라 청주시에 있는 명문 고등학교에 간다는 목표를 세웠다. 두 개의 고등학교를 선택해서 시험을 보되 최종 목표는 청주고등학교로 진학하는 것이었다. 사범학교는 각 도에서 수재들이 가는 학교로서 특차로 시험을 봤기 때문에 일단 연습 삼아 시험을 보고, 일반 고등학교로 진학해서 육군사관학교에 갈 생각이었다. 당시에는 육사, 해사, 공사의 인기가 매우 좋았고 우수한 학생들이 많이 진학하고 있었다. 초등학교 교사를 양성하는 사범학교는 우수한 인재를 선발하기 위해 경기고등학교나 서울고등학교 등 소위 명문 고등학교보다 먼저 특차로 학생을 선발했다. 다행히 두 학교에 모두 합격하였는데 나도 모르게 아버지께서 청주사범학교에 등록하셨다. 왜 사범학교에 등록하셨느냐고 물었더니 사범학교는 수재들이 가는 곳이고 졸업과 동시에 교사로 취직이 되는 학교이기 때문이라고 하셨다. 당시에 농촌 사회에서 교사는 존경의 대상이었고, 지역의 지도자로 인정되고 있었다. 따라서 아버지의 말씀에 이의를 제기할 수 없었다. 이래서 내 인생 목표가 완전히 바뀌게 되는 계기가 되었다.

아버지의 뜻에 따라서 교사의 길로 방향이 전환되었지만 가까운 친척도 없고 아는 사람도 없어서 숙식 문제 해결이 큰 문제였다. 그런데 마침 사범학교 3학년에 재학 중인 외사촌 형이 친구들과 함께 자취를 하고 있었다. 형의 자취방은 좁은데 3명이 함께 생활하고 있었지만 우선 급한 대로 다른 곳을 찾을 때까지 형과 형 친구들이 있는 방에서 함께 생활하기로 했다. 형 친구들에게는 상당히 미안했지만 다른 방도가 없었다. 형에게서 밥하고 설거지하는 법을 배우고 나서 얼마 후에 청주공고 학생 2명이 자취하는 옆집으로 방을 옮겼다. 학생의 신분으로 자취생활을 한다는 것이 그리 쉬운 일이 아니었다. 2학년 때는 버스정류장에서 그리 멀지 않은 곳에 있는 S여인숙에 가정교사로 입주해 자취생활을 면하게 되었다. 3학년 때는 사범학교 뒤편의 수곡동에서 하숙 생활을 하면서 편하게 공부했다. 등하교 거리도 가깝고, 밥을 하거나 설거지하는 일도 없고, 학생들을 가르쳐야 하는 의무도 없으니 이제 제대로 고등학교 생활을 하는 기분이 들었다. 1학년 때 자취생활, 2학년 때 가정교사, 3학년 때 하숙 생활을 했으니 3년 동안 다양한 경험을 한 셈이다. 만일 3학년 때도 자취나 가정교사 생활을 했다면 대학 입시를 준비할 생각을 하지 못했을 것이다.

사범학교는 초등교사 양성을 목적으로 하고 있기 때문에 일반 고등학교와는 전혀 다른 교육과정을 운영했다. 일반 고등학교는 대학 입시를 대비해 국영수 등 주지 교과 위주로 교육과정이 편성 운영되는 데 반해 사범학교에서는 초등학교 교사에게 필요한 음악, 미술, 체육이 강조되었다. 예컨대 영어 시간이 1주일에 4시간 정도이고, 수학은 기초라고 할 수 있는 '수학 I'만 겨우 배웠다. 방과 후에 미술실에서 데생과 습자를 연습하고, 음악실에서 풍금과 피아노를 연습하고, 운동장이나 체육관에 가서는 유도, 레슬링, 검도 등을 연습했다. 3학년 때 부속 초등학교로 교생실습을 나가기 몇 주 전부터는 아예 초등학교 교과서를 펴놓고 교육 내용과 교육 방법을 공부했다.

대학 입시와 무관한 사범학교 교육은 초등학교 교사에게 필요한 내용 위주로 교육과정이 편성 운영되었다. 학교 교육의 목표가 지덕체가 아니라 체덕지였으며, 교육학에서 말하는 전인교육을 지향했다. 일반 고등학교가 아닌 사범학교로 진학했지만 전인교육을 지향하는 사범학교 교육이 점차 몸에 익숙해지면서 관심을 가지고 흥미를 느끼게 되었다. 특히 일반 고등학교에서는 배울 수 없는 교육심리학과 교육 방법 과목은 상당히 재미가 있었으며, 이 과목을 담당한 선생님 두 분이 마침 서울대학교 사범대학 교육학과 출신이었다. 그래서 특별활동을 교육반으로 선택했는데, 특활시간을 통해서 젊은 교육학자 중에 서명원 박사가 있다는 사실을 처음으로 알게 되었다. 당시에는 박사학위 소지자가 아주 희귀한 때라서 우리나라 전체로 보아도 몇 명 되지 않았던 것으로 기억된다. 여하튼 교육학 분야에 박사학위를 가지고 있는 다른 교수도 있었겠지마는 내가 처음 이름으로 알게 된 박사가 서명원 교수였다. '도대체 어떤 분일까? 어떻게 해야 박사학위를 받을 수 있는 것인가? 서울대학교에 가면 이분의 강의를 들을 수 있겠구나.' 등등 여러 가지 생각을 하면서 서 교수님의 뒤를 좇아서 대학에 가서 교육학을 공부하고, 외국 유학을 가서 박사학위를 받아오면 참으로 좋겠다는 막연한 생각을 하면서 그분의 학문을 흠모하게 되었다.

화곡(華谷) 서명원 선생은 이미 2006년에 고인이 되셨지만 나와의 인연의 끈은 상당히 길고도 단단했다. 선생은 1953년에 조지피바디 대학에서 교육학 박사학위를 받고, 이대 교수, 서울대학교 사범대학 교수로 근무하면서 서울대 교무처장과 부총장,

사대학장을 하시고, 숙대 총장, 충남대 총장, 문교부 장관, 경원대 총장을 역임하신 교육학계의 크나큰 별이셨다. 내가 그 많은 전공 가운데 교육학을 택한 이유 중의 하나가 교육학과에 선생님이 계셨기 때문이다. 물론 내가 서울대학에 입학한 후에 선생님 강의를 열심히 재미있게 들었다. 내가 대학에서 양우장학금을 받았는데, 장학회에서는 봄가을로 야유회와 등산을 갔으며, 그때마다 당시에 사대 학장이셨던 선생님을 모시고 갔었다. 또한 선생님이 교육개혁심의회의 위원장을 하실 때 나는 상임전문위원으로서 3년간을 모셨다.

사범학교에서도 나의 성적은 최상위권을 유지했다. 그런데 3학년 1학기가 끝나면서 내 미래에 대한 회의가 생겼다. 과연 사범학교를 졸업하고 초등학교 교사로 일생을 보내는 것이 좋은가, 아니면 사범대학으로 진학해 중등학교 교사로 일생을 보내는 것이 좋은가를 곰곰이 생각하게 되었다. 결론은 더 넓은 곳에 가서 더 많은 것을 배우고 직장 생활은 천천히 시작하자는 것이었다. 그래서 여름 방학 때부터 본격적으로 대학 입시를 대비한 공부를 하기 시작했다. 시험 준비를 위해서 참고서는 물론 입시 예상 문제집과 기출문제집도 샀다. 한 학기 동안 열심히 준비하면 가능할 것이라 생각했다. 하지만 입시과목 수도 많고, 특히 영어와 수학의 경우에는 학교에서 기본적인 것만 배웠기 때문에 혼자 준비하는 데 여간 어렵지 않았다. 그래서 2학기 중간고사를 본 후에는 아예 학교에 나가지 않고 집에서 입시 공부에 매달렸다. 달력에 있는 날짜를 하나씩 지워가며 하루 20시간 이상 공부를 했다.

초등학교 교원 양성을 목적으로 하는 사범학교를 다니면서 대학 입시를 준비한다는 것은 거의 불가능한 일이다. 사범학교 학생이 대학입시 준비를 하려면 독학으로 해야 하는데 독학이 말처럼 쉽지가 않다. 첫 도전에서 실패하고는 서울 누님 댁으로 와서 본격적인 입시 준비를 했다. 수학을 보충할 생각으로 종로 2가에 있는 학원에 등록해 새벽에 첫 전차를 타고 대입 '수학 Ⅱ'를 3개월 수강했다. 학원에도 제일 먼저 도착해 맨 앞자리에서 수업을 들었는데, 어찌나 강의가 재미있고 귀에 쏙쏙 들어오는지 참으로 신기했다. 내가 독학하면서 밤새워 끙끙거리며 풀던 문제, 1주일씩 머리를 싸매고 매달렸던 문제, 도저히 풀지 못했던 문제들을 아주 쉽게 척척 풀어주고 설명해 주는 것을 보고는 감격을 금치 못했다. 나머지 입시 과목들은 입시 준비 참고서를 가지고 집에서 혼자 공부했다. 매시간을 허투루 보내지 않고 오로지 공부에만 매달려 치열하게 보냈다. 그렇게 1년간의 재수생 생활은 정말로 눈 깜짝할 사이에 흘러갔다.

II. 학문의, 민족의, 세계의 대학: 서울대학교

1. 전무후무한 대입제도

5·16 군사 쿠데타가 일어난 후 실시한 대학 입시 제도는 독특한 것이었다. 입시는 국가 고사와 대학별 본고사로 구성되어 있는데, 국가 고사를 볼 때 전공을 미리 결정하고 시험을 본 후, 대학

별 본고사를 볼 때는 자신이 선택한 전공이 있는 대학에 지원해서 시험을 보는 것이다. 현재는 수학능력 시험 결과를 가지고 어느 대학 무슨 학과를 지원할 것인가를 결정하지만 그 당시는 국가 고사를 볼 때 먼저 전공학과를 결정하고 국가 고사 결과에 따라서 대학만을 결정하게 되었다. 즉, 국가 고사를 보고 나서 어느 학과를 선택하는 것이 아니라 자기가 선택한 학과가 있는 대학을 선택하는 것이다. 이러한 제도를 도입한 이유는 입시 경쟁이 점점 치열해지면서 자신의 장래 희망이나 소질을 무시하고, 자신의 시험성적으로 합격할 수 있는 전공이나 대학을 택해 일단 들어가고 보자는 풍토를 개선하기 위함이었다.

나는 사범학교 교육의 영향을 받아서 교육학과를 지망하고 국가 고사를 보았다. 국가 고사 성적은 학과별로 채점되어 본인에게 통보되는데, 전국 석차를 확인할 수 있었다. 따라서 자신의 성적이 어느 수준의 대학에 합격할 수 있는지를 어느 정도 합리적으로 판단할 수 있었다. 나는 성적을 받아보니 큰 실수가 없는 한 서울대학교에 합격할 수 있겠다고 생각되었다. 대학 본고사는 필기시험, 체력장 검사, 면접시험의 세 가지로 구성되어 있었다. 체력장 검사는 철봉 턱걸이, 야구공 멀리 던지기, 제자리에서 멀리뛰기, 100m 달리기 등이었는데 모두 만점을 받았다. 면접시험은 몇 가지 질의응답 후 "타임지" 한 페이지를 펴서 읽고 해석하라고 했다. 합격자 발표 날, 사범대학에 가서 합격자 명단을 보았더니 내 이름이 제일 앞에 붙어 있었다. 주변 사람들은 내가 사범대학에 수석 합격한 줄 알고 놀라워하며 크게 칭찬해 주었는데, 사실은 내가 입학원서를 제일 먼저 접수시켜서 수험번호가 빨랐기 때문이었다.

2. 최선을 다한 대학 4년

대학을 다니는 동안 참으로 많은 활동을 했다. 지금 생각하면 너무도 욕심이 많았던 것 같다. 대학 1학년 때부터 졸업할 때까지 가정교사를 계속했으며, 럭비부에 들어가 서울대학교 대표선수 생활을 했고, 2학년 때부터는 ROTC 후보생으로서 중대장 역할을 했고, 학과 대표에 학생회 임원까지 정말로 하루 24시간을 거의 초 단위로 쪼개서 활용했다. 그러면서도 결코 공부를 소홀히 하지 않고 항상 우수한 성적을 유지했다. 성적 최우수자에게 주는 양우장학금을 2학년 때부터 받기 시작해서 졸업하고 대학원을 마칠 때까지 받았다. 지금도 누가 대학 생활을 어떻게 하는 것이 좋으냐고 자문을 요청해 온다면 가능한 한 여러 활동을 하면서 많은 경험을 축적하라고 할 것이다. 망설이지 말고 하고 싶은 일을 모두 해보라고 할 것이다. 그리고 활동을 할 때는 아마추어 수준을 넘어서 프로에 접근할 정도로 열심히 해야 한다고 말할 것이다.

대학 시절의 낭만에 대해 이야기하는 사람들이 있지만 우리 때는 낭만이라고 할 만한 일들이 별로 없었던 것 같다. 대학 4년간 매년 여름방학은 조기에 실시되었다. 한일협정 반대 데모 등 학생 데모 때문에 예상치 않게 일찍 방학을 하는가 하면, 쌀이 부족하다고 고향에 빨리 돌아가라고 일찍 방학을 시작했던 적도 있다. 덕분에 긴 방학 동안 가정교사 일을 하면서 학비를 마련하기는 용이했다. 이러한 대학 풍토 속에서 한눈팔지 않고 스스로 바쁜 일과를 소화하면서 4년 내내 즐겼다는 사실이 자랑스럽다.

3. 가정교사 생활과 양우장학금

가정교사 제도가 없었다면 나는 공부하는 데 어려움이 대단히 많았을 것이다. 사범학교 시절부터 부모로부터 자립하려고 부단히 노력했다. 그래서 고등학교 때도 가정교사 생활을 했던 것이며, 대학 때부터는 학비는 내가 스스로 벌어서 해결한다는 생각을 가지고 열심히 가정교사 자리를 찾았다. 대학 입학금 이외에는 공식적으로 부모님께 학비를 요청한 일이 없었다. 가정교사로 학비와 생활비를 벌거나 장학금으로 학비를 해결했다. 학기 중에는 한 곳 정도만 나가지만 방학 때는 서너 곳에 나가서 아이들을 가르쳤다. 어느 때는 방학 중에 가정교사 자리를 구하지 못한 친구의 등록금을 대신 내준 적도 있다.

내가 대학 2학년 때부터 대학원까지 받았던 장학금이 양우장학금이었다. 양우장학금은 당시 서울대학 내에서 가장 큰 장학금 중의 하나로서 조그만 염료 사업을 하는 김양회 씨가 주는 장학금이었다. 김 선생님이 사범대학에 장학금을 주기로 결정한 이유는 자신이 일제 강점기 때 강제징용으로 끌려가서 공부를 제대로 못했기 때문에 다른 사람을 가르치는 직업을 갖게 될 학생들에게 도움을 주기 위해서라고 했다. 내가 양우장학회 1기생인데 한번 장학생으로 선발되면 성적과 관계없이 졸업 때까지 지급되었다. 장학생들은 매년 설과 추석 명절 때와 회장님과 사모님의 생신 때에 댁으로 초대를 받았으며, 봄철과 가을철에는 한 차례씩 야유회를 가기도 했다. 이렇게 자주 만나게 되니 장학회 회원들 간은 물론 장학회 회장님의 가족과도 가깝게 지냈다.

세월이 흘러 회장님의 사업이 사양길로 접어들면서 더 이상 장학생을 선발해 장학금을 지급할 수 없게 되었다. 그 사이 장학금을 받은 학생들은 사회로 진출해 대학의 교수로 혹은 중진 사원으로 활동했다. 양우장학생의 대가 끊어지는 것을 안타깝게 생각한 우리들은 각자가 능력껏 장학기금을 출연해 회장님의 장학 사업을 이어가자고 합의했다. 그래서 1980년대 초반부터는 장학금을 받은 졸업생들이 모은 장학기금으로 후배들에게 장학금을 주었다. 물론 장학회 설립자의 뜻을 존중해 사범대학 학생 중에서 장학생을 선발했다. 이 장학금은 내가 정년퇴직할 때까지 지속되었으나 그 후에는 은행 금리가 낮아서 장학기금에서 발생하는 이자로 장학금을 지급하는 것이 불가능해 장학생 선발을 중단했다. 서울대학교에 많은 종류의 장학금이 외부로부터 들어오고 있지만 장학금 혜택을 받은 졸업생들이 장학 기금을 만들어서 후배들에게 장학금을 주었던 것은 양우장학회가 처음이었다.

4. 서울대학교 럭비선수

대학 시절에 럭비부에 들어가서 4년간 서울대학교 대표선수로 활동했다는 것은 지금도 자랑스럽고 올바른 선택이었다고 스스로 평가하고 있다. 현재까지 어려운 일을 회피하거나 두려워하지 않고 자신감을 가지고 도전할 수 있었던 그 밑바탕에는 럭비 선수 시절에 체득한 강인한 체력과 용기가 있다. 언제 어디서나 허약한 모습을 보이지 않고, 하면 된다는 신념으로 강력하게 추진할 수 있는 힘의 원천이 학창 시절에 단련한 체력과 정신력이었다고 생각한다. 서울대학교의 경우에는 예나 지금이나 운동선수에 대한 특권이 인정되지 않고, 공부할 것 다 하고 운동하도록 규정되어 있다. 따라서 서울대학교 스포츠팀이 전국대회에 출전해 우승하는 것은 하늘의 별 따기만큼 정말로 어려운 일이다. 서울대 럭비팀의 경우에 1950년대 중반에는 전국 대학 시합에서 우승한 적이 있지만 우리 때는 전국대회에서 준우승한 것이 최고의 성적이었다.

선수들은 교육학과 학생 두 명 외에는 모두 체육과 학생들로 구성되어 있었다. 그러다 보니 체육과의 수업 시간표에 맞추어서 연습하거나 모든 강의가 끝난 오후 늦게 또는 시합을 대비해서는 주말에도 연습했다. 여름 방학에 럭비팀은 광나루 백사장 위에 대형 텐트를 설치하고 합숙 훈련을 했다. 이른 새벽에 천호초등학교까지 달려가서 럭비 연습을 하고, 한낮에는 한강에서 실시하는 대학의 수영 강의를 들었다. 서울대학교 럭비팀과 육군사관학교 럭비팀은 문무전이라는 이름으로 매년 정기적으로 교환경기를 했는데, 그 전통이 아직까지도 이어져서 서울대와 육사를 번갈아 오가며 시합을 하고 있다.

III. 호국간성 ROTC 소위 임관

1. ROTC 후보생 합격

대학 2학년 때 ROTC 후보생 선발이 있었다. 지금은 ROTC 제도에 대해 학생들이 별 관심을 갖지 않는 것 같은데, ROTC 제도가 처음 도입되었을 당시에는 학생들 간에 상당히 인기가 높아서 경쟁률도 높았고 선발기준도 대단히 엄격했다. 학점이 일정 수준 이상이어야 하며, 충치도 없고 혈압도 정상이며, 특히 신원 조회에서 가족 중에 사상적으로 의심이 되는 사람이 없어야 했다. 나는 충치가 4개나 발견되어서 병역 신체검사를 받기 전에 소공동에 있었던 서울대학교 치과대학에서 아말감 치료를 받았다. 일단 ROTC 후보생이 되면 공부 잘하고, 신체 건강하며, 사상적으로 건전한 것이 판명된 것이므로 여학생들이 매력적인 학생으로 평가했다. 대학 캠퍼스에서 공부를 하면서 군사교육을 받는 것이 힘은 들지만 졸업과 동시에 장교로 임관해 지휘관 생활을 할 수 있다는 희망 때문에 재학시절에 열심히 군사교육을 받았다.

여름 방학에는 서울 근교에 있는 30사단에서 집중적으로 병영훈련을 받았다. 다른 학생들은 방학이라고 해수욕장으로 여름휴가를 떠나는데 ROTC 후보생들은 무더운 햇볕 아래서 고된 군사교육을 받아야 했다. 사격장에서 사격 연습을 하다가 교외선 열차를 타고 가는 민간인의 모습만 보아도 부럽다는 생각이 들 정도로 군사훈련은 힘들었다. 식사 시간은 언제나 5분이나 10

분 정도를 주기 때문에 배식을 받으면 밥을 그대로 국그릇에 쏟아서 마시는 식으로 식사를 했다. 점심 식사가 끝나면 곧바로 멀리 떨어져 있는 교육장으로 뛰어가서 교관의 강의를 듣게 된다. 강의가 시작되자마자 대부분의 교육생들은 모두 졸게 된다. 교관이 아무리 재미있는 유머를 이야기해도 소용이 없다. 그러나 강의 시간이 끝나기 10분 전쯤 모든 후보생을 깨워서 시험문제를 읽어주면서 정답까지도 알려주고는 시험지를 배부해 주고 시험을 보도록 한다. 대부분의 후보생들이 100점을 맞는데 간혹 틀린 후보생이 있으면 벌을 받게 된다. 이러한 군사교육 방식을 당시에는 제대로 이해하지 못하고 엉터리 교육이라고 혹평했는데 지금 생각하니 완전학습을 지향한 좋은 교육 방법 중 하나이다.

ROTC 후보생으로서 군사교육과 훈련을 잘 받고 중대장 역할도 모범적으로 수행했기 때문에 종합 성적이 우수해서 졸업과 동시에 주특기를 모든 후보생이 선망하는 특과인 부관병과로 분류받고, 영천에 위치한 부관학교에 입교했다. 장교로 임관해서 병과학교에 갔기 때문에 교육은 그다지 힘들지 않았다. 그러나 교육받는 기간 동안에 외출외박이 없고, PX를 전혀 이용할 수 없도록 철저히 통제를 받고 있었다. 교육이 어느 정도 끝나갈 무렵에 단체로 경주관광을 보내 주었다. 내 친구들은 기차에서 내려서 길을 걸으며 앞에 나타나는 음식점마다 들러서 음식을 사먹자고 했다. 그래서 불고기도 사먹고, 유명한 황남빵도 사먹고, 아이스크림 등등 닥치는 대로 배불리 사먹었다. 부대로 귀대하는 열차에서 다른 친구들 이야기를 들어보니 그 친구들도 모두 우리와 같은 식으로 마음껏 음식을 사먹었다고 했다. 부대 내무반에 들어와서 군화 끈을 풀려고 하는데 하도 배가 불러서 자신의 군화 끈을 풀 수가 없었다. 오랜만에 포식을 했으니 잠이 쏟아지는 것은 당연했다. 모두 녹아떨어졌는데 한밤중에 느닷없이 비상이 걸렸다. 모두 완전군장을 하고 연병장에 집합하라고 하더니 왕복 30리 정도 되는 단포다리까지 구보로 달려갔다 오게 했다. 부대에 도착하니 그 부르던 배가 푹 꺼져서 한 사람도 배탈이 난 사람이 없었다.

2. 인제군 원통리로 배치

부관학교를 졸업하고 배치받은 곳이 "인제 가면 언제 오나 원통해라"는 말이 있을 정도로 하늘만 빠끔히 보이는 인제군 원통리에 위치한 11사단이었다. 첫날은 부대에서 자지 않고 민가에서 숙박하게 되었는데, 작은 마을에 백여 명의 장교를 쏟아놓으니 온 동네가 군인으로 가득했다. 다음날부터 보충중대에서 잠을 자는데 어찌나 빈대가 많은지 내무반에서 잠을 자지 못하고 모두 냇가로 나와서 야영할 정도였다. 지금은 빈대, 벼룩, 이가 모두 자취를 감췄지마는 당시에는 군부대의 커다란 골칫거리였으며, 군인들과 동거했다.

원통에서 조금 북쪽으로 가면 진부령 고개가 나오는데 도로가 외길이었다. 그래서 고갯마루와 고개 아래에서 군인들이 차량을 제대로 통제해 주어야 통행을 할 수 있었다. 아래쪽에서 차량이 올라오게 되면 위쪽에 있는 차량은 기다리고 있어야 했고, 반대로 위에서 차량이 내려오게 되면 아래서 기다려야 했다. 통행을 기다리는 동안 강원도 찰옥수수를 두 통 사서 운전기사와 함께 먹었던 추억이 지금도 그곳을 지날 때면 떠오른다. 지금은 왕복 4차선 도로가 포장되어 있어서 사계절 내내 관광 차량이 도로에 넘쳐나고 있지마는 옛날에는 1차선 도로였으므로 통행이 아주 불편했던 곳이다. 1960년대 중반까지도 녹음이 우거지기 시작하면 북한에서 많은 간첩들이 남파되었다. 그래서 전방부대는 봄철에 한 번씩 대대적으로 대간첩 작전을 전개했다. 많이 사살하거나 체포할 때는 거의 30여 명에 달했다. 강원도 깊은 산은 밀림이 우거져서 한 치 앞을 볼 수 없었으며, 따라서 간첩들이 숨어들어도 찾아내기 힘들었다. 그래서 전방부대들이 했던 것이 사계청소 작업이었는데, 이는 시야가 잘 보일 수 있도록 원시림 같은 나무들을 벌목하는 일이었다.

3. 양양 오색에 4H 회관 건립

사단사령부 당직 근무를 하는데 사령부 정문에 서울대학교 사범대학 후배들이 찾아왔다는 것이다. 후배들을 만나서 무슨 목적으로 왔느냐고 물었더니 양양군 오색리에 4H 회관을 지으려고 하는데 도와달라는 것이다. 서울사대 내에 있는 UNESCO 산하의 KUSA 동아리가 수년째 오색리에 와서 계몽 활동을 하는데 주민들이 원하는 4H 회관을 짓고 싶다는 것이다. 당시에 나는 부관참모부에 근무하는 소위에 불과한데 도울 방법이 없어 난감했다. 마침 그때에 사단장은 전방에 사단 기동훈련을 나가 있었고, 상의를 할 수 있는 장교는 민사참모(소령)밖에 없었다. 그래서 민사참모를 찾아가서 "대민 지원 사업을 위해 목재를 4트럭 실어서 양양군 오색리로 보내라는 사단장 지시가 있었다"고 보고했다. 물론 이 보고는 선의의 거짓 보고였으나 민사참모는 작전 중에 있는 사단장에게 확인할 수도 없었다.

내가 이렇게 할 수 있었던 것은 사단 내에서 ROTC 장교 대표를 맡고, 사단장의 연설문 등의 원고를 책임지고 있었으며, 사단 군법재판소의 국선 변호인의 역할을 하면서 민사참모는 물론 사단장과도 개인적으로 친분이 두터웠기 때문이었다. 민사참모는 곧바로 사계청소를 책임지고 있던 전방의 중대장에게 전화로 사단장의 지시라고 하면서 윤 소위에게 목재 4트럭을 실어주라고 했다. 나는 지프차를 타고 곧 목재를 실어 놓은 곳으로 가서 트럭 4대를 이끌고 오색으로 향했다. 고성, 간성을 거쳐서 양양 시내에서 두 트럭의 목재는 시멘트, 벽돌 등 집을 지을 때 필요한 것과 교환하고 나머지를 싣고 오색으로 갔다. 지금은 한계령으로 차량이 갈 수 있으나 옛날에 한계령은 소로 길이라서 멀리 돌아서 가야 했으므로 7시간 이상 걸렸다.

이날 오색리는 완전히 잔치 분위기였다. 주민들이 모두 나와서 환영을 해주었고, 서울사대 KUSA 회원들은 가능할 것으로 생각지 못했다면서 꿈과 같다고 야단들이었다. 저녁에는 4H 구락부 회장이 특별히 제조된 송엽주를 가지고 왔다. 솔잎으로 빚은 술이라고 했는데 참으로 맛있고 술술 넘어갔다. 공사가 본격적으로 시작되고, 3개월 정도가 지나서 4H 회관 준공식에 사단장이 참석해 달라는 초청장과 더불어 감사장을 받으러 오라는 것이다. 그리고 때를 맞추어서 지역 신문에 11사단이 오색리에

4H 회관을 지어주어서 고맙다는 기사도 게재되었다. 당연히 사단장은 그 연유를 나에게 물었다. 그래서 자초지종을 설명하면서 대민지원 사업이니 좋은 일이 아니냐고 했다. 크게 꾸지람하거나 문책하지 않고 다만 "그 지역은 동해안 방어사령부 관할인데 이웃 지역을 침범해서 미안하군." 하면서 윤 소위가 일을 벌여 놓았으니 대신 준공식에 참석하고 감사장도 받아오라는 것이다. 지금은 그곳이 재개발되어 오색 그린야드 호텔이 들어서 있다. 4H 회관은 다른 곳으로 이전시켰다는 이야기를 들었다.

4. 보통군법회의 국선 변호인

군대 생활을 경험한 사람들은 군대 이야기를 시작하면 밤을 새운다고 하듯이 나도 군에서 너무나 값진 경험을 했기에 할 이야기가 참으로 많다. 장교 생활을 하면 영외에서 생활하게 되는데 퇴근해서는 할 일이 별로 없다. 그래서 좀 생산적인 일을 할 수 있는 게 없나 생각해 낸 것이 하숙집 학생의 가정교사 노릇을 하는 것이었다. 그래서 하숙집 주인에게 무보수로 아이들을 가르쳐 주겠다고 했고, 하숙집 주인은 그렇지 않아도 아이를 가르쳐 달라고 부탁해 볼 생각이었다고 하는 것이다. 시골에서 학생을 가르치게 되면 성적은 하루가 다르게 올라가고 한두 달 내에 반에서 상층으로 올라가고, 좀 더 지나면 전교에 알려질 정도로 성적이 급속히 향상된다. 이런 소식은 날개를 달고 조그만 원통 마을에 쫙 퍼지게 되었고, 급기야는 중학생을 지도해 달라는 요청이 들어왔다. 물론 무보수로 이 학생도 열심히 가르쳐서 자기 학교에서 두각을 나타낼 정도로 성적을 향상시켜 주었다.

화랑사단 사령부에 근무하면서 사단 보통군법회의 국선 변호인을 2년간 했다. 보통군법회의(현재는 보통군사법원)는 군형법에 따라 1심 재판을 행하는 군사법원이다. 부대 내에서 심심치 않게 벌어지는 각종 사건 사고 중 군법회의에 회부된 사건을 재판하는데 여기에 반드시 국선 변호인이 참여하도록 규정되어 있다. 근무이탈, 탈영, 상관 폭행, 무기 밀반출 등등 각종 사고가 군법회의에 회부되면 변호인은 피의자를 돕기 위해 다양한 활동을 수행한다. 현장을 방문해 조사하고, 증거자료를 수집·분석하고, 관련자를 심층 면담해 사건을 유발하게 된 동기부터 자세히 파악해 재판에서 변론하게 된다. 재판 과정에서 변론인이 어떻게 변론하느냐에 따라서 형량이 대폭 감소되기도 하고 무죄가 선고되기도 한다.

ROTC 1기부터 3기까지는 소위로 제대했는데, 4기생들은 제대를 한 달여 앞둔 1968년 1월 21일에 북한의 게릴라 특수부대인 124군 부대가 박정희 대통령 암살을 목적으로 서울 시내로 침투하는 바람에 근무연한이 6개월 연장되면서 중위로 제대하게 되었다. 근무연한이 연장된 6개월 동안 군에서는 ROTC 장교들에게 장기 복무를 권고하는 각종 유인 체제를 강구하고 지속적으로 설득하였으며, 실제로 상당수의 동기들이 장기 복무를 신청했고, 그중에는 4성 장군이 된 친구도 있다.

IV. 학문의 길로 진입: 교육대학원 석사과정

1. 교육행정 전공

사범대학에서는 1953년부터 교육학부제를 도입해 교육과, 교육심리과, 교육행정과를 설치 운영해 왔다. 5.16 군사정권에서 사대 폐지론이 대두되면서 교육학부의 교육심리과와 교육행정과가 폐지되고 교육학과만 존치되었다. 대신에 교육대학원이 신설되어 교육행정, 교육심리, 초등교육, 교육과정 전공이 설치되었다. 따라서 내가 1962년에 대학에 입학할 때는 교육학과로 입학했으며, 2학년 위로는 교육행정과, 교육심리과, 교육과가 분리되어서 운영되고 있었다. 내가 교육대학원을 입학하면서 교육행정 전공을 택한 이유는 두 가지가 있다. 첫째는 내가 학과 과대표를 하면서 선배들과 자주 접촉할 수 있었는데, 세 개 과 중에서 교육행정과 선배들이 가장 적극적으로 활동하면서 교육학부를 선도하고 있다고 인식했다. 둘째는 교육행정학을 전공하면 졸업 후에 시·도 교육청이나 교육부에 장학관이나 행정관리로 취업할 수 있지 않을까 하는 막연한 생각이 있었다.

군 제대 후, 대학원 등록을 하고 공부할 자리를 찾던 중 교육심리연구실에 자리가 있다고 해서 그곳의 책상을 하나 얻어서 공부할 수 있었다. 강의가 없는 시간에는 주로 연구실에서 다른 학생들과 함께 공부를 하는데, 학기 중간쯤에 J 교수님이 교육 관련 출판사로부터 검사지 개정을 의뢰받았다며 지능검사, 인성검사를 개정하는 작업을 시작하자고 하셨다. 각종 검사지는 일정 기간이 지나면 현실에 부합하게 수정·보완해 표준화하는 작업을 해야 높은 신뢰도, 타당도, 객관도를 유지할 수 있는 것이다. 특별한 연구과제 없이 연구실에서 자신의 공부만 하던 대학원생들은 공동으로 할 일이 생겼다는 데 만족하고 본격적으로 기존의 검사를 개정하는 작업에 착수했다.

교육심리연구실에서 연구 과제를 추진하면서 생활했던 연구원들은 한때 우리나라 교육계의 연구를 선도하며, 한국 교육 발전에 크게 기여했다. 교육 연구를 우리 사회에 처음으로 소개하고 과학화하는 데 앞장선 것이 바로 서울대학교 사범대학의 교육심리연구실이었다. 그 이전에는 어느 누구도 연구다운 연구를 해본 일이 없기에 교육 연구라는 개념도 생소했고, 무엇을 어떻게 하는 것인지에 대한 확실한 지식이 없었다. 교육심리연구실에서 연구 과제를 택해 본격적으로 연구를 추진하면서 연구원들은 경험을 축적하게 되었고, 이들을 중심으로 교육 연구가 교육계 전반으로 전파되기 시작했다.

교육행정학을 집중적으로 공부하면서 연구실 조교 역할을 할 생각으로 교육심리연구실에서 교육행정 전공 교수이신 K 교수님 연구실로 자리를 옮겼다. 한번은 K 교수님이 중간고사 대신에 과제를 내주고 페이퍼를 써내라고 하셨다. 교수님 연구실에서 공부하고 있으니 대충 할 수 없어서 많은 시간을 투자해 최선의 노력을 기울였다. 좋은 성적을 기대했는데 결과는 겨우 B+를 받았다. 어이가 없었다. 페이퍼를 한 장씩 넘기며 보니 곳곳에 빨간 글씨가 빼곡했다. 문장이 어색한 곳, 논리가 맞지 않는 곳, 중복된 문장, 오자, 탈자, 쉼표 등등 국어과 교수 이상으로 정확하게 지적해 놓았다. 학부 시절에도 K 교수님이 꼼꼼하신 것은 알고 있었으나 이렇게까지 세심한지는 미처 몰랐다. 얼마 후에 알게 된 사실이지만 B+가 최고 성적이고, 다른 학생들은 C, D, E를 받았다고 한다. 훗날 내가 서울대학교 교육연구소 소장으로 있을 때 연구원들이 써온 연구보고서를 읽으면서 빨간 볼펜으로 새빨갛게 수정해 주고, 학생들의 페이퍼와 논문을 꼼꼼히 읽으면서 자세히 지적해 주어서 학생들로부터 '빨간 볼펜'이라는 별명을 얻게 된 것은 바로 K 교수님의 영향이었다.

2. 대한교련 입사 시험

교원들의 유일한 전문직 단체인 대한교육연합회(현재의 한국교원단체총연합회)에서 연구원을 공채한다는 광고가 신문에 게재되었다. 대학원 석사과정 2년 차였으므로 전공에 부합하는 직장을 물색해야 하는 시기였는데, 마침 교육정책 연구원을 선발한다기에 응모하게 되었다. 지원자가 약 150여 명이 되었는데, 그중에서 6명이 선발되었다. 대한교련 역사상 처음으로 공개 경쟁시험을 통해서 직원을 선발했으며, 일반 행정직이나 관리직이 아닌 연구원을 선발한 것도 처음이라고 했다.

당시에 대한교련에는 여러 부서가 있었는데, 나는 교육정책부에 배치되었다. 여기서 1년 동안 근무를 했는데, 내가 훗날 사회생활을 하면서 필요한 것의 대부분을 여기서 배웠던 것 같다. 대학 선배인 부장과 차장이 신입 연구원에게 쏟는 정성이 대단하였으며, 나는 상사가 부하 직원에게 어떻게 해야 하는가를 여기서 철저히 배웠다. 내가 훗날 동료나 부하 직원 또는 학생들을 대하면서 남보다 잘했다면 그것은 바로 대한교련에서 상사로부터 잘 배웠기 때문이다. 내가 사회생활의 출발점에서 그토록 능력 있고 훌륭한 상사이자 선배인 그들을 만났던 것은 큰 행운이었으며, 지금도 늘 감사하게 생각하고 있다.

대한교육연합회는 교육계의 유명 인사들이 회장, 사무총장, 부장 등의 직책을 맡고 있었기 때문에 정부나 국회, 언론 등에 지대한 영향력을 행사했다. 그리고 당시의 교련은 어느 기관보다도 앞선 행정조직과 체계를 확립해 합리적으로 행정관리 업무를 추진하고 있었으므로 상당히 많은 행정업무와 절차를 숙지할 수 있었다. 비록 근무한 기간은 1년밖에 안 되지마는 조직 생활에 필요한 기본적인 자질과 기술을 철저히 습득할 수 있었다.

3. 인천교육대학 통근

인천교육대학 학장으로부터 스카우트 제의를 받고 바로 대학으로 직장을 옮겼다. 서울에서 인천 숭의동에 있는 인천교육대학까지 통근을 한다는 것이 그리 쉬운 일은 아니었다. 자가용차도 없고 지하철도 없던 시절에는 스쿨버스를 타든가 서울역에서 기차를 타야 했다. 처음에는 수유리에서 서울역에 대기하고 있는 학교 버스를 탔는데, 너무 거리가 먼 것 같아서 서대문구 응암동으로 이사를 했다. 서울역에서 버스를 타면 경인고속도로를 이용하든지 지방 도로를 이용하든지 간에 학교까지는 1시간 정도가 걸린다. 버스가 떠나는 시간이 일정하니 수업이 끝나면 서울에 거주하는 교수들은 시간에 맞추어 승차하게 된다.

학교 버스를 타면 교수들이 두 가지 형태의 집단으로 나뉜다. 버스에 오르자마자 잠을 청하는 집단과 옛날 젊은 시절의 영웅담을 자랑스럽게 이야기하고 맞장구치는 집단으로 구분된다. 이 집단에도 속해 보고, 저 집단에도 속해 보았지마는 생산적인 것 같지 않았다. 출퇴근하며 하루에 버스에서 소비하는 시간이 매일 두 시간인데, 그냥 낭비하는 것이 아까웠다. 그래서 생각해 낸 것이 버스에서 책을 보는 것이었다. 누가 무어라고 하든 간에 자리에 앉으면 바로 책을 꺼내서 읽는 것이 마음이 편했다. 그렇게 3년간을 학교 버스로 출퇴근했다. 그런데 하루는 칠판에 판서를 하고 강의실 뒤쪽으로 가서 판서한 내용을 보게 되었는데 흐릿한 것이 아무것도 보이지 않아 깜짝 놀랐다. 항상 잘 보이던 눈이 갑자기 안 보이니 무슨 병이 생겼나 하는 걱정을 하고 안과를 갔더니 난시가 심하다는 것이다. 흔들리는 차 안에서 책을 보면 누구나 난시가 된다는 것이다.

복숭아가 무르익을 여름철이 가까워지면 버스는 복숭아의 고장 소사를 그냥 지나치지 않고 잠시 들러 휴식을 취한다. 지금은 인천부터 서울까지 주택이 빽빽이 들어차서 두 도시가 서로 붙었지마는 그 당시에는 지방도로 주변이 온통 논과 밭이었다. 소사에는 이른 봄부터 흐드러지게 복사꽃이 피고, 한여름이 되면 달콤한 냄새를 풍겨서 지나는 차를 멈추게 한다. 널널한 퇴근 시간에 복숭아 과수원에 들르면 출출한 허기도 달래고 정담도 나눌 수 있어서 참으로 좋았다. 가끔 옛날 그 길을 따라서 인천을 가게 되면 '여기가 바로 복숭아 과수원이 있던 곳인데…' 하며 상전벽해를 실감하게 된다.

고등학교 수준의 사범학교가 교육대학으로 승격되면서 여러 가지 문제가 발생했는데 그중에 가장 심각한 문제는 교수들의 자격 기준이었다. 대학을 졸업하고 사범학교 교사로 근무하던 교사들의 신분이 하루아침에 교수로 탈바꿈하게 된 것이다. 교육 당국에서는 이러한 문제를 단시일 내에 해결하려고 자격 기준상에 문제가 되는 교수들을 교육대학원에 입학해 석사학위를 취득하도록 권고하였지마는 어느 대학의 교육대학원이건 간에 입학이 그리 쉬운 것만은 아니었다. 그래서 당시에는 석사학위를 받고 교육대학 교수로 가게 되면 연령에 관계없이 대학에서 여러 가지 일을 해야 했다. 나는 대학에서 발간되는 교수 논문집 출판의 책임을 지고 교수들이 제출한 논문들을 일일이 검토 수정해 논문으로서 구비해야 할 최소한의 조건을 갖출 수 있도록 하는 작업을 했다.

누구나 인생을 되돌아보면 한두 가지 후회스러운 일이 있다. 내 인생에서 가장 아쉬운 것은 컴퓨터가 미래 사회를 지배할 것이라는 것을 일찍이 예측하고, 거기에 대한 대비도 철저히 했는데 도중에 손을 놓았다는 것이다. 우연한 기회에 서울에 컴퓨터 학원이 있다는 사실을 알고 곧바로 종로 2가에 있는 학원에 등록했다. 당시에는 컴퓨터가 무엇을 하는 기계인지 어렴풋이 알고 있었을 뿐 정확한 이해가 없었다. 하기야 그때 우리나라에 컴퓨터가 2대밖에 없었으니 일반인이 컴퓨터에 대해 잘 모르고 있는 것은 당연한 일이었다. 내가 학원에서 배웠던 것은 컴퓨터 시스템의 기본원리와 베이직 프로그램(Basic program)에 관한 것이었다. 즉 컴퓨터 내부에서 어떻게 계산이 진행되고 기억이 되는가? 등과 같은 기계적인 작동 원리를 비교적 소상하게 교육받고, 당시에 활용되던 어셈블리어(Assembly Language), FORTRAN, COBOL, PL/1 등을 이용해 실제로 프로그램 짜는 것을 실습했다. 학원을 수료하면서 컴퓨터 프로그래머 자격증을 받았으며, 이 자격증이 향후에 빛을 발할 때가 있을 것으로 믿었다.

4. 젊음을 투자한 한국교육개발원(KEDI)

한국교육개발원은 초·중학교 발전사업을 수행하기 위해 미국 국제개발처(USAID)로부터 750만 불의 차관을 받아서 1972년 8월에 설립된 연구기관이다. "한국의 전통과 현실에 부합하는 새로운 교육체제 구축, 한국 교육의 현안에 관한 종합적·과학적인 연구 수행, 한국 교육의 당면과제를 합리적으로 해결할 수 있는 혁신적인 미래 교육체제 개발"의 세 가지 목적을 달성하기 위해 설립되었다. 기관 설립에서 가장 중요하고 최우선적으로 확보되어야 하는 것이 예산과 인력이다. 교육개발원 설립자이며 초대 원장이었던 고 이영덕 박사는 급한 대로 연구 인력과 행정인력을 확보하였으나 예산 문제를 해결하지 못하고 자신의 집을 담보로 은행 융자를 해서 직원들의 보수를 지급하는 사태에 이르렀다. 문제는 USAID로부터 받은 차관이 현물차관인데 이를 자금화할 수 없었다는 것이다. 현물을 자금화하기 위해서는 경제기획원 장관의 도움이 필요한데, 당시에 정치적인 연계가 없었던 원장은 이 문제를 해결하기 위해 장관의 동생인 인천교육대학의 고 N 교수를 교육개발원 기획실장으로 발탁하게 되었다. N 교수는 교육개발원의 핵심 부서인 기획실을 설치하면서 자신을 도와서 함께 일할 연구원으로 나에게 스카우트 제의를 했던 것이다.

나는 서울에서 인천으로 출퇴근하는 일도 어려울 뿐만 아니라 3년 정도 교수 생활을 하니 침체되는 기분이 들어 새로운 자극이 필요한 것 같아서 교육개발원의 제안을 쉽게 수용하고 직장을 옮기게 되었다. 그런데 막상 교육개발원으로 옮기고 보니 출퇴근 시간을 절약할 수 있다는 것 외에는 별로 좋은 것이 없었다. 대단히 높다던 보수도 교육대학 교수보다 낮았다. 어느 조직이나 기획실은 조직의 장기적인 발전 전략을 구상하고, 각 부서의 업무를 통합·조정해 조직이 원활하게 운영되도록 하는 기능을 수행한다. 나는 교육개발원 장기 발전계획을 수정·보완하는 한편, 각 부서에서 추진하는 연구과제들을 효율적으로 추진하기 위해 당시로서는 최신의 경영기법이라고 할 수 있는 PERT (Program Evaluation and Review Technique) 기법을 도입해 연구 과제를 관리할 수 있도록 했다. 그리고 MBO(Management by Objective) 기법도 도입해 연구원들이 각자의 달성 목표를 설정하고, 이를 달성토록 했다. Monthly progress report를 매월 작성해 USAID에 제출하고, KEDI 연구보고서의 양식을 통일하기 위한 작업도 했다.

교육개발원에 와서 맨 먼저 착수하게 된 것이 "한국교육개발원 발전 5개년 계획"을 수립하는 일이었다. 교육개발원은 USAID 차관 750만 불로 설립되었으며, 이는 당시의 한화로 약

20억 원이 되었다. 초·중학교 발전사업을 위한 차관 이외에 별도로 교육방송을 위한 T-Com 사업차관이 750만 불이 있었다. T-com 사업은 기구를 하늘 높이 띄워서 방송을 송출하는 사업인데, 이 사업은 한국의 지리적, 기상학적 특성에 맞지 않아서 결국 실패로 끝나고, 훗날 내가 기획실장으로 있을 때 T-Com 사로부터 손해배상을 받아 일부는 교육방송의 가시청 지역 확대를 위해 당시에 교육방송을 송출해 주던 KBS에 지원하고, 나머지는 교육개발원의 기금으로 적립하게 되었다. 그런데 문제는 초·중학교 발전사업을 위한 USAID와의 계약과 투자계획이었다. USAID와의 계약 내용을 보니 20억 원을 연간 4억씩 5년간 초·중학교 발전사업에 투자한다는 것이었다. 즉, 5년간 20억 원을 모두 초·중학교 발전사업에 투자하고, 5년 후에는 사업을 종료하는 것으로 되어 있었다. 이 문제를 기획실장과 논의하고, 원장 이하 간부들과도 논의해 20억 원을 은행에 예치시켜 놓고, 이자만 가지고 운영할 수 있는 방안을 수립하자고 제안하게 되었다. 이를 위해 "초·중학교 발전 5개년 계획"을 "제1차 한국교육개발원 발전 5개년 계획"이라고 수정하자고 했다.

주야로 매달려서 PERT와 MBO 기법을 적용한 "제1차 한국교육개발원 발전 5개년 계획"을 완성시키고, 이 계획서를 영어로 번역해 USAID에 제출하게 되었다. USAID 담당자는 교육개발원의 계획서를 보자마자 "왜 제1차 계획인가?"라고 물으며, 계획서를 접수하지 않고 수정해서 다시 가져오라는 것이었다. 그러나 내가 그냥 물러나서는 안 될 것 같아서 나대로 그 이유를 명확하게 설명하고, 제1차 계획이라고 계약 내용을 수정할 필요성을 열심히 설명했다. 내 주장은 대체로 다음과 같은 두 가지 이유에서 제1차 계획이라고 해야 한다는 것이었다.

첫째, USAID 차관사업의 목적이 한국 초·중학교 교육의 발전을 위한 것인데 5년 내에 소기의 목적을 달성할 수 없기 때문에 사업이 지속적으로 추진되어야 하며, 한국에서 차관사업을 성공적으로 수행하게 된다면 차후 다른 국가에 대한 차관사업의 모델로 한국을 내세울 수 있다. 그런데 5년 동안에 20억 원을 매년 4억씩 집중 투자해 얻는 효과보다는 20억 원을 은행에 예치하고 이자만으로 장기적인 투자를 하는 것이 보다 큰 성과를 기대할 수 있다. 둘째, 나는 인천교육대학 교수로 재직하다가 사표를 내고 교육개발원으로 왔는데 5년 후에 기관이 문을 닫게 되면 나는 어디로 가며, 현재 일하고 있는 70-80명의 직원들은 5년 후에 모두 실직자가 되어야 하는가? 미래에 대한 보장이 없으면 동기유발이 되지 않아서 E-M Project는 실패로 끝날 가능성이 크다.

이러한 내용으로 나는 상대방을 열심히 설득하려고 노력했다. 상대방은 처음에는 나의 설명을 들으려고도 하지 않더니 점점 열을 올리며 설명하니까 간혹 수긍하는 눈치였다. 그러나 다 듣고 나서는 당초의 계약은 계약대로 지켜져야 하며, 만일 계약을 수정하고자 한다면 자기네의 결정으로는 안 되고 USAID 본부의 허락을 받아야 한다면서 다음번에는 교육개발원 원장과 함께 와서 설명해 달라는 것이었다. 그 후에 원장이 USAID 책임자에게 유창한 영어로 잘 설명하고, 설득시켰음인지 우리의 주장은 관철되어서 "제1차 한국교육개발원 발전 5개년 계획"은 접수되고, 당초의 계약서도 수정되었다. 이러한 일은 비록 "제1차"라는 단어 하나를 첨가한 것이지마는 교육개발원이 5년 내에 문을 닫게 된 것을 현재까지 유지시키면서 한국 교육 발전에 지대한 공헌을 할 수 있도록 함은 물론 USAID의 E-M Project가 성공한 사례로 기록되게 하고, 한국교육개발원을 세계적인 교육연구·개발기관으로 성장토록 한 밑받침이 된 것이다.

V. 꿈에 그리던 미국 유학

1. 일리노이 대학교(University of Illinois)의 입학허가서

김포공항에서 여러 선배와 동료를 환송하고 제2한강교를 건너 서울로 돌아오는 버스 속에서 유학에 대한 마음의 각오를 수도 없이 다지고 난 후에 드디어 나도 일리노이 대학교로부터 입학허가서와 장학금을 주겠다는 서신을 받았다. 지금은 어느 대학이 좋은 대학이고 미국 내에서 서열이 어느 정도인지 인터넷을 통해 바로 알 수 있지마는 당시에는 대학의 질적 수준에 대한 정보가 거의 없었다. 따라서 유학을 희망하는 사람은 대학 이름을 아는 대로 여기저기 몇 대학에 지원서를 보내고 기다리는 형편이었다. 나도 어느 누구로부터 유학 지도를 받거나 상담을 받지 못하고 그냥 미국 문화원에 비치된 책에서 대학 주소를 찾아서 원서를 보냈다. 사립대학은 학비가 너무 비싸서 비교적 학비가 저렴한 주립대학을 위주로 원서를 보냈다. 대학으로부터 입학허가서와 장학금을 주겠다는 서신을 받은 그 자체가 기쁘고 만족스러울 뿐이지 그 대학이 얼마나 좋은지에 대해는 솔직히 관심도 없었다. 유학을 가게 되었다고 대학원 지도교수님과 교수님들에게 자랑을 했더니 노스웨스턴(Northwestern) 대학에서 학위를 하신 젊은 교수님이 어바나 샴페인(Urbana-Champaign)에 있는 일리노이 주립대학이 대단히 좋은 대학이라고 하면서 여러 가지 이야기를 해 주셨다. 그제야 내가 고른 대학이 그래도 좋은 주립대학이라는 것을 처음으로 알게 되었다.

꿈에도 그리던 유학을 갈 수 있다는 흥분과 기대감에 가득 차 있는데 집안에 예상치 못한 우환이 생겼다. 5월 초에 교직에 있던 큰 형님이 갑자기 운명해 부모님을 내가 모셔야 하는 상황이 발생했다. 내 자신의 뜻을 이루기 위한 유학도 중요하지마는 부모님을 편히 모시는 일 또한 중요한 것이라고 판단했다. 그리고 유학은 집안이 제대로 자리를 잡은 후에 다시 추진해도 될 것으로 생각했다. 그래서 유학의 뜻을 접고 직장생활을 하면서 부모님을 편히 모실 생각을 하고 있었다. 따라서 일리노이대학에도 더 이상 회신을 하지 않고 8월 중순까지 있었는데, 누님이 "그래도 미국에 가서 박사학위를 하고 귀국해 더 잘 모시는 것이 좋을 것 같다"고 하면서 적극적으로 유학을 재추진토록 권고했다. 이러한 누님의 충고를 받고 나 자신도 곰곰이 생각해 마음을 다잡아서 8월 중순이 지나서 유학을 떠나기로 결정하고 급히 출국 준비를 하게 되었다.

2. 시카고 오헤어(O'Hare) 공항에서 친구 찾는 방송

시카고 오헤어 공항에 도착해서 짐을 찾아서 밖으로 나왔다. 공항에 당연히 마중 나와 있을 것으로 알았던 대학 동기 친구가 보이지 않는다. 이 친구는 나와 대학에서 같은 전공을 하고 ROTC 장교 생활도 함께하였으며, 나보다 먼저 서던일리노이대학교(Southern Illinois University)로 유학을 갔다. 아주 기쁜 마음으로 상봉할 것을 상상하고 어깨 쫙 펴고 공항을 나왔는데 참으로 난감하기 짝이 없었다. 10분이 30분이 되고, 1시간이 지났다. 틀림없이 마중을 나왔는데 우리가 못 만난 것이 아닌가 하는 생각뿐이었다. 그래서 용기를 내서 방송실을 물어물어 찾아갔다. 내 사정을 근무자에게 말하고 방송을 할 수 있도록 허락해 달라고 부탁했다. 그랬더니 나더러 직접 방송하라는 것이 아닌가. "나 윤정일인데 카본데일(Carbondale)에서 온 신OO은 공항에 있는 방송실 앞으로 오기 바란다"라는 방송을 반복해서 했다. 20분 내지 30분 간격으로 서너 차례 방송을 했으나 친구의 모습은 영영 나타나지 않았다. 참으로 허전하고 막막하기 짝이 없었다. 후에 안 일이지마는 내 편지를 받았는데 중요한 기말시험이 있어서 못 왔다고 했다. 그리고 카본데일부터 시카고까지는 6시간 정도 걸린다고 해서 미웠던 친구를 용서하기로 했다.

무거운 짐 두 개를 가지고 택시를 타고 그레이하운드(Greyhound) 버스 터미널까지 가자고 했다. 그런데 이 택시가 직선으로 가지 않고 비슷한 길을 빙글빙글 도는 것이었다. 택시 기사도 버스 터미널을 찾지 못해서 그랬는지 돈을 더 받으려고 그랬는지는 모르지마는 내리고 보니 공항에서 바로 가까운 곳에 있었다. 일차 바가지를 쓴 기분이었다. 말로만 듣던 "개그린 버스(그레이하운드가 사냥개이므로 보통 개그린 버스라 함)"를 올라타고 한숨 놓고 어바나 샴페인(Urbana-Champaign)으로 향했다. 시카고에서 일리노이대학까지는 120여 마일이라서 2시간 정도면 대학 캠퍼스에 도착할 것으로 알았다. 그런데 어럽쇼, 이 버스가 옥수수밭, 콩밭 사이를 천천히 누비며 도중에 있는 모든 마을을 들러서 가는 것이 아닌가. 개그린 버스는 고속버스만 있는 줄 알았는데 내가 탄 버스는 불행하게도 완행 중에 완행이었던 것이다. 덕분에 대학 찾아가는 첫날부터 일리노이주에서 가장 흔히 볼 수 있는 옥수수밭, 콩밭을 신물 나게 헤집고 다녔다.

다음날 에듀케이션 빌딩(Education Building)에 있는 학과 사무실을 방문했다. 학과장을 만나서 어제 도착했다고 보고했더니 이미 2학기를 시작한 지 1주일이 경과했다고 하면서 추가등록을 하기 전에 우선 듣고 싶은 과목을 골라서 강의를 듣는 것이 좋겠다며 자세한 것은 학과 조교의 지도를 받도록 하라는 것이었다. 그런데 조교는 아프리카에서 방금 도착한 사람처럼 이빨과 눈만 하얗고 모두가 까만데 얼떨결에 악수를 하고 뒤돌아서서 손바닥을 보고 있으니, 조교 왈 "손에 검은색 묻지 않습니다."라고 한국말을 하지 않는가. 깜짝 놀라서 어떻게 한국말을 할 줄 아느냐고 물으니 한국인에게 배웠다는 것이다. 그 후 그 조교에게 많은 도움을 받았다.

3. 두드려라, 그러면 열린다

그런데 추가등록을 하는 과정에서 문제가 발생했다. 내가 한국에서 유학을 포기할 생각으로 회신하지 않아서 장학생 신분에서 일반 학생으로 바뀐 것이다. 그래서 한 학기 등록금을 모두 내야 한다는 것이다. 하늘이 무너지는 것 같은 심정이었다. 기숙사비와 한 학기 등록금을 내고 나니 남은 돈이 겨우 400불 정도였다. 한 학기 생활비는커녕 한두 달 버티기도 어렵게 되었다. 이 어려움을 어떻게 타개할 것인가를 고민하다가 외국 유학생 지원 사무소(Foreign Student Office)의 소장님(Director)을 만나서 내 사정을 이야기했더니 부총장을 만나서 어려운 형편을 솔직하게 이야기하는 것이 좋겠다고 했다. 그래서 부총장과 어렵게 면담 약속을 하고, 그간 대학으로부터 받았던 장학금을 주겠다고 한 서신을 보여주며 집안의 우환 때문에 유학을 포기할 생각까지 했었다는 이야기를 솔직하게 하며 당초에 약속했던 장학금을 다시 받을 수 있도록 해 달라고 요청했다. 부총장은 내 이야기를 들으면서 가끔 확인하는 질문을 할 뿐 가부간의 대답을 하지 않았다. 그래서 부총장실을 나오면서 희망이 없겠다고 생각했다. 그런데 학기 중간쯤 되어서 다시 장학생으로 전환되었으므로 학기 초에 납부한 등록금을 찾아가라는 연락이 왔다. 이때부터 미국인은 합리적으로 사고하고 판단한다고 생각하게 되었고, 하늘이 무너져도 솟아날 구멍이 있고, 두드리면 열린다는 말을 굳게 믿게 되었다.

4. 맞은편 기숙사 불이 다 꺼질 때까지

유학을 떠난다는 기쁨 때문에, 뜻을 이룰 수 있다는 희망 때문에 김포공항에서 사랑하는 아내와 아이들과도 아무렇지 않게 쉽게 헤어졌는데 공부를 소홀히 할 수는 없었다. 그러나 원어민(native speaker)의 강의를 처음 듣는데 처음부터 강의 내용이 쉽게 들어올 수가 있는가? 열심히 들으려고 귀를 쫑긋하고 강의를 듣다 보면 어느새 마음은 서울에서 헤매고 있어서 깜짝 놀라 다시 주의를 집중하다 보면 또다시 정신이 고국의 하늘 아래서 우왕좌왕하기 일쑤였다. 이런 현상은 나만의 문제가 아니라고 생각하면서 어떻게 하면 될 것인가를 열심히 고민하다가 대학원 기숙사 맞은편에 있는 학부 학생 기숙사의 모든 방에 불이 꺼질 때까지 공부하겠다고 결심했다. 그래서 밤을 홀딱 새우며 공부한 날이 부지기수였다. 그러나 새벽 두세 시가 되면 대부분 방에 불이 꺼지다가 하나둘 새롭게 불이 켜지는 방이 생기는 것이 아닌가. 초저녁에 일찍 자고 새벽에 일어나서 공부하는 학생들이 있으니 모든 방이 일시에 소등되는 날은 거의 없었다. 그래서 전부 소등될 때까지에서 5개 방 이하가 될 때까지로 변경하게 되었다. 그러나 그 역시도 결코 쉬운 것은 아니었으므로 공부하는 패턴을 변경해 저녁 식사 후에 연구실에 가서 공부하는 방식을 택했다.

사범대학 내에 있는 교육연구소의 소장은 내 지도교수인 윌리엄 맥클루어 박사(Dr. William P. McLure)가 거의 20여 년간을 맡고 있었으며, 주요 연구 과제는 교육재정 배분의 공정성에 관한 것이었다. 이 연구소에는 나를 포함해 미국 학생 4-5명이 RA

로 근무하고 있었다. 이들과 함께 연구 과제를 추진하면서 저녁에는 숙제와 다음 날의 강의를 준비하는데, 처음에는 딱딱한 나무 의자에 몇 시간 앉아 있는 그 자체가 대단히 힘들었다. 그런데 미국 학생들은 한번 의자에 앉으면 꼼짝도 하지 않고 7-8시간 지속적으로 앉아서 공부하는 것이다. 그래서 처음에는 한국인과 미국인의 체질이 확실히 다른 것 같다고 생각하며 그들이 부럽기도 했다. 그러나 점차 장시간 앉아 공부하는 일에 익숙해지니 피로감도 줄어들고 밤샘하는 데도 큰 부담이 없게 되었다. 초등학교부터 고등학교까지는 두뇌로 공부하지마는 대학이나 대학원에서는 신체적·정신적 건강이 공부의 성패를 좌우한다는 것을 깊이 깨달았다.

5. Computer Use in Education

강의를 수강한 과목 중에 "Computer Use in Education"과 "History of Education"이 있었다. "Computer Use in Education"에서는 플로차트(Flowchart) 그리는 방법과 컴퓨터 프로그램 짜는 방법을 간단히 연습한 후에 매 주마다 과제를 내주고, 학생들이 프로그램을 짜고 돌려서 결과를 제출하는 것이었다. 그런데 과제를 해 낼 때마다 내가 짠 프로그램은 아주 짧고 간단한데 교수가 짠 프로그램은 항상 길었다. 답이 같다면 간단한 프로그램이 길고 복잡한 프로그램보다 훨씬 높게 평가되는 것이다. 하루는 담당 교수가 나에게 프로그램을 짜 본 경험이 있느냐고 물었다. 그래서 한국에 있을 때 어셈블리어(Assembly Language), FOR-

TRAN, COBOL, PL/1 등을 배우고 컴퓨터 프로그래머 자격증을 받았다고 했다. 그랬더니 그 교수는 프로그래밍(programming) 이론에 대한 것은 자신이 담당할 터이니 실제적인 것은 미스터 윤이 담당하는 것이 좋겠다는 제안을 했다. 그래서 본의 아니게 내가 듣는 강의의 일부를 내가 담당하게 되었다.

"History of Education"이라는 과목은 첫 시간에 담당 교수가 강의 개요를 설명하는데, 이 교과목은 고대 로마의 교육으로부터 21세기의 현대교육까지를 총체적으로 취급하며, 교재는 상, 하권의 두 책인데 각각 800여 페이지 정도이고, 중간고사와 기말고사가 있는데 중간고사에서 90점 이상을 받으면 더 이상 수강하지 않아도 되며, 가능한 한 학생들의 질문을 받지 않고 강의를 진행하겠다는 것이다. 수강생이 약 30명 정도가 되었으며, 담당 교수는 탁자에 걸터앉아 3시간 동안 옛날이야기를 하는 식으로 줄줄 이야기해 나갔다. 어느 누구도 질문하는 학생이 없고, 벽에 붙은 콘센트마다 전기코드를 연결해서 녹음기를 꽂아놓고 열심히 이야기를 듣는 식이었다. 나도 처음 두 주는 다른 학생들과 같이 녹음기로 녹음하고 저녁에 다시 듣는 식으로 했다. 그런데 별도의 시간을 만들어서 녹음 내용을 다시 듣는다는 것이 그리 쉬운 일도 아니며 시간 낭비로 생각되었다. 그래서 그다음부터는 녹음하지 않고 맨 앞자리에 앉아서 열심히 경청했다. 그랬더니 교수가 왜 미스터 윤은 녹음하지 않느냐며, 자신 있느냐고 묻는 것이다. 그래서 자신 있다고 했다. 자신감을 가질 수 있었던 것은 서울대학교에서 서양교육사, 교육사상사 등을 수강했기에 교육사 강의를 쉽게 이해할 수 있었다. 중간고사는 의외로

OX 문제가 100문제가 출제되었는데, 수강생 중에 나 혼자 90점 이상을 받아서 나머지 강의를 면제받게 되었다.

6. 논문 자격시험

학위논문을 쓸 자격이 있는가를 검증하는 논문자격시험(Qualifying Exam)을 보게 되었다. 시험의 범위는 박사과정에서 수강한 과목 대부분이 포함되며, 1차 시험 합격률은 대체로 30% 정도이며, 재시험에서도 합격하지 못하면 다른 대학으로 전학을 가든지 학위논문 쓰는 것을 포기해야 하는 시험이니 대단히 중요한 시험이다. 어떻게 준비하는 것이 가장 효율적인지를 알 수가 없었다. 함께 시험을 볼 학생들이 모여서 공동으로 준비하자고 합의하고, 기출문제들을 수합해서 분담해 답안을 작성하는 한편 새로이 예상되는 문제를 만들어서 역시 분담해 모범답안을 만들어 공유하는 방식을 택했다. 이 방식이 전통적으로 해 오던 방식인 것 같고, 시험을 볼 학생들은 모든 것을 제쳐놓고 오로지 논문자격시험에 총력 집중하는 모습을 보면서 역시 시험이 무섭긴 무섭다는 것을 실감했다.

학생들 각자가 준비한 학습자료가 상상을 초월할 정도로 많았지마는 단기간에 핵심을 정리하는 데는 더없이 좋은 방법이었다. 시험은 평소에 사용하던 강의실이 아닌 별도의 장소에 모여서 보았다. 하루 8시간씩 3일간을 보는 중노동이었다. 타자기를 사용할 학생은 타자기를 가지고 와서 별도의 강의실에서 시험을 볼 수 있었다. 시험 기간 중에는 화장실 가는 시간을 절약하기 위해 식사량도 줄이고 우유나 음료수도 덜 마시는 등 바짝 긴장하게 된다. 그러나 이 시험을 보고 나면 하나의 높은 산을 넘은 것 같고, 전공 분야의 학문적 체계가 어느 정도 정리정돈된 것 같은 기분이 든다.

논문자격시험에 합격하고 나면 이제 논문계획서를 쓰고, 이 계획서를 지도교수가 읽고 승인해야 비로소 논문을 본격적으로 작성하게 된다. 논문 주제는 지도교수의 연구 과제를 수행하면서 생각했던 것을 선택했으며, 지도교수도 흔쾌히 허락했다. 논문계획서는 12 내지 15페이지를 쓰라고 했는데 막상 선행연구 고찰까지 포함시켰더니 50페이지가 넘었다. 지도교수에게 논문계획서를 제출하고 1주일 되었는데도 아무런 반응이 없어서 수정할 부분이 많거나 계획서가 만족스럽지 못한 것인지를 내심 걱정했다. 2주째 되던 날 아침에 지도교수가 미소를 지으면서 연구실로 부르는 것이었다. 지도교수가 남부 출신이라서 여간해서 미소를 짓는 일이 없는데 무슨 좋은 일이 있는 모양이라는 생각을 하며 지도교수 연구실로 들어가니 내 논문계획서를 내놓으면서 50페이지 중에 딱 한 단어를 수정했는데, 그 단어는 현재 쓰지 않기 때문에 다른 단어로 바꾸라고 하는 것이다. 그리고 내 논문계획서를 많이 복사해 두었다가 후배들에게 견본으로 주려고 하는데 허락하겠느냐고 하는 것이다. 이 얼마나 영광스러운 일인가! 그뿐만 아니라 논문을 다 써서 최종 심사를 받는데, 심사위원 5명 중 4명이 무수정 통과인데 한 교수가 외국 학생의 논문에서 주 정부에 대한 정책 건의가 너무 강하니 다소 약하게 하는 것이 좋겠다는 의견이 있어서 전체 학위 논문 중 세 줄만을 수정했다.

7. 최우수 박사학위 논문상 수상

미국 교육재정학회는 캐나다 교육재정학회와 공동으로 2년마다 학회를 개최하는데, 이 학회에서는 지난 2년간 교육재정학 분야에서 박사학위를 받은 사람을 대상으로 우수학위 논문상을 수여한다. 이 학회는 교육에 관심을 가지고 있는 카네기재단, 록펠러재단 등 유수한 재단으로부터 재정적인 지원을 받아 학회를 개최하기 때문에 그 규모와 운영이 대단히 크고 짜임새가 있다. 학회가 텍사스의 샌안토니오(San Antonio)에서 3일 동안 열렸는데, 미국과 캐나다 전역에서 교수와 학생 등 1,000명 이상이 참석했다. 학회 개최 기간 중에 가장 주목받는 것은 우수 박사학위 논문에 대한 시상식이었다.

우수 박사학위 논문을 5편 선정하고 그중에서 최우수 논문을 선정하는데, 내 논문이 영광스럽게도 최우수 논문으로 선정되었다. 수상할 당시에는 이 논문상이 얼마나 중요한 것인지 잘 몰랐다. 학회에서 돌아오니 사범대학에서 논문상 수상을 축하하는 파티를 열어주었다. 우수 논문상 수상자는 대학교수나 연구소 연구원을 선발할 때 우선 선발의 대상자가 된다는 것이다. 미국 대학에서는 교수를 선발할 때 자기 대학 출신자를 뽑지 않는 것이 관례이다. 그런데 내가 이 관례를 깨고 일리노이대학에서 박사학위를 받고 일리노이대학교의 교수로 발령을 받을 수 있었던 이유 중의 하나가 바로 학회로부터 최우수 학위논문상을 수상했다는 것이다.

VI. 한국 교육을 선도하는 KEDI

1. 한국교육개발원육성법 개정

박사학위를 받고 일리노이대학 교수로 근무하고 있는데, 한국교육개발원에서는 하루빨리 개발원에 와서 연구해 주었으면 좋겠다는 편지가 계속해서 왔다. 하기야 그 당시에는 박사학위를 받은 사람이 희귀했으니 귀국을 종용할 수밖에 없었을 것이다. "The earlier, the better"라고 설득 반 위협 반의 내용으로 귀국을 요청했다. 이러한 요청을 받고 1977년 6월에 귀국해 한국교육개발원에서 8년간 근무하면서 연구실장, 기획조정실장, 교육발전연구부장, 연구위원을 차례로 맡아서 최선의 노력을 경주했다. 기관의 살림을 총괄하는 기획조정실장을 맡고 나서 두 가지 중점 추진 과제를 설정했다. 한국교육개발원육성법 개정과 직원 처우개선이 바로 그것이었다.

한국교육개발원육성법은 1973년 3월에 내가 개발원에 처음 입사했을 때 법안의 초안을 작성해 문교부 관계관과 협의해 수정·보완하는 작업을 했던 것이다. 과거에 개발원육성법 제정에 참여했던 내가 직접 다시 이 법률을 개정하고자 한 까닭은 교육개발원에 대한 정부 지원을 법적으로 보장하고, 기금 설치의 법적 근거를 마련해 개발원의 재정자립도를 높이고 운영의 내실을 기하기 위함이었다. 처음에는 법률을 개정한다고 하는 것이 그렇게 어려운 줄 몰랐으나 실제로 법률을 개정하기 위한 절차를 밟는 과정에서 법률 개정이 대단히 어려운 것이라는 사실을 깨닫게 되었다. 개발원에서 제안한 법률안은 교육부 장학실을 거쳐 교육부 기획관리실 법무담당관의 심의, 법제처와의 협의를 거쳐 차관회의와 국무회의 의결 후 대통령의 결재를 받아 국회로 송부되고, 국회에서는 문공위원회의 심의, 법사위원회의 심의를 거쳐 전체 회의에서 의결하는 길고도 어려운 절차를 거쳤다. 멋모르고 법률 개정 작업을 추진하였는데, 각 단계마다 어찌나 까다로운지 거의 1년이 걸렸다.

직원들의 보수 인상을 위해 우선 한국교육개발원보다 보수가 높은 연구기관과 대학들의 보수표와 인사 규정을 세밀하게 분석하고, 교육개발원의 보수표와 비교할 수 있도록 그래프를 그렸다. 다른 기관들의 보수 곡선에 비해 교육개발원의 보수 곡선은 대단히 낮았다. 또한 각 기관에서 지급하고 있는 각종 수당에 관한 자료도 수집해 분석했다. 이러한 보수 분석 비교자료를 준비해서 원장과 함께 경제기획원 차관을 면담했다. 상견례가 끝나자마자 나는 차관에게 단도직입적으로 "교육학 박사와 경제학 박사는 차이가 있습니까?"라고 질문을 던졌다. 그랬더니 차관은 "박사는 다 똑같은 박사지 무슨 차이가 있느냐?"고 나에게 되묻는 것이었다. 그래서 나는 곧바로 각 기관의 보수를 비교한 그림을 보이면서 교육개발원의 보수가 다른 기관의 보수보다 현저히 낮다는 것을 설명했다. 특히 K 연구원에 있는 아무개 박사는 나와 대학 동기이며, 미국 유학도 같은 시기에 다녀왔는데,

내가 받는 보수는 그 친구의 60% 정도에 불과한 실정이라고 했다. 그랬더니 왜 그동안 보수를 제대로 인상하지 않았느냐고 하는 것이다. 그래서 매년 경제기획원에서 정해주는 대로 물가 인상률을 반영해 전년 대비 5% 혹은 10%씩 인상을 하는데, 교육개발원은 당초에 보수 수준이 타 기관보다 낮았기에 해가 갈수록 상대적으로 낮아진다고 했다. 이를 극복하기 위해서는 연내에 10% 정도 보수를 인상함과 동시에 타 기관에서 지급하고 있는 각종 수당을 새로 도입할 필요가 있다고 강하게 의견을 제시했다. 그 결과 연내에 보수를 인상하고, 여러 가지 수당도 도입하고, 그다음 해에 다시 정상적으로 임금을 인상하게 되어서 결국 전년도와 대비해 평균 30% 정도가 대폭 인상되었다.

2. 교육비 분석 연구

나는 교육재정학을 공부하고 한국교육개발원에 와서 제일 먼저 착수한 것이 사교육비 조사 연구였다. 상급학교 진학을 대비한 과외비와 학원비가 지속적으로 증가하고 있음에도 불구하고 과외비에 대한 현황이 제대로 파악되고 있지 못한 상태였다. 그래서 1977년에 본격적으로 과외비 조사·분석을 시작했고, 그 후에 교육개발원에서는 2년마다 거의 비슷한 방식으로 과외비를 조사해 발표해 왔다. 이 연구에서 교육비를 공교육비, 사교육비, 교육 기회 경비로 구분하고 각각을 분석·산출했다. 공교육비는 공공단체의 합리적인 예산회계 절차를 거쳐 교육에 투입되는 경비를 말하며, 사교육비는 학부모 부담 교육비 중 공교육비를 제외한 경비를 말한다. 한편 교육 기회 경비란 교육을 받음으로써 교육 기간 동안에 취업할 수 없는 데서 오는 포기된 소득을 말한다. 이 연구 결과는 언론을 통해 학생 1인당 연간 사교육비 지출에 대한 사회적 관심을 집중시킴은 물론 교육부의 교육정책 수립의 주요한 기초자료로 활용되고, 노동부나 경제기획원에서도 광범하게 활용했다.

둘째로 관심을 기울인 것은 중앙에서 지방으로 지원하는 교육비를 보다 합리적, 과학적으로 배분해 교육재정 배분에서 교육의 기회를 형평하게 보장하고자 하는 것이었다. 교육비를 합리적으로 배분하기 위해 교육비 차이도(cost differential factor)라는 개념을 도입해 학생의 교육적 필요를 반영해 교육비를 배분할 수 있도록 했다. 그리고 셋째로 노력을 집중한 것이 바로 교육재정 확보 방안이었다. 이는 내가 대학으로 직장을 옮기고 대학에서 정년을 할 때까지 나의 핵심적인 정책연구 과제였다. 우직하다고 할 정도로 재정확보에 총력을 집중했다. 그 이유는 작은 규모의 교육재정을 어떻게 배분할 것인가에 집중하기보다는 우선 재정 규모를 확대하는 것이 급선무라고 판단했기 때문이다. 지방교육재정의 근간이 되는 지방교육재정교부금을 확충하고, 교육세를 도입해 영구세로 전환시켰다. 그리고 안정적으로 교육재원을 확보하기 위한 방안을 수립·제시했다. 또한 지방교육자치를 위한 재원확보 방안을 탐색하고, 대학 재정을 확보하고 재정 구조를 개선하기 위한 방안을 제시했다. 사학재정 확보 방안 및 평생교육진흥을 위한 재원확보 방안도 수립·제시하는 등 교육재정 확충을 위한 다각적인 노력을 경주했다.

3. 7.30 교육개혁과 교육세 도입

내가 한국교육개발원에 정책연구 실장으로 근무할 때 하루는 국가보위비상대책회의(국보위)에서 전화가 왔다. 할 이야기가 있으니 남서울 호텔(현재 리츠칼튼 호텔이 위치한 곳에 있었음) 3층에서 만나자는 것이다. 퇴근하면서 약속 장소로 갔더니, 당시 국보위에 파견되었던 교육부의 L 장학관과 육군 대령이 나를 기다리고 있었다. 그런데 대령은 낯설지가 않고 어디서 많이 본 듯하다고 했더니 대령도 나를 어디서 많이 본 것 같다는 것이다. 그래서 내가 혹시 육사 시절에 럭비 운동을 하지 않았느냐고 물었더니 럭비 운동을 했다는 것이다. 내가 대학에서 럭비 운동을 할 때 육사와 연습경기를 많이 했으며, 정기적으로 문무전이라고 해서 서울대와 육사가 럭비 시합을 했고, 이 문무전은 지금까지도 이어지고 있는 것으로 안다. 국보위에서 온 K 대령은 나와 함께 대학 시절에 운동장에서 몸을 부닥치며 럭비 운동을 했던 육사의 럭비 선수였다.

국보위에서 교육개혁을 추진하려고 하는데, 교육개발원이 도와 달라는 것이다. 즉, 고등학교에서 대학으로 진학하는데 병목현상이 발생해 국민들의 불만이 크니 이를 해결할 수 있는 교육개혁안을 만들어 달라는 것이다. 이 요구의 배경에는 12.12사태 이후에 권력을 잡은 신군부가 국민으로부터 지지를 얻기 위해서는 국민이 가지고 있는 불만을 적극적으로 해결해야 하는데, 국보위는 교육문제, 특히 대학입시에 대한 국민의 불만이 가장 큰 것으로 진단한 것이다. 1980년 7월 30일에 발표되어 7.30

교육개혁이라고도 하는 "고교교육 정상화 및 과열과외 해소 대책"은 남서울 호텔에서 교육개발원 연구팀에 의해 1주일 만에 작성된 개혁안이다. 나는 이때 대학 입학정원을 확대하기 위해 서울에 있는 각 대학의 교무처장에게 전화로 "현재 대학 시설의 활용률을 감안해 최대한으로 증원할 수 있는 입학정원이 어느 정도가 되는가?"를 확인했다. 이렇게 확인된 자료를 근거로 단과대학의 종합대학으로의 승격, 학과 규모의 확대, 대학에서 주·야간 학생 구분 철폐 등을 통해 입학정원을 대폭 확대할 수 있는 방안을 제시했다. 또한 과열과외 해소를 위해 필요한 고교 시설 개선, 대학 시설 확충, 교원 처우개선, 교육방송 실시 등에 소요되는 예산을 확보할 수 있도록 교육세 제도를 도입할 것을 제안하였고, 1981년에 교육세가 신설되어 현재까지 운용되고 있다.

4. 장기 인력수급 계획 수립

1970년대에 세계 여러 나라는 국가 경제성장 목표를 실현하기 위한 인력을 적기에 양성·공급하기 위해 경쟁적으로 장기인력수급 계획을 수립했다. 우리나라에서는 주로 한국교육개발원이 이를 담당했다. 나는 1978년에 국가 수준의 거시적 인력계획인 "장기 인력 수급 전망"에 관한 연구를 시작으로 "교수요원 양성 확보 방안", "장기 인력수급 전망과 대책", "과학기술계 인력의 공급 전망", "첨단과학기술인력 양성체제 확립방안" 등 수년간 인력수급 계획 수립에 몰두했다. 인력수급 계획은 국가에서 설정한 경제발전 목표를 달성하기 위한 산업분야별·직종별 인력

수요를 충족시키기 위해 학교 교육 혹은 직업훈련을 통해 노동시장으로 인력을 공급하는 계획인 것이다. 부차적으로는 실업, 불완전 고용, 부적절한 훈련과 개발 등과 같은 인력 활용상의 문제점을 해소하기 위한 것이다. 전형적인 인력 추정 접근방법은 ① GNP 달성 목표, ② 평균 노동생산성, ③ 상호배제의 가정하에 각 경제 분야에 대한 직종별 인력수요를 추정하는 것이다. 인력수요를 교육수요로 전환시키는 방법에는 현재의 직종별 인력의 교육 수준별 구성비를 활용하는 방법과 외국의 직종별·교육 수준별 구성비를 이용하는 방법이 있는데, 이 중 제2의 방법을 택했다.

1980년대에 들어서는 세계 여러 나라가 2000년을 향한 장기발전 계획을 앞다투어 수립하기 시작했다. 21세기를 적절히 대비하고 주도해 보고자 하는 의도가 깔려 있는 계획들이다. "America 2000", "2000년의 일본" 등이 그 예라고 할 수 있다. 우리나라에서도 세계적인 추세에 발맞추어 경제기획원이 주관해 정부 각 부처 산하의 국책 연구기관들을 모아서 "2000년을 향한 국가장기발전 구상"을 수립하게 되었다. 한국개발연구원, 한국교육개발원, 한국정신문화연구원, 한국과학기술원 등 10여 개의 거대한 연구소들이 각 부문별로 계획을 작성하고 이를 종합하는 식으로 연구를 추진하게 되었다. 이는 국가 수준의 연구소들 간의 본격적인 협력에 바탕을 둔 장기계획이라는 데 그 의의가 있는 것이다. 나는 교육발전연구부장으로서 교육부문 장기발전 구상 수립의 책임을 맡아서 연구를 수행했다. 1983년에 착수된 이 연구는 1985년에 완료되었는데, 총괄 보고서와 더불어 부문별

보고서가 별도로 출판되었다.

VII. 서울대 교수의 긍지와 자부심

미국 생활을 완전히 정리하고 한국교육개발원으로 와서 교육정책 연구실장, 기획조정실장, 교육발전 연구부장, 연구위원 등의 직책을 수행하면서 많은 경험을 했다. 뒤돌아보면 대한교육연합회 교육정책 연구원, 인천교육대학 교수, 한국교육개발원 연구원, 미국 일리노이대학교 교수, 다시 한국교육개발원 연구위원으로 복귀하였으니 이미 다섯 차례나 직장을 옮긴 셈이다. 이 모든 경험과 과정은 최종적으로 서울대학교 교수로 가기 위한 것이 아니었나 생각한다. 교육개발원에 근무하는 동안 서울에 있는 사립대학인 K 대학과 H 대학으로부터 교수 초빙 제의가 있었으며, 지방 국립대학 두 곳으로부터도 교수 초빙 제의가 있었다. 한 대학에서는 바로 정교수로 발령하겠다는 획기적인 제안도 있었지마는 서울대학으로 가기 위해서 모두 거절했다.

서울대학교는 내 직장생활의 종착역이라고 믿었다. 1985년 2월에 서울대학교 사범대학 조교수로 발령을 받았다. 당시에 서울대학교는 타 대학이나 연구소의 경력을 일체 인정하지 않고 신규 채용으로 해서 누구나 조교수 발령을 했다. 한마디로 말해서 불합리한 인사 관행을 가지고 있었다. 교육개발원의 부장으로 있다가 서울대학교 조교수로 발령을 받으니 연간 수입이 약 1,000만 원 정도 감소되었다. 당시에 1,000만 원은 상당히 큰 규모의 액수였다. 직급도 낮게 받으면서 수입도 대폭 감소되었으니 솔직히 말해서 기분이 좋지는 않았다. 그러나 내가 원하던 직장으로 옮겼기에 가슴 뿌듯한 생활을 시작할 수 있다는 점에서, 특히 우수한 학생을 가르친다는 데 대한 만족감과 서울대학교 교수라는 긍지와 자부심은 늘 자신을 채찍질하게 했다. 관악산을 등에 두고 있는 캠퍼스의 풍광이 뛰어날 뿐만 아니라 계절 따라서 그 느낌이 항상 변하기 때문에 정년퇴임을 하는 날까지 즐겁게 소풍 가는 기분으로 출근했다.

나는 누구보다도 먼저 출근해서 가장 늦게 퇴근할 각오로 교수 생활을 시작했다. 일요일을 제외하고는 휴일이나 방학 때도 언제나 연구실에 출근해 연구를 하거나 강의 준비를 했다. 지방 출장이나 외국 출장이 아니면 늘 연구실을 지켰고, 감기나 몸살로 인해 집에서 쉬면서 휴강을 한 적은 한 번도 없었다. 강의 시간에 늦게 교실에 들어가거나 시간을 채우지 않고 끝낸 적이 없었으며, 원고를 청탁받고 단 한 번도 제출 기일을 넘겨본 적이 없다. 원고는 약속 기일보다 언제나 빨리 제출했다.

1. 연구와 저술 활동

"Publish or Perish"라는 말이 있듯이 교수 생활에서 연구와 저술 활동은 필수적이다. 석사학위 논문을 작성한 이후 현재까지 150여 편의 연구논문을 발표하였고, 165개의 연구과제를 수행해 그 결과를 단행본 연구보고서로 출판했다. 그뿐만 아니라 주요 일간신문과 교육 전문 신문에 사설 및 논설을 307회 게재하였고,

교육 문제와 관련해 주요 방송국의 TV 및 라디오 방송에 110회 출연하였으며, 국제학술 세미나와 국제회의에 75회 참석했다.

강의에 활용할 교재 개발은 대학교수가 반드시 추진해야 할 과제라고 본다. 학부학생과 대학원생을 가르치면서 자신이 집필한 교재 없이 타 교수가 집필한 교재를 계속 사용하거나 강의 내용과 관련된 논문이나 자료들만을 제공한다면 교육을 받는 학생들이나 강의 담당 교수도 힘들고 교육효과도 경감될 수밖에 없다. 학문에는 국경이 없으므로 외국인 교수가 집필한 교재나 논문을 활용해도 좋다고 한다. 그러나 최소한 교수 자신이 전공한 학문 분야의 경우에는 자신이 집필한 교재를 가지고 강의를 진행해야 할 것이다. 특히 서울대학 교수의 경우에는 더욱 그러하다. 한국 사회에서 학문 발전을 선도해야 할 위치에 있는 서울대학교 교수라면 자기 전공 분야에서 자신 있게 내놓을 수 있는 교재를 반드시 개발해야 한다고 생각한다. 그래서 나는 교재 개발과 저서 집필에 많은 노력을 경주해 현재까지 단독저서와 공저, 번역서를 포함해 60여 권의 책을 출판했다. 그중 대표적인 저서들은 다음과 같다.

1)『교육재정학』

한국에서 교육재정에 관한 연구를 본격적으로 수행하기 시작한 것은 내가 귀국해 한국교육개발원에서 책임연구원으로 근무하면서부터이다. 교육 연구기관에서 8년간 교육재정 관련 과제를 집중적으로 연구하였으며, 대학으로 와서는 학회 창립에 앞장서서 한국교육재정경제학회를 창립했다. 학문의 성립 요건에는 독자적인 연구 대상, 독특한 연구방법론, 그리고 학문연구 집단이라는 세 가지가 있는데 이 중 가장 중요한 것이 학문연구 집단이라고 본다. 학자집단의 결성체인 학회의 창립은 학문 발전의 초석을 다지는 일이라고 할 수 있다. 아직 학문으로 인정되지 않은 영역에서 연구 결과나 이론을 정리한 저서에 "○○학"이라는 명칭 대신에 "○○론"이라는 명칭을 사용하는 것은 그 나름으로 이유가 있는 것이다. 즉 학문으로 인정된 영역의 저서에만 "○○학"이라는 저서명을 사용해야 한다는 것이다.

당시에는 대학원에서 교육재정 강의를 개설하고 있는 대학이 몇 대학에 불과하고 교육재정 강의를 개설한 대학도 전공 교수의 부족과 교재의 부족으로 어려움을 겪고 있었다. 이러한 상황에서 교육재정학 교재의 집필은 절실했다. 나는 교육재정학 교재를 집필하면서 기존의 교재 집필 방식을 탈피하려고 많은 노력을 했다. 외국에서 연구 개발된 유명한 이론이나 원리들을 편집, 번역해 체계적으로 소개하는 형태를 지양하고, 한국의 교육재정 문제를 해결하기 위해 나 자신이 수년간 연구한 결과를 토대로 집필했다. 책을 구성하고 있는 각 장의 하나하나가 1년 혹은 2년에 걸쳐서 내가 직접 연구한 내용들이다. 이 책은 3부 15장으로 구성되어 있다. 제I부 교육과 교육재정학에서는 교육재정의 개념과 위치를 분명히 하기 위해 교육의 개념, 교육재정의 의미, 교육재정의 본질을 기술하고, 교육의 기회균등을 실현하기 위한 교육재정정책과 교육재정 배분론을 고찰했다. 제II부의 한국의 교육재정에서는 우리 교육재정의 현황과 문제점을 분석·제시하고, 교육재원의 확보·배분·운영의 실제와 문제점, 그리고 개선 방안을 제시했다. 또한 지방교육자치제와 지방교육재정에 관해 기술하고, 사학재정 지원에 대해 논했다. 제III부에서는 고등교육재정에 대해 기술했다. 특히 대학의 교육여건과 재정구조, 대학의 단위교육비와 납입금정책, 그리고 고등교육 재정정책과 고등교육기회와의 관계에 대해 중점적으로 논했다. 1992년에 초판이 인쇄되고, 2004년까지 3판이 인쇄되고, 2015년에는 책명을 『신교육재정학』으로 변경하고 체제도 대폭적으로 바꾸면서 공저로 출판했다.

2) 『한국의 교육정책』

교육은 모든 국민의 관심사이다. 교육에 대해서는 누구나 이해관계를 가지고 있고, 나름대로 일가견을 가지고 있으며, 전문가 못지않은 논리를 전개한다. 교육정책에 대해서도 이해관계에 따라 찬·반론을 열심히 제시한다. 그러므로 어느 교육정책도 모든 국민의 완전 합의하에 결정할 수 없으며, 교육 문제에 대한 어떠한 해결책도 모든 사람에게 만족을 줄 수는 없다. 학문을 하는 사람이 이론에만 지나치게 몰두하고 현실을 외면하는 것은 별로 바람직하지 않다고 본다. 이론 못지않게 중요한 현실과 실제가 있기 때문이다. 더욱이 교육행정은 과학성과 예술성을 지니고 있으므로 교육행정을 전공하는 사람은 이론과 실제를 겸비해야 하는 것이다. 이러한 전제하에서 이 책은 우리의 교육정책을 사실 그대로 정확하게 소개할 목적으로 집필되었다. 이러한 종류의 책을 집필하고자 구상한 것은 이미 오래전부터이다. 학사과정과 대학원 과정의 학생들에게 "한국교육정책론"이나 "한국교육문제론"을 강의하면서 이 분야에 적절한 교재가 없어서 항상 어려움을 겪었다. 그동안 각종 교육정책에 관한 개별 연구보고서들은 많이 출판되었으나 이들을 영역별로 체계적으로 종합하고 요약해 대학 교재로 사용할 수 있도록 한 자료는 거의 없었다.

이 책은 매주 1개의 주제씩 다루어서 한 학기 동안에 마칠 수 있도록 15개 장으로 구성했다. 교육정책 연구나 논문 작성에 편리하게 이용될 수 있도록 각 장별로 참고문헌을 정리했고, 관련 법령을 부록에 수록했다. 초판에서 다루고 있는 교육정책은 1990년대 초에 우리나라 교육정책 중 가장 쟁점이 되었던 의무교육정책, 고등학교 평준화 정책, 고등학교 교육체제의 개편, 교육환경, 사학정책, 과외교육, 대학입시 정책, 대학정원 정책, 대학평가인정제, 납입금 정책, 교원양성 및 임용정책, 교육세 제도 등이다. 금년에 쟁점이 되었던 교육정책이 내년에도 쟁점이 될 수는 없는 것이다. 시간의 흐름에 따라 오늘의 교육 문제가 자연히 해결되기도 하고, 새로운 교육 문제가 부각되기도 한다. 이와 같은 교육정책의 특성에 따라서 책의 내용을 매년 수정하거나 일정 기간 후에 전면적으로 개편할 필요가 있다. 따라서 1991년에 초판이 발행된 후에 2~3년에 한 번씩 개정해 2008년까지 7판이 출판되었다.

3) 『교육행정학 원론』

나는 1977년에 교육행정학회 회원들과 공동으로 『현대교육행정이론』을 집필한 후 『신교육행정학』, 『교육행정의 연구와 과제』 등을 타 대학교수들과 공동 집필한 바 있으며, 이들을 강의 교재로 활용하면서 선배 교수들이 집필한 여러 종류의 교재를 많이 참고했다. 그러나 이러한 기존의 교육행정학 교재들이 내가 가르치고자 하는 내용과 접근방법에 제대로 부합하지 않고 어딘가 부족한 감이 들었다. 더구나 사범대학에서 정년할 때까지 20여 년 이상 교육행정학 과목과 교직과목의 하나인 교육행정 및 교육경영 과목을 강의해야 할 것이므로 내 강의에 적합한 교재를 집필할 필요가 있다고 생각했다. 따라서 교원양성 기관인 사범대학과 교육대학 및 일반대학의 교직과정에서 교원자격을 취득하려는 학생들과 교원 임용고사를 준비하는 학생들을 위한 교재를 집필했다. 이 책은 교육행정학 교과목에서 취급해야 할 내용과 범위를 가능한 한 모두 포함하고자 했다. 교육행정의 이론과 실제를 광범하게 이해하고, 이를 학교 및 학급경영에 적용할 수 있도록 하는 데 초점을 두었다.

우수한 교원은 무엇보다도 학생들을 잘 가르칠 수 있는 지식과 기술을 갖추고 있어야 한다. 그러나 학교행정과 경영에 대한 지식과 기술도 이에 못지않게 중요하게 요구되고 있다. 모든 교원은 개인으로서 존재하는 것이 아니라 학교조직의 구성원으로 존재하게 되며, 따라서 학교행정에 참여하게 되고 대부분의 교원이 하나의 학급을 책임지고 경영하게 되어 있다. 그러므로 우수한 교원이 구비해야 할 자격요건은 교수학습 능력, 학교행정 참여와 공헌, 학급경영 기술, 이렇게 세 가지라고 할 수 있다. 이 책은 1994년에 초판이 발행되었고, 2021년에 7판이 발행되어 현재까지 널리 활용되고 있다.

4)『교육학 대백과사전』 편찬

서울대학교 교육연구소는 1981년에『교육학 용어사전』을 발간했다. 이 사전은 교육 분야에서 사용되는 용어의 의미를 표준화하고 그 용법을 명료화해 준다는 점에서 교육학에 입문하는 초심자들과 교육 관련 종사자들에게 참으로 유용한 길잡이 역할을 하는 것이다. 그러나 용어에 관한 해설만으로는 전문적인 연구의 성과나 이론적 동향을 파악할 수 없다. 용어의 해설에 그치지 않는 본격적인 학술총람, 즉 교육학 분야의 주요 개념과 탐구주제, 대표적인 이론 등에 관한 엄밀하고 수준 높은 지식의 체계를 제공해 주는『교육학 대백과사전』의 편찬이 요청되는 것이다. 따라서 나는 교육연구소 소장이 되면서 곧바로『교육학 대백과사전』 편찬을 교육연구소의 중점사업으로 선정하고 사전편찬 계획을 수립하였으며, "교육학 대백과사전 편집기획위원회"를 조직하고, "교육학 대백과사전 편찬실"을 설치해 사전편찬 사업을 착수했다. 1995년에 시작해 3년에 걸친 노력 끝에 1998년 2월에 출판한 이 사전은 총 3권, 3,060페이지에 달하는 방대한 규모이다. 이 사전이 편찬되기까지에는, 사전 준비작업과 계획의 수립 및 편찬 사업의 진행에 있어서 국내 교육학계의 적극적인 참여와 지원이 있었다. 사전의 편찬에는 편집위원 및 자문위원, 집필진, 연구진 등 총 500여 명이 참여했다. 한국 교육학의 학문적 수준을 대표할 수 있도록 전국 100여 개 대학 및 연구기관을 총망라해 각 영역의 최고 권위자로 집필진을 구성하였으며, 이들은 이 사전이 한국의 교육학을 대표하는 학술사전으로서의 면모를 갖출 수 있도록 최선을 다했다.

한편 한국교육재정경제학회는 2001년에 학회 창립 10주년 기념 사업의 일환으로 교육재정·경제분야의 국내외 연구 성과를 총정리한 학술연구총람의 성격을 지닌 『교육재정경제학 백과사전』을 발간하기로 하고, 그 책임을 나에게 부여했다. 나는 『교육학 대백과사전』을 편찬한 경험을 살려서 우선 사전편찬기획위원회를 구성하고, 총 111개의 주제를 확정하고 주제별 집필자 47명을 선정해 원고 집필을 의뢰했다. 내용 서술에서 특정 이론이나 관점에 치우치지 않도록 하고, 각 주제 원고가 하나의 독립된 연구논문으로서 완성도를 갖추도록 하고, 외국이론 편향에서 탈피해 한국 교육재정경제학의 학문적 정체성을 확립할 수 있도록 우리 교육의 연구 성과를 비중 있게 취급하도록 했다. 특히 각 주제별로 집필자를 명기하는 "책임 집필제" 방식을 택해 집필자가 학문적 명예를 걸고 최선의 노력을 경주하도록 했다. 이 사전은 대학원 과정의 교육재정학이나 교육경제학 강의 시에 참고자료로 광범하게 활용되었다.

한국교육행정학회에서는 학회 활동 업적을 종합적·체계적으로 정리하고 회원의 역량을 총결집해 교육행정학의 학문적 발전에 초석이 될 전문서를 개발하자고 하는 회원들의 요구에 따라 1993년에 교육행정학 전문서 개발 기획위원회를 구성했다. 나는 기획위원회의 위원장을 맡아서 교육행정학의 10개 영역의 전문서 개발을 본격적으로 추진했다. 이 10권의 전문서들은 1995년에서 1996년 사이에 발간되어서 대학원 교재로 광범하게 활용되었다.

2. 서울대학교 관련 연구

서울대학교 기획위원회 위원과 서울대학교 재정위원회 위원을 오랫동안 역임하면서 서울대학교 발전계획 수립에 지속적으로 참여하고 나름대로 중요한 역할을 수행했다. 서울대학교 국제대학원 설립 추진위원회 위원, 서울대학교 발전 장기계획 수정연구 소위원회 위원장, 서울대학교법 제정위원회 위원, 서울대학교 구조조정 실무위원회 위원장 등의 활동을 수행했다. 이와 같은 발전계획 및 재정계획을 수립하는 과제들을 추진하는 데 있어 한국교육개발원에서의 경험이 상당히 많은 도움이 되었다. 한국교육개발원에서 기획실장, 연구부장, 연구위원을 하면서 국가 전체의 장기인력 수급 계획을 몇 차례 수립하였고, 교육발전 장기계획을 수립한 바 있다.

1) 서울대학교 장기 발전계획

서울대학교는 1966년에 "서울대학교 발전을 위한 종합계획의 개요"를 수립 제시한 이후에 많은 장기 발전계획을 수립하였는데, 그중 주요한 계획은 다음과 같다. "서울대학교 종합건설 기본계획(1971)", "서울대학교 종합캠퍼스계획(1972)", "서울대 종합화 교육기구 및 운영계획(1973)", "서울대 발전10개년계획의 이념과 목표(1977)", "서울대학교 발전10개년계획(1979)", "서울대학교 종합캠퍼스 시설장기발전계획(1980)", "서울대학교 발전10개년계획(1983)" 등이다. 내가 서울대학교 장기 발전계획 수립에 직접 참여하기 시작한 것은 "서울대학교발전장기계획(1987-2001)"

부터이다. 그 후 "서울대학교 장기발전계획에 대한 평가와 제언(1990)", "서울대학교 2000년대 미래상(1995)", "서울대학교법 제정에 관한 연구(1996)", "서울대학교 장기발전구상(1998)" 등에서 중추적인 역할을 수행했다. 장기발전구상에서는 내가 편집위원장으로서 발전계획을 체계적·종합적으로 정리했다. 이 계획서에서는 서울대학의 장기발전 이념인 학문의 대학, 민족의 대학, 세계의 대학 중 세계의 대학, 즉 국제화를 위해 2020년 이후에는 외국인 대학원 학생을 대학원 전체 정원의 25% 이상으로 유지하고, 2030년까지 외국인 교수를 교수정원의 15%까지 확대할 것을 제시하고 있다.

서울대학교 예산제도와 교육비 연구와 관련해서는 "서울대학교 예산제도 운영 개선방안 연구(1993)", "서울대학교 예산제도 및 교육비 산정에 관한 연구(1995)"가 있다. 이 연구에서는 대학본부가 직접 관장하는 예산을 감축하고 각 교육연구기관이 관장하는 예산을 확대하고, 학위 과정별 및 전공계열별 학생 납입금과 교육비 수혜액 간의 형평성을 유지할 것을 제안했다. 즉 대학별 학생 1인당 교육원가를 고려한 등록금을 책정하도록 권고했다.

2) 서울대학교 입시제도 연구

서울대학교 입시제도는 서울대학만의 문제가 아니라 우리나라 전체 대학 입시에 영향을 주는 것은 물론 고등학교 교육과 사설학원 교육에도 직접적인 영향을 미친다. 그러므로 서울대학교 입시제도를 개선하기 위한 연구는 관련 집단과 사회에 미치는 효과까지 고려하면서 세심하게 추진되어야 한다. 나는 교육연구소 소장을 하면서 "서울대학교 입시전형 방법의 타당성 평가 연구"를 1996년부터 2000년까지 4회에 걸쳐서 수행했다. 연구의 목적은 신입생의 고교 내신성적, 대학수학능력시험, 대학 본고사 성적의 전형 요소별 변별력과 합격기여도를 분석하고, 입학생의 입학전형 자료와 대학에서의 학업성적에 대한 정보를 지속적으로 축적하고 이를 바탕으로 체계적인 분석과 연구를 수행해 서울대학교에 적합한 학생 선발 방식의 정립을 위한 기초자료를 제공하기 위한 것이었다. 연구 결과 지역 균형 선발을 위해 고등학교 교장 추천 입학제도 도입, 다단계 입학전형 방법 도입, 특정 분야 우수 학생 선발을 위한 제도 도입, 소외지역에서 사회봉사 활동을 희망하는 학생들에게 특별전형 제도 도입, 대학 차원의 입시전담 기구의 설치 등을 제안했다. 서울대학교의 입시제도 개선은 언제나 과학적이고 체계적인 연구 결과를 근거로 이루어지고 있다는 것을 알 수 있다.

3. 교육연구소와 교육행정연수원

나는 교육학과장 보직을 시작으로 사범대학부설 교육연구소장(1994-1998), 사범대학부설 교육연수원장 겸 사범대학부설 중등교육연수원장(2001-2004), 사범대학 학장 겸 사범대학 교육연구재단 이사장, 서울대학교 교육종합연구원장(2004-2006)에 임명되어 열심히 직무를 수행했다. 서울대학교에서 23년간 근무하면서 한 번도 연구년을 신청해 쉬어 본 일이 없다. 근무 기간 중 최소한 세 번의 기회가 가능했으나 현실이 허락지 않았다. 그 이유 중의 하나가 바로 대학 내에서의 여러 가지 보직 수행과 『교육학대백과사전』과 같은 대규모 저술 사업을 주관하느라 개인적인 연구년을 생각할 겨를이 없었다.

내가 교육연구소 소장일 때 서울대학교가 잠들면 대한민국의 모든 대학이 잠들게 된다는 생각으로 사범대학 교육연구소의 연구원들에게 아침 7시까지 출근해서 연구 회의를 하자고 제안했다. 대학은 24시간 깨어 있어야 한다는 것이 평소의 소신이다. 연구소를 활성화시키기 위해 연구소의 물리적인 공간을 배로 확장하는 한편 전공영역에 관계없이 광범하게 연구원을 모집했다. 특히 외국 유학생의 경우에는 의무적으로 연구소 연구원으로 참여토록 해 한국 생활에 빨리 익숙해질 수 있도록 하였는데, 연구원이 최고로 많을 때는 45명이나 되었다.

모든 연구원은 7시까지 출근해서 연구 회의에 참여토록 했다. 아침 식사를 하지 못한 연구원은 식사를 가지고 와서, 식사를 하면서 회의에 참여할 수 있도록 했다. 회의의 주요 내용은 연구 과제를 개발하기 위한 브레인스토밍(Brain Storming)과 연구 과제 추진 사항 보고였다. 연구과제 개발 회의는 교육 분야에서 시급히 해결해야 할 과제가 무엇인지에 관해 논의하고, 이를 연구하기 위한 계획서를 작성하는 것이었다. 연구원이 각종 관련 학회에 참여하는 것을 권장하기 위해 학회 참가비와 교통비도 지원했다. 또 여름 방학에도 연구소에 매일 나와서 연구할 수 있도록 각 방마다 에어컨을 설치해 주었고, 겨울에는 가스난로를 설치해 주고 따듯하게 입을 수 있는 카디건과 방한복을 구입해 주었다. 적극적으로 연구 과제를 개발하고, 다양한 기관에 연구계획서를 제출해서 받게 된 연간 연구비는 매년 10억 원 이상이었다. 연구비 규모가 현재보다 현저하게 작았던 '90년대 초에, 더구나 인문사회 분야의 연구소에서 연간 10억 원 정도의 연구비는 대단히 큰 규모였다. 또한 교육의 현안 문제에 대해 수수방관하거나 교수 개인의 의견을 제시하기보다는 관악산에 있는 서울대 교육전문가들의 집단적인 의견을 적극적으로 제시하자는 취지에서 1994년에 관악교육정책포럼을 창설하고 운영했다. 대학 본부에서 매년 연구소를 평가했는데, 교육연구소는 서울대학교 연구소들 중에 가장 활발히 운영되는 최우수 연구소로 평가를 받았다.

서울대학교의 교육행정연수원은 교육행정가의 자질향상을 위한 연수, 교장 및 교감 자격연수 등을 목적으로 1960년에 설립된 기관이다. 나는 15대 원장으로 취임해 연수원 심벌마크를 개정했다. 초창기의 심벌마크는 한자 硏(연)을 상징하는 것으로서 시대적인 감각과 미적인 감각이 다소 부족했다. 그래서 공모를 통해 연수원의 영문 명칭을 National Academy for Educational Administrators(NAEA)로 변경하고, 변경된 명칭을 바탕으로 연수원 심벌마크도 변경했다. 차제에 중등교육연수원의 영문표기도 In-Service Training Center for Secondary Education(ITCSE)로 변경하고 마크도 변경했다. 또한 연수원 시설을 확충하고, 각 방마다 천장 부착형 최신형 냉난방 시설을 하고, 삼성전자로부터 최신형 컴퓨터 50여 대를 기증받아 설치했다. 천장 부착형 냉난방 시설은 현재는 보편화되어 있으나 당시에는 서울대학교 내에서 교육행정연수원이 최초로 시범적으로 설치했던 것이다. 연수생의 해외 연수프로그램을 동남아지역에서 미주지역과 유럽지역으로 확장했다. 이와 같은 활동으로 대학 본부로부터 2년 연속 최우수 운영기관이라는 평가를 받았다.

4. 교육개혁과 교육재정 확충

미국에서 1983년에 "A Nation at Risk"라는 교육개혁 보고서가 발간된 후에 전 세계가 교육개혁을 앞다투어 추진하게 되었으며, 우리나라도 예외가 아니었다. 전두환 대통령은 1985년에 대통령 직속의 자문기구로 교육개혁심의회를 설치하였으며, 노태우 대통령도 1989년에 동일한 성격의 대통령 교육정책자문회의를 설치·운영했다. 나는 이 두 자문기구에서 기획조정실무위원회 위원장으로, 상임 전문위원으로 7년여에 걸쳐서 교육개혁안을 수립·제시하는 일을 했다. 또한 교육정책자문회의 전문위원 역할을 하면서 동시에 교육부에 설치된 중앙교육심의회 연구위원으로도 활동했다.

교육개혁 사업을 추진하면서 가장 보람된 일로 생각되는 것은 교육재원 확보 방안을 수립해 정부에서 추진할 수 있도록 한 것이다. 교육재정을 GNP(국민총생산) 대비 일정 수준 이상으로 확보하기 위해 교육목적세를 확대하는 등의 다양한 방안을 제시했다. 이후 GNP 대비 교육재정 규모는 대선 때마다 선거공약으로 제시되었으며, 김영삼 정부와 김대중 정부에서 교육재정 확보의 목표로 설정되었으며 결과적으로 교육재정을 확충하는 데 크게 기여했다.

교육정책자문회의는 교육개혁 안을 만들어서 분기별로 대통령에게 보고했다. 한번은 위원장이 고등교육에 관한 교육개혁안을 대통령에게 보고했는데, 대통령이 "왜 우리나라 대학생은 선진국 대학생들의 4분의 1 정도밖에 공부를 하지 않느냐?"고 질문을 던지는 것이다. 참석한 위원 중 몇 분이 답변을 하는데 질문에 대한 정확한 대답이 되지 못했다. 그래서 내가 자진해서 "제가 답변을 드리겠습니다."라고 했다. 나는 서울대학교 발전계획을 수립하면서 이해하게 된 도서관 발전 지수인 "ARL 지수"를 가지고 대체로 다음과 같이 자세히 설명했다. "ARL 지수를 비교해 보면 하버드 대학은 3.2이고, 미국에서 100위권에 있는 라이스 대학이 1.2인 데 비해 서울대학은 −1.2에 불과합니다. 서울대학 도서관에 200만 권의 장서가 있다고 하지만 100만 권은 옛날 책입니다. 외국에서 학위를 마치고 온 신진 교수가 의욕적으로 강의를 하고, 과제를 내주지마는 학생들이 참고할 만한 도서가 없어서 교수의 의욕이 곧 꺾이게 됩니다. 따라서 대학 도서관에 대폭적인 투자를 하지 않는 한 우리 학생들의 공부하는 양이 선진국 학생들의 공부량을 따라갈 수 없습니다." 거의 10여 분에 걸쳐서 설명했다. 그 후 며칠이 경과해 서울대학교 도서관에 250억 원이라는 거금이 지원되었는데, 이는 우연의 일치는 아니라고 생각한다.

노태우 대통령 임기 중에도 대통령 교육정책 자문회의 상임 전문위원 역할을 하면서 교육재정을 GNP의 5%까지 확보할 것을 제안해 청와대에 보고한 바 있다. 이와 같은 교육재정 확보

책에 영향을 받아 대선 때마다 교육 공약에는 '교육재정 GNP의 몇 % 확보'가 단골 메뉴로 등장하게 되었다. 14대 대선에서는 모든 후보자가 교육재정을 GNP의 5%까지 확보하겠다고 하였으며, 15대 대선에서는 교육재정을 GNP의 6%까지, 16대 대선에는 교육재정을 GNP의 7% 수준으로 확보하겠다는 공약이 대두했다.

우리나라에서 각 당의 대선 후보자를 초청해 TV 토론을 처음으로 시작한 것은 15대 대선 때부터이다. 현재는 대선 후보자들을 함께 초청해 패널리스트들이 순번으로 돌아가며 질의 응답하는 형식이지만 당시는 후보자를 한 명씩 초청해 여러 명의 패널리스트가 집중적으로 토론하는 형식이었다. 한국방송협회가 주최하고, KBS와 동아일보가 공동으로 주관한 3당 대통령 후보 초청 토론회가 1997년 8월 27일부터 29일까지 3일간 개최되었다. 패널들의 질문 내용은 광범위한데 주로 후보자의 도덕성과 전문성, 공약의 신뢰성 및 실천 가능성에 초점이 맞추어져 있었다. 나는 교육계 대표로 참여해 주로 후보자의 도덕성과 교육재정 확보 방안에 대해 질문을 했다.

5. 학회 창립 및 운영

내가 처음으로 학회를 창설한 것은 "한국교육재정경제학회"이다. 동국대학교의 B 교수, 서강대학교의 K 교수, 그리고 나 이렇게 셋이 만나서 학회 창립의 필요성을 함께 이야기하면서 교육재정 관련 학회를 창설하자고 합의했다. 그러나 당시에는 교육재정학을 전공한 사람이 다섯 손가락으로 꼽을 정도였기 때문에 교육경제학 전공자도 회원으로 참여할 수 있도록 하자고 했다. 그래서 학회명도 한국교육재정경제학회라고 작명하게 되었다. 초창기에 학회 회원 수를 걱정했는데 각 대학에서 교육재정학과 교육경제학 분야의 석·박사를 양산하고, 학회 활동을 활발히 전개해 지금은 한국교육학회의 어느 분과학회보다도 많은 회원을 가지고 활발히 운영되고 있으며, 학회 학술지 『교육재정경제연구』는 교육학 분야에서 최초로 한국학술진흥재단 등재 학술지로 선정되었다.

두 번째로 창설한 것은 1994년에 창설한 "한·일 교육행정 공동 세미나"이다. 내가 한국교육행정학회 회장을 할 때 일본의 교육행정학회 회장을 만나서 한·일 간에 교육행정학자들이 상호 왕래하면서 지속적으로 세미나를 할 수 있는 체제를 구축하자고 제안해 만든 것이다. 한·일 교육행정 공동 세미나는 매년 일본과 한국을 오가며 교육에 관한 공동 관심사를 주제로 해 현재까지 지속되고 있다.

세 번째로는 세계교육학회(World Education Research Associations)의 창립 준비위원으로서 세계교육학회 창립에 결정적인 기여를 했다. 세계 여러 나라의 교육학회장들이 미국 교육학회(American Educational Research Association)에 참석한 후 세계교육학회 창립을 논의하기 위해 별도로 회의를 했다. 첫 회의에서 유럽의 교육학회장들이 반대 의견을 강력하게 제기하면서 회의 분위기가 이상하게 돌아가고 있었다. 특히 공통 언어를 어떤 것으로 할 것이냐에 대해 촉각을 곤두세우고 있었다. 그래서 나는 아태지역 사범대학 학장협의회를 구성한 경험을 설명하면서 차제에 세계 여러 나라의 교육학자들이 교류 협력하면서 세계 교육 문제를 함께 논의할 수 있는 학회를 창립할 필요성을 구체적으로 제시했다. 그리고 회의 시 사용 언어는 당분간 영어를 사용하되 필요하다면 국제회의에서 통상적으로 사용되는 몇 가지 언어도 함께 사용할 수 있도록 하자는 제안을 했다. 그랬더니 반대 의견을 제시하던 유럽의 회장들이 긍정적인 방향으로 선회하게 되었다. 이후에도 몇 차례 세계교육학회 창립 준비 회의를 개최하였는데, 나는 학회명을 World Education Research Association으로 하고 줄여서 WERA로 하자는 제안을 함과 동시에 WERA 운영의 기본이 되는 WERA의 정관(constitution)과 조례(bylaw) 초안을 작성·제시했다. WERA의 정관은 내가 제시한 초안을 근거로 몇 차례 심의 절차를 거쳐서 수정·보완한 것이다.

나는 한국교육학회의 제38대 회장으로 취임해 학회 중흥을 위한 다양한 활동을 전개했다. 우선 학회의 영문 명칭을 국제적인 추세에 따라서 Korean Educational Research Association (KERA)으로 변경하고, 학회의 각종 규정을 현실에 부합하게 수정·보완하고, 학회 조직을 대폭적으로 개편했다. 또한 세계교육학회 정관(constitution)을 인준하고, UN Global Compact Korea Network(UNGC)의 회원으로 가입하고, Asia-Pacific Educational Research Association(APERA)에도 가입했다.

사범대학 학장으로서 아시아 태평양지역에 있는 사범대학의 학장들을 설득해 아태지역 사범대학 학장협의회(Asia-Pacific Education Deans Association)를 창립한 것은 매우 의의 있는 일이었다. 이 협의회를 구성하게 된 동기는 아시아지역의 사범대학들이 교류 협력하면서 세계 교육의 중심 역할을 하자는 데 있었다. 지금까지 서구의 국가들은 교육이론을 생산해 공급하는(producing and supplier) 선도자(leader)였고, 아시아 국가들은 서구의 학자들이 만들어 놓은 교육이론을 사용하고 소비하는(using and consumer) 추종자(follower) 역할만을 했다. 이제 아시아의 학자들도 새로운 이론을 연구·개발해 역으로 서구의 학자들에게 제공하는 역할을 해보자는 것이 학장협의회 창립의 근본 목적이었으며, 대부분의 학장들이 이와 같은 나의 주장에 동감하고 기꺼이 학장협의회 창립에 찬동했다. 나는 아태지역 사범대학 학장협의회 창립회장으로서의 역할을 성공적으로 수행하고 학장의 임기를 마치게 되었다.

6. 대학-지역사회 간의 협력체제 확립

대학은 학문과 진리를 탐구하는 상아탑이므로 가능한 한 사회로부터 격리시켜서 외부인들이 무단출입하지 못하도록 해야 한다는 생각이 오랫동안 대학 사회를 지배해 왔다. 서울대학교도 오랫동안 외부인의 방문을 철저히 통제하는 정책을 유지해 왔다. 대학의 시설물이나 건축 관계는 법적으로 구청에서 건축허가를 받아야 함에도 구청을 무시하고 시청을 통해서 업무를 처리하고자 했다. 그뿐만 아니라 서울대학교는 1970~80년대에 학생 데모가 한창일 때 수시로 관악구민들에게 최루 가스를 날려 보내서 대학 근처의 주민들이 무더운 여름철에도 창문을 제대로 열고 생활할 수 없도록 했다. 대학이 주민들에게 혜택을 주기보다는 생활에 불편만을 주었다.

대학과 지역사회는 상호 도움을 주고받으며, 함께 발전하는 관계에 있는 것이다. 지역사회 내에 대학이 있어 주민의 생활이 편안해지고 만족스러우며, 대학이 있다는 데 대해 긍지를 가질 수 있어야 할 것이다. 선진 외국의 경우에는 대학 주변에 대학촌이 형성되고, 대학은 주변의 주민들에게 각종의 혜택을 부여해 이들이 생활의 편리함과 만족을 느끼고, 대학 주변에 사는 것에 대해 긍지와 자부심을 가지고 있다. 주민들도 대학의 정책에 대해 적극적으로 지지하고, 대학에서 주관하는 각종 행사에 참여해 보다 풍요로운 생활을 즐기고 있다.

나는 사범대학 학장직을 맡고 있을 때 관악구민을 대상으로 "대학-지역사회 간의 협력체제 확립"이라는 주제로 특강을 할 기회가 있었다. 관악구에는 세계적 수준의 서울대학교가 있으며, 강남구에는 대학이 없음에도 불구하고 일반 시민들이 관악구 거주를 회피하고, 강남구를 선호하는 이유를 설명했다. 그 이유는 강남구에는 좋은 중학교, 고등학교가 많으며, 사설 학원도 많고 도서관도 많기 때문으로 분석되었다. 또한 봉천동과 신림동은 오랫동안 달동네와 판잣집촌으로 인식되어서 어린 학생들마저 봉천동이나 신림동에 사는 것을 부끄럽게 생각할 정도였다.

이와 같은 문제를 극복하기 위해서 우선 서울대학교 사범대학의 연구팀으로 하여금 관악구가 평생학습도시로 지정받고, 교육문화도시로 지정받을 수 있도록 적극 협력토록 했다. 그 결과 관악구가 서울시에서 제일 먼저 평생학습도시로 지정받았고, 전국적으로 두 번째의 과학문화도시로 지정받았다. 그리고 관악구 평생학습센터에 관악시민대학을 설치하고, 주민들의 강력한 요구를 수용해 사범대학 내에 관악시민대학원을 설치해 운영했다. 또한 서울대학교 문화관에서 공연이 있을 경우 관악구청에 초청장을 넉넉히 주었고, 관악구의 직원들이 서울대학교 어학연구소에서 반값으로 어학연수를 받을 수 있도록 조치했다. 또한 지역의 이미지 쇄신을 위해서 동명 개칭을 강력히 주장했다. 관악구는 역사적인 유적지가 많기 때문에 조금만 관심을 기울이면 얼마든지 좋은 동명을 찾을 수 있다. 내 주장에 대해 동감해 구민을 상대로 주민의 의견을 조사했는데 절대다수가 동명 변경에 찬성해 동명을 바꾸게 되었다. 새로운 동명은 역사적인 의미를 갖고 있는 것이 많고, 들으면 정감이 가는 동명들이다.

주민들이 선호하는 살기 좋은 지역사회로 만들기 위해서는 유명 대학이 필요한 것이 아니라 좋은 유치원, 초등학교, 중학교, 고등학교가 필요하며, 학생들이 쉽게 접근할 수 있는 사설 학원이 필요한 것이다. 그래서 나는 서울대학교 사범대학 부속중학교와 부속고등학교를 관악구로 유치하기 위해 온갖 심혈을 기울였다. 관악구민 전체가 사범대학 부속학교 이전을 요구하는 서명을 하고, 서울시청을 설득하였으나 성북구의 반대에 직면해 서울시 과학관 맞은편으로 부속학교를 이전하겠다는 계획은 좌절되고 말았다.

7. NGO 활동: 학교바로세우기실천연대

학교는 교사에게 보람과 긍지를 갖게 하는 교육의 장이고, 학생에게는 꿈과 희망을 키우는 학습의 장이며, 학부모에게는 자녀를 안심하고 맡길 수 있는 신뢰의 장이다. 그러나 정치·경제 논리에 기반을 둔 교육개혁이 추진되면서, 특히 교원 정년이 쿠데타적으로 감축되면서 학교 교육이 갑자기 붕괴되기 시작했다. 사명감과 열정을 가지고 적극적으로 학생을 지도하던 교원들이 교권을 박탈당하고, 권위를 상실하고, 의욕을 잃게 되었으며, 결과적으로 교육력을 발휘할 수 없는 지경에 이르렀다. 기본적인 학교 질서와 사제관계가 무너지고, 공동체 의식이 깨어져 구성원 간에 신뢰보다 불신이 압도하게 되었다. 이와 같은 학교 교육 붕괴 현상을 좌시할 수 없어서 나는 1999년 가을에 한국교원단체총연합회, 대한어머니회, 주부클럽중앙회 등 5개의 단체를 주축으로 학교바로세우기실천연대라는 NGO(Non-Governmental Organization)를 결성하고 학교를 살리기 위한 광범한 활동을 전개했다. 학교공동체 신뢰회복과 건전한 학교문화 조성을 위한 "SOS 운동"을 전개했다. SOS 운동은 "우리 학교를 지원하자(Support Our School)"는 의미와 "우리 학교를 구하자(Save Our School)"는 두 가지 의미를 가지고 있다.

학교공동체 신뢰회복 사업으로 학교공동체 구성원 간의 교육 분쟁을 교육적 차원에서 해소하기 위한 학교공동체 분쟁조정위원회를 설치·운영하고, 학교 바로 세우기를 위한 전단지를 제작 배포하고, 풍자극과 퍼포먼스 등을 통해 가두 캠페인을 전개하고, 학교 바로 세우기 인터넷 상담 창구를 운영했다. 즐거운 학교 만들기 사업으로는 이달의 자랑스러운 학교를 선정해 소개하고, 즐거운 학교 만들기 가상 캠페인을 전개하고, 즐거운 학교 인터넷 토론방을 운영했다. 그리고 학교 바로 세우기 정책 사업으로 교육정책 현안에 대한 대안을 제시하고, 쟁점 사안에 대한 긴급 정책토론회를 개최하고, 학교공동체의 인식을 조사했다. 특히나 각 학교 재학생 중 불우 학생을 파악해 사회 저명인사와 연계시켜서 이들이 학생들에게 직접적으로 재정적인 지원을 하는 등 학생들이 용기와 희망을 가지고 학교생활을 할 수 있도록 했다.

정부로부터 지원이나 협조를 일절 받지 않고 순수한 의미의 NGO 활동을 전개한다는 것이 얼마나 어려운 것인지 절실하게 느꼈다. 물론 NGO 활동에 참여하고 있는 5개의 단체로부터 부분적으로 재정을 지원받기는 하였으나 충분할 수가 없었다. 각 단체는 나름대로 고유한 설립 목적과 활동이 있기 때문에 인력 지원과 재정 지원에 한계가 있을 수밖에 없었다. 만 3년간 학교바로세우기실천연대를 운영하면서 깨닫게 된 것은 합리적인 재원확보 방안이 없는 NGO는 성공할 수 없다는 것이다. 이와 같은 NGO 활동을 경험하고 난 후에 오랫동안 NGO 활동을 전개하고 있는 단체나 지도자를 보면 존경스러운 마음이 저절로 생기게 되었다.

VIII. 꿈의 고등학교 교장으로 전근

서울대학교에서 2008년 2월 29일에 대학 전체로 하는 정년퇴임 행사를 모두 마치고, 다음날 민족사관고등학교 교장으로 취임하기 위해 저녁 늦게 횡성에 위치한 민사고로 향했다. 교장 숙소인 기숙사에 도착한 시간은 자정을 훨씬 넘긴 시간이라서 이미 기숙사 정문도 잠겨 있었다. 기숙사 사감을 불러서 내일 아침에 교장 취임식에 참석하려고 왔으니 문을 열어달라고 해 간단한 짐을 풀고 잠을 청했다. 누워서 생각해 보니 교수로 정년퇴임을 했다는 것이 실감이 나지 않았다. 당장 내일 아침에는 학교장 취임식을 하고, 3.1절 기념행사, 개교기념일 행사, 입학식을 한꺼번에 거행해야 하니 정년퇴임의 아쉬움을 느낄 겨를이 없었다. 이러한 사정을 잘 아는 동료 교수 한 분이 공식 석상에서 "윤 교수님은 정년을 한 것이 아니라 민족사관고등학교로 전근하셨다"고 표현했다. 정년 퇴임식 다음 날 새로운 직장에서 취임식을 하게 되니 전근이라는 말이 틀린 것은 아닌 듯싶다.

2008년 3월 1일에 민족사관고등학교는 무척이나 바쁜 하루였으며, 그 가운데 내가 있었다. 교장 이취임식, 3.1절 기념식, 개교 기념식, 그리고 신입생 입학식을 차례로 하게 되니 정신이 없었다. 더구나 전날 밤에 늦게 학교에 도착해서 잠도 제대로 자지 못한 상태로 많은 행사를 한꺼번에 치르게 되니 힘이 들 수밖에 없었다. 대학 풍토와는 전혀 다른 고등학교에 와서 학교를 경영하게 되었다는 생각만 해도 마음이 설레고 기대에 부풀게 된다. 생각해 보면 나는 한참을 돌아서 이곳에 와 있는 기분이었다. 사범학교를 졸업하고 대부분의 친구들이 초등학교 교사를 하고, 몇몇 친구가 중등학교 교사를 할 때 나는 대학으로 진학하였고, 내친김에 석사학위를 받고 외국 유학을 해 박사학위를 받았다.

민족사관고등학교 교장으로 오게 된 연유는 이러하다. 우리 사회가 IMF위기를 어느 정도 극복할 즈음에 민족사관고등학교의 최명재 회장은 나에게 학교 발전 방안을 연구해달라고 했다. 나는 최 회장의 부탁을 기꺼이 수락하고 민사고 발전 방안을 연구해 그 결과를 "민족사관고등학교 발전 방안에 관한 자문 연구(2004)"라는 보고서로 제출했다. 이 자문 연구보고서에는 33가지 과제를 제안하였는데, 그중에 하나가 바로 "국적, 인종 등을 초월해 교육 및 영재교육에 관한 투철한 의식을 소유하고, 경영자로서의 리더십을 갖춘 자를 교장으로 초빙할 것"이다. 그리고 최 회장을 만나서 학교를 세계적인 학교로 발전시키기 위해서는 유명한 외국학자나 저명한 국내 인사를 학교장으로 초빙해야 한다는 것을 강조했다. 그랬더니 외국인보다는 내국인을 한 명 추천해 달라고 했다. 그래서 교육부 장관을 역임한 L 교수를 민사고 교장으로 추천하게 되었고, L 교장의 임기가 끝나면서 내가 서울대학교에서 정년을 하게 되니 민사고에서 나에게 학교장직을 제시하게 되었던 것이다.

나는 민사고 교장으로 와서 어떤 교과보다도 체육을 강조했다. 지덕체라는 용어도 체덕지로 바꾸면서 미래 지도자가 될 사람에게 가장 중요한 것이 체력이라는 것을 수시로 강조했다. 학생들 간에 우리 학교는 민족사관체육고등학교라는 말이 나올 정도로 체육을 강화하고 중시했다. 고등학교 입시에서 체육 실기 시험으로 4km 달리기를 부과하고, 전교생이 하루 일과를 태권도, 검도, 조깅 등 아침 운동으로 시작하고, 도민체전에 전교생의 4분의 1 정도가 선수로 참여하고 전교생 450명이 응원에 참여하는 학교가 민족사관고등학교이다. 대부분의 학생들이 태권도나 검도에서 1단 이상의 실력을 가지고 졸업을 하며, 단체응원을 통해 애교심과 단결심을 함양했다. 민족사관고등학교는 민족주체성 교육에 바탕을 두고 세계적 지도자를 양성하기 위한 영재교육 기관이다. 따라서 일상생활에서 한복을 착용하고 한국적 가치관과 예절을 체득하고, 국궁, 가야금, 대금 등 전통적인 무예를 익히는 동시에 국제적인 표준을 충족시킬 수 있도록 교육과정을 편성·운영했다. 민사고에서 체육활동은 교양 선택이나 주변적인 활동이 아니라 필수과목이며 핵심적인 활동이다. 민사고의 전 교직원과 학생들에게 심폐기능소생술(CPR)습득을 의무화하고, 졸업요건으로 100m 이상 수영을 부과했다. 민사고는 봄철에는 교내 체육대회를 개최해 학생과 교사가 함께 어울려 운동하는 장을 마련하고, 가을에는 조부모님, 부모님, 아들딸과 함께하는 삼대 민속체육대회를 개최해 대가족이 재미있게 어울릴 수 있는 기회를 마련하고 있다. 또한 겨울철에는 모든 학생을 대상으로 스키와 스노보드를 교육시킨다. 매주 수요일 오후는 스포츠 클럽 데이(Sports Club Day)로 정해서 모든 학생과 교직원이 자신이 선호하는 운동 종목을 택해서 심신을 연마하고 있다. 학교 내의 80여 개 동아리 중에 축구, 농구, 배구, 국궁, 승마, 수영, 골프 등 체육동아리가 15개나 되며 매우 활성화되어 있다.

나는 서울대학교에서의 대학과 지역사회의 협력 증진의 경험을 살려서 민사고에서도 지역사회와의 관계 개선을 위해 다양한 활동과 사업을 전개했다. 그 첫째가 학생과 교직원의 주소지를 안흥면으로 이전한 것이다. 주민등록법에 "시장·군수 또는 구청장은 30일 이상 거주할 목적으로 그 관할 구역에 주소나 거소를 가진 자를 이 법의 규정에 따라 등록해야 한다."라고 규정되어 있다. 이 법에 따라서 내가 먼저 주소지를 안흥면으로 옮기고, 학생과 교직원들도 주소지를 이전토록 했다. 내가 세대주로 되어 있었기 때문에 나는 대한민국에서 가장 큰 가족을 거느린 세대주였다.

강원도민체전에 민사고 운동선수들이 적극적으로 참여해 횡성군이 도민체전에서 종합 1위를 하는 데 일조했으며, 횡성군에서 개최되는 각종 체육대회에 민사고의 체육시설을 개방하고, 인근 초·중등학교나 지역 주민들에게도 운동장을 개방했다. 매년 개최되는 도민체전에는 100여 명 이상의 학생들이 선수로 참가하도록 했다. 학교에서는 응원단을 조직해 예선에는 1학년이 응원단으로 참가하고, 준결승과 결승에는 각각 2학년과 3학년이 참가토록 해 결과적으로 전교생을 도민체전에 참가시켰다.

민사고 학생들이 강원도 지역 주민들을 위한 자원봉사 활동에 적극적으로 참여할 수 있도록 행·재정적인 지원을 했다. 횡성군이 주최한 세계스노보드대회, 춘천 월드레저 경기대회 등에 민사고 학생들이 통역 요원으로 봉사할 수 있도록 하고, 지역사회의 각종 행사에 봉사 요원으로 참여토록 했다. 주말에 민사고를 방문하는 방문객 수가 연간 약 2만 명이었는데(공식 방문객 만 명, 비공식 방문객 만 명), 공식적인 방문객에 대해서는 봉사학생들이 팀을 만들어서 학교 투어를 안내하도록 했다.

민사고는 개교 이래로 매월 마지막 금요일은 귀가일로 정해서 학생들을 단체 귀가시켜 왔다. 학생 수가 적을 때는 동원되는 버스의 수가 몇 대 되지 않았겠지마는 학생 수가 450명이 넘으면서 동원되는 버스가 14대 정도가 되었다. 단체 귀가 때 발생할 수 있는 대형 교통사고는 예방해야 한다는 생각이 강했다. 그래서 생각한 것이 학교가 주도하는 단체 귀가 제도를 없애고, 대신에 고속버스 휴게소인 횡성휴게소에서 고속버스를 타고 내릴 수 있도록 해달라고 국토해양부에 민원을 제출했다. 그 후 국토해양부에 확인해 본 결과 민사고의 요구를 수용해서 실험적으로 횡성과 또 다른 한 곳을 정해서 고속버스 휴게소에서 승하차하는 것을 실시해 보겠다고 했다. 국토해양부에서 실험적으로 실시한 결과 고속버스 휴게소에서 승하차하는 데 아무런 문제가 없었고, 주민들이나 이용객들로부터 호평을 받았다면서 전국적으로 확대·실시하겠다고 했다.

민족사관고등학교가 그간 이룩한 교육성과와 적극적이고도 능동적인 국제교류·협력 정책은 외국의 명문 고등학교들로부터 높은 평가를 받아 2012년 4월에 민사고는 세계 명문고등학교 집합체인 G-20 High School의 정식회원으로 가입하는 성취를 이뤘다. G-20 High School은 세계적으로 유명한 20여 개 고등학교의 모임인데, 이 학교의 교장들은 매년 회원 학교를 순회 방문해 회원 학교를 견학하고, 학교 발전을 위한 공동 세미나를 통해 공통의 문제에 대해 해결책을 강구하고, 각 학교가 가지고 있는 장점들을 함께 공유하는 노력을 하고 있다.

IX. 맺음말

대한교육연합회를 시작으로 여러 기관에서 직장생활을 하면서 언제나 내 자신이 만족한 수준에 도달하려고 부단히 애썼다. 내 생애에서 가장 큰 행운은 첫 직장에서 상사로부터 직장생활에 필요한 모든 기본적인 자세와 태도를 배울 수 있었다는 것이다. 이때 습득한 노하우가 내 인생의 나침판이 되었으며 언제 어디서나 자신감의 원동력이 되었다. 그리고 더 큰 행운은 모든 사람의 선망의 대상인 서울대학교 교수로 직장생활을 행복하고 떳떳하게 마감했다는 것이다. 교수 생활을 하면서 늘 서울대학교 교수라는 자부심과 긍지를 가지고 더 열심히 해야겠다고 자신을 채찍질하면서 경각심을 일깨웠다. 이러한 자세 때문에 아마도 내 자신이 할 수 있는 것 이상으로 더 많은, 더 우수한 결과들을 산출할 수 있었지 않나 생각한다.

또한 덤으로 얻은 마지막 행운은 서울대학교에서 정년하고, 곧바로 대한민국에서 가장 우수한 학생들이 다니고 세계적으로도 명성이 높은 꿈의 고등학교 민족사관고등학교 교장을 할 수 있는 기회가 주어졌다는 것이다. 이러한 기회는 선택된 사람에게만 부여된다는 사실을 알고 있기에 더더욱 만족스럽게 길고 길었던 직장생활을 성공적으로 마감할 수 있었다. 지금도 관악산 자락에 펼쳐진 서울대학교 캠퍼스와 강원도 횡성의 덕고산 자락에 시원하게 둥지를 틀고 있는 민족사관고등학교에서의 아름답고도 화려했던 값진 경험과 생활들이 생생하게 떠오른다.

구도의 여정에서 만난 프루스트

이형식

서울대학교 사범대학
불어교육과 명예교수

I. 슬픈 격정

산천이 온통 연두색으로 변하기 시작하고 온갖 꽃들이 다투어 피어나던 어느 날, 엷은 안개처럼 은은한 슬픔에 잠겨 달천(達川)변 충렬사(忠烈祠) 경내를 거닐면서, 조금 전 유물관에서 본 임경업 장군의 추련도(秋蓮刀)에 새겨진 '평생장부 보국심(平生丈夫 保國心), 삼척추련마십년(三尺秋蓮 磨十年)'이라는 구절과, 그분이 남기셨다는 군사 지도 〈영남 연해 형편도(嶺南沿海形便圖)〉를 다시 뇌리에 떠올린다. '일편단심 노심초사하셨건만, 변변찮은 추물들의 간계에 걸려 횡액을 당하시니, 연전연승 끝에 비루한 자들로 인해 오히려 혹독한 국문(鞫問)을 당하신 이충무공의 망극한 운명과 어찌 이리 유사한가! 오자서(伍子胥)나 항우(項羽), 한신(韓信) 등의 고사를 두 분 모두 익히 아셨으련만! 카르타고의 한니발이나 갈리아의 베르킨게토릭스, 게르만 전설 속의 지그프리트 또한 같은 운명을 피하지 못했으니, 이 역시 하늘의 뜻이란 말인가? 그렇다면, 시비와 미추를 따져 구별하고, 흥망성쇠에 일희일비하는 것 자체 또한 불경스러운 거조 아닌가? …' 그 순간 나의 뇌리를 스친 감회였다.

나의 사념이 그렇게 꼬리를 물고 이어지려는 순간, 서글서글하고 한껏 다정하며 명랑하게 구르는 듯한 어떤 새의 지저귐 한 가닥이 가까이에서 들려온다. 내가 흠칫 놀란다. 노란 꽃이 피어나기 시작한 산수유나무 가지에 앉아 태연스럽게 짝을 부르는 듯한 박새였다. '박새의 노래가 저토록 아름다운가!' 그러한 상념과 거의 동시에 나의 시야에, 맑고 까만 눈이, 근 칠십 년 전 어느 날 새장에 갇힌 채 나를 반가운 기색으로 맞던 바로 그 박새의 동그란 눈이 아른거린다. '신뢰와 기대 가득했던 그 동그란 눈이 나에게 전하려던 뜻을, 자유롭게 날아가고 싶은 갈망을, 내가 분명 감지했으련만, 그리하여 잠시 주춤거렸건만, 야수의 식욕을 억제하지 못하여 영영 씻지 못할 회한을 남기고 말았구나!' 그러나 잠시 후, 고요한 사당 경내의 잔디밭에서 긴 부리로 흙을 열심히 들쑤시며 무엇인가를 찾아내어 먹고 있는, 특이하게 생긴 후투티 두 마리에게 시선을 빼앗겼고, 그러는 사이에 먼 옛날의 작은 박새에게로 향하던 추념이 슬그머니 흩어지더니, 소년 시절에 가끔 홀로 오르던 남한산성의 수어장대 및 유난히 쓸쓸했던 그 인근의 송림이, 마치 억눌려 있던 잔잔한 흐느낌처럼 되살아난다.

어린 시절의 두려움과 허기증과 포식자의 게걸스러움이 어느덧 자취를 감춘 이후에는, 마을의 또래들과 어울리는 일이 드물어졌고, 다른 식구들에게는 물론 심지어 어머니에게조차 아무 말씀 드리지 않은 채, 높은 산의 긴 능선을 따라 종일 걷다가 저녁에야 집에 돌아오는 일이 잦아졌다. 초기에는 마을 뒷동산을 넘어 서울이 한눈에 내려다보이는 아계산(아차산) 등성이에 이른

다음, 능선을 따라 남쪽으로 향하다가, 용마봉에서 잔해만 남은 석성을 따라 동쪽으로 내려와 대성암(大聖庵)에서 잠시 쉬었다가 집으로 돌아오곤 했다. 특히 남한산성 수어장대에 오를 때에는 슬픈 격정이 나를 뒤흔들었고, 그럴 때마다 나는 송파 벌판을 내려다보면서 삼전도(三田渡)의 그 치욕스러운 비석이 어디에 있는지 찾으려 눈을 부릅뜨곤 했으며, 성곽을 따라 성의 북문 쪽으로 천천히 걸을 때에는, 조선 팔도에서 밤낮없이 들렸다는 풀무질 소리가 여전히 들리는 것 같았다. 또한 그럴 때마다 젊은 봉림대군(鳳林大君)과 그 기개 가히 중원대륙을 뒤덮을 만했다는 이완(李浣) 대장의 모습이 눈앞에 어른거리는 듯했다. 또한 남한산성에 다녀온 날 저녁에는, 다락방에서 먼지 뒤집어쓰고 있던 『무경(武經)』이나 『동국병감(東國兵鑑)』, 『수호전(水滸傳)』 등을 읽어보려 애를 쓰곤 했으나, 옥편(玉篇)을 아무리 뒤적여도 해독하기가 어려웠고 또 그럴 여가도 없었다. 다만 그 무렵 한글로 번역된 『삼국지연의(三國志演義)』가 우연히 사랑채 한구석에서 발견되어, 한동안은 밤낮으로 그것 읽는 데만 몰두했다. 그러나 어릴 때 읽던 만화책들만큼이나 재미있던 그 책을 두 번, 세 번, 거듭 읽다 보니 얼마 아니 되어 곧 읽기가 지루해졌다. 유인과 매복, 거짓 항복이나 반간계(反間計) 등 온갖 휼계(譎計), 위선 가득한 언사들, 터무니없는 과장이나 비술(祕術), 잔혹한 장면들, 무수한 배신 등으로 점철된 책이었다. 처음 읽을 때에는 하도 비장하여 나의 눈물을 자아내기도 했던 제갈량의 〈출사표(出師表)〉도, 어느 순간부터는 진부해 보이기 시작했고, 급기야 그러한 책을 지은 사람이 고결한 인물일 수는 없을 것이라는 상념까지 품게 되었다.

또한 세계사 수업 중에 어렴풋이 들은 알렉산드로스, 한니발, 카이사르, 나폴레옹 등이 주도한 숱한 전투들 이야기도 읽고 싶었으나, 그러한 책들을 구할 방도가 없어 막연히 훗날을 기약하곤 했다. 그러면서 학교에 가면, 역사, 지리, 물리, 독일어 등의 수업 시간에 특별히 열성을 보였고, 가끔 늦은 밤이면 아시아 지도를 펼쳐 놓고 지형과 지세를 살피면서 각 지역의 민족과 그들의 풍습, 주요 산물, 평야와 하천의 분포, 기후 등을 상상해 보곤 했다. 독일어 공부는 학교의 수업 진도와 무관하게 진행되어 어느덧 단편소설들을 읽게 되었는데, 혹시 훗날 독일 군사학교에 유학할 때를 대비해서였고, 물리 공부에 각별한 관심을 가졌던 것은, 전대미문의 압도적 무기를 개발하는 데 도움이 될 것이라는 생각에서였다. 백운대(白雲臺)의 거대한 화강암 덩이를 멀리서 바라볼 때마다, 그것에 내재하는 응집력을 확산력으로 전환시킬 방법이 있을 것이라는 몽상에 잠기곤 했고, 차가운 대기나 태양열을 순간적으로 특정 지역에 집결시켜, 다른 지역에는 피해를 주지 않고 그곳의 모든 것을 마비시킬 방도를 찾을 수 있을 것 같았다. 특히 광막한 대륙을 단시일 내에 평정하려면 그러한 무기가 꼭 필요할 것 같았으며, 중공군 삼십만 대군을 그러한 방식으로 무력화시켜 압록강 건너에 묶어 두었더라면, 눈보라 속에서 어린 나와 함께 한강 얼음판을 건너 남쪽으로 향하던 무수한 피난민들이, 눈 덮인 송파 벌판에서 중공군으로 오인되어 참혹하게 희생당하는 일은 없었을 것이라는 슬픈 회상에 젖기도 했다.

그리고 다른 한편으로는, 몹시 더운 날을 골라, 물 한 모금 마시지 않고 점심도 굶은 채, 운길산(雲吉山) 정상으로부터 마치

고개로 이어지는 험준한 산맥을 따라 걷거나, 시외버스를 타고 경안까지 가서 그곳에서부터 먼지 풀썩이는 한적한 도로를 따라 걷기 시작하여, 남한산성 동문과 수어장대를 거쳐 성벽을 넘어 송파 벌판을 가로질러 광나루에 이르기도 했다. 체력과 지구력을 기르기 위함이었다. 또한 겨울철에는 어둠이 채 걷히지 않은 아계산 깊은 골짜기로 들어가, 시루봉 정상까지 올라갔다가 내려와 폭포 밑 웅덩이의 얼음을 깨고 물속에 한동안 머물다 나오곤 했다. 아울러 유난히 추운 날 밤에는 바깥쪽 창문을 열어놓은 채 잠자리에 들곤 했는데, 훗날 혹한 지역에서 야영할 때를 대비해서였다. 그렇게 강인한 전사가 되기 위한 수련은, 아버지께서 타계하실 무렵, 수어장대에서 낙조 어린 서천을 바라보며 나 자신에게 다짐한 순간 이후 두 해 동안 계속되었다. 그러나 이 무슨 운명의 작희란 말인가!

II. 허무혼(虛無魂)

부모님에게서 듣거나 책에서 읽은 숱한 비화(悲話)들로 인해 어린 시절부터 심중에서 점증적으로 팽배되던 그 사나운 격정이, 생의 진로를 결정해야 할 시기에 이르러 문득 일종의 혼란 상태로 변했다. '사관학교를 졸업한다 해도 누가 나에게 대군을 맡기겠는가? 또한 중화 대륙과 일본 열도가 고분고분 내 수중으로 들어올까?' 그러한 생각이 고개를 쳐드는 순간, 나의 온몸에서 기운이 썰물처럼 빠져나가며 그토록 짙푸르던 패기가 자취를 감추었다. 그리고 제법 그럴듯한 핑계들이, 나의 비겁함에 도망칠 빌미를 주며, 꼬리를 물고 뇌리에 떠올랐다. '결국 무엇을 위해?' 그 사나운 격정으로 말미암아 배태된 토벌 충동이 유년 시절부터 부지불식간에 사명의 형태로 굳어지고 있었건만, 그 사명에 대한 궁색한 회의가 꿈틀거리기 시작한 것이다. '결국 선조들께서 당하신 수치를 씻자는 것 아닌가? 하지만 그것이 가능한 일인가? 일본 열도를 몽땅 바다 밑으로 처박은들, 중원을 수중에 넣은들, 선조들께서 이제는 아니 계신데 그러한 일들이 무슨 소용이란 말인가? 설사 그분들의 혼령이 돌아오신다 해도, 그 사나운 한풀이 내지 보복을 기꺼워하실까? 더구나, 일본 열도와 중원의 무수한 생령들에게, 그들의 조상들이 저지른 짓에 대한 책임을 묻는 것이 사리에 맞는가? 복수나 한풀이 자체가 천하고 추한 짓인데, 대를 이어 그러한 짓을 계속하려 한다면 얼마나 우스꽝스러운 일인가? 또한 인품 고결한 사람치고 와석종신(臥席終身)하는 이 드물었다는 우리의 유난히 일그러진 역사를 들어 알면서, 이웃 나라의 백성들에게 역정을 내는 것이 정직한 거조인가? …'

유사한 상념들이 끊임없이 이어졌고, 어떤 날에는 자괴감에 휩싸이기도 했다. 그러나 오랜 세월 동안 품었던 뜻을 도저히 버릴 수 없을 것 같았다. 학교에 가서도, 입시 준비에 열심인 급우들의 모습을 넋 잃은 사람처럼 바라볼 뿐, 그 무엇에도 마음을 집중시킬 수 없었다. 일요일이면 정처 없이 한적한 길을 따라 한없이 걸었고, 달 밝은 밤에는 잠을 이루지 못하여 아계산 기슭을 배회하곤 했다. 문득 아무 할 일이 없어진 것 같았다. 그렇게 여러 달 동안 마음을 가다듬지 못하다가, 여름 방학이 끝날 무렵에, 얼마 아니 되는 농토에 의지하여 힘겹게 살림을 꾸려가시는 어머니에게 작으나마 도움 드릴 방법을 모색하게 되었고, 그러기 위해서는 대학에 진학하여 졸업하는 즉시 교편을 잡는 것이 가장 빠른 길이라는 결론을 내렸다.

하지만 그토록 소박한 뜻을 품고 대학에 진학했건만, 모든 것을 상실한 듯한 감회로 인하여 학업에 전념할 수 없었고, 날로 무겁게 나를 짓눌러 오는 것은 깊은 허무감뿐이었다. 게다가 수강하던 과목들 중 어느 것에도 흥미를 느끼지 못했다. 어느 날 〈초급 프랑스어〉 시간에, 교정에 핀 꽃들을 하염없이 바라보다가, 그 유치해 보이는 문장들을 선생님께서 나 같은 멍청이에게 열심히 설명하신다는 사실이 송구스러워, 또한 아무 감흥 없이 앉아 있는 나 자신이 하도 불쌍하여, 어느 순간 손을 번쩍 들고 질문을 드렸다. "선생님, 저 꽃들이 해마다 피고 지기를 반복하는 그 변함없는 노고가, 유유창천의 지극하심과 같거니와, 도대체 만물이 결국 무엇을 위하여 촌각도 쉬지 않고 분주히 움직입니까?" 모든 것이 허망하고 뭇 인간사가 부질없다는 감회에 젖어, 인생의 궁극적 의미가 무엇이냐고 여쭙는, 나름대로 한껏 완곡하게 정리한 질문이었다. 그런데 그 순간 교실이 별안간 조용해졌고, 노하신 듯한 선생님이 나를 잠시 바라보시더니 강의실에서 나가라고 하셨다. 주섬주섬 가방을 챙겨서 복도로 나와 층계를 천천히 내려가기 시작하는데, 층계참에 이르렀을 때 선생님이 복도에 나오셔서, 다시 올라오라고 하셨다. 수업이 끝난 후 몇몇 학생들이 일제히 웃으며 일러주기를, 그 이상한 질문을 하기 직전, 선생님께서 넋 나간 듯한 나를 몇 번 바라보시다가, 교과서에 있는 짧은 문장 하나를 우리말로 번역해 보라고 하셨는데, 바로 그 순간에 내가 손을 번쩍 들더니 그 '기괴하고 장엄한' 질문을 읊어대더라는 것이다.

전공이었던 프랑스어 수업 시간에도 그러했으니 다른 교양 과목 수업 시간에야 오죽했겠는가! 그나마 〈철학 개론〉 강의는 한껏 기대에 부풀어 경청했다. 하지만, 강의를 단 한 마디도 놓치지 않으려 노력했음에도 불구하고, 내용을 도무지 이해할 수 없었다. 귀에 들려오는 것은 소위 철학자들이라 하는 낯선 이름들뿐이었고, 그들의 사상적 요체가 무엇인지는 잡히는 것이 전혀 없었다. 철학자들 중의 철학자인 것처럼 소개하시던 플라톤에 — 선생님께서는 '플레이토'라 발음하셨다 — 대해서도 여러 이야기를 들었지만, 그의 사상적 골격은 포착되지 않았다. 그의 핵심적 사상이라고 하시면서 '이데아'라는 것에 대하여 많은 이야기를 하셨지만 전혀 이해할 수 없었고, 선생님께서는 '이데아'라는 말이 나올 때마다 두 손을 마주 잡은 채, 두 팔꿈치를 교탁 위에 올려놓으시면서 "아! 이데아!"라는 감탄사를 쏟아 놓으시곤 했다. 광신도들의 기도하는 모습을 연상시키던 그 감동적인 열정에도 불구하고, '이데아'라는 것이 무엇인지는 끝내 알 수 없었고, 아직도 이해하지 못한다. 또한 그 시절에 유행하던 '실존주의'라는 말도, 싸르트르 및 하이데거라는 이름들과 함께 자주 들렸다. '실존(實存)이라니, 그것이 무슨 뜻인가? 그렇다면 가존(假存)이나 위존(僞存) 혹은 허존(虛存)이란 것들도 있단 말인가?' 그 말을 듣는 순간 나를 엄습한 짜증 섞인 감회였다. 요컨대, '실존'이라는 것이 무엇을 가리키는지 이해할 수 없었던 것은 '이데아'의 경우와 마찬가지였다. 한 학기 동안 그 강의를 열심히 들었건만, 깊은 허무감에서 벗어날 수 없었고, 뇌리에 남은 것은 '아! 이데아!'라는 감탄사뿐이었다.

게다가 어느 날 저녁, 학교의 천문대에서 망원경을 통해 하늘에 뿌려 놓은 듯한 모래알 같은 별들을 관찰하면서 지구 또한 그것들 중 하나라는 설명을 들은 이후에는, 허무감에 비통함까지 덧붙여졌다. 학과의 다른 동료들은 모든 과목 수업에 열심일 뿐만 아니라, 이런저런 토론회나 강연회에 참석하느라 분주히 움직였고, 각종 봉사단체나 포크댄스 클럽 혹은 연극반에도 가입하여 약동하는 삶을 구가하는 것처럼 보였다. 심지어 어떤 학생들은, 작금의 정치적 사건들을 주제로 삼아 논설문이나 단편소설들을 지어『대학신문』에 게재하는가 하면, 학생회 간부가 되어 잦은 데모에 앞장서기도 했다. 산다는 것의 의미와 그 궁극적 목표를 모르는 사람은 오직 나뿐인 듯했으며, 매사가 허망하고 부질없다는 감회가 심해지는 날에는 고독감에 사로잡히기도 했다. 더 어린 소년이었을 때에는, 허기증이라는 격렬한 욕구에 야수처럼 부응하느라 여념이 없어, 다른 이들에게 시선을 던지는 일이 거의 없었으나, 이제 매사를 무심히 바라보기만 하는 국외자로 변해 있었다. 동료들이 교정의 잔디밭에 둘러앉아 시국에 대해 열변을 토하거나, 토인비나 슈펭글러 혹은 마르크스 등의 이름을 들먹이면서, '문명의 형성과 해체', '서양 문명의 몰락', '동양 문명의 반격', '실존주의', '누보 로망' 등, 내게는 그저 모호해 보일 뿐인 것들에 대해 이야기를 나누는 모습을 바라보고 있노라면, 그들은 자기들이 왜 살아야 하는지 이미 잘 알고 있는 듯했다. 따라서, 항상 강의에 열성적이신 학과의 선생님에게는 물론 동료들에게도, 허무감에 짓눌린 심회를 털어놓고 그들의 견해를 물을 수가 없었다. 그러는 것이 커다란 실례일 것 같았다.

그러던 중 우연히,『대학신문』에서「방황과 모색」이라는 글을 발견하고, 그 글을 명료하게 이해하지는 못했지만, 그것을 쓰신 철학과 선생님께 가르침을 청하는 편지를 드렸더니, 아무래도 내가 철학을 공부해야겠다고 하시면서 우선 플라톤의『공화국』을 읽어보라는 답신을 주셨다. '생의 궁극적 의미'를 깨닫지 못하여 방황하며 주경야독하는 시골 청년이라고 하면서—나의 질문이 너무 유치하다고 생각했던지라 학생이라는 신분을 감추었다—드린 편지에 자상한 답신을 주신 것이 한없이 고맙긴 했으나, 추천해 주신 책이 허무감을 해소해 줄 수 있을 것 같지는 않았다. 살아야 할 이유를 발견하지 못하여 매사가 부질없어 보이는데, 공화국이든 군주국이든, 국가의 형태 따위가 어떻게 나의 관심 대상일 수 있었겠는가? 어린 시절부터 어깨너머로 몇 구절씩 얻어들어 착념해 두었던『논어』나『맹자』등과 유사한 책일 듯했다. 즉 세속적 아귀다툼의 산물에 불과할 것 같았다. 한동안 나에게 그토록 큰 감동을 주었던『채근담(菜根譚)』조차도, 사납고 추한 세상의 침전물처럼 보이던 시절이었으니 더 말해 무엇하랴!

그렇게 실의에 잠겨 갈피를 잡지 못하던 중, 청계천 변 어느 고서점에서, 오이켄이라는 사람이 쓴『인생의 가치와 의미』라는 책을 우연히 발견하게 되었다. 그 책을 보는 순간 내가 느낀 반가움은 거의 충격에 가까웠다. 마치 나를 위해 쓴 책 같았기 때문이다. 그러나, 단어 하나라도 놓칠세라 신경을 곤두세워 읽었건만, 우선 글을 명료하게 이해할 수 없었고, 대강 이해되는 내용만 보더라도, 어떤 윤리적 실천을 강조하는 것 같았다. 내가 기대하던 것과는 본질적으로 다른 이야기처럼 보였다. 결국 그 책을 끝까지 읽을 수 없었다. 그 이후, 라이프니쯔, 칸트, 헤겔 등에 관한 글들도 닥치는 대로 읽어보았으나, 우선 이해하기가 어려웠고, 특히 어렴풋이 포착된 내용은 오이켄의 책에서 느낀 윤리적 문제에 집중되어 있는 것 같았다.

한편 그 시절 자주 눈에 띄던 쇼펜하우어나 니체에 관한 단편적인 글들에서는, 인간을 포함한 뭇 존재의 실체를 규명하려는 시도 및 사물의 의미에 대한 근본주의적 시각 비슷한 것이 어렴풋이나마 포착되는 듯했으나, 특정 세계관이나 종교에 근원을 둔 윤리 체계와의 갈등에서 비롯된 또 다른 아귀다툼의 결과라는 측면에서는, 그들의 사상도 칸트나 헤겔 등의 것과 유사한 범주에 속하며, 허무를 절감한 이들의 처절한 심정에서 발원된 것 같지는 않았다. 아울러 몽떼뉴의 『수상록』이나 루쏘의 『고독한 산책자의 몽상』 등도 읽어보려 노력했으나, '철학이란 곧 죽는 법 배우는 것'이라고 한 몽떼뉴의 말에 잠시 생각을 멈출 수 있었을 뿐이고, 성자라고들 하는 아우구스티누스의 『고백』에서도 별 위안을 얻지 못했다. 비록 잠시 동안이나마, '모든 것이 헛되고, 해 아래에서 인간이 감당하는 수고가 바람을 잡으려는 짓이며, 모든 것은 죽음으로 귀결되어, 인간에게 남는 것은 슬픔과 체념뿐'이라는 「전도서」의 말에서 어떤 열쇠를 발견할 수 있으리라는 기대를 품기도 했으나, 그 책의 결론은 고작 신을 경외하고 그의 명령에 복종하라는 것뿐이었다.

또한 그 무렵, 지구과학을 전공하던 친구의 거듭된 권고를 차마 뿌리칠 수 없어, 어느 교회당의 일요일 오전 예배에 가끔 참석하게 되었다. 일찍이 호기심에 이끌려 『구약』과 『신약』의 몇몇 책들을 대강이나마 읽어보았으되, 어처구니없고 잔혹한 이야기들이 특히 눈에 띄어, 그 경전들이 나의 관심 밖으로 밀려난 지 오래되었건만, 신앙 투철하다는 그 교회 목사님의 설교에서 혹시 어떤 가르침을 얻을 수 있을지도 모른다는 한 가닥 기대 때문이었다. 그런데 강론이 끝난 다음, 목사님이 근엄하고 장중한 음성으로 인도하는 기도의 내용은, 일일이 열거하기조차 민망스러운 지극히 세속적인 일들이 성취되기를 바라는 간원이었다. 그러한 기도문을 들으면서 일종의 수치심 때문에 얼굴이 화끈거렸으나, 산란해지려는 마음을 가다듬어 나 홀로 이러한 염원을 품곤 했다. '당신께서 진정 존재하시고 전지전능하시어 만물을 주재하실진대, 삶의 의미와 가치를 깨닫지 못하여 허무감과 구슬픔에서 벗어나지 못하는 이 불쌍한 생령에게 밝은 가르침을 내려 주옵소서!' 또한 목사님의 강론에서 자주 포착되던 내용은, 지혜로운 자나 어리석은 자 모두 한가지이고, 지혜가 풍부하면 근심도 많으며, 학식의 증대는 곧 고통의 증대라는 등, 「전도서」에서 읽은 적 있는 내용과 비슷했다. 그러나 그 유사한 내용이, 「전도서」를 읽을 때에는 고결한 체념처럼 보였건만, 목사님의 강론 속에서는 사리를 궁구하려는 사람들이나 지식인들에 대한 은근한 적대감을 띠는 것 같았다. 또한 '천국'에서 누릴 '지극한 행복'이 구체적으로 어떠할지, 그곳에서는 허무감이 사라질지, 우주를 창조하신 뜻이 무엇인지 등에 대한 질문을 드리면, 목사님의 음성과 표정에 잔잔한 동요가 일곤 했다.

그리하여 결국 교회당에 드나들기를 멈추게 되었고, 그 이후에는 '고전'이라고들 하는 문예 작품 속에서 구원의 실마리를 발견하기를 잠시 기대했으나, 그것들 속에서 전개되는 이야기들 모두, 아수라와 같은 세속의 만화경을 세세히 그려 놓은 것에 불과한 듯했다. 그 책들 또한, 각각 다소간의 차이는 있으나, 온갖 사회적 질곡과의 갈등에서 분비된, 일종의 역사적 침전물에 불과한 것 같았다. 한마디로, 그 숱한 책들 중 어느 것도 나로 하여금 허무감으로부터 벗어나게 해 주지 못했다. 오히려 뭇 인간사의 진부함과 허망함만을 통감하게 해 주었으니, 트로이아 전쟁과 오뒷세우스의 파란만장한 시련을 전하는 호메로스의 작품들이나, 셰익스피어, 괴테, 위고, 스땅달, 도스토옙스키, 톨스토이, 카프카, 알베르 까뮈 등, 명성 높던 근현대 문인들의 작품들 역시 그러하기는 마찬가지였다. 그것들 역시, 『유충렬전』이나 『홍길동전』 혹은 『양반전』이나 『감자』, 『오발탄』 등과 같은 이야기책들에 불과한 것 같았다. '해 아래에서 인간이 하는 일들 중 새로운 것이 없다'는 「전도서」의 구절을 다시 확인시켜 줄 뿐이었다. 어느 쪽으로 눈을 돌려도 시원한 통로가 보이지 않았다.

III. 제상비상(諸相非相)

그러한 상태에서 다시 봄을 맞았고, 만물이 약동하는 계절이건만, 나의 심정은 돌덩이처럼 삭막하여 미동의 기미도 보이지 않았다. 기쁨은 물론, 슬픔도, 분개하는 마음도 어른거리지 않았다. 나에게는 삼라만상이 깊고 무거운 적막 그 자체였다. 개나리꽃과 진달래꽃 등이 다 지고 연두색이 교정을 덮기 시작한 무렵 어느 날, 무시무종의 세월과 광대무변이라는 무정한 적막 속에서 아무 뜻 없이 꿈지럭거리고 있는 나의 모습이 문득 또렷해졌다. 사하라 사막의 뙤약볕 아래에서 이리저리 오락가락하는 한 마리 개미, 그것이 곧 나의 모습이었다. 목숨을 계속 유지하는 것이 어처구니없는 짓 같았다. 반면 생명이 멈추면, 육신이 조용히 분해되어 흙 속으로 태평스럽게 스며들고, 아울러 삶의 의미를 깨달으려는 그 고백할 수 없었던 열망도 한 가닥 미풍처럼 흔적 없이 스러질 것 같았다. 영원한 휴식이 가능할 것 같았고, 전쟁 동안에 혹은 전쟁 직후에 굶주림과 질병에 시달리다 영영 눈을 감은, 그리고 거적에 둘둘 말려 양지 바른 애총지(아이들 묘지)에 묻힌, 유년 시절 동무들의 모습이 어른거리면서 나를 부르는 것 같았다. 아울러, 교회당에서 무수히 거듭 들었고 「창세기」에서 읽은 그 조물주에 대한 반감이 가끔 꿈틀거리면서, 이 세상에서 할 일 없이 미적거리고 있는 나의 처량한 모습이 나의 내면에 선명히 부각되기도 했다. 더 이상 이 지표면에 벌레처럼 들러붙어 있는 것이 수치일 것 같았다. 결국 어느 날, 음식 섭취를 중단하여 생명이 서서히 멈추도록 하기로 결단을 내렸다. 그러나 갈증이 심할 때마다 물은 조금씩 마셨다. 갈증으로 인해 상념이 흐려지는 것을 막기 위해서였다. 허기증을 제어하기는 별로 어렵지 않았다. 단식하는 짓이 어머니에게 발각되지 않도록, 바쁜 일이 있다고 하며 일찍 집에서 나와 저녁에는 조금 늦게 귀가했으며, 저녁은 친구들과 함께 먹었다고 했다.

그렇게 단식을 계속한 지 열흘쯤 되던 날 초저녁, 교정의 느티나무 밑 벤치에 앉아, 동쪽 먼 하늘에서 반짝이는 별들을 무심히 바라보면서 언제쯤 나의 생명이 멈출까 하는 상념을 품은 채 귀가할 시각을 기다리고 있는데, 가까이에 있는 다른 벤치에서 재잘거리는 소리가 들려왔고, 고개를 돌려 바라보니 어린 여자아이들 서넛이 앉아 있었다. 그 순간 문득 심기가 불편해졌다. 온몸이 나른하고 뇌수가 몽롱한 상태였건만, 한여름 밤에 모기떼의 습격을 받을 때처럼 불쑥 역정이 났다. '저 미물들을 치워버려야겠군!' 그러한 생각이 뇌리를 스치는데, 문득 수심에 잠기신 어머니의 얼굴이 눈앞에 어른거렸다. 뇌리를 스친 그 생각이 나의 내면에 유발시킨 것은 일종의 학살 충동이었다. 성가신 모기들을 잡아 죽일 때의 노여움 섞인 충동이었다. 그 충동에 이끌려 벤치에서 벌떡 일어서려는 순간 어머니 얼굴이 눈앞에서 어른거렸고, 까마득히 멀리 보이던 별들 중 하나가 깜박거리는 것 같았다. 그 별에 시선을 고정시킨 채 엉거주춤 앉아 있는데, 참으로 오랜만에 가슴이 두근거리기 시작했다. 또한 그날 아침 집을 나설 때 어머니께서 구슬픈 미소를 지으시면서 하신 말씀이 뇌리에 되살아났다. "잠든 너의 모습이 마치 칠성판 위에 누운 사람 같더구나. 숨소리조차 거의 들리지 않고 안색이 하도 해쓱

하여, 네 방에 등불을 끄러 들어갈 때마다 섬뜩했어. 매일 일찍 나갔다가 늦게 돌아오니, 끼니나 결하지 않는지 걱정스럽구나."

표독스러웠던 결심에 균열이 생기는 듯하더니, 심한 가책감과 슬픔이 가슴을 짓눌렀다.

그날 저녁부터 다시 음식을 조금씩 섭취하기 시작했으나, 아무 의욕도 품을 수 없었던 심정은 이미 죽은 사람의 그것이었다. 몸은 기계적으로 강의실을 드나들었으나 허수아비에 불과했고, 심지어 동서양의 고전들조차 멀리하게 되었다. 어떠한 철학서나 문예 작품들에서도 깨달음을 얻을 수 없으리라 단정했던 그 시절, 몇몇 스님들의 강연을 가끔 듣게 되었다. 그러던 중, 우주에 존재하는 것처럼 보이는 모든 것이, 어떤 절대신이나 조물주에 의해 창조된 것이 아니라, 근원을 알 수 없는, 즉 원형(原形)이 없는 사물들이 인과관계에 의해 하나의 형상을 얻었다가 순식간에 변형될 뿐이며, 따라서 우주를 주관하는 신도, 천당이나 극락도, 지옥도, 사후의 심판도 있을 수 없다는 것이 부처의 가르침이라는 말을 들었다. 그 순간, 어린 시절부터 이러저러한 신들의 앙화(殃禍)에 관한 숱한 이야기들에 오염되어 있던 나의 뇌수가 문득 깨끗이 씻기는 것 같았다. 또한 삼라만상의 변화가 끊임없고(諸行無常), 어떠한 현상이든 그것의 고정된 관념이나 영원한 실체가 없으니(諸法無我), 뭇 현상이 그저 찰나적인 환영(幻影)에 불과하다는 사실을 깨달을 때 비로소 우리가 적요한 평정에 이를 수 있고, 그 상태가 곧 니르바나(涅槃)라고도 했다. 그것을 달리 말하면, 미망(迷妄)에서 깨어나 밝은 오성(悟性)이 열리는 경지이며, 그 순간 일체의 괴로움이 소멸된다는 것이다.

유사한 뜻을 설한 일체유심조(一切唯心造)라든가 색즉시공 공즉시색(色卽是空 空卽是色) 등과 같은 말들을 자주 들었으나, 특히 나의 심중에 깊이 각인된 것은 『금강경』의 한 구절이었다. “무릇 있는 바 상(相)이 다 허망한 것이니, 만약 모든 상이 상 아님을 보면 곧 여래를 본 것이니라(凡所有相 皆是虛妄 若見諸相非相 卽見如來).” 그 구절의 뜻이 희미하게 포착되는 순간, 생애 처음으로 나 자신과 삼라만상을 새로운 눈으로 바라보게 되었다. 또한 흔히들 중요시하는 ‘객관성’이라는 말이 그 의미를 상실하는 것 같았다. 숱한 주장들과 그것들에 동원되는 논증들이 부질없는 노고처럼 보였다. 더 나아가 어떤 현상이나 대상에 대해서도 무슨 말을 할 필요를 더 이상 느끼지 않을 경지일 것 같았다. 일체의 사유(思惟)가, 아울러 일체의 언어가 스스로 멈출(言語道斷) 수밖에 없으리니, ‘모든 상이 상 아님을 깨닫는’ 순간이 곧 적정(寂靜)의 순간일 것 같았다. ‘하지만 그러한 깨달음이 비록 숱한 괴로움으로부터 우리를 해방할 수 있다 할지라도, 즉 우리가 많은 괴로움에 무심해질 수 있다 할지라도, 그것이 우리에게 무슨 유열(愉悅)을 안겨줄 수 있을까? 또한 번뇌라는 마음의 괴로움은 혹시 잠정적으로 잊을 수 있다 할지라도, 육신의 고통까지 과연 잊을 수 있을까?’ 그 아름다운 구절에 감동한 상태에서도 나의 뇌리를 스친 생각이었다. 더구나, 내가 그 시절에 깨닫고자 하던 것은 생의 의미와 가치였고, 그러한 노력이 여의치 않아 실의와 허무감 속으로 한없이 추락하고 있었다. 다만 ‘즉견여래(卽見如來)’라는 말이 구체적으로 어떤 경지를 가리키는지 명료하게 이해할 수 없어, 깨달음의 날이 도래하기를 기다리기로 작정했다.

그 이후, 서울 인근 산들의 계곡이나 능선을 따라 정처 없이 소요하다가 우연히 암자를 만나면, 그곳에 들러 잠시 쉬기도 하고, 때로는 그곳 스님과 한가하게 가벼운 대화를 나누기도 했다. 그러나 비교적 규모가 큰 사찰에서는 잠시도 머물지 않았다. 드나드는 사람도 많았고, 모든 것이 번잡해 보였기 때문이다. 대부분의 암자에는 스님 한 분만이 계셨고, 불당 툇마루에 앉아 한나절을 보내도 다른 방문객이 보이지 않았다. 또한 그렇게 이런저런 스님들과 환담하던 중에 그분들로부터 자주 들은 가르침은, 미망을 떨쳐 버리고 깨달음에 이르러(轉迷開悟), 온갖 괴로움으로부터 유리되어 기쁨을 얻을 것이며(離苦得樂), 악을 버리고 선을 따르라(捨惡就善)는 것 등이었다. 그러나 밝은 깨달음에 이르러 괴로움으로부터 유리된다는 것은 가능해 보였지만, 그로 말미암아 기쁨을 얻는다는 것이 필연적인 결과일 것 같지는 않았다. 일체의 고통을 느끼지 않게 되는 그 마비 상태가 도대체 어떻게 기쁨이라는 활성태(活性態)로 이어질 수 있단 말인가? 또한 영겁 속에서 아무 뜻 없이 펼쳐지는 삼라만상의 생성과 소멸 과정에, 선과 악이라는 개념이 개입될 수 있단 말인가? 하지만 그러한 의문들 또한 훗날로 미뤄둔 채, 틈날 때마다 즐겨 산을 찾곤 했다.

그러던 어느 날, 오랜만에 천마산 정상에서 북쪽으로 뻗은 능선을 따라 천천히 걷는데, 왕세자 싯다르타가 모든 것을 버리고 속세를 떠난 일이 문득 뇌리에 떠올랐다. 그리고 곧이어, 자애로우신 모친을 여의고 금강산 어느 절로 들어갔다가 환속하셨다는 율곡 선생의 애틋한 옛일이 나의 가슴을 뒤흔들었다. 그 무렵 나 역시 가끔 속세를 등지고 싶은 충동에 사로잡히곤 했으나,

머리를 깎고 산사로 들어간다 해도 속세를 떠날 수 있을지 확신이 서지 않았으며, 특히 그러더라도 생의 궁극적 의미가 그리 쉽사리 포착될 것 같지는 않았다. 한껏 짙푸른 녹음과 무수한 새들의 지저귐에 감싸인 적요함이 아늑하게 느껴지건만, 나의 심신은 비감함에 젖어 있었다. 엄청난 비극이 감추어져 있는 가마소(駕馬巢) 선영 근처라 짐작되는 지점에서 방향을 바꾸어, 서쪽 비탈을 따라 내려가기 시작했다. 한참 후, 우거진 덤불 숲 다음에 실개천 한 줄기가 나타났고, 저 아래 멀찌감치 찔레꽃처럼 하얀 꽃들이 보이는지라 어느 마을 근처에 이른 것으로 생각했다. 그러나 내려가 보니 하얀 꽃들은 수국이었고, 조그만 암자 하나가 나타났으며, 견성암(見性庵)이라 쓴 편액에 마음이 끌렸다. 내가 그 편액을 보고 반가움을 느낀 것은, 바로 얼마 전, 뒷동산에서 끈덕지게 들려오던 소쩍새 소리에 몹시 처연해져, '막비막희아지희원야(莫悲莫喜 我之希願也, 슬퍼하지도 기뻐하지도 않음이 저의 희구하는 바입니다)'라는 서툰 문장에 — 그 시절에는, 무슨 말을 하기가 겸연쩍을 경우, 그렇게 한문 구절을 억지로 엮곤 하던 것이 내 버릇이었다 — 괴로운 소회를 담아 형님에게 내밀자, 형님께서 응답하신 다음 구절이 그 순간 뇌리에 떠올랐기 때문이다. "유유창천지심 불이성인지자, 억조중생 개유천성, 유지성자능견기성야(悠悠蒼天之心 不異聖人之姿, 億兆衆生 皆有天性, 唯至誠者能見其性也, 유유한 창천의 마음은 성인의 자태와 다르지 않으며, 무수한 중생 모두가 하늘의 성품을 지니고 있으되, 오직 지극히 정성스럽고 순일한 자만이 자기 속에 있는 그 성품을 능히 볼 수 있느니라)." 묵묵히 쪽지에 적어 나에게 건네신 구절을 읽던 순간에는, 대학에 진학한 지 두 해가

다 되도록 방황으로 일관하는 나의 무기력한 모습을 넌지시 일깨워 주시려는 뜻으로 여겨 몹시 무안했으나, 산중에서 뜻밖에 '見性'이라는 두 글자를 대하니 반가움이 앞섰다. 또한 그 암자가 진정한 구도자의 거처로 여겨졌다.

연세 지긋해 보이는 스님 한 분이 나를 맞으면서, 마침 점심상을 차리던 중이니 함께 먹자고 하셨다. 찬밥을 냉수에 말아 초간장에 절인 풋고추와 깻잎을 곁들여 달게 먹었다. 그런 다음 툇마루에 나란히 걸터앉아 이런저런 가벼운 이야기들을 나누었다. 그러면서, 이미 여러 해 전부터 내가 품고 있던 의문들이나 생에 대한 감회는 추호도 내색하지 않으려 조심했다. 그 의문들에 대한 답을 누구에게 듣거나 어떤 책에서 발견할 수 있으리라는 희망이 점점 미약해지던 시절이었기 때문이다. 그리하여, 부처님은 어떤 분이셨는지, 어떤 계기로 왕궁을 떠나시게 되었는지, 그리고 처자도 다 버리셨는지 등, 지극히 평범한 화제를 골라 질문을 드렸고, 그것은 오직 스님에게 최소한의 예의를 표하기 위함이었다. 어느덧 해가 서천으로 기울기 시작하는지라 이만 돌아가겠다고 하며 일어서자, 산문 밖까지 따라 나오신 스님이 조용히 미소를 지으시면서, 장차 철학 박사가 될 것이라고 나에게 말씀하셨다. 그 순간 '철학 박사'라는 말에 속진(俗塵)의 흔적이 어른거리는 듯하여 몹시 민망스러웠으나, 아무 대꾸도 하지 않고 다시 한번 깊숙이 고개 숙여 인사를 올린 다음 발길을 돌렸다. 그러나 그 산 발치에 있는 작은 마을에 이르렀을 때 문득, 내가 혹시 부지불식간에 너무 많은 것들을 여쭙지 않았을까, 그리하여 너무 꼬치꼬치 캐묻는다고 스님께서 나를 조롱하시는 뜻으로

'철학 박사'를 운위하신 것이 아닐까 하는 의구심이 생겼다. 그 순간 스님의 말씀에서 속진의 흔적을 느낀 사실이 무색해졌고, 그 무색했던 마음은, 오십여 년이 지났건만 아직도 나의 마음 한 구석에 머물러 있다.

IV. 사바나

삶의 의미와 가치를 깨닫지 못하여 삼라만상을 무심히 바라보기만 하는 것, 어떤 열정도 모른다는 것, 온갖 사회적 현상들이 그저 몽몽(夢夢)한 소음에 불과한 듯 여겨진다는 사실 등이 괴로운 일은 아니었다. 기대하는 것이 없었고 도모하는 바 또한 없었으니, 초조함도 근심도 없었다. 아무 뜻 없이 기계적으로 학교에 오가던 나의 일상은 평온했고, 그 평온은 적막에 가까웠다. 육신은 비록 아무 탈 없이 여전히 움직이고 있었으되, 삭막해진 심정은 빈사 상태에 이르고 있었다. 그러던 어느 날, 나의 야윈 몸과 창백한 안색 때문에 어머니의 근심이 깊다는 사실을 알게 되었고, 애틋함을 감추지 못하시는 말씀에, '창백함은 청춘의 영광'이라고 유행가 가사 읊듯 겸연쩍게 너스레를 떨었으나, 몹시 송구한 마음에 나의 처지를 다시 한번 냉정하게 검토하지 않을 수 없었다. 또한 그러면서, 허무감이라는 만성적인 증세가, 무위도식하는 한가함에서 혹은 절박함의 결여에서 필연적으로 비롯되지 않았을까 하는 생각에 이르게 되었다. 그리하여, 심신이 한가함이나 편안함을 느낄 수 없게 할 방안을 강구하게 되었고, 배고

픔과 고된 노동 및 심한 훈련이 끊임없이 이어진다는 병영 생활을 뇌리에 떠올리게 되었다. 또한 훗날 속세를 떠나 깊은 산중으로 들어가든, 행운유수 길에 올라 영원히 방랑하든, 혹은 궁극적 깨달음을 얻기 위한 학문에 매진하게 되든, 어차피 병역의 의무는 피할 수 없었다. 혹시 나에게 깨달음의 계기를 줄지도 모를 그 의무를 앞당겨 이행하는 것이 일거양득이라 생각하여, 학업에 전적으로 몰두하려면 군 복무부터 마쳐야겠다고 어머니께 말씀드렸다. 전선의 포성이 멈춘 지 겨우 십여 년밖에 되지 않았지만, 6.25 동란 때부터 세 형님들을 연속적으로 군에 보내시는 데 익숙해지셨음인지, 어머니는 나의 생각에 이의를 제기하시지 않았고, 우여곡절 끝에 자원입대가 성사되었다.

몹시 춥던 12월 하순 어느 날, 아직 별들이 총총한 이른 새벽에 집을 떠날 때, 바깥마당 끝까지 따라 나오신 어머니께서 하신 말씀은 단 한 마디뿐이었다. "부디 성공하고 돌아오너라!" 동란 발발 직후 전선으로 떠나시는 큰형님에게 그리고 다른 두 형님들에게 한결같이 하시던 그 말씀이었다. 입대하는 것이 나에게는 깨달음의 계기를 찾아 떠나는 구도의 길이었던 반면, 어머니에게는 그것이 곧 비장한 출정이었으니, 그 참혹한 전쟁이 아직도 끝나지 않았다고 생각하셨기 때문이었다.

논산 훈련소와 영천 헌병학교에서의 교육을 마치고 약 5개월 후 최전방으로 향했다. 의정부 시가지를 벗어나 포천 방면으로 이어지는 길은 비포장도로였던지라, 트럭을 타고 여러 시간을 달린 끝에야 6사단 지역에 도착했다. 사단 최후방 검문소인 운천(雲川) 검문소를 지나 한탄강에 이르러 보자니, 6.25 동란 때 사용했을 것으로 보이는 부교로 대강 얽어 놓은 교량 위로 군용 차량들과 시외버스들이 지나다니고 있었다. 그 순간, 한강을 건너 두 차례나 피난길에 오르던 시절이 뇌리에 되살아나 잠시 추연한 감회에 젖었다. 마침 녹음이 한껏 짙푸르고, 어디선가 간간이 포성이 들려와, 최전방에 진입하고 있다는 사실을 실감할 수 있었다. 그날 밤은 금학산(金鶴山) 발치에 있는 6사단 보충대에서 묵었는데, 어디선가 불분명하게 웅얼거리는 확성기 소리가 들렸고, 그것이 인민군들의 대남 방송 소리라고 보충대 병사가 귀띔해 주었다. 또한 그러한 방송을 듣고 월북한 수색 중대 병사들이 더러 있다고도 했다.

다음 날 사단 헌병대 중대장에게 전입신고를 마친 후, 자필 신상명세서를 제출했고, 헌병학교를 함께 졸업한 다른 네 사람과 함께 순찰소대에 근무하라는 명령을 받았다. 그 순간 내가 인사계 김 중사님에게, 나는 지나치게 심약하여 순찰이나 검문 및 체포 등의 임무를 수행할 수 없을 것 같으니, 중대 본부에서 행정병으로 근무하게 해 달라고 요청했다. 숨조차 쉴 수 없을 만큼 잔뜩 긴장하여 부동자세로 내 옆에 나란히 서 있던 나의 동료 네 사람이 그 순간 흠칫 놀라는 것 같았고, 온갖 풍상 다 겪었을 역전의 용사처럼 보이던 김 중사님의 무뚝뚝한 얼굴에 잠시 미소가 스쳤다. 아마 어이없다는 뜻이었을 것이다. 하지만 병영 생활을 영위하면서도, 하루에 단 한 시간이나마 나만의 시간을 확보할 수 있게 해 줄 직책을 얻는 것이 나에게는 절박한 욕구였다.

헌병학교 졸업이 얼마 남지 않은 어느 토요일 오후, 금호강에서 중대원들이 빨래를 하고 있을 때, 우리 중대장님과 함께 강둑에 불쑥 나타나신 큰형님께서 어떤 부대에 배속되기를 바라느냐고 물으셨을 때, 최전방 사단 헌병대가 좋을 것 같다고 말씀드린 이유는, 전방 지역 생활이 비교적 한가할 것 같았기 때문이었다. 육군 본부나 수도권의 직할부대에서 복무하기를 바라시는 어머니의 뜻을 형님이 전하셨으나, 시위 및 각종 행사가 빈번하고 고위 장교들이 많은 곳보다는 소박한 전방이, 내가 틈틈이 책을 읽기에는 더 좋을 것 같다고 했다. 그런데 최전방에 와서도 매일 복장에 신경을 쓰고, 순찰이나 검문 임무를 수행하면서 무수한 장병들에게 사나운 시선을 보내는 짓으로 세월을 보낸다면, 구태여 전방에 온 뜻이 허사가 될 것 같았다.

나의 자필 신상명세서를 훑어보던 인사계님이 다시 조용히 웃더니, 한글도 깨치지 못한 사람처럼 겨우 그려 놓은 듯한 나의 글씨로는 행정이나 조사 임무를 수행할 수 없으며, 본부에는 어차피 빈 자리가 없다고 하셨다. 그리하여 내가, 취사병의 일이나 기타 잡역부의 일이라도 마다하지 않을 것이니, 순찰소대만은 면하게 해 달라고 간곡히 요청했다. "이상한 헌병 다 보겠군!" 인사계님이 웃으시면서 그렇게 말씀하시더니, 중대장님과 상의해 볼 테니 내무반에 가서 대기하라고 하셨다.

다음 날부터 취사반의 일원으로 근무하라는 명령이 떨어졌다. 취사반원들은 모두 다른 부대에서 차출되어 온 타 병과 병사들이었고, 오직 취사반장만이 헌병이었는데, 계급은 하사였다. 그는 나에게, 취사실에는 들어가지 말고, 자기와 함께 취사장 주변의 환경 정리 작업이나 하자고 하면서 친절히 대해 주었다. 조반 후 아직 햇볕이 뜨거워지기 전에 함께 풀을 깎거나 주변 도랑을 정비하다가 잠시 쉴 때면, 그가 나의 입대 전 생활에 대해 이것저것 묻곤 했고, 나의 낫질 솜씨를 보면 '전직이 의심스럽다'고 하면서 크게 웃곤 했다. 어떤 농부도 나만큼 낫질에 익숙할 수 없을 것이라 했다. 또한 내가 영어 공부도 할 겸 심심풀이 삼아 읽다가 식당 한구석에 놓아둔 스타인벡이나 헤밍웨이의 소설들을 만지작거리면서 이런 말도 했다. "내가 간부 후보생 시험에 합격하여, 보병학교 교육과정을 마치면 장교로 임관될 텐데, 영어 기초가 되어 있지 않아 고민이라네." 그 말에, 애틋함과 미안함이 동시에 나의 가슴을 뒤흔들었다. "어떤 외국어이든 쉬운 문장들부터 반복해 읽으면 기초는 저절로 터득됩니다." 내가 얼른 대꾸했다. "정말 그러면 될까?" 대꾸하는 그의 어조에 고마움과 안도감이 어려 있었다.

얼마 후 그는 보병학교로 떠났고, 한 해가 훨씬 지나 어엿한 장교가 되어 우리 중대에 인사차 들렀다. 나 또한 취사반 근무 명령을 받은 지 열흘이 채 지나지 않아, 그보다 먼저 교육 파견 명령을 받고 원주에 있는 화생방 교육대로 떠났는데, 처음에는 골칫거리 하나를 치우기 위해 나를 그곳으로 보내는 것으로 생각했다. 그러나 첫날 강의실에 들어서는 순간, 그곳에 들어와 있는 사람 대부분이 소령이나 중령 등 영관급 장교였고, 위관급 장교로는 대위 몇 사람뿐, 일반 사병은 — 게다가 나의 계급은 일등병이었다 — 나 하나뿐이었던지라 몹시 놀라 어리둥절하며 주춤거렸는데, 그 순간 교육 행정 담당관이 나를 지정석으로 안내했다. 그날 저녁나절 그가 나에게 들려준 이야기에 의하면, 북한 인민군이 먼저 생화학 무기로 휴전선 일대의 전투 사단들을 마비시킨 다음, 막강한 기갑 부대들을 투입하여 남하할 가능성이 농후하며, 저들이 생화학 무기들을 은밀히 비축하기 시작한 지 오래되었다고 했다. 특히 최근에 포착된 저들의 동향이 심상치 않아, 우선 휴전선에 포진한 보병 연대들 및 각 여단의 작전참모들을 대상으로 서둘러 화생방 교육을 실시하게 되었으며, 사단 헌병대의 체제가 연대 단위 부대처럼 독자적으로 작전을 수행해야 하는 경우가 있어, 장교 한 사람을 파견하라는 명령을 하달했는데, 6사단 헌병대에는 장교가 워낙 부족해, 1군 사령부에 양해를 구한 다음 사병인 나를 파견한 것 같다고 했다.

강의 내용은 핵무기와 생화학 무기로 구분되어 있었다. 그리고, 북한이 비록 핵무기를 개발했을 개연성은 적지만, 소련과 중국으로부터 1킬로톤 미만의 국지전용 전술 핵무기들이 반입되었을 경우에 대비해야 한다는 것이 교관의 설명이었다. 따라서 다양한 생화학 무기들의 종류 및 핵무기의 위력 등에 관한 자세한 강의가 12주에 걸쳐 이루어졌고, 특히 풍향과 풍속 등 기상정보에 입각하여 예상 낙진 지역의 범위를 작전지도에 그려 넣는 실전 연습은 교육 기간 내내 반복적으로 이루어졌다.

교육과정을 마친 후 화생방 전투에 관한 교재들을 가지고 원대에 복귀했으나, 그것들을 실제로 부대원 교육에 활용할 기회는 거의 없었다. 병력 부족난을 겪고 있던 형편이었던지라, 별도로 교육을 시행하기 위한 여가를 낼 수 없었기 때문이다. 원대 복귀 후 자동적으로 본부 행정반에 배속된 나는 인사계 지시에 따라 하는 수 없이 '화생방 교육 결과 보고서'를 허위로 작성하여 사단 사령부에 제출하곤 했다. 그러나 사단 상황실로부터 매일 밤 10시쯤 기상 정보를 유선으로 받아, 그것에 입각하여 투명 비닐을 씌운 작전지도에 낙진 예상 지역을 표시해 두어야 하는 일만은 결할 수 없었으니, 그러한 대비 태세를 점검하기 위하여 사단 사령부의 관계 참모들이나 심지어 사단장이 언제 들이닥칠지 알 수 없었기 때문이다. 인민군이 핵무기는 보유하고 있지 않더라도, 그 무렵 영국의 어느 전략 연구소에서 발행된 잡지를 뒤적이다가, 그들이 생화학 무기를 500톤 이상 확보해 놓았다는 기사를 읽은 나는, 비록 일개 사병이었지만, 또한 뭇 세상사를 뜬구름처럼 여기곤 했지만, 몹시 긴장할 수밖에 없었다.

그러나 허위 보고서들을 작성할 때마다 일종의 수치심에 사로잡힐 뿐만 아니라 몹시 고달픔에도 불구하고 병영 생활이 따분하게 느껴지기 시작하여 차라리 전쟁이 터지면 좋겠다는 생각도 가끔 했다. 그 무렵 주말이면 우리 사단 지역 이곳저곳을 무작정 돌아보곤 했는데, 어디를 가나 주민들의 비참한 생활상이 적나라하게 노출되어 있었다. 어떤 날은, 민통선 북쪽 철원평야에서 농사를 짓는 철원군 동송면 일대 주민들과 함께 그들의 경작지에 가서, 그들의 신변 보호를 위해 보초 임무를 수행하기도 했다. 어디에 지뢰가 묻혀 있을지 몰라 긴장을 풀 수 없었지만, 본부 행정실에서 엉터리 보고서들이나 작성하는 짓에 비하면, 주말에 가끔 그들을 지원하는 그 임무가 훨씬 마음 편했다. 특히 학저수지 근처에서 낙타 고지를 바라보노라면, 분주히 움직이는 인민군 트럭이 시야에 들어왔고, 그들과의 대치 상태에서 나날을 보내는 수색 중대 병사들의 처지가 더 나을 것 같았다.

접적 지역의 주민들이나 내가 속해 있던 헌병대의 군인들 모두, 장사병을 막론하고, 극도로 곤궁한 삶을 영위하고 있었으며, 지금에 이르러서도 그 구체적인 사례들은 민망스러워 차마 열거하지 못하거니와, 표면적인 질서와 평온 밑에서는 사바나의 영악스럽고 잔인한 먹이다툼이 여기저기에서 펼쳐지고 있었다. 그 광경은 본질적으로 무고한 중생의 필연적인 각축이었다. 그 천진스러운 각축의 소용돌이에 휩쓸려든 나는, 매사를 무심히 바라볼 뿐, 어떤 개인이나 그의 행위를 보고 분개하는 것도 일종의 윤리적 태깔이라는 생각에 잠겨 나 자신을 다독거리곤 했다. 매사를 아예 수수방관하던 내가 일부 선임병들의 가학적인 포악스러움을 무심히 견딜 수 있었던 것도 나의 그러한 무관심 덕분이었을 것이다.

다음 해 어느 봄날, 중대장께서 나를 부르시더니, 그동안 고생 많았다고 하시면서 자기가 월남으로 떠나게 되었다고 하셨다. 그리고 나를 데리고 가지 못하는 대신, 내가 후방에 파견되어 근무할 수 있는 방도를 찾았으며, 참모님의 재가도 이미 받았다고 하셨다. 파견지는 대구였고, 파견 근무 기간은 12개월이었으며, 그곳에 있는 5관구 제16 헌병대에 배속되어, 전방 각급 부대에서 탈영한 도망병들을 체포하는 것이 임무라고 하셨다. 동인동에 있는 헌병대 본부에 도착하니, 연세 지긋하신 인사계 석(昔) 상사께서 반갑게 맞으시면서 중대장님의 전화를 받았노라고 하셨다. 내가 탈영병들을 체포하는 일이 '내키지 않는 임무'라고 하자, 군대에서는 '내키지 않는 임무'라는 말은 입에 담을 수 없다고 하시는데, 그 순간 주름진 얼굴에 인자한 미소가 어렸다. 그리고 결원이 생긴 행정실에서 근무할 의향이 있느냐고 물으시더니, 대신 사병들이 제일 귀찮게 여기는 모든 점호에서 나를 열외시켜 주겠다고 하셨다. 그리하여 일과시간 이후에는 민간인처럼 나의 생활이 자유로웠고, 저녁에도 밝은 전등 아래에서 늦게까지 책을 읽을 수 있게 되었다. 그것이 나에게는 무엇보다도 큰 기쁨이었으니, 전방 부대에는 전기가 없을 뿐만 아니라 등화관제가 심하여, 야간에 책을 읽을 방법이 별로 없었기 때문이다. 또한 주말이면 수성못이나 달성공원에 가서 몽상에 잠겨 오후 한나절을 보내는가 하면, 가끔 어머니를 뵈러 상경하기도 했다.

그러나 내가 모처럼 느끼던 자유로움도 얼마 지속되지 못했다. 그 자유롭다는 느낌에 뒤이어 권태감이 엄습했고, 하루하루가 지루했으며, 보이지 않는 긴 사슬에 내가 묶여 있음을 절감했다. 사무실 앞에 있는 구치소 건물로부터 가끔 일사불란하게 무엇을 외우거나 복창하는 소리가 들리는가 하면, 마치 그 소리에 화답하듯, 담장 너머에 있는 대구여고로부터는 가곡을 합창하는 소리가 들리곤 했다. 공포와 괴로움에 짓눌려 분출되는 수감자들의 절규가, 여고생들의 이미 농염해진 음성에 의해 무자비하게 지워지는 것 같았다. 저승에까지 가서 아내 에우뤼디케를 다시 이승으로 데려오려다가 실패한 오르페우스가, 그녀를 잊지 못해 다른 여인들을 거들떠보지도 않는다 하여 그를 갈가리 찢어 죽였다는 트라케(트라키아) 여인들의 잔인성이, 여고생들의 농염한 음성에 숨어 있는 것 같았다. 또한 그 무렵 우연히 읽게 된 오스카 와일드의 옥중 서한집 『데 프로푼디스(De profundis)』라는 제목에 내포된 의미가 수감자들의 음성에서 되살아나는 것 같았다. "심연으로부터 당신을 향해 절규했사오니, 주님이시여 …(De profundis clamavi ad te, Domine …)." 실제로 구치소 내부의 참경은 옛 서양 화가들이 묘사해 놓은 지옥을 연상시켰다. 그 참경을 대하는 순간 오스카 와일드의 한 구절이 나의 가슴을 심하게 짓눌렀다. "고통은 하나의 매우 긴 순간이다(Suffering is one very long moment)." 나는 그 시절, 그 구절에서 순간이 곧 영원(A moment is an eternity)이라는 뜻을 읽었고, 오늘날까지 그렇게 기억했는데, 당시 가위눌린 듯한 내 심정이 그러했기 때문이었을 것이다.

어느새 나는, 입대 전에 나를 사로잡았던 구슬픔과 무기력증 속으로 다시 빠져들고 있었다. 특히 장삼 차림의 삭발한 탈영병이 잡혀 오는 것이 목격될 때에는, 그 사람이 장차 겪어야 할 수난이 산더미처럼 나를 짓누를 뿐만 아니라, 그가 품고 있었을 자유에 대한 갈망을 생각하면 비통함을 금할 수 없었다. 그렇게 수갑을 찬 채 절망적인 기색으로 끌려오는 사람들을 수시로 대하고, 구치소 수감자들의 절규가 끊임없이 들리는 그곳이 때로는 이승 같지 않았고, 병영 안에서 오가는 사람들이 모두 유령처럼 보였으며, 따라서 나는 대낮에 눈을 뻔히 뜨고서도 악몽에 시달리곤 했다.

그곳에서의 일상에 염증을 느끼고 있던 어느 날, 전방에서 전화가 왔다. 자신이 중대 인사계 백 상사라고 하면서, 부대의 교육 및 훈련 상태가 엉망이니 급히 돌아오라고 했다. 그 사유가 이상했고, 동의를 구하는 듯한 어조에는 더욱 어이가 없었으나, 그곳을 떠나게 되어 오히려 마음이 홀가분했던지라, 그러한 의문점들에 대해서는 더 이상 생각하지 않았다. 원대에 복귀하여 보니, 인사계는 물론 행정실 사병들도 대부분 낯선 얼굴들이었다. 참모님과 중대장님께 정식으로 원대 복귀 신고를 하고 다시 행정실로 들어서자, 인사계 백 상사께서 매우 환대하는 기색으로 나를 맞는 한편, 초면인 행정요원들을 소개하셨다. 그들 중, 눈이 부리부리하고 세인들 사이에서 미남으로 통할 만한 최 병장이 특히 나를 반기면서, 나에 관한 이야기를 많이 들었노라고 했다. 부관학교를 나와 우리 사단 어느 연대에서 근무하다가, 헌병대에 파견되어 재정계 직을 맡고 있다고 했다. 성품 또한 외모처럼 서글서글하고 솔직하여, 나 또한 그에게 호감을 느꼈고, 따라서 일과 후에 가끔 저녁을 먹으러 함께 외출하기도 했다. 그러나 주말에는 나 혼자 외출하는 편을 택했다. 나의 몽상이 아무런 방해도 받지 않고 멋대로 펼쳐지기를 바랐기 때문이다. 그렇게 홀로 외출하여 자주 찾던 곳은 고석정(孤石亭) 등 한탄강 일대의 호젓한 구석들이나, 자인사(慈仁寺) 및 망봉(望峯) 등 슬픈 전설을 간직한 명성산(鳴聲山) 자락이었다. 특히 고석정의 바위 위에 올라가 키 작은 노송 밑에 앉아 까만 바위들 사이로 흐르는 강물이나 평원 한가운데를 가르면서 남쪽으로 뻗어나간 협곡의 수직 절벽들을 바라보노라면, 후삼국 시절 군사들의 함성이 들리는 듯했고, 6.25 사변 막바지에 그곳을 뒤덮었을 화약 냄새가 아직도 여기저기에서 발산되는 것 같았다. 때로는 그 '외로운 바위' 밑으로 내려가 옷을 훌훌 벗어던진 다음, 차가운 강물에 몸을 담근 채 한동안 머물곤 했다. 그것은 내 나름대로 치르던 슬픈 초혼의식(招魂儀式)이었다. 그곳은 오후 한나절을 머물러도 아무도 오는 이 없고, 인근 도로를 지나는 군용차들이 일으키는 흙

먼지만이 멀찌감치 보이는, 그 누구에게도 보여주고 싶지 않은 내 슬픔의 은닉처였다.

고금의 뭇 인간사가 허망하다는 구슬픈 감회에 젖어 지내던 그 무렵에는, 내가 자원하여 들어선 병영 생활에서도, 인간의 가긍스러운 몇몇 측면을 알게 되었을 뿐, 새로운 깨달음에 이르지 못했음을 절감하고 있었다. 매사가 영원히 반복되는 진부한 바스락거림처럼 여겨졌다. '이제 어찌해야 하나?' 어느 쪽을 보아도 출구가 보이지 않았다. 입대한 지 두 해가 넘도록 아무것도 얻지 못했으니, 만기 전역할 때까지 기다려 본들, 아니 평생을 기다린들, 내 앞에 존재적 신국면이 열릴 것 같지 않았다. 아무 의미도 깨닫지 못한 채 본능과 상황에 이끌려 구차하게 목숨을 이어가는 주제에, 온갖 관습 및 사회적 규범과 마지못해 타협하거나, 대학에 입학하여 많은 학생들에게서 목격한 각양각색의 신념들 중 하나에 불가피하게 매달리는 일이 나에게도 결국 닥칠 것 같았다. 그 꼭두각시 같은 내 모습을 상상만 해도 얼굴이 화끈거렸다.

드디어 어느 날, 안개처럼 조용히 스러지기로 작정했다. 제일 먼저 뇌리에 떠오른 생각이 수류탄으로 자폭하는 것이었으나, 그 순간 어머니의 늙으신 얼굴이 눈앞에 어른거려, 시신이나마 온전한 상태로 남기는 것이 마지막 예의라고 생각했다. 또한 어머니를 한 번 더 뵙고 어머니 곁에서 영영 잠들고 싶기도 했다. 그날 점심시간 후 최 병장은 사단 사령부에 올라갔고, 그가 공무차 그곳에 갈 때마다, 돌아오는 길에 우거진 갈대밭에서 낮잠을 자거나 다른 곳에 들렀다가 저녁나절에야 귀대하는 버릇을 잘 알고 있었던지라, 먼 여행길에 오른다는 짤막하지만 다정한 작별 인사를 적은 쪽지를 밀봉하여, 그와 나의 옷을 세탁해 주시고 가끔 야식도 준비해 주시던, 부대 인근에 사시는 아주머니에게 드리면서, 저녁에 최 병장이 오면 그에게 전해 달라고 했다. 그런 다음 운천에 가서 약국 네댓 곳을 들러 수면제 한 줌을 사모아 호주머니에 넣고 서울행 버스에 올랐다.

버스가 우리 군단 지역을 벗어나 만세교(萬歲橋) 검문소에 이르렀을 때, 헌병 한 사람이 버스에 올라 검문이 있겠다고 하며 버스 안을 유심히 둘러보더니, 군인들 몇이 앞쪽 좌석에 있었건만, 그들은 제쳐두고 곧장 나에게로 다가와 경례를 한 다음 6사단 소속이냐고 물었다. 그렇다고 하자 그가 이렇게 말했다. "방금 중대장님의 전화를 받았습니다. 잠시 내리셔서 중대장님과 통화하신 후 다음 버스를 타십시오." "급한 용무가 있어 잠시 서울에 다녀와야 하니, 대신 말씀해 주시오." "직접 통화하셔야 합니다. 그리고 다른 승객들이 기다리시니 ……." 더 이상 고집을 부려 보았자 소용없음을 깨닫고 순순히 버스에서 내렸다. 검문소 안에 들어가 조금 기다리자니, 인사계 백 상사님과 최 병장이 중대장 전용 지프를 타고 나타났다.

최 병장이 사단 사령부에서 귀대 후, 무슨 생각에서였는지 평소와는 다르게 대낮부터 아주머님댁에 들렀고, 내가 남긴 쪽지를 읽은 즉시 중대장님께 그것을 보여드렸으며, 중대장께서 그 두 사람에게, 서울 방향으로 전속력으로 달리면서 무전으로 자기에게 '상황'을 보고하라고 지시하셨다는 것이다. 백 상사께서 나와 '합류했음을' — 엄밀히 말하자면 탈영한 나를 체포한 것이지만, 나의 체면을 생각하여 그러한 표현을 쓰신 모양이다 — 중대장께 보고한 후 수화기를 나에게 건네셨다. "이 병장, 아무리 급한 일이라도 나에게만은 보고를 하고 떠나야지!" 껄껄 웃으시면서 농담하듯 그렇게 말씀하시는 어조에 안도감이 감돌고 있음을 느낄 수 있었다. 그날 저녁, 중대장님의 지시에 따라, 백 상사께서 최 병장과 나를 운천에 있는 상당히 깨끗한 음식점에 데리고 가 음식과 술을 잔뜩 먹이셨다. 하지만 나는 취기를 느끼지 못했다. '어차피 이 세상에서 사라지려고 결심했는데, 어머니를 한 번 더 뵙지 못한들, 또 타향에서 떠난들, 그것이 무슨 상관이랴!' 호주머니에 넣어 둔 수면제 봉투를 다시 한번 만져 보면서 그러한 생각에 잠겼고, 그날 밤 결행하기로 마음을 굳혔다. 그리고 두 사람이 무슨 말을 하든 아무 대꾸 하지 않고, 그들이 번갈아 채워 주는 술잔을 묵묵히 비웠다. 부대 내무반에 돌아와 잠자리에 든 것은 밤이 이슥해서였고, 침상에 누울 때 수면제를 한꺼번에 삼켰다. 그리고 기다렸다. 약 십여 분쯤 지나자 몸이 까마득히 깊은 낭떠러지 아래로 이끌려 드는 것 같았고, 독주를 마셨기 때문인지, 나는 전혀 저항하지 못했으며, '이것이 죽는 느낌이구나!' 하는 지극히 미약한 상념 한 가닥만이 나의 뇌리를 스쳤다. 그다음 그 상념이 마치 잠드는 순간처럼 급속도로 희미해졌다.

그러나 어느 순간 내가 다시 깨어났고, 깨어난 직후 제일 먼저 뇌리에 떠오른 것은 수면제 한 줌을 삼키고 내가 죽었다는 사실이며, 따라서 몽롱하게 들리는 인기척에 몹시 놀랐다. 그리고 한참 후, 내가 누워 있던 침상 주위에, 우리 참모님과 함께 사단

군종참모 및 의무참모 등이 모여 있음을 보고, 한바탕 난리가 났었음을 짐작했다. 그렇게 의무중대 병실에서 깨어나 그곳에서 며칠간 쉬는 동안, 사람들 대하기가 그저 민망할 뿐이었고, 나를 치료하신 젊은 군의관께서 나를 데리고 한탄강이 한눈에 내려다보이는 병영 안을 산책하시며, 혹시 쇼펜하우어나 니체의 책을 자주 읽느냐고 물으시는 등 나와의 대화를 시도하셨지만, 나는 침묵으로 일관했다. 나를 그토록 친절하게 대하려 애를 쓰시던 그분의 마음을 짐작하면서도, 무슨 말을 한다는 것이 염치없는 짓 같았다.

깨달음의 계기를 찾아 군에 입대했다가, 결국 나의 삶을 중단시켜야겠다는 결론에 다시 도달했으나, 이번에는 나의 의지와 무관하게 그 시도가 저지되었다. 또한 입영 직후 사바나 풍경으로만 보였던 병영 생활 속에, 선불리 규정할 수 없는 많은 측면들과 은은한 너그러움이 스며 있음을 간파할 수 있었고, 아울러, 우리의 삶을 인위적으로 중단시켜야 할 만큼 모욕스러운 일도 그리 흔할 것 같지 않다는 생각도 갖게 되었다. 그리하여, 도저히 견딜 수 없는 고통이 나를 이 삶으로부터 내쫓지 않는 한, 자연이 나의 육신을 한 줌 먼지로 변형시킬 때까지, 군소리 없이 또 태평스럽게 기다리기로 작정했다.

V. 다시 깨진 평온

그 이후 나의 병영 생활은 전보다 더 순탄해졌으니, 우선 참모님과 중대장님을 비롯한 장교들이 나를 각별히 너그럽게 대했기 때문이지만, 특히 나 자신이, 삶의 본질에 대한 첨예한 사념은 일단 제쳐두고 나에게 부여된 그날그날의 임무에만 묵묵히 전념했기 때문이다. 또한 전역할 때까지 몇 개월 동안 틈틈이 복학 준비도 했다. 대학에 입학한 후 두 해 동안 학업에 등한했던지라, 복학 후 강의를 따라가려면, 특히 원어민 강의를 들으려면, 프랑스 사람이 저술한 종합적인 어학 교재 한 가지 정도는 숙독해 두어야 할 것 같았다. 그러나 하등의 학문적 열정도 호기심도 없었던지라, 졸업 후 부끄럽지 않은 교단생활을 영위할 수 있을 정도의 기초 프랑스어만 습득하면 좋으리라 생각했다. 따라서 복학 후, 강의를 착실히 듣는 한편, 가끔 프랑스 단편소설이나 문법서를 읽으면서 무료함을 달래곤 했다.

그런데 복학 첫 학기가 끝날 무렵, 우리 학과에 출강하시던 선생님 한 분이 스땅달의 『적과 흑』 원서를 나에게 건네시면서, 방학 동안에 그것을 읽고 독후감을 써 보겠느냐고 제안하셨다. 기껏해야 단편소설들을 사전에 의지하여 암호문 판독하듯 읽던 때라, 수백 페이지에 달하는 분량 앞에서 중압감을 느꼈으나, 선생님의 그러한 제안이 나에 대한 각별한 배려로 여겨져 한없이 고마웠다. 비록 긴 이야기였으나 내용이 재미있었고, 문장은 모빠상이나 메리메 등의 단편소설들에서 접하던 함축적인 문장들보다 이해하기에 수월했다. 또한 이해하기 어려운 구절들을 만나더라도, 이야기의 맥락이 뻔한지라, 그것들의 의미를 대강 짐작하면서 독서를 계속할 수 있었다. 두어 달 동안 그 책과 씨름하던 끝에, '세속적 간계에 희생된 순수한 사랑'이라는 제목으로 독후감을 써서 선생님께 드렸다. 실제로 내가 그 책 속에서 포착하여 독후감에 부각시킨 것은, 천민들의 영악스러움과 음흉함에 희생된 천둥벌거숭이 귀족 여인들의 욕정 혹은 정염(情炎)이었다. '순수한 사랑'이라는 말이 성립되는지 확신할 수 없었지만, 한껏 완곡한 표현을 찾던 끝에, 내 생애 최초로 쓴 글의 제목에 그 상투적이고 모호한 표현을 사용하게 되었다. 또한, 쉽고 가벼운 소설들이나 읽으면서 프랑스어에 익숙해지고, 소박한 교사로 태평스럽게 살기로 작정한 이후 나에게 찾아왔던 평온이 깨지는 계기를, 더 나아가 생의 전환점을, 나에게 제공한 것이 그 독서였으니, 그 이후 아무리 길고 난해한 책들이라도 선뜻 집어 드는 버릇이 나에게 생겼기 때문이다.

여름 방학이 끝나고 다음 학기가 시작된 지 얼마 후, 〈프랑스 소설 강독〉 시간에 다음과 같은 글을 접하게 되었다.

> 꽁브레 중 내 잠자리의 비극과 그 무대가 아니었던 모든 것들이 나에게는 더 이상 존재하지도 않게 된 지 여러 해가 지난 어느 겨울날, 내가 집에 돌아오자, 추위에 떠는 내 모습을 보신 어머니께서, 그것이 내 습관이 아니건만, 차를 조금 들어보라고 제안하셨다. 나는 처음 싫다고 했다가, 무슨 이유인지 모르지만, 생각을 바꾸었다. 그러자 어머니께서, 가리비 조개껍질처럼 가는 홈들이 파인 판에 찍어낸 듯한, 작은 마들렌느라고들 부르는 짧고 통통한 과자를 가져오게 하셨다. 그리고 이내, 흘려보낸 음울한 하루와 서글픈 다음 날에 짓눌린 채, 나는 마들렌느 부스러기 하나가 잠겨 풀어진 차 한 술을 기계적으로 나의 입술로 가져

갔다. 그런데, 마들렌느 부스러기 섞인 차 한 모금이 나의 입천장에 닿는 순간, 내가 소스라치면서 나의 내면에서 일어나고 있는 기이한 현상에 잔뜩 주의를 기울이게 되었다. 감미로운 희열이 나를 엄습하였고 나를 고립시켰으나, 그 원인의 관념조차 어른거리지 않았다. 그리고 다음 순간 그 희열이, 마치 사랑의 작용처럼, 나를 귀한 진수로 가득 채우면서, 생의 영고성쇠가 나와 무관하고, 나의 생에 닥칠 온갖 재앙이 무해하며, 생의 덧없음이 환상처럼 보이게 해 주었다. 아니, 그 진수가 내 속에 있었던 것이 아니라, 그것이 곧 나였다. 그 순간 나는, 내가 보잘것없고 우발적 산물이며 필멸의 존재라고 느끼기를 멈추었다. (마르셀 프루스트, 『잃어버린 시절을 찾아서』, 제1편 「스완 댁 쪽으로」, 1부 〈꽁브레〉, 1장)

글을 읽는 도중 나를 점령한 최초의 감정은 일종의 반가움이었다. 주인공이 '흘려보낸 음울한 하루와 서글픈 다음 날'이라고 술회한 것이 곧 나의 과거와 무심중에 흘려보내기로 작정한 나의 미래처럼 보였기 때문이다. 또한 그 순간 내가 여러 해 동안의 가사 상태에서 문득 깨어나는 것 같기도 했으니, 주인공을 엄습하여 이 세상의 모든 것으로부터 그를 '고립시킨' 희열이 생의 영고성쇠와 온갖 재앙과 생의 덧없음조차도 자기와는 무관한 듯 보이게 했다는 그 경지가 곧 내가 규명해야 할 무엇처럼 여겨졌기 때문이다. 그 초월적인 경지를 규명하는 순간 생의 의미를 깨달을 수 있을 것 같았다. 주인공의 술회는 다음과 같이 계속되었다.

그 강력한 희열이 어디에서 올 수 있었을까? 나는 그 희열이 차와 과자의 맛에 연관되어 있으되 그것들을 까마득히 능가하며, 그것들과 같은 본질일 수 없음을 막연히 감지하였다. 그 희열이 어디에서 오는 것일까? 그것이 무엇을 의미할까? 그것을 어디에서 포착하여 인지한단 말인가? 두 번째 모금을 마셔 보나 첫 번째 모금에서 느낀 것 이상의 것은 전혀 없고, 세 번째 모금을 마셔 보지만 그것이 나에게 가져다주는 것은 두 번째 모금만도 못하다. (…) 그 미지의 상태가 무엇일 수 있을까, 어떠한 논리적 증거도 제시하지는 못하되 유열의 명백성과 다른 현실들이 그 앞에서는 즉각 자취를 감출 만큼 실재성이 느껴지는 그 상태가, 도대체 무엇일 수 있을까, 나에게 다시 묻기 시작하였다. (…) 그렇게 나의 깊숙한 곳에서 파닥거리는 것이, 그 맛과 관계가 깊어 그것을 따라 나에게까지 도달하려는 영상, 즉 가시적 추억임엔 틀림없다. 하지만 그것이 너무 먼 곳에서 또 너무 어수선하게 몸부림친다. (…) 그러다 문득 추억이 내 앞에 나타났다. 그 맛은, 꽁브레에서 일요일 아침마다 레오니 숙모님의 침실로 아침 문안을 가면, 숙모님께서 홍차나 보리수차에 담갔다가 나에게 주시곤 하던 작은 마들렌느 과자 조각의 맛이었다. (…) 하나의 먼 과거 중 아무것도 존속하지 않게 된 때에도, 모든 인물들이 죽은 후에도, 모든 사물들이 파괴된 후에도, 그 모든 것들보다 더 연약하되 생명력 강하고 더 비질료적이고 더욱 끈질기고 더욱 충직한 냄새와 맛만은, 영혼들처럼 외롭게 아직도 오랫동안 남아, 모든 것들의 폐허 위에서 스스로를 상기하고 기다리고 희원하면서, 거의 촉지할 수 없을 만큼 작은 자신들의 방울 위에 추억의 광대한 건조물을 꿋꿋하게 짊어지고 있다. 그리고, 숙모님께서 보리수차에 담갔다가 나에게 주시던 마들렌느 과자 부스러기의 맛을 내가 알아차리자마자(그 추억이 나에게 왜 그토록 큰 행복감을 주었는지는 알 수 없었고 또 그 원인을 밝히는 일은 훨씬 훗날로 미루었지만), 숙모님의 침실이 있던 그리고 길에 면해 있던 낡은 회색 건물이 즉시, 극장 무대의 배경처럼, 그 뒤 정원 쪽에 나의 부모님을 위하여 지은 작은 별채에 와서 잇대어졌다. 그리고 그 건물과 함께, 도시 전체와, 아침부터 저녁까지의 모든 시각들, 모든 날씨, 점심 전에 가서 놀라고 어른들이 나를 보내시곤 하던 광장, 내가 심부름하러 가던 길들, 날씨가 좋을 때면 우리가 따라 걷던 산책로 등도 그 작은 별채에 잇대어졌다. 또한 (…) 우리 정원의 꽃들과 스완 씨 댁 정원의 꽃들, 비본느 시냇물의 수련들, 마을의 순박한 사람들과 그들의 작은 집들, 교회당, 꽁브레 전체와 그 주변 등, 그 모든 것들이 형체와 견고함을 얻어, 즉 도시와 정원들이, 나의 찻잔에서 나왔다. (마르셀 프루스트, 『잃어버린 시절을 찾아서』, 제1편 「스완 댁 쪽으로」, 1부 〈꽁브레〉, 1장).

수업이 끝난 후에도 나는 강의실에 홀로 거의 망연자실한 상태로 한동안 앉아 있었다. 일찍이 어떠한 책에서도 접할 수 없었던 새로운 세계 앞에서 나 자신을 수습할 수가 없었다. 어느 순간에는, 여러 해 전 나로 하여금 삼라만상을 새로운 눈으로 바라보게 해 주었던 『금강경』의 구절(凡所有相 皆是虛妄 若見諸相非相 卽見如來)이 뇌리에 어른거리기도 했으나, 내가 터무니없는 몽상에 사로잡힌 것이라 생각했다. 그렇게 이런저런 상념에 잠겨 있노라니, 프루스트의 소설 속 주인공이 규명을 훨씬 훗날로 미루었다는 '행복감' 내지 '초월감'의 원인을 한시바삐 알고 싶은 충동이 생겼다. 그리하여 즉시 광화문 사거리에 있는 외국 서적 판매점으로 향했고, 신기하게도 프루스트의 그 책이 서가에서 나를 기다리고 있었다. 총 7편으로 구성되었고 여덟 권으로 편집된, 도합 4천여 페이지에 이르는 방대한 작품이었다. 단 한순간도 망설이지 않고 그 책을 선뜻 구입했으며, 신비한 열광에 이끌린 나머지, 그러한 결단이 고단한 역정의 시작이었음은 전혀 예감조차 하지 못했다.

그날 이후 대부분의 시간을 그 책 읽는 데 할애했으나, 꿈과 생시를 넘나드는 어수선한 이야기로 시작된 그 작품은, 꿈처럼 우리에게 망각된 시절을 느닷없이 상기시켜 주는 — 꿈은 심지어 주인공에게 여러 문명기를 뛰어넘어 까마득한 태고로까지 퇴행할 수 있음을 언뜻 시사하기도 한다 — '작은 마들렌느 과자' 일화를 기점으로 하여, 파리는 물론 꽁브레, 발백, 동씨에르, 베네치아 등지에서 겪은 (또한 전해 들은) 일들을 길게 술회하고 있었다. 그러나 술회의 분기(分岐) 현상이 빈번히 나타나고, 묘사가 때로는 모호할 만큼 세밀하여, 독서를 계속하는 것이 그야말로 고역이었다. 또한 무수한 화폭들이나 조각품들, 옛 문인들의 작품들 및 작중 인물들, 각종 신화적 사건들이나 전설들이 묘사에 등장하여, 비록 미로처럼 이어지는 문맥을 겨우 파악했다 하더라도 그것에 내포된 의미를 포착하기가 어려웠다. 게다가 그토록 장황하게 묘사된 것들이란, 유서 깊은 귀족 가문에 대한 몽상, 그 가문의 여인들 및 질베르뜨나 알베르띤느 등 소녀들에게로 향하던 연정, 이지적이고 섬세한 사교계의 총아와 오데뜨라는 여인과의 어처구니없는 사랑, 사교계 및 귀족사회의 만화경, 귀족 청년과 주인공 사이에 맺어진 어설픈 우정, 사회 구석구석에 만연된 동성애 현상, 연인에 대한 의심과 질투, 기타 드레퓌스 사건이나 1차 세계대전 등 사회적 격변 및 계층의 와해 내지 혼융 현상 등, 모두 내 관심 밖의 것들이어서, 주인공이 작품 허두에서 넌지시 예고한 유열의 원인 규명을 열에 들떠 발견하려던 나에게는, 그 장황하게 묘사된 것들이 가끔 짜증스럽게 보이기도 했다. 물론, 언제 어디에서였는지는 모르되 이미 본 적 있는 듯한 '마르땡빌의 종루'나 발백 인근의 세 그루 노목에 관한 일화, 그리고 자신의 손가락이 구두끈에 닿는 순간 눈물이 쏟아졌고 그 순간에야 비로소 할머니가 타계하셨음을 실감했다는 이야기 등, 마들렌느 과자 일화와 같은 범주에 속하는 일화들이, 마치 광막한 사막의 오아시스처럼 아주 가끔 나의 갈증을 찔끔 해소해 주곤 했다.

제대로 이해하지도 못하면서 고집스럽게 그 책 읽기를 한 해 이상 계속하던 중 어느 날, 요양원에서 돌아온 주인공이 오랜 세월 동안의 칩거에서 벗어나 게르망뜨 대공 댁 오후 연회에 참석하는 이야기를 접하게 되었다. 문학 자체의 실재성 및 자신의 문학적 재능에 의구심을 품게 된 주인공이, 작품을 써야겠다는 평생의 열망을 포기하고 연회에 참석하여, 옛날 알고 지냈던 사람들이나 만날 생각으로 초대에 응했는데, 대공 댁 내정에서 고르지 않게 박힌 포석 위에 자신의 발이 놓여 잠시 몸의 균형을 잃었다가 그것을 되찾는 순간, 마들렌느 과자의 맛을 느끼던 순간처럼 환희에 휩싸이고 아울러 미래에 대한 불안감이나 모든 지적 의구심이 씻기듯 사라졌다는 이야기였다. 일찍이 차에 적신 마들렌느 과자를 맛본 그 겨울날처럼 희열의 원인 밝히기를 이번에는 유예하지 않겠노라 단단히 작정한 주인공이, 포석 위에 선 채 비척거리기를 반복하자, 옛날 모친과 함께 갔던 베네치아의 영상이 생생하게 되살아난다. 그리고 이층에 있는 서재 겸용의 응접실에서 이미 시작된 어떤 곡의 연주가 끝나기를 기다리는 동안, 접시에 부딪힌 숟가락 소리와 그 댁 집사가 음료수와 함께 건네준 냅킨의 빳빳한 감촉이 각각, 요양원에서 돌아오던 중 어느 역에서 들은 망치 소리와, 어린 시절 할머니와 함께 발백에 도착하여 얼굴의 땀 닦는 데 사용했던 냅킨의 추억이 환희를 동반하며 되살아나게 해 준다. 그는 자신이, 옛날에 느끼던 피곤이나 슬픔 등으로 인하여 즐기지 못했던, 자기 생애의 특정 순간에 품었던 열망 및 그 순간 자체를 비로소 즐기고 있음을 깨닫는다. 상황이나 육체적 제약에서 해방되어 자신을 환희로 가득 채우는, 그 순간 및 환희 자체의 본질을 서둘러 명료하게 파악하려 애쓰던 주인공은 다음과 같은 사념에 이른다.

> 그런데 나는, 지극한 행복감 느끼게 해 주며, 내가 그것들을 현재의 순간과 먼 옛날의 어느 순간 속에서 동시에 느껴, 과거가 현재 위에 중첩되게 하고, 심지어 나로 하여금 내가 현재와 과거 중 어디에 있는지 선뜻 알아차리지 못하게 하는, 그 여러 인상들을 비교하면서, 이미 그 원인을 짐작하고 있었으니, 사실인즉,

매번 나의 내면에서 그러한 인상을 음미하던 존재는, 그 인상이 가지고 있는 어느 옛날과 현재의 공통적인 무엇을, 즉 그 인상이 가지고 있는 탈시간적인 무엇을 음미하고 있었으며, 그러한 존재는, 현재와 과거의 그러한 동일성들 중 하나로 인하여, 자신이 존속할 수 있고 사물들의 진수를 즐길 수 있는 유일한 곳에, 다시 말해 시간의 범주 밖에, 자신이 처할 수 있을 때에만 나타나던 존재였다. 그것은 내가 일찍이 작은 마들렌느 과자의 맛을 무의식중에 알아차리던 순간 나의 죽음에 대한 불안감이 멈추었던 까닭을 설명해 줄 수 있었으리니, 그 순간에는 나라는 존재가 하나의 탈시간적 존재였고, 따라서 미래의 영고성쇠에 무심한 존재였기 때문이다. 그 존재는 오직 행위 및 즉각적인 즐김의 영역 밖에서만, 그리고 하나의 유사성이라는 기적이 나로 하여금 현재로부터 탈출하게 해 주었을 때에만, 나에게로 와서 자신을 드러내곤 하였다. 오직 그 존재만이 나로 하여금 옛날들을, 즉 잃어버린 시절을, 되찾을 수 있게 하는 능력을 가지고 있었으며, 잃어버린 시절을 되찾는 일 앞에서는 나의 기억력과 지성의 노력이 항상 좌초하곤 하였다. (마르셀 프루스트, 『잃어버린 시간을 찾아서』, 제7편, 「되찾은 시절」)

과거가 현재 위에 중첩되게 하는 인상들이 가지고 있는 '탈시간적인 무엇'과, 그것을 음미할 수 있는 '시간의 범주 밖에' 놓인 존재 등이, 각각 어떤 본질과 어떤 존재를 가리킨단 말인가? 삼라만상의 무한히 반복되는 외형적 변모 밑에 영원히 변치 않는 어떤 본질이 있단 말인가? 또한 시간의 범주 밖에 놓인, 즉 세월의 흐름에서 이탈한 초월적 존재가 있단 말인가? 지극히 난삽하고 읽기 지루한 프루스트의 글에 한 해 동안 매달린 끝에 내가 봉착한 곳은 그 두 질문이었다. 물론 프루스트의 술회에서 싯다르타나 헤라클레이토스 등 옛 현인들이 설파한 생각이나 쇼펜하우어가 몽상한 '영원한 질료적 의지' 등을 유추할 수도 있을 것 같았으나, 그들의 가르침을 피상적으로 얻어듣기만 한 나로서는 어떤 사유도 더 이상 구체적으로 펼칠 수가 없었다. 게다가 어느덧 대학을 졸업할 시기가 다가왔고, 따라서 졸업논문도 서둘러 써야 했던지라, 러셀(B. Russel)의 『서양 철학사』와 성자 아우구스티누스의 『고백』 등을 참조하여 「프루스트의 시간과 예술」이라는 거창한 제목으로 논문을 대강 엮었을 뿐, 프루스트가 나에게 언뜻 보여준 경지의 규명 작업은 훗날로 미룰 수밖에 없었다. 또한 그 작업이 결코 쉽지 않으리라는 생각과 미리부터 나를 엄습하는 피곤 때문에, 그것을 훗날로 미루게 된 처지가 오히려 다행스럽게 여겨지기도 했고 일종의 안도감마저 느꼈다.

그러나 평온과 휴식은 나에게 허용되지 않은 것 같았다. 졸업논문을 제출할 무렵에, 프랑스 정부 초청 장학생 선발 시험이 있다는 공문이 학과에 내려왔고, 학과장 선생님의 권유에 따라 무심히 응시했으며 장학생으로 선발되었다. 하지만 나는 프랑스로 떠날 마음의 준비가 되어 있지 않았다. 우선 그 당시에는 프랑스 유학이라는 것이 거의 꿈같은 일이었던지라 그것이 도무지 현실 같지 않았기 때문이다. 또한 한 해 동안 프루스트의 작품을 어찌나 숨가쁘게 서둘러 읽었던지, 게다가 거의 대부분을 이해하지 못했던지라 심신이 극도로 피곤해져, 모교 대학원에 진학하여 느긋한 마음으로 공부하고 싶은 유혹도 느꼈기 때문이다. 마침 프랑스로의 출발 일자가 6월 하순이라 하여, 일단 대학원에 진학하여 강의를 들으면서, 시간제 교사로 취업했다. 그 생활이 크게 즐겁지는 않았으나 나에게 모처럼 휴식을 확보해 주었다. 그러나 단 두 달이 지나지 않아, 고등학생들에게 프랑스어 가르치는 일에 지루함을 느끼기 시작했고, 대학원에 진학하면 프루스트의 작품을 본격적으로 공부할 생각이었지만, 모교뿐만 아니라 우리나라 어느 대학에도 그것을 전공하신 분이 없었다. 결국 오랜 망설임 끝에, 혹시 프루스트 전문가의 지도하에 공부할 수 있는 기회를 얻을 수 있으리라는 막연한 기대 때문에, 그리고 장학금 수혜 기간이 단 2년뿐이니 그동안에 새로운 세계를 구경만 하더라도 좋을 것 같다는 생각에 이끌려, 유학길에 오르는 쪽으로 생각을 정했다. 또한 그렇게, 평온한 삶에 대한 꿈도 무너졌다.

VI. 순례의 길

프루스트의 작품에서 어렴풋이 발견한 경지의 규명이라는 과제를 심중에 간직한 채 프랑스에 도착했고, 3개월간의 어학연수를 마친 후 어느 지방 대학에서 본격적인 강의를 듣게 되었다. 수강 과목은 〈프랑스어 문법〉, 〈언어학 개론〉, 〈응용 언어학〉, 〈문예 작품의 구조 분석〉 등, 프랑스어 교수법과 관련된 것들이었다. 하지만 나는 언어학 이외의 다른 과목들에는 별 흥미를 느끼지 못했고, 누구나 아는 것만큼만 가르칠 수 있는 법이라고 생각하고 있었던지라 교수법이라는 것 자체를 아예 무시했으며, 또 밤마다 거의 새벽까지 프루스트의 작품과 씨름을 했던지라, 오전 강의에는 거의 출석하지 않았고, 오후에도 학교에 가지 않는 경우가 잦았다. 그러면서도 과제는 꼬박꼬박 착실하게 제출했고, 시험 때에는 강의 첫 시간에 각 과목 담당 교수들께서 추천해 주신 책들을 벼락치기로 읽곤 했다. 그리하여 낙제를 면할 정도의 성적은 취득했다.

그렇게 나날을 보내던 중, 부활절 휴가를 얼마 앞두고 베네치아 여행길에 오르기로 했다. 오직 장학금에만 의지하여 근근이 살아가던 나에게는 조금 무모한 결단이었다. 그러나 프루스트의 작품 마지막 편 「되찾은 시절」에 언급된 산 마르코 대교회당(Basilica di S. Marco) 광장과 부속 세례당(baptisterium) 및 작품에 언급된 화가들의 작품을 소장하고 있는 미술관들을 직접 보고픈 욕구를 억제할 수 없었다. 게다가, 프루스트의 작품에 자주 언급된 화가들의 작품을 볼 수 있다는 도시들과 — 베네치아, 파도바, 밀라노, 피렌체, 로마, 폼페이 등 — 미술관들을 오래전부터 수첩에 기록해 두었고, 화가에 따라서는 언급된 화폭들의 목록까지 정리해 둔 터였다.

새벽녘에 베네치아에 도착하여 기차에서 내리는 순간 나의 시선에 강렬하게 비친 것은 일출 장면이었다. 떠오르는 태양은 물론, 하늘과 바다가 온통 주홍색이었다. 역 근처에서 커피를 마시면서 잠시 휴식을 취한 후, 유스호스텔을 찾아 방을 예약한 다음, 먼저 산 마르코 광장으로 향했다. 광장에 면해 있는 대교회당과 그 옆에 잇대어져 있는 총독궁(Palazzo ducale) 앞에 서니, 어떤 경이로운 나라에 와 있는 것 같았다. 물론 프루스트의 작품에 이야기된 장소인지라 그러했겠지만, 특히 대교회당 정면 지붕에 배치된 조각상들과 작은 뾰족탑들이, 아침나절의 햇빛과 대운하 위에 엷게 드리워진 푸르스름한 안개와 어울려 생동하는 듯했다. 광장과 그 주변의 모든 것들이 하나의 거대한 종합 예술품처럼 여겨졌다. 광장 한가운데서 걸음을 멈추고 명랑하기 그지없는 봄볕을 쬐고 있는데, 규모 상당히 큰 듯한 오케스트라가 연주하는 음악 소리가 들려왔다. 그곳으로 발걸음을 옮기면서 바라보자니 음식점이나 카페일 듯한 것이 나타났고, 매우 화려해 보였다. 그 순간 내 주머니 형편과 남루한 옷차림을 문득 깨닫고 걸음을 멈추었다. 그러나, 광장 한가운데에 멀찌감치 멈추어 선 채 듣는 음악은, 오케스트라의 연주가 아니라 그 거대한 종합 예술품에서 은은히 흘러나오는 선율 같았다. 그 자리에 한없이 머물러 프루스트의 옛 모습을 회상해 보고 싶었으나, 그가 자신의 책에서 언급한 화가들의 작품들을 보아야 한다는 의무감 때문에 그럴 수가 없었다.

그러나, 걸음을 재촉하여 티치아노, 카르파초, 틴토레토, 베로네세, 조르조네, 프라 바르톨로메오, 조반니 벨리니 등의 작품이 있다는 아카데미아 미술관(Galleria dell'Academia)과 총독궁 그리고 산 마르코 대교회당 등 몇 곳을 방문한 후, 나는 내가 헛수고를 하고 있다는 사실을 깨달았다. 미술관들을 방문하기로 작정하면서, 다른 사람들이 있는 곳에서는 내가 어떤 것에도 주의를 집중하지 못한다는 나의 치명적인 약점을 간과했던 것이다. 더구나 총독궁에 있는 몇몇 벽화들을 제외하고는, 프루스트가 언급한 화가들의 작품이 대부분 종교적(예수교적) 전설을 담고 있어, '작은 마들렌느 과자' 일화에 언급된 유열이나 초월감의 비밀을 밝혀 줄 수 있을 것 같지 않았다. 결국, 프루스트가 언급한 화폭들을 이용하여 제작한 그림엽서 몇 장을 수집하는 것으로 만족하고, 그의 작품에 피렌체의 폰테 베키오(Ponte vecchio, 오래된 다리)와 관련시켜 상세하게 묘사한 폰테 디 리알토, 몇몇 교회당, 곤돌라를 타야만 통과할 수 있는 좁은 수로 등을 일반 관광객들 사이에 섞여 별 감흥 없이 구경했다.

그렇게 사흘 동안 베네치아를 별 소득 없이 구경한 후, 계획을 바꾸어 프랑스로 돌아갈까 하는 생각도 했으나, 프루스트의 작품 속 주인공이 그토록 보기를 열망했으되 건강 문제로 인하여 그럴 수 없었던, 피렌체 및 그 유명한 폰테 베키오, 우피치 미술관, 그 도시 출신인 벨리니, 보티첼리, 단테, 마키아벨리, 아메리고 베스푸치 및 문예 부흥기에 그 도시를 빛낸 레오나르도 다 빈치, 미켈란젤로, 라파엘로 등이 남겼을 법한 흔적들을 느껴 보고 싶은 마음은 도저히 억누를 수가 없었다. 또한 기왕 이탈리아에 왔는데, 로마와 폼페이에 들르지 않고 발길을 돌리기는 싫었다. 그리하여 프루스트의 작품에서 그토록 자주 언급되는 조토의 아레나 교회당(스크로베니 교회당) 벽화는 훗날 보리라 생각하면서, 파도바 방문을 생략한 채 곧장 피렌체로 향했다.

폰테 베키오는 피렌체 시가지를 관류하는 아르노강 위에 놓인 별로 길지 않은 다리로, 상점들이 어수선하게 들어선 일종의 갤러리들로 이루어져 있었고, 프루스트의 작품에 상상된 꽃들은 별로 눈에 띄지 않았다. 작품의 허두('잠자리의 비극' 일화)에 언급되어 항상 나의 뇌리를 감돌고 있던 화가 베노초 고촐리가 그렸다는 「점성술사들의 여행」을 메디치궁에서 대하는 순간 모처럼 반가움을 느꼈다. 우피치 미술관에서 본 라파엘로의 「마돈나」, 보티첼리의 「프리마베라」, 티치아노의 「누워 있는 베누스」, 한스 멤링의 「아이 및 천사들과 함께 있는 마돈나」, 코레지오(안토니오 알레그리)의 「아기 예수를 찬미하는 성처녀」, 마사치오의 「성처녀」, 시모네 마르티니의 「성모 영보」, 젠틸레 다 파브리아노의 「이집트로의 도피」, 미켈란젤로의 「성스러운 가족」 등도, 그것들이 다분히 풍자적(우의적)이라는 면에서 상당히 인상적이었으나, 미켈란젤로가 조각했다는 젊은 다윗의 나신상 앞에서는 내가 잠시나마 넋을 잃을 지경이 되었다. 하나의 완벽성 자체를 비로소 대하는 것 같았다. 또한 미켈란젤로 기념관(Casa Buonarroti)에 있는 그의 「자화상」 얼굴에 응결된 것은 극도로 지친 노동자의 피곤이었고, 검정색 상의 자락 위로 휴식을 취하듯 드리워진 왼손의 엄지 및 검지의 툭 불거진 마디들을 발견하는 순간, 애절함이 나를 엄습했다. 인간의 보편적 비극을 호소하는 무언의 웅변처럼 보이던 그 손가락 마디들은, 다음 날 산 조반니 세례당에서 우연히 보게 된, 도나텔로라는 사람이 조각했다는 「막달라 마리아」의 처절한 시선과 함께, 피렌체에 머무는 동안 나에게 가장 강렬한 인상을 남겼고, 내가 유년 시절에 느꼈던 최초의 두려움만큼이나 나의 내면에 깊이 각인된 것 같다.

로마에 도착하는 즉시 바티칸으로 향했다. 그곳 시스티나 예배당(Cappella Sistina)의 천장화들과 벽화들을 보기 위함이었다. 특히 미켈란젤로가 그렸다는 「최후의 심판」, 「천지 창조」, 그리고 보티첼리의 작품「모세의 생애」가 나의 관심 대상이었다. 그러나 예배당 안에 들어서는 순간 현기증을 느꼈다. 천장과 모든 벽들이 온통 현란한 채색화들로 덮여 있어 어지러웠고, 그림 속에서 굼실거리는 무수한 인물들의 온갖 동작들은 대혼돈(카오스)을 연상시켰다. 예배당 안쪽 주제단 후면 벽 전체를 가득 채우고 있는 것이 미켈란젤로가 그린「최후의 심판」장면이라 하는데, 거리가 멀어 잘 보이지 않았고, 또 오랫동안 고개를 쳐들어 바라볼 수 없었음은 물론, 많은 관람객들 때문에 그 무엇 하나 차근히 관찰할 수 없는 형편이었다. 결국 베네치아에서 그랬던 것처럼, 엽서로 제작된 부분화들을 구입해서 보아야겠다는 생각을 하면서 그곳을 빠져나왔다.

베드로 대성당이라고 하는 교회당 안으로 들어서는 순간, 주제단을 감싸고 있는 거대한 닫집(발다키노)이 나의 시선을 끌었다. 고대 로마 시대의 신전인 판테온의 청동제 출입문을 뜯어다가 녹여서 만든 것이라고 했다. 또한 많은 사람들이 운집한 곳으로 다가가니, 미켈란젤로의 작품이라고 하는 대리석 조각품「피에타」가 있었다. 유럽 여러 나라에서 그려지거나 조각된 '피에타'들 중 최고의 걸작이라고 했다. 하지만 나는, 처형대인 십자가에서 갓 내려진 아들의 시신을 안고 슬퍼하는 모친의 심정을 형상화했다는 그 작품에서, 슬픔이라는 격정을 발견하지 못했다. 시신을 자기의 무릎 위에 올려놓고 오른팔로 시신의 상체를 지탱하고 있는 여인의 맑은 이마, 작은 코, 가볍게 다문 입, 그 입과 귀여운 턱 사이에 스며 있는 선뜻 규정할 수 없는 묘한 감정 등, 그녀의 얼굴이나 차분한 자태는, 꾸중을 듣고 살짝 고개를 숙인 고혹적일 만큼 싱싱하고 꾀바른 아가씨의 앙큼하게 참한 모습을 연상시켰고, 그녀의 얼굴을 지배하고 있는 것은 일종의 편안함뿐, 비통해하는 모친(mater dolorosa)이라는 주제를 상기시킬 만한 기미는 전혀 보이지 않았다.

역대 교황들과 교회에 우호적이었던 인사들의 석곽묘가 즐비한 지하 묘당 및 박물관을 대강 둘러본 후, 기념품 판매점에서 그림엽서 몇 장을 산 다음, 근처에 있는 작은 찻집에 앉아 휴식을 취하면서 그림엽서들을 무심히 들여다보던 중 나는 다시 한번 놀랐다. 미켈란젤로가 그렸다는 「최후의 심판」 장면 중앙에 앉아서 오른손을 힘차게 쳐들며 심판하는 예수의 몸은, 온통 근육질인 운동선수의 우람한 체격과 다름없었고, 그의 오른편에 그에게 기대듯 앉아서 고개를 살짝 오른쪽으로 돌린 채 두 손을 가슴팍 위로 엇갈려 올리면서 한껏 교태를 부리고 있는 마리아의 시선은, 영악스러운 어느 귀부인의 냉랭한 시선이었다. 또한 「천지 창조」의 '아담 창조'라는 부분화에서는, 오른손을 뻗어 손가락 끝을 아담의 왼손 손가락 끝에 접촉시키고 있는 '영원한 아버지'가, 왼팔로는 요염한 여인 하나를 휘감고 있었으며, 그와 여인의 주위에는 포동포동한 아이들이 굼실거리고 있었다. 나는 한동안 놀라움에 사로잡혀 몹시 혼란스러운 사념들에 이끌려갔다. 이제 돌이켜보거니와, 뒤죽박죽 나의 뇌리에서 꿈틀거리던 사념은 대략 이러했을 것이다. '미켈란젤로가, 보카치오나 단테 혹은 『노벨리노』의 풍자적 이야기들을 지은 문인들, 숱한 우화들(fabliaux)을 남긴 중세 프랑스의 떠돌이 문인들, 초서 등과 같은 계보에 속하는 사람일까? 하지만 지극히 신성하다고 하는 예배당의 장식화를 그리면서, 또한 비탄에 잠긴 성모상을 조각하면서, 어찌 감히 자신의 그러한 시각을 드러낼 수 있었을까? 혹시 내가 오해한 것일까?' 하지만 그 작품들 속에 숨겨진 진실이 무엇이든, 프루스트가 나에게 언뜻 보여준 그 초월적 경지와는 무관한 것이 분명했고, 또 너무나 세속적인 일인지라, 나는 고삐 풀린 나의 몽상에 제동을 걸었다. 그리고 다음 날에는, 그것들보다 더 세속적이고 잔인하기도 하지만, 어떤 면에서는 더 천진스러운 삶이 남긴 유적지들, 즉 콜로세움, 판테온, 포룸, 그리고 몇몇 유명한 옛 저택들을 가벼운 마음으로 구경한 다음 폼페이로 향했다.

화산재와 용암에 덮여 있다가 18세기부터 시작된 발굴 작업 덕분에 옛 모습을 드러내게 되었다는 그 죽음의 도시에서는, 전에 책에서만 읽었던 고대 로마인들의 생활상을 생생히 느낄 수 있었다. 특히 많은 저택들의 벽에는 고대 신화 속 인물들과 사건들이 적나라하게 그려져 있었고, 그림 속 여인들의 의상에서는 그 시대 여인들의 절제되지 않은 행실을 짐작할 수 있었다. 아무에게나 몸뚱이를 내맡겼다는 황후 메살리나에 관한 이야기들이 수긍되었고, 루키우스 아풀레이우스의 『변신, 혹은 황금 당나귀』에 묘사된 로마 상류층 여인들의 음탕함이 전혀 과장된 것이 아닐 듯했다. 그러나 어느덧 해가 기울기 시작하여 관광객들이 거의 다 빠져나간 그 적막한 폐허의 포석 위를 홀로 뚜벅뚜벅 걷자니, 외로움과 허무감을 감당하기 어려워졌다. 서둘러 나폴리로 돌아와 산타 루치아 부두로 나갔다. 낙조로 물든 지중해의 형언할 수 없는 아름다움에 넋을 잃고 서 있다가, 어둠이 내리기 시작한 후에야 그곳을 떠났다.

다음 날 오후 늦게 밀라노에 도착했을 때, 그곳 산타 마리아 델 그라체 수도원에 있다는 레오나르도 다 빈치의 「케나(최후의 만찬)」가 뇌리에 떠올랐으나, 주머니 형편이 여의치 않아 프랑스행 기차에 올랐다. 그리고 기차 안에서 더욱 또렷해진 사념은, 프루스트의 소설 속에 언급된 예술품들을 찾아 쏘다니는 짓이 부질없는 노고일 듯하다는 것이었다. 그러는 대신 그 소설 속으로 더 깊이 들어가는 것이 첩경일 것 같았다. 또한 그러기 위해서는 소정의 학위과정에 등록하여 전문가의 지도하에 프루스트의 작품을 연구해야겠는데, 프루스트 전문 교수들은 거의 모두 파리에 있는 대학들에 재직하고 있었다. 결국, 이탈리아에서 돌아오는 도중 기차 안에서 파리대학으로 학적을 옮기기로 결심했고, 두 달 후 파리로 떠났다.

VII. 신화 속으로

파리에 도착하여, 나에게 석사 학위 논문 지도 승낙서를 써 주시어 내가 학적을 옮길 수 있도록 결정적인 도움을 주신 미쉘 레몽(M. Raimond) 교수님을 찾아뵈었다. 그리고 프루스트의 어떤 주제를 연구하고 싶으냐는 선생님의 질문에, 프루스트가 작품에 개진한 '시간'의 개념을 명료하게 포착하고 싶다고 했다. 그러자 조금 신경질적인 어조로, 구태여 규명해야 할 '시간의 개념'이 있겠느냐고 반문하셨다. 그리하여, 프루스트의 소설 제목에 언급된 '잃어버린 시간'의 의미를 이해할 수 없기 때문이라고 대꾸했다. 그 순간 선생님이 어이없다는 표정을 지으시며 잠시 생각에 잠기시더니, 소설의 제2편(「피어나는 소녀들」)에서 발견되는 주요 일화들의 서술적 특징을 연구해 보겠느냐고 제안하셨고, 나는 얼떨결에 그 제안을 받아들였다. 돌이켜 보거니와, 당시(지금도 여전히 그렇지만) 우리나라에서는 프루스트의 소설 제목이 '잃어버린 시간'으로 번역되었던지라, 그 작품을 대강이나마 읽은 나 역시 그러한 번역을 추호도 의심치 않아, '시간'이란 것이 상실될 수도 있고 되찾을 수도 있는 어떤 실체일 것이라 상상했고, 특히 플라톤이 대화편 『티마이오스, 혹은 자연에 대하여』 속에 개진해 놓은 '시간'에 대한 알쏭달쏭한 이야기를 읽은 후에는, 그것이 어떤 신비한 본질일지도 모른다는 생각에 사로잡히곤 했다. 내가 작품의 마지막 편(「되찾은 시절」)에 있는 '잃어버린 시절, 즉 옛날들'이라는 프루스트의 부연 설명에 유의했다면, 그 어처구니없는 오해도 없었을 것이고, 플라톤을 비롯한 몇몇 철학자들의 시간론에 그토록 오랫동안 휘둘리지도 않았을 것이다.

여하튼, 선생님이 추천해 주신 몇몇 참고서에 의지하여, 프루스트의 서술적 특징을 분석한 초라한 논문을 별 감흥 없이 꾸려 두 해 후에 제출했다.

작품의 주인공이 느낀 희열과 그 순간 그를 엄습한 초월감의 정체 혹은 본질을 밝히는 것이 내가 그 작품을 연구하는 궁극적인 목적이었지만, 나의 그러한 뜻을 레몽 교수님에게는 털어놓을 용기가 나지 않았다. 그분의 강의가 소설의 제반 형태적 문제들에 집중되어 있었던지라, 어찌 보면 형이상학적이거나 비교적(秘敎的)이라고 간주될 수도 있을 그러한 주제에 관심을 표하실 리 없을 것이라 생각했다. 그리하여 한동안 망설인 끝에, 가끔 세미나에 참석하여 뵐 기회가 있었고, 또 프루스트의 작품에 관한 저서도 출간하신 제라르 쥬네뜨(G. Genette) 교수님을 찾아뵙고, 나의 내밀한 열망을 솔직히 말씀드리면서 지도를 요청했다. 그러자 선생님께서, 그러한 주제를 연구하고자 한다면 당신보다 더 합당하고 그 분야에 조예 깊은 교수가 있다고 하시더니, 추천장을 써 줄 터이니 쟝-삐에르 리샤르(J.-P. Richard) 교수님을 찾아가 뵈라고 하셨다.

미리 통보를 받으신 듯 나를 반갑게 맞으신 리샤르 교수께서, 추천장을 읽으시며 잠시 생각에 잠기시는 듯했고, 조금 주저하시는 듯한 어조로 프루스트의 신화 세계를 연구해 보지 않겠느냐고 제안하셨다. 그러면서, 프루스트의 작품에 산재하는 신화 요소들에 대해 — '신화'에는 전설과 민담도 포함된다고 하셨다 — 상당히 많은 사람들이 단편적으로 이러저러한 논설문에서 언급하긴 했으나, 그 다양한 요소들을 총체적으로 조명하여 그것들 간의 유기적인 관계를 서술한 연구는 아직 없다고 하셨다. 그러나 프루스트의 작품에 내포되어 있는 신화적 요소들이 하도 방대하여, 그것들 간의 유기적인 관계를 포착하는 일이 가능할지 여부를 알 수 없으며, 하지만 만약 그러한 작업을 성공적으로 수행할 수 있다면, 프루스트의 작품이 우리에게 열어 주는 하나의 새로운 지평을 발견할 수 있을 것이며, 그 지평이 우리의 존재론적 의혹 해소에 도움이 될 수도 있겠다고 하셨다. 또한, 그 신화적 요소들이 작품 속에서 획득한 새로운 의미를 포착하려면 그것들의 출처인 고전들을 일일이 확인해야 하는데, 그 기초적인 작업이 많은 시간을 요한다고 하시면서, 프랑스에 체류하는데 어떤 제약은 없느냐고 물으셨다. 아무 제약도 없을 것이라는 나의 대꾸에, 선생님께서 기뻐하시는 표정으로 다시 악수를 청하셨다. 제자로 받아들이신다는 뜻이었다.

기숙사로 돌아오는 버스 안에서, 드디어 프루스트의 핵심적인 주제로 다가갈 길을 발견했다는 생각에 들떠, 그의 작품에 산재하는 무수한 신화적 요소들을 일단은 문명권에 따라 분류하여 연구해야겠다는 계획을 세웠다. 그러자 문득 조바심이 났다. 작품의 허두에서 일찍이 나의 시선을 끌었던, 가령 '윤회 후 전생에 가졌던 생각들'이라는 그 놀라운 언급이, 작품의 총체적 틀 속에서 어디까지, 또 어떠한 의미를 수반하면서, 파급될지를 샅샅이 규명해 볼 기회가 드디어 나에게 주어졌다는 생각에 몹시 들떠 있었기 때문이다. 그날 이후 나는, 마치 무엇에 홀린 사람처럼, 프루스트의 작품이 명시적으로 혹은 암시의 형태로 열어주는 신화의 세계로 진입하곤 했고, 그렇게 현실과 신화가 나의 내면에서 중첩되거나 뒤섞이게 내버려 두었다. 그리하여, 그 숱한 신화적 요소들이 작품 속에서 수행하는 은유적 역할 및 그것들이 열어 주는 세계를 그 출처(고전)에 입각하여 규명하려 애쓰던 여러 해 동안은, 나의 삶이 현실과 신화 세계 사이를 넘나들었다. 즉 내가 그 두 세계를 혼동하는 경우가 잦아, 나의 깊숙한 본능을 자극하는 인물들이나 사건들을 특정 신화 속의 인물들이나 사건들과 혼동하는 지경에까지 이르렀다.

신화적 요소들의 출처와 그것들이 작품 속에서 새로이 획득한 의미들 및 역할을 규명하는 작업은,『구약』및『신약』, 그리스(로마) 신화, 스칸디나비아 및 게르만 신화, 켈트 및 중세 전설,『천일야화』등, 몇몇 문명권에 따라 범주를 정하여 수행했다. 예를 들어 사회의 모든 계층에서 동성애 현상을 발견한 주인공은, 야훼가 소돔을 절멸시킬 때 그가 보낸 천사들이 어떤 잘못을 저질렀거나, 그가 인간을 창조할 때 실수를 범했을 것이라 생각한다. 또한 주인공을 의지 굳건한 아이로 키우고자 하는 그의 모친에게 그의 부친이 보이는 태도는, 번제에 바쳐야 할 외아들 이사악(이삭)을 이제 단념하라고 하는 아브라함의 체념한 모습에 비유된다. 그리고 처음으로 엄마 곁을 떠나 할머니와 함께 여행길에 오르는 소년 주인공에게는, 발백 행 기차를 타야 하는 파리의 쌩-라자르 역이 십자가에서 내려진 예수의 시신을 잠시 모셔 두었던 동굴로 여겨진다. 예수의 시신이 그 동굴에 들어간 사건이 하나의 새로운 역사와 문명을 태동시켰듯이, 쌩-라자르 역 건물 안으로 주인공이 들어간 그 슬프고 괴로운 사건이, 그가 발백에서 알베르띤느 및 쌩-루 등을 만나 일찍이 상상조차 하지 못했던 새로운 삶이 전개되는 단초가 된다.

한편 출현 빈도가 가장 높은 그리스(로마) 신화는, 작품 속 인물들이나 장소들 및 사건들에 하나의 전형이나 틀을 제공하는 역할을 담당하는 경우가 대부분인 듯했다. 예를 들자면, 스완이 외로움을 느낄 때마다 남들 모르게 찾아가는 파리 최상류 사교계의 응접실은, 슬픔에 빠진 아리스타이오스가 모친 퀴레네의 위안을 받으러 찾아가는 수중궁궐에(베르길리우스,『농경시』), 질베르뜨와 결별한 주인공 앞에 펼쳐진 불로뉴 숲은 아이네이아스가 저승에서 목격한 '눈물의 숲' 혹은 '뮈르토스 숲'에(베르길리우스, 『아이네이스』), 게르망뜨 공작과 그의 아내 오리안느는 올림포스 산정에서 다투는 제우스와 헤라에게(호메로스, 『일리아스』), 게르망뜨 공작 댁 오후 연회에서 주인공과 옛 친구들 간에 이루어지는 재회 장면은 오뒷세우스가 저승에 가서 자기의 모친 및 옛 전우들과 재회하는 장면에(호메로스, 『오뒷세이아』) 비유된다. 또한 주인공이 발백에 도착하여 호텔 접수부 직원들을 보는 순간, 자신과 할머니를 초라한 투숙객으로 여기던 그는, 아이아코스와 라다만토스 그리고 미노스 등 저승의 심판관들을 뇌리에 떠올리며(단테, 『신성한 희극』, 「지옥」 편), 발백 인근을 산책하는 동안 마차 안에서 알베르띤느의 팔에 휘감긴 자신을 쇠사슬에 묶인 프로메테우스에 비유하는가 하면(아이스퀼로스, 『쇠사슬에 묶인 프로메테우스』), 어떤 날에는 해변에서 출렁거리는 물결이 '명랑한 글로코노메'를 연상시킨다(헤시오도스, 『신통계보』).

한편 스칸디나비아 및 게르만 신화에 속하는 요소들은, 13세기 초 작품으로 알려진 『니벨룽겐 찬가』나, 바그너의 4부작 『니벨룽겐의 반지』(「라인강의 금」, 「발퀴레」, 「지크프리트」, 「신들의 황혼」) 등에서 주로 취한 것들이었다. 반면 '중세 전설'이라는 범주 속에 분류될 수 있는 요소들은, 소년 주인공의 눈에 전설적인 존재들처럼 보이던 꽁브레의 소년(소녀)들이나 기타 주민들 및 그 고장의 꽃들, 그리고 역사적 암흑으로부터 희미한 유령처럼 등장하는 메로베우스 왕조나 카롤루스 왕조 시절 인물들, 주느비에브 드 브라방이나 골로 같은 동화 속 인물들, 숱한 성자들의 이름 등, 몽상의 출처나 전거(典據)가 불분명한 것들이 대부분이었다. 따라서 주인공이 펼치는 그러한 몽상들의 근거를 미슐레의 『프랑스 역사』나 오귀스땡 티에리의 『메로베 왕조 시절 야화』 및 『노르망디인들의 잉글랜드 정복』, 야코포 다 바라체의 『황금빛 전설』, 르낭의 『유년 시절과 청년 시절의 추억』, 러스킨의 『아미앵의 성서』, 마리 드 프랑스 등의 중세 연가들(lais), 네르발의 『불의 딸들』, 마테를링크의 『펠레아스와 멜리장드』, 쟝 다라스의 『멜뤼진느』나 웨이스 및 보롱 등이 남긴 메를랭과 비비안느의 전설 등에서 찾거나 유추할 수밖에 없었다.

하지만 그러한 중세 전설들보다 더 모호한 것은, 마들렌느 일화의 서문처럼 주어진 다음 글에 언급된 '켈트인들의 신앙'이었다.

> 나는, 우리가 잃어버린 이들의 영혼들이 한 마리 짐승, 한 그루 나무, 하나의 무생물체 등, 어떤 하등의 존재 속에 사로잡혀 있으며, 많은 사람들에게는 그러한 날이 영영 도래하지 않지만, 가령 우리가 어떤 나무 곁을 우연히 지나게 되어 영혼들의 감옥인 그 사물을 점유하는 날까지는, 그 영혼들이 우리에게는 실제로 상실된 것이라 여기던 켈트인들의 신앙이 이치에 맞는다고 생각한다. 우리가 사물을 점유하는 순간, 영혼들은 전율하며 우리를 부르고, 우리가 그들을 알아보기 무섭게 마법이 풀린다. 우리에 의해 해방된 영혼들은 죽음을 극복하고 우리 곁으로 다시 돌아와 우리와 함께 산다. (…) 우리의 과거가 그러하다. (제1편,「스완 댁 쪽으로」, 제1부 〈꽁브레〉, 1장).

나에게 결정적인 깨달음의 가능성을 언뜻 보여준 마들렌느 일화의 비밀을 감추고 있을 법한, 그 '켈트인들의 신앙'을 명료하게 파악하는 것이 절대적인 과제처럼 보였다. 하지만 그 신앙의 실체를 설명해 줄 책은 물론 단편적인 글조차 찾을 길이 막막했다. 당시 프루스트 전문가로 알려진 몇몇 교수들은, 르낭의 『유년 시절과 청년 시절의 추억』과 미슐레의 『프랑스 역사』 및 아나똘 프랑스의 『삐에르 노지에르』라는 소설에 그 '신앙'에 관한 언급이 있다고 했으나, 그 책들 속에는 켈트인들에게 '드루이드교'라는 종교가 있었고, 사제인 '드루이드'들의 사회적 역할에 관한 이야기만 있을 뿐, 프루스트가 구체적으로 언급한 '신앙'의 내용은 전혀 발견되지 않았다. 그리하여 카이사르의 『갈리아 전쟁』에서 어떤 단서를 발견할 수 있을까 기대하며 그 책을 샅샅이 뒤졌으나, 내가 발견한 것은 이러한 언급이 전부였다. "드루이드들이 가르치던 교리의 핵심은 영혼의 불멸성이다. 그들은, 영혼들이 하나의 육신에서 다른 육신으로 이동할 뿐, 육신의 죽음 이후에도 소멸되지 않는다고 가르친다"(제6권, 14장). 또한 그 무렵, 브르따뉴 지방의 민담을 수집하여 출간하는 등, 켈트인들 및 그들의 문화에 깊은 관심을 가지고 있던 장 마르칼(J. Markale)이라는 분의 저서 『켈트인들』에도, '그들은 우리가 이 지상에 살다가 다른 세상으로 떠나거나 이 지상에 남아 무한히 윤회를 계속한다고 믿었다'는 언급이 고작이었다.

카이사르의 간단한 언급이나 마르칼의 저서만 고려하더라도, 프루스트가 언급한 '갇힌 영혼'은 켈트인들의 신앙에 전혀 부합되지 않는 것 같았다. 하나의 육신에서 다른 육신이나 사물로 자유롭게 이동하는 영혼에게, 그것들이 어떻게 '감옥'으로 여겨질 수 있단 말인가? 또한 마르칼이 『켈트인들』에 인용한 켈트 시인(바르두스) 탈리에신의 노래에서 포착되는 특징은, 인간과 사물들 간에 어떠한 차등적 개념도 존재하지 않는다는 시각인데, 우리가 잃은 영혼들의 새로운 거주처가 굳이 '하등의 존재'여야 한다는 말은 성립되지 않을 것 같았다. 만물이 평등하다는 그러한 시각은, 부처가 고타마 싯다르타라는 왕자로 태어나기 전에, 그가 물고기나 원숭이, 새, 물소, 코끼리, 사냥꾼, 요리사, 여인, 도둑, 국왕 등, 무수한 동물 및 모든 카스트에 속하는 인간들이 영위하는 다양한 형태의 생을 겪었다는 이야기(『자타카』, 부처의 전생기)를 지은 사람들의 자유롭고 호활한 시각을 연상시키는데, 하나의 영혼이 어떠한 대상 속으로 이동하여 그곳을 새로운 거처로 삼은들, 그것이 '마법'에 걸리는 현상으로 간주될 수는 없을 것 같았다.

프루스트가 '켈트인들의 신앙'이라고 포장한 것의 실체는, 사람이 주술에 의해 암캐나 암말, 원숭이, 바위 등으로 변형되어, 그의 정체를 알아볼 능력을 갖춘 구원자가 도래할 때까지 '하등물' 취급을 받으며 갖은 고초를 겪어야 한다는, 『천일야화』 속 전설들의 유형이다. 특히, '우리 곁으로 다시 돌아와 함께 사는' 것이 '갇힌 영혼들'이 갈망하는 궁극적 행운이라는 이야기 구도는, 『천일야화』 중 마지막 일화인 「두 자매 이야기」를 읽다가 발견했고(앙뚜완느 갈랑 편역), 프루스트의 마들렌느 일화 역시, 그 정황이나 매개체(과자), 발생하는 비등성(沸騰性) 유열, 그다음에 이어지는 초월감 등, 모든 측면에서, 크림파이의 독특한 맛 덕분에 어느 고적한 어머니가 영영 잃은 줄 알았던 아들과 재회한다는 〈누레딘 알리와 그의 아들 베드레딘 하산〉의 이야기(『천일야화』, 제93편~제122편)와 같은 틀에 찍어낸 것임을 짐작할 수 있었다.

결국 프루스트의 작품에 가끔 이정표처럼 등장하는 특이한 유열이나 격정의 순간들이 모두 마들렌느 일화에 수렴된다는 사실을 포착하게 되었고, 마치 '눈속임'처럼 찰나적으로 나타나는 그 초월적 경지가 곧 현상계 혹은 세월의 질서를 벗어난 경지임을 깨닫게 되었다. 또한 학위 논문을 마친 다음 몇 해 후에 『희열의 순간과 영원한 본질로의 회귀』라는 글을 쓰게 된 계기도, 마들렌느 일화와 『천일야화』의 몇몇 이야기들을 쇼펜하우어의 『의지와 표상으로서의 세계』 및 '윤회'라는 개념과 연관시켜 자주 생각하던 중 마련되었다. 그러나, 마들렌느 과자의 맛이나 고르지 못한 포석, 접시에 부딪히는 숟가락 소리, 냅킨의 뻣뻣함 등이 비록 주인공으로 하여금 유열에 잠기게 하면서, 그에게 잠시나마 생의 영고성쇠와 자신의 죽음에조차 무심해지는 초월적 경지를 맛보게 해주지만, 그러한 사건이 그에게 닥치는 것은 순전히 우연에 달려 있고, 또 많은 사람들에게는 그러한 일이 발생하지 않는다고 주인공이 밝히고 있다. 또한 그 일화들은 엄밀히 말해 질료적 접촉에 기인한 육체의 비등성 활성화라는 본질을 내포한다. 다시 말해, 두 화학물질 사이에 발생하는 격렬한 반응과 다름없고, 프루스트는 남녀 간의 육체적 관계를 유황과 인(燐) 사이에 일어나는 발화 현상에 비유한 적 있으며(『장 쌍뙤이유』), 마들렌느 일화에서도 '마치 사랑이 그렇게 해주듯이'라는 말을 넌지시 삽입하고 있다. 요컨대 주인공을 사로잡은 유열은, 접촉에 기인한 '영원한 질료적 의지'의 — 쇼펜하우어의 표현이다 — 부활일 듯했다. 또한, 많은 사람들에게는 그러한 일이 발생하지 않는다는 주인공의 말은 일종의 과장처럼 여겨졌다. 술을 마시거나 마약을 복용하는 행위에서, 혹은 사람을 포함한 뭇 생물들의 번식행위에서, 그러한 경지가 열리지 않겠는가? 그리하여 수치스러운 질병이나 죽음까지도 무릅쓰는 것 아닌가? 그러한 경지는, '모든 상(相)이 상 아님을 깨닫는' 적정(寂靜)의 혹은 언어도단(言語道斷)의 순간과 정서적 양태가 비록 같다 할 수 있을지라도, 싯다르타나 고대 서양의 현인들이 설(說)한 초극의 노력은 요하지 않으니, 또한 우리의 의지나 지성의 영역 밖에서 발생하는 것이니, 내가 그토록 오랜 세월 동안 규명하려 애쓰던 그 경지가 나에게 지속적인 위안은 될 수 없을 것 같았다. 아울러, 내가 어수룩하게 프루스트의 작품에 이끌려 들었던 것 아닐까 하는 의구심이 나를 엄습했다.

VIII. 스러지는 몽환경

신화 세계 속에서의 기나긴 모색이 그러한 상태에서 일단락되었고, 논문을 마치는 순간 피로와 허탈감이 일시에 나를 사로잡았다. 게다가, 어머니께서 나를 그리워하시다가 타계하셨다는 사실이 새삼 나의 전 존재를 무겁게 휘감아, 나의 몸 전체가 어느새 하나의 슬픔 덩어리로 변한 것 같았으며, 가슴 속에서는 영원히 멈추지 않을 소리 없는 호곡이 면면히 이어지고 있었다. 어머니 아니 계신 고국이 나에게는 더 이상 그리운 땅이 아니었으나, 잠시 휴식을 취할 생각으로 귀국했다. 그리고, 지도에서 보아 둔 남해안의 작은 포구에 은둔하여 농사를 지으며 여생을 보낼까, 혹은 프랑스 중남부 산악지방에 가서 양치기 일을 할까 궁리하던 중, 우연히 모교의 교단에 서게 되었다.

생업과 학업을 병행하던 파리 생활이 극도로 고되기는 했으나, 그 시절에는 근무하던 사무실 밖으로 나오기가 무섭게, 프루스트가 나에게 열어 준 신화 세계 속에 몰입할 수 있었다. 반면 모교의 강단에 선 이후부터는 일상이 따분하게 여겨졌다. 즉, 프랑스어나 프랑스 문예를 가르치는 일이 진부해 보였다. 그리하여, 인간사가 모두 허망하고 부질없다는 구슬픈 감회에도 불구하고, 그 일의 그럴듯한 명분을, 사회적으로 공인될 수 있는 명분을, 발견해야 한다는 절실한 필요를 느끼기 시작했다. 하나의 외국어를 가르치는 일은 그 목적이 분명하고 방법 또한 구체적이지만, 한 나라나 문화권의 문예를 가르친다는 것은 매우 막연한 일처럼 여겨졌다. 초기 몇 해 동안에는, 프루스트의 작품이나 그의 작품에 자주 언급된 혹은 그의 작품과 친화력을 보이는, 죠르쥬 쌍드, 플로베르, 아나똘 프랑스, 스땅달, 네르발, 쎄낭꾸르, 꼴레뜨, 바르베 도르비이, 발자크 등의 작품들을 내 취향에 따라 발췌하여 강독하는 방법을 취했다. 그러나 세월이 흐를수록 그러한 강의 방식에 회의를 느끼기 시작했고, 때로는 가책감에 사로잡히기도 했다. 각 문인의 작품 세계를 '부분적으로나마' 소개하겠다는 그럴듯한 의도로 채택한, 그리고 프랑스 및 모든 나라에 보편화된 그 방법이, 혹시 더 광범위하고 더 정치한 연구를 회피하기 위한 구실에 불과하지 않을까 하는 생각에 이르게 되었다.

또한 어느 나라의 문예를 연구한다는 것은, 각 시대의 문인들에 의해 포착된 그 나라 사람들의 가장 내밀한 정서를 연구하는 일이며, 따라서 그 작업은 진실에 가장 가까울 수 있는 역사의 일부를 서술하는 것과 다름없는 일이라는 생각도 아울러 갖게 되었다. 그러한 인식이 점점 더 명료해지기 시작한 무렵부터, 프루스트 및 그와 유사하다고 여기던 문인들에 얽매이지 않고, 즉 나의 개인적인 기호에 좌우되지 않고, 프랑스 문예사 속에서 하나의 전형으로 간주될 수 있을 법한 정서태(情緒態)들을 포착하여 기술하는 쪽으로 연구의 방향을 전환했다. 그리하여 가령 그토록 유치해 보이던『롤랑 찬가』나『장미 이야기』, 잔인한 일화가 가득한『알비 토벌전』, 언사가 노골적인『여우 이야기』, 터무니없어 보이던『페르스발』이나『원탁의 기사 이야기』등 기사도 소설들, 마리 드 프랑스 및 기타 이름 모를 중세 문인들이 남긴 사랑 이야기들(lais), 깨무는 듯한 풍자로 일관된 갈리아적 우화들(fabliaux), 사랑과 질투가 주제를 이루고 있는『플라멘카』,『쟝 드 쌩트레』,『비올레뜨 찬가』등, 전에는 눈여겨보지 않던 중세의 여러 작품들도 진지하게 읽으면서 그것들의 저변에 흐르는 것을 포착하려 노력하게 되었다. 특히 프루스트의 작품 연구에만 몰두하던 시절에는 나의 관심 영역에 들지 않았던 페리에, 마르그리뜨 드 나바르, 라블레, 샤를르 소렐, 몰리에르, 꼬르네이유, 몽떼스끼유, 볼떼르, 르싸주, 루쏘, 라끌로, 싸드, 빅또르 위고, 메리메, 졸라, 쎌린느, 까뮈, 싸르트르 등, 사회적 현상에 대한 풍자가 주류를 이루고 있는 문인들에게도 비로소 진지한 시선을 보내게 되었다.

대략 십여 세기에 걸친 프랑스 문예를 관류하는 주요 정서태들을 포착하려 했던 그러한 시도는, 프랑스인들의 윤색되지 않은 실존태를 생기있게 드러내는 것이 나의 사회적 의무라는 인식에서 발단되었다. 하지만 그러한 연구가 진행될수록, 다양하고 심오한 세계의 발견을 기대했던 나는, 그토록 장구한 세월 동안 남녀상열지사나 종교적 갈등이 프랑스 문예를 지배했다는 사실에 몹시 놀랐다. 심지어 많은 주인공들의 죽음조차도 정염(情炎) 아니면 종교적 광신주의와 연관되어 있었고, 일천 년에 걸쳐 무수한 작품에 구현된 프랑스인들의 내밀한 정서를 『정염의 맥박』이나 『루시퍼의 항변』이라는 제하에 서술해 본 것도 그러한 인식에서였다. 한편 프루스트가 마들렌느 과자 일화를 통하여 언뜻 보여준 '현상의 초월' 같은 주제가, 프랑스 문예사에서는 매우 이질적인 요소임을 비로소 간파하게 되었고, 그 일화의 틀이나 그것에 내포된 시각 및 윤리를 『천일야화』에서 차용한 것이 뻔하건만, 그 이야기를 시작하면서 '켈트인들의 신앙'을 들먹일 수밖에 없도록 한 문예사적 내지 사회적 배경도 수긍할 수 있게 되었다.

그렇게 프랑스의 영혼들을 한국인들에게 데려와 소개하는 '뱃사공' — 어떤 작품을 한국어로 번역했을 때 프랑스인 친구가 나에게 붙여 준 고마운 별명이다 — 일에 종사하기를 근 사십 년 동안 계속했고, 그러한 사회적 책무로 인하여 인생의 의미와 가치 규명이라는 나의 궁극적 과제는 항상 뒤로 미루어졌다. 그리하여, 허무감과 회의가 나를 짓누르는 깊은 밤에는, 항상 머리맡에 놓여 있던 옛사람들의 몇 권 책들 중 하나를 뒤적이며 위안거리를 찾곤 했다. 그러한 책들 속에서 발견하여 거듭 읽곤 하던 옛 현인들의 행적을 기회가 주어진다면 간략하게 정리하여, 공포와 허기증과 슬픈 격정과 허무감에 평생 이끌려 다니다가 마침내 아무것도 희구할 수 없게 된 내 가냘픈 영혼이, 흔쾌한 체념과 너그러운 침묵에, 즉 궁극의 자유에, 이르려는 뜻을 품고 떠나려는 고독한 여정의 길동무로 삼고자 한다.

학문으로서의 민법학을 위하여

양창수

서울대학교 법학전문대학원
명예교수

I. 들어가기 전에

1. 저는 2023년 2월 말로 한양대학교 석좌교수의 직에서 물러남으로써 대학의 무슨 '직책'으로부터 아예 멀어졌습니다. 2021년 9월에는 저를 위한 고희 기념 논문집『자율과 정의의 민법학』이 발간되기도 하였습니다. 이쯤 되면 지난날을 적어 보는 — 틀림없이 쑥스러운 — 일도 필요한지 모릅니다. 얼마 전부터는 남과 이야기를 나누는 중에 제가 전에 겪었던 일들을 적지 않게 꺼내 드는 것을 스스로 의식하게 되는 일도 있습니다. 이 글을 굳이 적어냄으로써 머릿속의 어떤 부분을 아예 털어내고 싶습니다.

2. 2000년이면 제가 오십도 채 되기 전입니다만 그때쯤부터라고 생각되는데, 학회 등의 학술대회에서 다루어지는 주제에 대한 개별 논문보다는 '기조 발표'를 하라거나 '종합 토론'의 사회를 하라거나 하는 일이 부쩍 늘어났습니다. 심지어는「한국 민법학 50년의 성과와 앞으로의 과제」라거나「우리 민법의 과거와 현재, 그리고 미래」또는「한국법의 과제와 현재」와 같은, 말하자면 거시적인 시각이 필요한 글을 쓰는 일이 맡겨지기도 하였습

니다. 또 대법원을 나온 2014년 말부터는 지금까지의 삶과 작업을 회고하는 강연을 하여 보라는 청도 받아서 그 원고를 작성하기도 하였습니다.

이 글은 그와 같이 이미 발표된 말하자면 '정리의 글들'[1]을 바탕으로 해서 다시 한번 종합하여 본 것입니다. 그것은 '삶' 쪽에, 특히 '학문'에 이르기까지의 삶 쪽에 기울어진 기술(記述)이고, 그 '학문'의 내용이나 지향, 방법 등에 대하여는 기껏해야 간접적으로만 언급하는 것입니다.

그리고 다시 읽어 보면 우선 기억에 지나치게 의존하고 객관적인 증빙을 대지 못하고 있는 것은 아닌가, 혹 너무 사적인 사항을 드러낸 것이 아닌가 등등 걱정이 됩니다. 너그럽게 살펴 주시기 바랍니다.

3. 아래의 II. 이하에서 다시 보다 상세히 언급하게 되기도 하겠습니다만, 혹시 제 이력의 개요를 앞서 적어 두는 것이 이하의 서술을 이해하는 데 참고가 될지도 모르겠다는 생각이 들어,

---

1 몇 가지를 들면, "어느 법학교수가 살아온 이야기", 저스티스 제161호(2017.8), 383면 이하(양창수, 민법연구 제10권(2019), 1면 이하 수록); "김증한의 생애와 학문 — 개인적인 시각에서", 우리 법 70년 변화와 전망 : 청헌 김증한 교수 30년주기 추모 논문집(2018.10), ix면 이하(바로 앞의 민법연구 제10권, 91면 이하); "민법학에서 법철학은 무엇인가? — 개인적 점묘", 법철학연구(한국법철학회) 제22권 1호(2019.4), 7면 이하; "이호정 선생님을 그리워하며 — 선생님의 삶과 학문에 대한 사적私的 추상追想", 자유주의자 이호정의 삶과 학문(2019.12), 1면 이하; "민법 시행 60년: 회고와 전망", 민사법학 제93호(2020.12), 493면 이하 등이 있습니다.

그것을 극히 간단히 적어 둡니다.

저는 1952년 10월에 제주에서 태어났는데, 중학교부터 서울에서 학교를 다녔습니다. 1974년에 서울대학교 법과대학을 졸업하면서 제16회 사법시험에 합격했습니다. 1976년에 2년의 사법연수원 과정을 마침으로써 법률가(정확하게는 변호사)로서의 자격을 얻었습니다. 그후 육군 법무관을 거쳐 1979년 11월 서울민사지방법원 판사로 법관의 경력을 시작하였습니다. 1982년 7월부터 1년 몇 개월을 독일의 베를린자유대학교에서 공부하였습니다. 독일에서 돌아와 부산지방법원에서 민사 단독판사로 있을 때인 1984년 초여름에 대통령비서실로 파견 명령을 받아서(당시는 법관을 본인의 동의 없이도 행정부에 파견할 수 있도록 법원조직법에 정해져 있었습니다) 1년쯤 근무하다가 1985년 6월에 서울대 법대의 전임 교원이 되어 민법을 가르치고 연구하였습니다. 그로부터 23년 후인 2008년 9월에 대법관으로 임명되었으며, 그 6년의 임기를 마치고 2014년 9월에 한양대학교 법학전문대학원 교수가 되었고, 2018년 2월 말로 정년퇴임을 하면서 바로 5년 기간으로 동 대학교 석좌교수로, 또 같은 해 9월에 서울대학교 명예교수로 위촉되었습니다. 그 후로 대검찰청 수사심의위원회 위원장으로 일하다가, 2021년 가을부터 1학기 동안 일본의 도쿄대 법학부의 특임교수로 나가 있었으며, 현재는 크지 않은 법무법인의 「고문변호사」로 있으면서 정부공직자윤리위원회 위원장과 법무부 민법개정위원회 위원장도 맡고 있습니다.

그러니 저는 제 삶에서 몸통에 해당하는 부분을 대체로 대학교수로 보냈습니다. 그 앞뒤로 5년 그리고 6년 동안의 법관으로서의 경력이 있습니다.

II. 법대 학생이 되기까지

1. 집안의 내력

우선 제 집안의 내력을 간략하게 소개하여 두겠습니다. 이것이 제가 법을 공부하게 되는 데 중요한 역할을 하기도 합니다. 이제부터는 존칭이나 경칭 등은 가급적이면 쓰지 않도록 하겠습니다.

(1) 아버지는 제주에서 서울로 유학하여 휘문고보를 졸업하고 한참 제2차 세계대전이 벌어지던 때에 일본의 동경으로 유학하여 물리학을 공부했습니다. 그러나 할아버지가 외아들이 공습이 심한 도쿄에서 혹시 어떻게 될까 봐 돌아오라는 엄명을 내리는 바람에 아버지는 공부를 다 마치지 못하고 일제 말기의 1944년이 저물어갈 즈음에 고향으로 돌아왔습니다. 해방되던 1945년의 12월에 일곱 살 아래의 어린 신부와 결혼을 하였는데, 어머니는 위로 아들 넷을, 다시 밑으로 딸 넷을 낳아 길러서 시부모님을 더없이 기쁘게 하였습니다. 아버지는 해방 직후 목포와 광주의 고등학교에서 교편을 잡기도 했지만, 6·25동란 발발 전에 결국 고향으로 돌아와 새로 생긴 고등학교의 교장으로 임명받은 이래 일생을 중등교육에 바치셨고, 나중에는 제주도 교육감을 지내셨습니다. 집의 서가에 일본말로 된 물리학·수학 관

련의 책들이 즐비하게 꽂혀 있던 것을 기억합니다. 그리고 다른 고등학교에서 수학을 가르치시던 외삼촌이, 이 분은 어머니의 남자 형제로서는 유일한 분입니다만, 서가에서 아버지의 책을 빌려가곤 하였습니다.

(2) 할아버지는 1913년에 경성법학전문학교의 전신인 경성전수학교(京城專修學校) — 일반적인 통칭으로는 '구(舊) 경성전수학교'[2][3]라고 불러야 할 것입니다 — 에 입학하여 1916년에 졸업하였습니다. 서울대학교 법학전문대학원의 한인섭 교수는 형법 전공이면서도 갑오경장 이후 최근까지의 우리 법률가들의 행적

---

2 '경성전수학교'에 대하여는 무엇보다도 김효전, "경성전수학교의 법학교육", 학술원논문집 제55집 1호(2016), 121면 이하(이 글, 164면 이하에는 저의 할아버지에 관한 서술도 — 주로 제가 제공한 '정보'에 기하여 — 간략하게나마 있습니다); 전병무, "일제하 김병로의 경력과 활동에 관한 새론", 법사학연구 제58호(2018.10), 89면 이하 참조.

3 일제기의 처음에 우리 땅에서 법학교육을 담당한 것이 위 학교입니다. 그것은 구한말의 「법관양성소」와 「법학교」(1909년의 이른바 기유己酉각서에 의하여 법관양성소는 법부에서 학부로 그 관리가 이관되고 명칭도 「법학교」로 바뀝니다)의 후신으로 1911년 11월부터 그와 같이 불리게 되었습니다. 그런데 「전문학교」의 학제에 관한 법규정(「전문학교규칙」 및 「조선총독부전문학교관제」)은 1916년 4월 1일에 비로소 '발포'되었으므로, 그 학제에 기하여 「전문학교」의 자격으로 새출발하기 전의 「경성전문학교」는 나중에 통상 '구 경성전수학교'로 불리고 그 후에는 '(신) 경성전수학교'라고 부릅니다. 그리고 이 학교는 1922년 4월 1일의 「경성법학전문학교규정規程」에 기하여 교명이 「경성법학전문학교」로 바뀌었습니다. 그리고 그것이 8·15광복 후에 경성제국대학 법학부와 합쳐지면서 서울대학교 법과대학이 되었던 것입니다.

에도 관심이 많아서 근자에 900면이 넘는 『가인 김병로』[4]를 지어 낸 일이 있습니다만, 한 교수가 서울대학교에 여전히 보관 중인 앞서 말한 경성전수학교의 학적부 원본에서 할아버지 것을 복사하여 보내주어서 제가 이를 보관하고 있습니다. 그것을 보면, 원적은 '전라남도 제주군 중면(中面) 화북리'의 어디에 있고, 주소는 '경성부 팔판동' 몇 번지에 있으며, 학력은 '공립간이농업학교'를 졸업한 것으로 되어 있습니다. 할아버지는 둘째 아들인데, 증조모가 적극 나서서 '제주농업학교'에 보냈다고 제가 어렸을 때 들었습니다. 저는 나중에 할아버지 서가에서 무슨 농사 방법을 적은 낡은 공책을 본 일이 있습니다만, 그게 아마 그 '농업학교' 시절의 자취인 듯합니다. 그 외에도 과목과 성적을 적은 '학업'란이 있는데 자세히 들여다보면, 성적은 학년이 높을수록 좋아지는 것을 알 수 있습니다. 그리하여 1학년 때는 65명 중 16등, 2학년 때는 63명 중 7등이었다가, 3학년 때는 56명 중 4등을 했고, 그 등수 표시 위에 조그맣게 '우優'라고 적혀 있습니다. 어렸

---

4 이 책은 우리의 법 관계 출판물로는 매우 드물게 2023년에 일본의 큰 출판사인 「일본평론사」에서 서승 번역으로 『한국 초대 대법원장 김병로 평전 — 항일 변호사로부터 한국 사법(司法)의 정초자에로』라는 제목으로 출간되었습니다. 그 번역자인 서승徐勝은 1971년 4월에 터진 이른바 「재일교포학생 학원 침투 간첩단 사건」에 동생 서준식과 함께 연루되었던 그 사람입니다. 19년간 옥살이를 하고 일본으로 돌아가 1998년부터 2011년까지 리츠메이칸(立命館)대학교 법학부의 교수로 있었습니다. 그 사건의 경험 등을 정리한 『옥중 19년』이 1994년 일본에서 출간되었는데, 이 책은 1999년 우리말로 번역되어 『서승의 옥중 19년』이라는 제목으로 나왔습니다. 제가 대법원에 있을 때 일본의 법학 교수 몇 분과 대법원을 방문해서 제가 '접객' 일을 맡아 했는데, 글쎄요, 아직도 화가 다 안 풀린 듯했습니다.

을 때 할아버지가 학교를 졸업하면서 우등상을 탔다는 말을 어른들로부터 들었는데, 그것이 사실임을 확인할 수 있었습니다.[5] 할아버지는 졸업 후에 판사를 잠깐 하다가[6] 일찍부터 제주에서 변호사로 일하였으며, 해방 후에는 제주대학교의 창립에 깊이 관여하시고 애초부터 법학과 교수로 계셨습니다. 나는 할아버지의 교수 수첩을 보관하고 있는데, 그 뒷부분의 강의 출석부 용도의 페이지에서 「법학개론」 수강자 약 30명의 이름을 손수 적으신 것을 볼 수 있습니다.

(3) 우리 형제들 중 위의 두 형은 어렸을 때부터 아버지를 따라 이공계로 가면 어떤가 하는 말을 들었고, 실제로 그렇게 되었습니다. 저는 셋째인데 "너는 할아버지 뒤를 이어 법 공부를 하면 좋겠다"는 말을 늘상 들으며 자랐습니다. 저는 고등학교를 마치면서 대학을 사학과로 가려고 하였습니다. 우리나라든 세계든 과거의 일을 정리·해석한 역사가 재미있었고, 역사 서술이라는 것이 매우 창조적인 작업이라는 것을 알게 되었습니다. 함석헌의 『뜻으로 본 한국 역사』와 같은 초월적 역사는 별로 매력이 없었지만, 고등학교 시절 저희에게 국사를 가르친 이존희 선생

5 그 당시의 매일신보에 경성전수학교를 '우등 성적으로 졸업한 자'로 할아버지(「梁洪基 전남의 양홍기 二(二○)」)의 사진과 함께 관련 기사가 게재되었습니다. 여기서 '二(二○)'는 22세라는 뜻의 오기인 줄 압니다. 위 사진은 제가 알고 있는 가장 처음의 할아버지 사진입니다.

6 할아버지로부터 제가 직접 들은 바로는, "일본놈들 꼴 보기 싫어 도저히 오래 있을 수 없었다"는 것입니다.

님(나중에 서울시립대 교수로서 조선시대의 한양이나 지방제도에 관한 글을 많이 쓰셨습니다)의 다양하면서도 깊숙한 자극도 있습니다. 이 선생님은 지금 우리 국사학계는 식민사관의 극복이라는 큰 과제 앞에 놓여 있다고 여러 차례 말씀하셨는데, 그 말씀이 저의 가슴을 울렸습니다. 그렇지만 막상 대학을 지원하는 단계에서는 "사학과에서 법대로 가는 것은 어렵지만, 법대에 갔다가 사학과로 전과하기는 쉽다"는 아버님의 말이 그럴듯하게 들려서 서울대 법대를 지원하여 합격하였습니다.

저 멀리 상계동의 교양과정부 건물에서 1학년을 마치고 2학년으로 올라가면서 동숭동으로 오게 되면서 저는 사학과(당시는 국사학과, 동양사학과, 서양사학과로 나뉘기 전인 줄 압니다)로 전과원서를 제출하였습니다. 그때 사학과의 김철준 교수님을 연구실로(그 엄격한 정숙함이 저를 사로잡았습니다) 찾아뵙고 전과하고자 한다는 말씀을 드렸습니다. 교수님께서는 "장남이냐?", "집안 살림이 어려우냐?"를 물으셨습니다. 장남은 집안의 책임을 져야 하고 집에 돈이 없으면 배가 고파서 학문은 안 된다는 것이었습니다. 그러면서 "친구 중에 변호사가 있는데, 돈은 벌지 몰라도 골치가 아프고 고민이 많다더라. 잘 생각했다. 지금 국사학계는 할 일이 무척 많은데 공부 열심히 해라. 나처럼 일제 때 공부한 사람은 일본 학자들의 관점이나 의식을 극복하는 데 한계가 있어 후학에게 기대하고 있다. 앞으로 우선 한문을 배우고, 데이트도 고궁이나 박물관 같은 데서 해서 일체를 '우리 것'의 이해에 집중해라. 일본 사람들 생각에 은연중 물들지 않도록 일본말로 된 책은 절대로 읽지 마라" 등으로 말씀하신 것을 지금도 생생히 기억합니다. 학과 사무실에도 가 보았더니, 어느 조교분이 스탠드 불빛 아래 『조선왕조실록』을 펴 놓고 카드 작성을 하면서 읽고 계셨습니다. 나중에서야 그분의 성함이 한영우일지도 모른다고 생각하게 되었지만, 확실한 것은 모릅니다. 저는 그때 "아, 나도 저렇게 열심히 공부해야지!" 하고 다짐하였습니다.

그런데 집에 돌아와서 전과원서 제출 사실을 큰형에게 말씀드렸더니 야단이 났습니다. 아버님이 제주에서 바로 올라오시더니 변호사의 아들답게 "너는 미성년자인데 어째 아비의 동의도 없이 그런 중요한 결정을 마음대로 한단 말이냐!"라고 야단을 치셨습니다.[7] 여하튼 결국에는 전과 시도는 무산되었습니다.

2. 서울대 법대와 사법연수원

(1) 그러니 2학년이 되면서 상계동의 교양과정부에서 동숭동의 법대 캠퍼스로 왔어도 법 공부는 하고 싶지 않았습니다. 당시는 교련에 반대하고 선거 부정에 항의하는 학생 데모가 끊이지 않아서 강의도 변변히 이루어지지 않았습니다. 그래도 다른 친구

---

7 제가 그즈음 부모님의 말씀을 '잘 들어 따른 것'은 아마도 다음과 같은 일과 관계가 있을지도 모릅니다. 고등학교 3학년 2학기에 저는 학교에서 이른바 3선 개헌에 반대하는 집회를 '주동'하였다고 해서 무기정학에 처해진 일이 있습니다. 집안이 온통 난리가 났습니다. 그때 어머니가 보낸 편지들을 요즘 꺼내 읽어 보면, 눈물이 절로 납니다. 그리고 내 속을 — 그때 부지런히 읽었던 카프카나 토마스 만, 헤세의 소설에서 그려져 있는 식으로 — 잘 읽어 보면, 저는 제가 진정으로 무엇을 느끼고 생각하고 결정하였는지 스스로 명확하게 납득이 되지 않았습니다. 즉 미성년이었던 것입니다.

들은 도서관에 각자 자리를 하나씩 차지하고 그 '고시 공부'라는 것을 하였는데, 저는 주로 독일어 · 프랑스어 공부,[8] 베버나 밀즈(C. W. Mills) 같은 이들의 사회과학 책을 읽었고, 1학년 때 했던 연극 활동에도 열심히 쫓아다녔습니다.

그러고 있으려니 슬그머니 불안해져서 2학년 겨울방학에 들어가면서부터 법 책을 들여다보기 시작했습니다. '모범생 기질'의 발로라고 할까요. 3학년 여름방학 때는 고등학교·대학교 동기인 친구 유인식과 같이 그의 어머니가 다닌다는 충남 서천의 '영수암永守庵'이라는 자그마한 절에 틀어박혀 한 달에서 며칠 모자라게 공부했습니다. 그때 사법시험 일곱 과목의 기본서 전부를 한 번씩 집중해서 읽을 수 있었습니다. 이 글을 쓰느라 인터넷을 뒤져보니, 그 주소가 '충남 서천군 충서로143번길 64(종천면 장구리)'[9]이고 조계종 제6교구(마곡사)의 말사라고 나와

---

8 독일어는 고등학교에서 열심히 배웠습니다. 나중에 단국대학교 독문학과의 교수가 되신 선생님에게서 적어도 문법에 관한 한 처음의 정관사부터 마지막의 접속법 제2식, 가정법까지 그야말로 철저하게 잘 배웠습니다. 그래서 독일어로 된 책, 특히 헤세나 토마스 만의 소설 같은 것을 읽어보려고 했습니다. 프랑스어는 고등학교 시절 카뮈나 지드·말로 등을 열심히 읽어서 이를 배우고 싶었는데 고등학교 3학년 때 친한 친구 이영호(나중에 그의 형 이장호 감독이 찍은 것을 비롯하여 영화 몇 편에 출연하였습니다)가 미대를 간다고 당시 종로2가 YMCA 건물에 있던(그렇게 기억합니다) 프랑스어 학원(강사 이름이 주세경으로 기억합니다)에 다니는 것이 부러웠습니다. 그래서 대학 1학년의 '교양과정부' 시절에 제2외국어로 프랑스어를 선택했습니다(프랑스어를 택한 학생들을 모아 'LB[즉 사회계열] 8반'의 한 반을 만들었고, 독일어를 택한 나머지 학생들은 LB 1반부터 7반까지로 편성되었습니다). 그런데 그 1년의 프랑스어 수업만으로는 아무래도 부족하였습니다.

있습니다. 그곳에 있는 조선 후기의 목조 보살좌상이 2007년 9월에 충청남도 문화유산자료로 지정되었다고 하는데, 그것은 절 본당에 모셔져 있었고 저희는 바로 거기에 붙어 있는 방에서 자고 일어나고 했습니다. 그런데 새벽 4시가 되면 주지 스님(스님이라고 해야 한 분밖에 안 계십니다만)이 방 바로 앞에 놓인 종을 두드리셔서[10] 잠을 깨지 않을 수가 없었습니다. 졸린 눈을 비비며 절 앞을 흐르는 개울가로 내려가 이를 닦고 세수를 하고 다시 방으로 올라옵니다. 그리고 호롱불을 켜서 가운데에 두고 책상 앞에 친구와 마주 앉아 책을 펴면 머리가 그렇게 맑을 수가 없었습니다. 절을 나와 고향 제주로 가서 할아버지께 인사를 드리니 할아버지가 제 얼굴을 물끄러미 보시더니 "너 이번에 공부 좀 했구나."라고 말씀하시는 데는 놀랐습니다.

(2) 그런데 그해 10월에 이른바 10월 유신의 비상조치가 발동되어 학교가 문을 닫았습니다. 1972년 겨울로 예정되어 있던 사법시험은 다음해 여름으로 연기되었고, 학생들 사이에서는 김철수 교수님이 내신 헌법 교과서가 당국의 '검열'에 걸려 만신창이가 되었다는 얘기가 파다했습니다. 도대체 공부를, 그것도 유신헌법 공부를 하고 싶은 마음이 들지 않았습니다.

---

9 그러고 보니 그 당시에도 이 주소에서 이 '종천면 장구리'가 왠지 우스웠습니다. "네 인생은 이제 종을 쳤으니, 앞으로는 그저 장구나 두들기며 살아라!"

10 스님께 물으니, 동물을 포함해서 중생을 극락으로 보내기 위한 타종이라고 하셨습니다.

그래도 어쨌거나 우여곡절 끝에 1973년 여름에 실시된 사법시험에 응시하여 제1차 시험에 합격하였고, 그해 겨울에 실시된 다음번 사법시험의 제2차 시험에 합격하였습니다. 당시 병석에 누워 계셨던 할아버지가 아주 기뻐하시던 것이 기억에 선연합니다.

제 또래의 사람 중에는 저처럼 '여하튼 결국에는'이라든가 '그래도 어쨌거나 우여곡절 끝에' 따위로 얼버무리면서 마음 깊은 곳에 다 삭일 수 없는 어떤 부끄러움 같은 것을 지니고 있는 이들도 적지 않을 것이라 생각합니다.

(3) 사법시험에 합격하자 그때부터 '앞길'은 적어도 일정 부분 뻔했습니다. 즉 사법연수원에 들어가 2년 후 그곳을 수료하고, 바로 병역의무를 마치기 위하여 군법무관으로 가서 육군에 3년을 있다가 1979년 10월 말일에 제대를 했습니다. 그리고 그해 11월 1일자로 대통령(정확하게는 그 권한대행)으로부터 판사로 임명을 받고, 동시에 서울민사지방법원에 배속되었습니다.

III. 민법학을 전공으로 — 이호정 선생님과 곽윤직 선생님

1. 대학원에서

(1) 1974년 봄에 저는 대학을 졸업하면서 서울대학교 대학원에 입학하여 민법을 전공으로 정하였습니다. 유신헌법 시절이라 헌

법은 애초에 보기 싫었습니다. 형법은 당시 저와 가깝게 지내던 이종기가 열심히 권했지만, 결국 택하지 않았습니다. 당시 형법학에서는 독일 학설의 영향 아래 '목적적 행위론'과 같은 이른바 행위론이 논의의 중심을 이루는 등으로, 학문적으로는 총론 지향적이었습니다. 그런데 저는 당시만 해도 그런 추상적 · 원리적인 논의가 형사적 사태의 핵심으로 여겨지지 않았고, 그보다는 사람이 살아가는 모습, 실제로 저지르는 범죄와 같은 개별적인 행위의 문법과 그 주변의 구체적인 양상이 더 문제되어야 하는 것이 아닌가 하고 막연히 생각했습니다. 우리 형사법학계에서 그러한 지향은 별로 없었던 것처럼 느껴졌습니다. 민법은 사람들이 자신의 법률관계를 주체적으로 형성해 나가는 것을 기본으로 하니까 오히려 매력을 느꼈던 듯싶습니다. 그리고 지도교수는 학부에서 민법 강의를 줄곧 들었던 김증한 선생님이었습니다.

(2) 저는 대학에 입학하여 첫 1년을 저 상계동에 덩그러니 신축 건물 하나로 마련된 '교양과정부'에서 보내고 1971년 2학년이 되면서 시내의 법과대학으로 왔습니다. 당시는 학생 정원이 법학과 100명, 행정학과 60명이었는데, 민법 강의는 법학과의 앞 학번 50명은 김증한 선생님, 뒤의 50명은 곽윤직 선생님, 행정학과는 황적인 선생님이 맡아서 하셨습니다(최종길 선생님은 그때 아마 외국에 잠시 계셨었지요?). 저는 학번이 앞쪽에 속하여서 김증한 선생님의 강의를 들었습니다. 강의라고 하여도 휴강이 적지 않았고, 휴교 등으로 한 학기를 제대로 끝낸 적이 없었지 않았던가요? 당시는 김 선생님이 건강이 별로 좋지 않은 듯하여,

대체로 김증한·안이준 편저 『민법강의』 또는 단독 저술로 나오고 있었던 자신의 『물권법』 교과서[11]를 읽는 것으로 강의를 하셨던 것으로 기억합니다. 저는 위의 『민법강의』 등의 책으로 민법 공부를 했고, 그즈음 꼬리를 물고 출간되고 있던 곽 선생님의 교과서는 별로 읽지 않았습니다. 다만 당시 학생들 사이에서는 부동산물권변동론을 둘러싼 '김증한 대 곽윤직의 논전'이 화제에 오르곤 하여서 도서관에서 곽 선생님의 『물권법』 교과서나 『부동산물권변동의 연구』의 해당 부분을 들추어 보기도 했습니다.

그러니 대학원에 입학하여 민법을 전공으로 정하면서 지도교수는 당연히 김증한 선생님이었습니다. 그런데 그때만 해도 '좋았던 시절'이라, 사법연수원을 다니면서 대학원에서 수업을 들을 수 있었습니다. 1975년에 서울대학교가 법과대학을 포함하여 관악으로 이전한 후에는 관악캠퍼스로 다녔습니다. 시내에서 버스로 이리 돌고 저리 돌아 한참을 가서 비온 후의 진흙탕 길을 '저 높은 곳에 자리잡은' 10동의 법과대학까지 허위허위 걸어 올라갔던 기억이 새롭습니다. 그리고 1976년에 사법연수원을 수료하고 육군 법무관이 되었습니다. 처음에 강원도 양구에 있는 무슨 사단의 검찰관으로 배치되었습니다. 그 하숙방에서 쓴 것이 "원시적 불능급부에 관한 계약의 무효론에 관한 비판적 고찰"이라는 제목의 1978년도 석사학위 논문이었습니다. 석사학위 논문

11 이 책에 대하여는, 양창수, "법학 명저: 김증한, 『신물권법(상)(하) ―「독자적 민법체계」의 시도", 서울대학교 법학 제48권 3호(2007.9), 206면 이하가 있습니다(후에 동, 민법연구, 제9권(2007), 19면 이하에 수록).

의 주제를 위와 같이 정하게 된 데에는 이호정 선생님과의 인연을 말하지 않을 수가 없습니다.

2. 이호정 선생님

(1) 당시 대학원에 민법 전공의 교수님으로는 원래 김증한, 곽윤직, 황적인 선생님이 계셨습니다.[12] 이호정 선생님은 1965년 3월(당시 만 28세의 젊은 나이였습니다)부터 이화여대 법정대학의 전임강사로 있다가 1968년 1월에 서울대학교 상과대학의 전임 교수로 부임하였습니다. 그런데 1975년 대학원 2학년이 되면서 관악캠퍼스로의 이전에 수반된 「교수 통합」[13]에 의하여 같은 해 상대에 계시다가 법대로 자리를 옮기신 이호정 선생님의 강의를 들을 수 있었습니다.

---

12 민법 전임이었던 최종길 교수님은 안타깝게도 1973년 10월 19일에 돌아가셨습니다. 저는 4학년 2학기로 졸업에 가까웠고, 교수님은 만 42세의 한참 나이셨습니다. 저는 그때 혼자서 충청남도 수덕사 등지를 여기저기 돌아다니고 있었는데, 열차 안에서 산 신문에서 교수님의 죽음에 관한 보도(당시는 자살이라고 하였습니다)를 읽고 얼마나 놀랐는지 모릅니다. 민법학 차원에서 그의 억울한 죽음에 대한 '추모'가 행하여진 것은 그로부터 50년이 지난 2023년에 나온 『인권과 정의의 민법학 — 최종길 교수 50주기 추모논문집』을 통해서이고, 그나마 그 아들로서 역시 민법 전임 교수인 최광준 교수의 노력에 의한 것입니다.

13 그 전에는 각 단과대학에 다른 단과대학에 속하는 학과의 전공 교수가 속해 있는 경우가 있었습니다. 예를 들면 법대에는 경제학의 임원택, 재정학의 배복석 교수님 등이 계셨습니다. 그러나 1975년의 '교수 통합'으로 위의 두 분은 서울대학교 사회과학대학 경제학과로 자리를 옮기셨습니다.

(2) 저는 그때 선생님이 개설한 대학원 강의의 수강을 신청하였습니다. 선생님은 그 강의를 엥기쉬의 『法思考入門(*Einführung in das juristische Denken*)』[14]으로 하는 원서 강독으로 진행하셨습니다. 저는 당시 서울에서 유일하게 독일 책을 취급하던 명동의 「소피아 서점」에 가서 1971년에 나온 이 책의 제5판을 구입하였습니다.[15] 수강생은 나 외에 로마법을 하는 최병조 교수뿐이었던 것으로 기억하는데, 선생님 연구실의 소파에 세 사람이 옹기종기 앉아서 이 책을 조금씩 읽어 나갔습니다. 독일적인 법이론을 많은 경우에 잘 모르는 형법 영역으로부터의 사례들로부터 익히면서 선생님의 설명에 의지하여 차츰 익혀 갔던 것입니다.

나중에 나온 그 책 제9판의 서문은 다음과 같이 말하고 있습니다.[16]

> "칼 엥기쉬의 『법사고 입문』은 여러 세대에 걸쳐 법률가들을 뒷받침해 왔던 법학방법론의 고전이다. 이 책은 1956년에 초판이 출간된 이후 지속적으로 개정이 이루어졌지만, 원래의 텍스트 자체는 기본적으로 변함이 없이 그대로 유지되고 있다. 저자 칼

14 이 책은 그 후 제8판까지 엥기쉬의 손으로 나왔다가 그가 사망한 후에는 제9판부터 현재까지 토마스 뷔르텐베르거(Thomas Würtenberger)와 디르크 오토(Dirk Otto)의 보정補訂으로 계속 출간되어서, 현재는 제12판(2018)까지 나와 있습니다. 우리나라에서는 2010년에 나온 제11판이 안법영·윤재왕 번역의 『법학방법론』(2011)이라는 이름으로 출간되었습니다.

15 제가 가지고 있는 그 책에는 10마르크의 가격 딱지가 아직도 붙어 있습니다.

16 칼 엥기쉬, 안법영·윤재왕 역, 『법학방법론』(2011), vi면의 번역을 기본으로 하고 약간 손을 댔습니다.

엥기쉬는 1990년에 세상을 떠났다. 그리하여 이 책은 1977년 이후에는 더 이상 개정이 이루어지지 않고 있지만, 그 내용과 관련하여 새로운 입법·판례·이론을 고려하여 개정을 해야 할 필요가 있었다. 그러나 이 책에서 서술하고 있는 내용은 기본적으로 시대를 뛰어넘는 고전적인 모습을 갖추고 있으므로, 이 제9판에서는 그동안의 법개정을 감안한 최소한의 수정만을 가하도록 극도로 신중을 기했다. … 이에 반해 제7판부터 양이 너무 비대하게 된 각주에 대하여는 크게 손을 볼 수밖에 없었다."(점선은 인용자가 생략한 부분을 가리킵니다. 이하 같습니다)

위의 서문에서도 밝히듯이, 제가 가지고 있는 위 책의 제5판은 본문이 서문까지 합해서 195면인데, 그에 붙은 주(Anmerkungen)가 보다 작은 활자로 무려 90면에 걸쳐 있는 극히 충실한 것입니다. 저는 이 책을 통하여 법학방법론도 그렇지만 독일법학의 '성실함' 또는 법적 사고의 '면밀함'이라고 부를 만한 기본적 성질을 배운 것으로서, 아무것도 모르면서 그저 건방지기만 하였던 저를 머리숙이게 하고 조금씩 학문의 세계로 이끌어주신 선생님의 큰 은혜를 다시 한 번 새기게 됩니다.[17] [18]

---

17 선생님께서 제게 주신 조언 중에는 "논문을 쓸 때는 80% 완성되었다고 생각되면 발표하여도 좋다. 완벽을 추구하려고 하다 보면 아무것도 못 되는 경우가 많다"는 말씀도 있습니다.

18 한참 후이지만 2008년 8월에 내가 대법관으로 제청되었을 때 언론은 선생님에게 한 마디를 구한 듯합니다. 그리하여 저로서는 진정 몸둘 바를 모르게 하는 말씀을 하신 것으로 다음과 같은 기사가 나왔습니다(중앙선데이, 제73호

그 후로 저는 선생님을 학교 연구실로, 특히 반포 아파트의 댁으로 자주 찾아뵙게 되었습니다. 그리고 법학은 물론이고 정치나 사회, 철학, 문학 등에 대하여 많은 말씀을 들었습니다.

(3) 선생님은 당신이 알고 계신 사람들에 대하여 많은 경우에 신랄하다고밖에 할 수 없는 평가의 말씀을 하시곤 했습니다. 특히 우리 민법학, 나아가 법학 일반에 대하여 그러하셨습니다.

그러나 사비니에 대하여는 최상급의 찬사를 아끼지 않으셨습니다. 선생님은, 사비니를 잘 배우면 법학이 법전 또는 법규정이나 로마 법원法源과 같은 기존의 '권위'를 단편적으로 조술하는 것이 아니라 창조적이고도 전진적인 '포괄적' 작업임을 알 수 있다고 늘 말씀하셨습니다.

그리고 게르하르트 케겔(Gerhard Kegel) 교수에 대하여도 이것저것 들을 수 있었습니다. 케겔 교수는 선생님이 1970년 가을에 쾰른대학으로 유학 가실 때 Betreuer[19]이었습니다. 선생님은 1972년 7월 귀국하신 후에도 교수가 2006년 2월 사망하기 직전까지 내내 그와 서신 왕래 기타 교유交遊가 있으신 것으로 압니다.

(2008.8.3.자), 1면).

"양 교수의 스승인 이호정 서울대 법대 명예교수는 "양 교수는 민법학자로서 우리나라 민법 연구를 여러 단계 발전시킨 초특급 학자"라며 "예전에 양 교수에게 '학문적 업적을 잘 살려 대법관 한 번 해 보라'고 농담 삼아 얘기했었는데 그대로 돼 정말 뿌듯하다"고 말했다."

19 이를 뭐라고 번역하여야 할까요? 일본어로는 '受け入れ教官'이라고 하던데, 우리말로는 '受容教授' 정도일까요?

주지하는 대로 케겔은 독일의 『죄르겔 민법주해서(*Soergel'schen Großkommentar zum BGB*)』에서 국제사법(Internationales Privatrecht)의 주해를 맡았었습니다. 그리고 그의 교과서 『국제사법』은, 물론 법학 전문의 베크 출판사(Verlag C. H. Beck)의 「간략 법학교과서(Juristische Kurz-Lehrbücher)」 시리즈에 포함되어 있기는 하지만, 제가 가지고 있는 제6판이 목차·색인 등을 제외하고 766면에 이르는 전혀 '간략'하지 않고 오히려 방대한 저서입니다.[20] 선생님이 나중에 국제사법 연구도 하고 『국제사법』 교과서를 저술하게 된 것은 아무래도 케겔과의 인연과 관련이 되는 듯합니다.

제가 선생님으로부터 케겔에 대하여 들은 바로서 아직 기억에 남는 것 중 한두 가지를 이 자리에서 밝혀 둡니다.

우선 케겔은 1997년 『유머와 루머(*Humor und Rumor*)』라는 제목의 「회고록」[(부제가 Erinnerungen(회고)라고 붙어 있습니다)을 출간하였는데, 거기에 보면 그가 아는 독일의 법학교수들, 특히 민법 교수들의 진면목, 다시 말하면 친히 접해 보지 않으면 알 수 없는 면이 — 물론 '밝지 않은 것'을 포함하여 — 잘 드러납니다.

나아가 케겔은 일본의 교토대 민법교수 오쿠다 마사미치(奧田昌道)가 쾰른대학에서 유학하였을 때에도[21] 그의 Betreuer이

---

20 그가 사망한 2004년에 위 교과서는 클라우스 슈리히(Klaus Schurig) 교수가 보정하여 제9판이 나왔는데, 이는 모두 총 1,190면에 이릅니다.

21 그의 재독연구의 성과의 하나는 Masamichi Okuda, Über den Anspruchsbegriff im deutschen BGB, in: *AcP* 164(1964), S.536ff.입니다. 그는 이 연구 등을 바탕으로 하여 후에 『請求權概念の生成と展開』(1979)라는 주요한 연구성과를 발간하였습니다. 한편 그의 『債權總論』(1982. 증보판 1992)은 일본민법

었습니다. 그가 케겔에게 보낸 서신에는 반드시 성경의 한 구절이 인용되어 있었다고 합니다. "그는 아주 상냥한 사람이다(Er ist sehr nett)." 오쿠다는 교토대학을 정년퇴임하고 다른 대학에 근무하다가 1999년 4월에 일본 최고재의 판사로 임명되기도 했는데, 저는 교토대학에서 법학박사 학위를 받은 정종휴 교수로부터 오쿠다가 근자에 행한 가톨릭신앙 강연록의 복사본을 몇 권 받아 가지고 있습니다.[22]

(4) 그런데 선생님이 케겔과 맺은 인연을 통하여 저는 의미가 적지 않은 법학에의 새로운 시각으로 연결되게 되었다고 생각하지 않을 수 없습니다. 그것은 법학의 논리적·체계적 방법과는 맛이 크게 다른 역사적·비교법적 방법에의 개안開眼입니다. 케겔의 박사과정 지도교수[23]는 에른스트 라벨(Ernst Rabel)이었습니다.[24] 그리고 라벨은 뮌헨대학 교수로 있다가 제2차 세계대

의 채권총론에 관한 가장 믿을 만한 '교과서' 중의 하나입니다.

22 예를 들면 『聖靈·助け主·眞理の御靈』(2007), 『幸福への道 — カール·ヒルティ『幸福論』(第三部)から』(2008), 『神の最高の贈物』(2009), 『「神の思い」と「人の思い」 — 眞に豊かな人生への道』(2010), 그리고 『試練の中での希望』(2011) 등입니다. 이처럼 신앙서를 1년에 한 권 정도로 내고 있는 반면 그 사이에 법에 관한 저서는 두드러진 것이 없는 것으로 보면, 아마 그는 2002년 9월 최고재판소 판사의 직을 물러나온 후 지금은 신앙생활에 빠져 있는지도 모르겠습니다.

23 케겔의 박사학위 논문은 그 제목이 「상계의 제문제 — 쌍무성과 지급능력(Probleme der Aufrechnung: Gegenseitigkeit und Liquidität)」입니다.

24 앞의 (3)에서 언급한 케겔의 회고록 『유머와 루머』에는 그 56면에 드물게도 라벨의 사진이 실려 있습니다. 케겔의 라벨 평(그 책, 55면): "라벨은 내가 아

전 전에 독일의 법학을 주도하던 베를린대학의 교수로 1926년에 초빙되었는데, 그는 이 베를린대학에서 「외국사법 및 국제사법 연구소(Kaiser-Wilhelm-Institut für ausländisches und internationales Privatrecht)」를 이끌었습니다.[25] 이 연구소는 제2차 세계대전 전후에 걸쳐 독일 민법학계에서 비교법적 안목을 동반한 연구를 하는 많은 학자들을 양성해 낸 기관이었습니다. 예를 들면, 막스 라인슈타인, 콘라트 츠바이게르트, 폰 케머러 등이 그러하고, 케겔도 그 중 한 사람입니다.[26] 라벨은 나치의 유태인 박해가 시작되고 나서 벨기에를 거쳐 결국 1939년 미국으로 이주하였고, 그 후 1945년부터 1954년까지 사이에 도합 4권으로 된 포괄적

는 유일한 진정한 천재이다. 언제나 그는 백과사전적인 법사法史 및 비교법의 지식으로, 또한 거대한 설명체계(grosse Zusammenhänge)를 구상해 내고 그것을 생생하게 서술하는 능력으로 사람들을 놀라게 하였다." 한편 Kegel, Ernst Rabel — Werk und Person, in: *Rabels Zeitschrift für ausländisches und internationales Privatrecht*, Bd. 54(1990), S. 1 ff.에서 케겔은 라벨의 삶과 학문을 상세하게 그리고 있는데, 이는 그가 1988년 12월에 행한 제1회 「에른스트 라벨 기념 강연(Ernst-Rabel-Vorlesung)」에 기한 것입니다. 또한 그가 2005년 12월에 베를린의 훔볼트대에서 행한 강연을 담은 Kegel, Ernst Rabel (1874-1955), in: Stefan Grundmann et al.(eds.), *Private Law Development in Context: German Private Law and Scholarship in the 20th Century*(2018), p. 112 ff.도 참조.

25 이 연구소는 제2차 세계대전 후에 「빌헬름 황제 연구소」라는 머리 칭호를 「막스 플랑크 연구소(Max-Planck-Institut)」로 바꾸었고 장소도 함부르크로 옮겼습니다. 라벨은 이미 1916년부터 1926년 베를린대학으로 옮길 때까지 뮌헨대학에 있으면서 「비교법 연구소(Institut für Rechtsvergleichung)」를 창설하여 그 소장으로 있었습니다.

26 라벨 자신을 포함하여 그 중 상당수는 유태계이어서 미국 등지로 이주하였습니다.

인 저서『국제사법: 비교법적 연구(*The Conflict of Laws: A Comparative Study*)』를 출간한 바 있습니다.

그리하여 선생님은 라벨에 관해서도 빈번히 언급하시곤 했습니다. 1936년에 발간된 그의『물품매매법: 비교법적 고찰(*Das Recht des Warenkaufs : eine rechtsvergleichende Darstellung*)』제1권을 저에게 빌려주시면서, 이것이 나중에「국제물품매매계약에 관한 국제연합 협약」[27]의 학문적인 기초가 되었다고 말씀하시기도 했습니다. 그 말씀을 듣고 서울대의 법학도서관을 뒤져 보니, 라벨의『논문집(*Gesammelte Aufsätze*)』여러 권이 온전히 소장되어 있었습니다. 저는 그 제1권(1965)의 맨 앞에 수록된 논문「급부의 불능: 독일민법전에 대한 비판적 고찰(Unmöglichkeit der Leistung: Eine kritische Studie zum BGB)」[28]을 사법연수원 수료시험을 마친 후의 1976년 초여름부터 끙끙 대면서 읽어보았습니다. 그것이 앞의 1. 말미(406면)에서 본 제 석사논문의 발판이 되었던 것입니다.

그 석사논문을 다시 들추어 보니, '결론'은 다음과 같이 짤막합니다(149면).

---

27 United Nations Convention on Contracts for the International Sale of Goods. 통상 CISG로 약칭됩니다. 1980년 4월에 비엔나에서 채택되어「비엔나협약」이라고도 불립니다. 1988년 1월로 10개국 비준으로 발효의 요건을 갖추었습니다. 우리나라도 2005년 2월 가입하여 동년 3월 1일부터 효력을 가지게 되었습니다.

28 Ernst Rabel, Unmöglichkeit der Leistung eine kritische Studie zum BGB, in: *FS für E. I. Bekker* (1907), S. 171 ff. = Ders., *Gesammelte Aufsätze*, Bd.1.: Arbeiten zum Privatrecht 1907-1930, hrsg. Hans G. Leser (1965). S. 1 ff. Bd.1: (1965).

"원시적 불능급부에 관한 계약이 무효라는 법리는 자명한 것으로 우리 민법학에 수용되었다. 그것은 당사자의 이익형량이나 우리 민법전의 채무불이행 체계와의 조화 등의 검토 없이 하나의 공리로서 인정된 것이다. 이러한 태도는 그야말로 개념법학적인 해석론의 전형이라고 할 것이다.

우리는 여기서 그 법리는 하등의 공리가 아니며, 논리의 필연적인 결과도 아닌 것이며, 오히려 채무불이행 체계에 불합리를 끌어들이는 주요한 원천의 하나임을 확인한다. 여기에서 우리 채무법, 특히 계약법의 대원칙은 하등의 근거 없이 배제되는 것이다. 이것은 우리 민법학이 독일의 민법이론으로써 그 기본틀을 형성한 일본 민법학의 절대적 영향을 받고 있다는 사실 이외의 것으로써는 설명할 수 없다.

그러나 법전은 항상 그 해석자보다 현명한 법이다. 우리 민법전은 모든 오류조차 포용하는 거대한 모성이다. 그 넓은 해석의 광장에는 오로지 비판적이고 권위에 얽매이지 않는 정신만이 활보할 수 있는 것이다."

지금 다시 읽어 보면 부끄럽기 짝이 없는 대언장어大言壯語입니다. 그러나 이제 와서 꼬리를 뺄 생각은 없고, 오히려 기본은 그대로라고 말하고 싶기도 합니다.[29] [30]

---

29 주지하는 대로 우리 민법 제535조는 원시적 불능 급부를 목적으로 하는 계약이 무효임을 전제로 하여서 '계약체결상의 과실'이라는 표제 아래 그러한 계약이 체결된 경우의 법률효과로서 신뢰이익의 배상을 규정하고 있습니다. 그런

(5) 선생님의 박사학위 논문 제목은 「사회정형적 행위론의 연구」이었습니다. 이 논문은 당시 선생님이 봉직하던 서울대 상대에 부설되어 있던 「경제연구소」의 정기간행물인 『경제논집』의 제13권 제1호 및 제2호에 같은 제목으로 발표되었습니다.[31] 이 논문은 선생님이 1970년 9월부터 1972년 7월까지 독일 쾰른대학교의 「국제사법 및 외국사법 연구소」에서 행한 재외연구의 성

데 위 제535조의 원형인 독일민법 제307조 및 그 바로 앞에서 그 계약의 무효를 정면으로 선언하는 동법 제306조는 2002년의 채권법 대개정에서 모두 삭제되었습니다. 이제 독일에서 그 무효를 주장하는 학설은 일절 찾아볼 수 없음은 물론입니다. 독일민법전이 시행되고 몇 년이 채 되지 아니한 때로부터 위의 독일민법 제306조·제307조는 '로마법을 오해한 데서 연유한 것'이라는 등으로 입법론적으로 철저하게 비판되었고(그 비판자가 바로 에른스트 라벨이고, 그 관련 논문 중 가장 주요한 것이 앞의 각주 28에 든 것입니다), 그 후 독일학자들의 공통적인 평가가 되었던 것입니다.

30 한편 민법 제535조가 독일민법 제307조의 '수입'인 것은 무엇보다도 이 두 규정의 문언 및 내용을 비교하여 보는 것만으로 충분히 알 수 있습니다. 한편 그 입법경위는 다음과 같습니다. 원래의 민법안에는 위와 같은 규정이 없었습니다. 우리 민법안이 국회에 제안된 후 법제사법위원회의 민법안심의소위원회가 이른바 「법사위수정안」을 그 이유를 담은 『민법안심의록(상)(하)』와 함께 공표한 후에 당시의 법학교수들이 민법안 및 수정안을 검토하여 그에 관한 입법의견을 작성하였는데, 이는 『민법안의견서』(1957)로 결실하였습니다. 그 제안 내용 중 중요한 것은 이른바 「현석호 수정안」으로 국회에 제출되었는데, 그 중 본회의에서 채택된 드문 경우가 — 공동소유에 관한 것과 아울러 — 위와 같은 규정을 새로 넣자고 하는 제안(위 수정안 제29항)입니다. 위 제29항은 『민법안의견서』, 161면 이하(玄勝鍾 집필)를 그대로 따온 것입니다. 이상의 경위에 대하여는 양창수, "민법안에 대한 국회의 심의(II)", 민법연구, 제3권(1995), 74면 내지 78면에서 이미 지적한 바 있습니다.

31 이호정, "社會定型的 行爲論의 硏究(其一)(其二)", 경제논집 제13권 제1호(1974), 114면부터 173면; 제2호(1974), 58면부터 122면.

과가 오롯이 담겨 있습니다. 이 논문의 전제 또는 배경을 이루는 글로는 역시 같은 『경제논집』의 제12권 제2호에 실린 「계약자유에 관한 소고」라는 글입니다.[32]

이들 논문은 선생님의 계약법, 나아가 민법 일반에 대한 입장을 알게 하는 최선의 자료라고 여겨집니다. 그러므로 이하에서는 그 점을 압축적으로 보여주는 몇 부분을 적어두기로 합니다. 이는 저의 민법학에서의 기본입장과 그렇게 멀리 떨어져 있는 바는 아니라고 해도 크게 틀리지 않습니다(고딕체에 의한 강조는 인용자가 가하였습니다. 이하 인용문에서 마찬가지입니다).

> "타인의 손을 통한 근대 민법의 도입과 과거의 전제체제專制體制 및 금세기에 있어서의 연속적 전쟁, 기타의 역사적 사정은 자유주의 발전의 장해적 요인으로 작용하였으며, 따라서 계약자유의 원칙의 우리나라에서의 정착화의 조건은 매우 어려운 것이었다. ··· 인류문화 발전의 성과로서의 자유주의를, 여러 모로 수정을 요하는 것이긴 하지만, 아직도 버릴 수 없는 가치로 인정한다면, 자유주의를 키우는 일은 그 발전이 불충분한 우리나라에 있어서는 우리에게 부과된 중요한 과제 중의 하나라고 할 것이다. ··· **우리 사법학은 계약자유의 신장 · 육성이라는 근대적 과제와 그 폐해의 시정이라는 현대적 과제의 이중적 임무를 안고 있다**고 할 수 있다."[33]

---

32 이호정, "契約自由에 관한 小考", 경제논집 제12권 제2호(1973), 102면부터 118면.

"근대 민법의 근저에 놓여 있는 자유주의적 이데올로기는 개인 인격의 자율自律 내지 자결自決(Autonomie bzw. Selbstbestimmung)을 강조하며, 민법은 이러한 개인의 자결 원칙의 하나의 현상형태로서 사적 자치私的自治 내지는 계약자유를 인정하고 있다. 이러한 계약자유가 결과한 것은 근대 입법자들이 예상했던 것과는 달리 항상 긍정적인 것만은 아니었으며 여러 가지의 부정적인 측면을 노정하기도 하였다. ··· 그러나 우리가 안중에서 항시 놓쳐서는 안 되는 것은 **근대 사법의 지도이념인 자유주의는 비록 여러 모로 수정을 필요로 하는 것이긴 하지만 아직도 우리가 지켜야 할 가치원리**라는 점이다. Karl Popper가 정당하게 지적한 바와 같이 자유와 부자유의 대립·모순은 빈부의 대립에 결코 못지 않은 악이며, 부자유는 경제적 약자에 대한 경제적 강자의 착취에 뒤지지 않는 해악이다. 법과 국가는 인간을 위하여 존재하며 결코 그 반대가 아니라는 자유주의의 확인은 아직도 부인할 수 없는 타당성을 지니고 있다. **개인에게 자유가 부여될 때 비로소 인간 생존의 의의가 실현된다는 신념은 민법의 기초를 이루는 것이며 이러한 신념에 따라 법치국가에 있어서의 개인과 사회의 관계가 결정되어야 한다.**

자유민주주의와 시장경제원칙은 기본적으로 유지되어야 한다. 왜냐하면 그것은 개인에게 자율을 인정하며 또한 독립성과 자유로운 인격 전개의 가능성을 부여하기 때문이다. 또한 이러한 자유를 존중하는 자는 그 남용과도 싸워야 한다. 그러나 이러한

33 이호정(전주), 103면.

> 자유의 제한은 자유의 본질을 박탈하는 것이어서는 안 되며 자유를 위한 자유의 제한이어야 한다. 국가 권력의 강화나 통제 자체를 위한 제한이어서는 안 된다. ···
> 무책임한 개인주의와 전체주의적 집단주의, 무정부상태와 독재, **자유와 강제 사이에서 지혜롭게 조화점을 발견하는 일은 20세기 사법학에 부과된 매우 어렵긴 하지만 꼭 이룩해야 할 과제**이다."[34]

이러한 발언은 1970년 전반 우리나라의 민법학 문헌[35]이 하나같이 근대 민법 또는 19세기 민법(「개인주의적 민법」)의 원리를 초극하여 현대 민법 또는 20세기 민법 원리의 실현을 고창하고 있는 상황[36]에서 나온 점이 극히 중요하다고 저는 생각합니다. 말하자면 선생님은 우리의 민법학은 여전히 근대적 과제를 달성한다는 과제도 아울러 안고 있음을 지적하는 것입니다.

선생님의 이러한 기본입장이 오늘날 다수를 차지하고 있는지에 대하여는 면밀한 검증을 필요로 할 것입니다. 특히 우리의 법원실무까지 시야에 넣는다면 그 점을 긍정하기는 좀처럼 쉽지

---

34 이호정(주 32), 117면.

35 '민법학 문헌'이라고 해 보아야 거의 전적으로 이른바 '교과서'입니다. 그러나 달리 생각해 보면 그 교과서가 일방적으로 자유주의에 호의적이지 않은 지도이념을 고창하고 있는 것이야말로 '위험'하다고 해야 하지 않을까요?

36 저는 이것이 제2차 세계대전 전부터 그 후의 어느 시기까지 일본을 지배한 와가쓰마 사카에(我妻榮) 민법학의 압도적인 영향으로밖에 설명되지 않는다고 생각합니다. 이 점에 대한 나의 근자의 글로서 양창수, "민법학에서 법철학은 무엇인가? — 개인적 점묘", 법철학연구(한국법철학회) 제22권 1호(2019.4), 7면 이하(후에 동, 민법연구, 제10권(2019), 169면 이하) 참조.

않다고 생각되기도 합니다. 그러나 이미 1970년대 초반에 그러한 입장을 명쾌하게 밝힌 분이 계시다는 것 자체가 후학들에게는 마음을 든든하게 하여 주는 일입니다.

(6) 선생님 댁에는 법학 외에도 다양한 분야의 책이 있었습니다. 독일어·영어, 그리고 일본어 등 외국어로 된 것이었습니다. 전에 사시던 반포의 아파트도 그랬지만, 그후 이사를 간 압구정동 한양아파트도 마찬가지로 어느 방이나 '책으로 가득 차 있었다'고 해도 과언이 아니었습니다. 심지어는 안방에까지도.

선생님은 많은 책을 두루 읽으셨습니다. 그것은 법에 관한 것보다 주로 역사나 철학, 또 문학이나 사회학에 관한 것이었습니다. 그리고 읽으신 책 또는 그 저자, 그 주변의 사람들이나 사회에 대하여 평을 하시는 일이 적지 않았습니다. 선생님은 그때그때 화제에 오르는 누구에 대해서나 들어둘 만한 말씀을 하셨지만, 내 기억으로 특히 칸트, 베버, 마루야마 마사오(丸山眞男) 등에 대하여 많이 말씀하셨습니다. 저는 그 말씀으로부터 참으로 많이 배웠습니다. 선생님은 나에게 단지 법학만의 스승이 아니셨다.

3. 곽윤직 선생님

(1) 곽윤직 선생님은 제 석사논문 심사에서 주심을 맡으셨습니다. 그런데 평점으로 A를 주셨습니다. 곽 선생님은 학생들 사이에서 좀처럼 A학점을 안 주시는 것으로 알려져 있어서 이에는

놀라고 또 기뻤습니다. 그리하여 1978년 봄에 후암동의 선생님 댁으로 인사를 가게 되었습니다. 그때 처음으로 가까이에서 뵙게 된 곽 선생님은 학생들이 흔히 말하던 바와는 아주 다르게 저를 매우 따뜻하게 대하여 주셨습니다. 저를 2층 서재로 데리고 가서는 얼마 전에 독일에서 발간되었다는 독일민법에 대한 『슈타우딩어(Staudinger) 주해서』를 꺼내 보여주기도 하셨습니다.

(2) 그 후로 매해 정초에 후암동으로 세배를 갔습니다. 그리고 제가 군대에서 제대하면서 1979년 11월에 서울민사지방법원 판사로 임관하자, 새해부터는 「민사판례연구회」에 들어오라고 말씀하여 주셨습니다. 그리고 1981년 5월의 그 연구회 제41회 모임에서 "변제공탁에 있어서의 공탁금회수권에 대한 압류 및 전부명령의 허부"라는 이름의 발표를 처음으로 하였습니다.[37]

IV. 법원에서, 그리고 독일 유학

1. 법원에 있으면서

(1) 앞서 말한 대로 1979년 가을에 판사가 되어 기록을 보고 판결을 쓰면서, 일본의 실무와 이론의 압도적 영향을 실감하였습

37 후에 민사판례연구, 제4집(1982), 221면 이하에 수록되었습니다.

니다.

일본의 법 관련 문헌자료를 — 무단으로 — 복사·제본하여 파는 사람이 서소문의 법원 건물을 제집처럼 들락거렸습니다. 『주석민법』 등의 주해서나 『민사소송법강좌』 등의 시리즈물을 비롯하여 각종의 실무 관련 일본서적이 팔렸습니다(요즈음도 고서점에 가 보면, 그 구석에서 이런 복사판 일본 법에 관한 책 더미를 발견하는 일이 가끔 있습니다). 그리고 덕수궁 옆의 서울법원 신관 제1청사 8층에 찾는 사람이 별로 많지 않은 '도서관'이 있었습니다. 그 소장의자료는 대부분이 『쥬리스트』, 『법률시보』, 『판례타임즈』 등 일본의 법률 전문 잡지, 일본의 대학에서 나온 정기간행물들, 그리고 일본의 교과서·해설서 종류였습니다. 조금 걸어서 대법원의 도서관에 가 보면, 일제 때의 '조선고등법원' 도장이 찍힌 1940년 이전의 독일자료들도 즐비하기는 했습니다(사법연수생 시절 사법연수원이 있던 위 신관 제2청사('제2신관')의 8층에는 한국법학원도 같이 있었는데, 그곳의 도서실에는 「중추원도서인中樞院圖書印」이라는 도장이 선명한 독일 및 일본의 책들이 많이 소장되어 있었습니다. 일제 때의 중추원에 있던 책들이 분명하고, 지금으로서도 틀림없이 '귀중본'이라고 할 것들인데 지금은 다 어디로 갔는지 모르겠습니다). 언젠가 대법원 도서관에 새로 들어오는 일본 법률 잡지의 표지 윗부분 구석에 하나같이 작은 결재도장이 찍혀 있는 것을 발견하였습니다. 직원에게 물어보니, 그것은 당시의 이영섭 대법원장이 '보았다'는 표시로 찍은 것이라고 했습니다.

(2) 선배 판사님들이 보는 국내 문헌으로는 김정현의 『경매실무요론』[38], 그리고 1978년에 나온 김상원과 정지형의 『가압류·가처분』 정도이었습니다. 주해서로서 김증한 편집의 『주석민법』이 출간된 것이 1970년이지만 이는 민법 전부를 상·하의 두 권에 담은 그야말로 간략한 것이었고, 그 제2판이라고 할 주재황 편집의 『주석 민법총칙』(상)(하) 등은 1980년부터 나왔습니다. 방순원 전 대법원판사가 주재한 민사실무연구회의 『민사재판의 제문제』는 1977년부터 나왔고(그나마 제2권은 1980년입니다), 제가 후에 몸담게 되었던 민사판례연구회의 『민사판례연구』 제1집이 출간된 것이 1979년입니다(물론 그 외에 『판례월보』, 『사법행정』 등의 정기간행물이 있기는 했습니다). 우리 교수님들은 오로지 교과서라는 것의 집필에 매달려 있는 듯했습니다.

그러니 사건을 처리하다가 어떤 법문제에 부딪혀 문헌을 뒤져야 할 일이 생기면, 우선 일본 주해서의 관련 조문 항목을 찾아보고, 그것을 발판으로 해서 일본의 법률 잡지 등에 실린 개별 논문이나 재판례 또는 '판례' 연구 등으로 나가는 것이 통상이었습니다. 이를 뒷받침하기 위하여 실무가들이 많이 보는 민법·상법 등 실체법률과 민사소송법·경매법 등 절차법률에 대하여 한 면을 둘로 나누어 왼편에는 우리 법률의 조항, 오른편에는 일본 법률의 조항을 일일이 대비하여 보여주는 『한·일 비교법전』이 1970년에 나왔고, 1979년에 많이 보정되어 개정판이 출간되

38 1970년에 나온 그 초판은 비교적 소략한 것이었고, 훨씬 충실하게 된 신판의 상권이 1975년에 출간되었습니다. 그 하권은 발간되지 않은 것으로 압니다.

어 있었습니다(그 편집위원도 안병수 현직 대법원판사를 비롯하여 방순원·이재성·이석선 등 쟁쟁한 분들이었습니다). 이것이 당시의 법상태를 상징적으로 보여준다고도 할 수 있겠습니다.

그렇게 보면 — 비록 일단 민사소송법에 한정된 말씀이기는 하지만 — "경우에 따라서는 대법원판결이나 국내 논문들이 일본의 그것을 제록스 복사한 듯한 것을 발견하였고 성문법의 해석운용에 관한 주류적 발상과 관점이 오늘날까지도 일본법학의 것을 일방통행으로 면세수입한 것임을 자꾸만 느끼게 되어 **우월한 인방 법률문화의 정신적 외판원으로 전락하지 않기 위한 각성**을 강요당하게 되었다"는 발언[39]이 나온 것도 전혀 이해되지 않는 바는 아니었습니다.

2. 독일 유학

(1) 이러한 형편으로 법원에 있으면서 들으니 독일(당시는 아직 통일 전이라 「서독」입니다) 유관 기관의 초청으로 유학을 가는 판사님들이 계시다고 했습니다. 서독 정부에서 한국의 발전을 도우려고 판사들에게 장학금을 주어 독일법(법원 실무를 포함하여 넓은 의미에서의)을 배우게 하는 프로그램이 서독의 학술교류처(DAAD) 주관으로 마련되어 있었던 것입니다.[40] 저도 1982년에

39 송상현, 판례교재 민사소송법, 1976, 서문, 2면.

40 이와 같은 '후진국'에 대한 배려를 독일어로 Entwicklungshilfe, 즉 「개발 원조」 또는 「개발국 원조」라고 한다는 것을 나중에 알게 되었습니다.

DAAD 장학생으로 선발되었습니다.

여기에는 약간의 곡절이 있습니다. 당시의 이영섭 대법원장이 법관이 외국에 유학하는 것은 외국 돈을 받는 경우에 한정한다는 방침을 세워서 이로써 법관의 외국 유학은 대폭적으로 축소되었습니다. 거기다가 서독 정부는 전두환 정권에 대한 압박의 일환으로 우리나라에 대한 후진국 원조를 줄여서 위의 프로그램도 애초의 3명에서 1명에 제한되었습니다. 관악산의 서울대학교 어학연구소에 가서 독일어능력시험을 보고 독일어로(!!) 연구계획서를 써낸 다음 남산 밑의 서독대사관에서 면접시험을 치렀던 것입니다.

(2) 독일 저 남쪽의 콘스탄츠대학교에 여름휴가 중 임시로 마련된 괴테 인스티투트에서 독일어회화를 배웠습니다. 그리고 시간이 나는 대로 그 대학교의 도서관에 가서 여러 문헌을 뒤졌습니다. 그러다가 츠바이게르트/쾨츠의 『비교법 입문』에 손을 대게 되었는데, 뒤에서도 말하는 것처럼 배우는 바가 많았습니다. 제 법 공부의 지표가 되다시피 했습니다.

그리고 1982년 10월 베를린자유대학교의 학생이 되어 강의를 들었습니다. 독일 대학의 도서관에 앉아 내키는 대로 민법 문헌을 읽으면서 절실하게 느낀 점은, 독일 민법과 우리 민법은 다른 바가 아주 많고, 더욱 중요한 것으로 그것도 기본제도들에서 그렇다는 것이었습니다. 채권법의 두 축인 채무불이행과 불법행위의 체계가 우리 법에서처럼 한 개의 원칙규정에서 출발하는 것이 아니고, 몇 개의 유형규정으로 나뉘어 있었습니다. 유형의

'구속'이라는 것은 만만한 것이 아니지요. 나아가 물권변동에 있어서도 우리와는 달리 물권행위의 무인성(= 원인추상성)이 당연한 것으로 여겨지고 있었습니다(부동산등기에서도 기본적인 서류는 공증되어야 했습니다). 이들 기본적 민법제도에 있어서 우리는 오히려 스위스법의 규정태도에 가까웠습니다. 이처럼 기본이 다름에도 우리 민법의 해석·적용에 독일의 태도를 그대로 들여와도 될 것인가, 학생 시절부터 그렇게 강조되던 독일법이 과연 우리가 지향할 목표가 될 수 있는가? 무엇보다도 이러한 의문이 저를 괴롭혔습니다.

이 문제와 관련하여 저에게 큰 도움을 준 것이 베를린대학교 법과대학의 도서관에서 읽은 츠바이게르트와 쾨츠의 『비교사법 입문』, 제2권이었습니다.[41] 이를 통하여 독일을 프랑스나 영미 등과 함께 아마도 우수한 법문화를 가진 나라의 하나로 — 물론 제 전공의 민법으로 보면 그 중에서도 가장 중요하기는 하겠지만 — 상대화할 수 있게 되었다고 하여도 좋겠습니다. 이 책 그리고 다른 책들을 통해서 앞의 III. 2. (4)(412면 이하)에서도 언급한 바 있는 '역사적·비교법적 방법'의 현저히 우수한 실작實作으로부터 배우고, 또 그로부터 우리 민법학이 나아갈 길을 더듬어볼 수 있었습니다.

그 책에서는 추상적인 이해의 차원에서만이 아니라, 개별

---

41 Zweigert/Kötz, *Einführung in die Rechtsvergleichung auf dem Gebiete des Privatrechts*, Bd.2: Institutionen, 1969. 1984년에 나온 제2판을 제가 1991년에 『비교사법제도론』으로 번역·출간하였습니다.

민법제도에 대한 여러 나라의 태도를 비교하여 비판적으로 '평가'하고 구체적으로 그 우열이 매겨져 있었던 것인데,[42] 독일법의 태도는 적지 않은 경우에 따를 만하지 않다고 가늠되어 있었습니다. 그 대표적인 예가 — 여러분이 다 잘 아시는 대로, 김증한 선생님이 열심히 그 도입을 주장하였던 — '무인적 물권행위'의 법리였습니다.[43] 과연 우리는 우수한 민법학을 가졌다는 독일의 것이라고 하여서 우리 사정의 면밀한 검토 없이 그대로 수입하여야 할까요? 그렇게 하면, 무엇보다도 어떤 법문제에 대한 '현재 있는 우리의 법', 즉 쉽게 말하면 법전과 판례의 입장에 별다른 문제가 있다고 할 수 없는 경우에는, — 중국의 후스(胡適)가 문학의 개량과 관련하여 적극적으로 또는 소극적으로 주

---

42 위 책의 제1권은 「[비교법학] 기초론(Grundlagen)」이라는 부제를 달고 있는데, 앞부분에서 비교법학의 기능·목적 등에 관한 '일반론'을, 뒷부분에서 '세계의 각 법권法圈'을 다룹니다. 그에 의하면, "비교법학의 기본적 기능은 [다른 나라의 법에 대한] 인식"에 있는 것이나, 동시에 "'진리의 학교(école de verité)'로서의 비교법학은 '여러 해결책의 재고'(치텔만의 말)를 늘리고 풍부하게 하여 비판적인 관찰자에게 각각의 시기에 각각의 나라에 있어서 '보다 좋은 해결책(bessere Lösung)'을 알 수 있는 기회를 제공한다"고 합니다. 같은 책, Bd.1: Grundlagen, 2. Aufl., 1984, S. 16. 나중에 종전의 2책을 한 책에 모은 제3판에서도 이 부분이 그대로 실려 있음은 물론입니다(3. Aufl., 1996, S. 14).

43 이 문제에 대하여 저는 2006년 1월에 일본의 동경대학교에서 열린 「보더레스화 시대에 있어서의 법시스템의 구축」이라는 주제의 국제학술대회에서 '글로벌화하는 세계에서의 *私法*'이라는 소주제의 부회部會에서 "한국법에서의 「외국」의 문제"라는 제목으로 간단한 발표를 한 바 있습니다. 그 발표문의 일본어역이 "韓國法における「外國」の問題 — 韓國民法學史の一齣を契機として", ジュリスト 1310호(2006. 4), 138면 이하에 게재되었고, 그 원고를 수정·보완한 것이 민법연구, 제9권, 2007, 1면 이하에 실려 있습니다.

장한 8개의 요목[44] 중 하나인 — '병도 없으면서 앓는 소리를 내는 일(無病之呻吟)'이 벌어지는 꼴이 되지 않을까요?[45]

(3) 그러고 보니 군법무관 시절에 열심히 읽었던 일본의 교토대학교 교수 기타가와 젠타로(北川善太郎)[46]의 『일본법학의 역사와 이론 — 민법학을 중심으로』(1968)가 새로운 의미를 가지게 되었습니다. 이는 이른바 학설계수 내지는 이중계수(**법전계수(法典繼受)와 그에 이어지는 학설계수가 각각 별개의 내용과 지향을 가졌다는 것**)의 개념으로 일본민법학의 역사와 이론을 설명한 것으로서, 일본의

---

44 胡適, "文學改良芻議", 新青年 제2권 5호(1917. 1). 이 글은 우리나라에서도 일찍부터 주목되어, 가령 1922년 8월 29일 및 30일자 동아일보의 각 1면에 "중국의 사상혁명과 문학혁명 (7)·(8)"이라는 제목의 기사로 그 요약에 가까운 소개가 있습니다. 후스의 위 글에 대한 근자의 논의로는 우선 李星, "胡適의 文學改良芻議 探討", 中國學報 22호(1981. 12), 131면 이하; 이정길, 중국 현대어문학의 탐색, 2013, 37면 이하, 217면 이하 등 참조.

45 그 한 예로 독일에서 수입되어 한때 우리 민법학계를 풍미하였으나 이제는 별로 지지를 얻지 못하고 있는 '사실적 계약관계'의 이론을 들 수 있을 것입니다. 그 이론에 관한 곽윤직 선생님의 『채권각론』 교과서에서의 서술의 변화를 추적하여 보는 것은 우리 민법학의 어떠한 특징과 관련하여 흥미로운 일입니다. 즉, 채권각론(상), 1967, 77면 이하; 그 전정판, 1977, 63면 이하; 그 재전정판, 1984, 74면 이하가 그것입니다. 그 후에 나온 『채권각론』에서는 제6판, 2003, 48면 이하에 이르기까지 이 재전정판에서의 서술이 그대로 반복되고 있습니다. 즉 "그러한 처리를 위한 법기술적 개념으로서 사실적 계약관계가 적절한지의 여부, 어디까지 이 개념을 사용할 것인지 등의 문제는 앞으로 사법학(私法學)이 연구·검토할 과제이다"라는 것입니다.

46 2013년에 기타가와 교수가 사망하여 그해 6월에 추도모임이 열렸습니다. 도쿄대학교의 호시노 에이이치(星野英一) 교수가 2012년 9월에 사망한 것과 함께 이로써 일본민법학의 한 세대가 지나갔다는 느낌이 들었습니다.

압도적 영향 아래 있던 우리로서는 일본 학자들이 자신의 민법 이론을 실제로 어떻게 구성하여 왔는지 그 속내를 확연히 들여다보게 하는 것이었습니다.

그렇다면, 그렇다고 하면, 오히려 후발자의 이익을 최대한으로 살려, '현재 있는 법'을 그것대로 충분히 존중하면서도, — 칸트의 작은 글 「계몽이란 무엇인가」의 표어대로(sapere aude!) — 자신의 이성을 보다 용감하게 발휘하여, 그로부터 조금씩 거리를 두면서 우리 사회의 실제적 법문제에 보다 넓은 비교법적 시야에서도 수긍할 수 있는 적절한 해결을 하나씩 하나씩 제시하여 가는 방식으로, 말하자면 점진적으로 법학을 수행하여 보면 어떨까 하는 생각을 하게 되었습니다. 나중에 저는 사비니가 법학자의 일을 시인(구체적으로는 괴테)과 대비하여 "생각을 서로 관련지어 계속 전진시켜 나가는 길고도 힘든 길(langer und mühevoller Weg fortschreitender Gedankenverbindung)"이라고 부른 것,[47] 또 예링이 조금 다르게 — 사비니의 법학을 평하는 맥락에서 — "점차적으로 내적으로 성숙하여 가는 유장한 과정(langsamer Prozeß eines allmählichen inneren Reifens)"이라고 한 것[48]이 혹 위와 같은 작업방식과 관련되지 않을까 억측하여 보기도 했습니다.

(4) 독일에서의 공부에서 제가 또 하나 얻었다고 할 수 있

---

47 Savigny, *System des heutigen römischen Rechts*, Bd.1, 1840, S.42 Anm.b.

48 Jhering, Friedrich Karl von Savigny, in: *JherJb* Bd.5(1851), S.371.

는 것은 서양법을 통째로 받아들인 우리로서는 서양법의 진수, 즉 독립된 개인의 자유로운 삶이라는 지표를 근본적으로 다시 음미하여 자기 것으로 소화하는 작업이 필요하다는 생각을 굳혔다는 것입니다. 이것은 고등학교 이래 줄곧 제가 문학 책이나 철학 책 등을 읽으며 추구해 왔던 "삶이란 무엇인가", "살 만한 가치가 있는 삶이란 어떠한 것인가" 등의 물음에 대한, 부족하기는 하지만 그나마 하나의 답이기도 하였습니다.

그렇게 보면 저는 민법의 기본원칙에 대한 당시의 우리 통설에 대하여 의문을 가질 수밖에 없었습니다. 우리 민법총칙 교과서들의 첫머리에는 대체로 「우리 민법의 기본원리」가 독립된 장으로 다루어지고 있습니다. 이에 관하여 일반적으로 행하여지고 있는 설명은 대체로 다음과 같은 내용을 가집니다.[49]

우선, '근대 민법'(또는 19세기 민법, 또는 개인주의적 민법)의 기

49 여기서 교과서를 일일이 인용할 필요는 없을 것입니다. 단지 그 저자만을 든다면 곽윤직, 고상룡, 김상용, 김용한 등입니다. 한편 민법안이 정부안으로서 국회본회의에 상정됨에 있어서 정부측의 제안설명[제3대 국회 제26회 정기회의 속기록, 제29호(1957년 11월 5일자), 15면 이하(양창수 편, 민법안 제정자료 집성 : 총칙·물권·채권(2023), 13면 이하 소재)]도 참조할 만합니다: "본 민법안이 대체 어떠한 기본원칙에 입각한 것이며 또 현행법과 비교하여 어떠한 특색을 가졌느냐에 대하여 말씀드려야 하겠습니다. … 재산편에 있어서 … 둘째 극단한 개인주의사상의 지양 발전입니다. … 기其 근본내용을 말씀드리면 종래의 소유절대의 사상을 권리남용의 사상으로써 제한하고 계약자유의 원칙을 신의성실의 원칙으로써 환치하고 과실책임의 원칙을 원인책임의 원칙으로 보충하려는 것입니다. … 우리의 경제생활질서의 근본을 규정하는 본법안의 기본입장은 전술 세계법률사조에 입각하여 개인주의를 지양 발전시키고 공공복리라는 국민의 경제도의에 적응시킴에 있음은 물론입니다."

본원리와 '현대 민법'(또는 20세기 민법)의 기본원리가 서로 대립적으로 파악됩니다. 근대 민법의 기본원리로서 사유재산권(또는 소유권)의 존중, 계약자유(또는 사적 자치), 그리고 과실책임이 그 "구체적인 원칙"으로 제시되는데, 현대 민법에 있어서는 이들 원칙이 '수정'되어 "근대 민법의 소유권 절대의 원칙은 공공복리를 위하여 제한될 수 있는 소유권상대의 원칙으로" 변하고, 계약 자유의 원칙은 계약 공정의 원칙으로 바뀌며, 또 과실책임의 원칙은 수정되어 무과실책임도 가미하게 된다는 것입니다.

그런데 위와 같은 근대 민법과 현대 민법의 기본원리를 대립적으로 파악하는 것에는 앞에서도 말한 대로 '역사주의'의 냄새가 풍깁니다. 즉 근대로부터 현대로의 이전은 단지 그간의 역사에 대한 설명에 그치지 않으며, 거기서 파악된 바의 '현대'는 하나의 당위적 요청으로, 심지어는 법학자로서의 도덕적 요청으로 제시되고 있습니다. '현대'의 원리는 그 자체 바람직한 것이거나 적어도 '근대'의 원리보다는 더 나은 것이며, 지금부터라도 노력하여 '현대'의 달성에 있어서는 서구의 '선진국'에 뒤떨어지지 않도록 하여야 한다는 것입니다. 이러한 '뒤쫓아가기(또는 뒤쫓아가서 앞지르기)'의 논법에 의하면, 우리는 역사의 방향을 깨달아 하루 빨리 서구가 도달한 지점에 우리도 도달하여야 하므로, 서구가 이미 벗어난 바의 '근대'란 어차피 우리의 관심이 아닙니다. 이러한 사고방식이 가령 독일에서 단지 독일민법전 시행 후 독일민법의 '계속형성(Fortbildung)' 또는 '발전경향(Entwicklungstendenzen)'이라고 설명되는 것들을[50] 「원리의 대립」으로 질적으로 전화시키는 것이나 아닐까요. 사람이 성장하여 가는 것처럼 변

하기는 하여도 그래도 여전히 동일한 것을 마치 별개의 개체가

---

50 가령 Karl Larenz, *Allgemeiner Teil des deutschen Bürgerlichen Rechts*, 7. Aufl.(1988)은, 그 서론(Einleitung)의 제3장에서 "현재에 이르기까지의 독일민법의 계속형성(Fortbildung)"을 논하면서, 제1절에서 "일반적 발전경향들"을 지적하고, 제2절 이하에서 "계약법에서의 사회적 요소의 강화", "무과실책임", "소유권의 사회적 구속", "친족법의 변화"를 각각 논하고 있습니다. 또한 Franz Wieacker, *Privatrechtsgeschichte der Neuzeit*, 2.Aufl.(1967), § 27(S. 514 ff.)은 "[독일민법전 제정 후의] 독일민법의 계속발전(Fortentwicklung)"이라는 제목을 달고 있는데, 그 내용을 개관한 후에 「일반적 발전경향」을 다루는 그 제3절(S. 539 ff.)은 다음과 같은 문장으로 시작됩니다(꺾음괄호 안은 인용자가 부가한 것입니다). "민법에 대한 판례와 입법의 전체상은 [바이마르 공화국에서 수립된 이른바 주석학파의 시대, 비아커의 표현에 의하면 법률실증주의의 시대가 끝나는] 1918년 이래 국가형태와 이데올로기의 변화와 세계관의 분열 속에서도 여전히 공통적인 특질들을 드러내 보인다. 이러한 점에 비추어 보면, 그간의 민법발전의 밑바탕에 있는 정신을 종합적으로 서술하여 보려는 이하의 시도도 잘못은 아닐 것이다. 그 일반적인 발전경향은, 독일기본법의 잘 알려진, 그러나 다의적인 표현에 좇아, 시민적·자유주의적 법치국가에서 사회적 법치국가로의 발전(Entwicklung vom bürgerlich-liberalen zum sozialen Rechtsstaat)에 그 원인을 돌릴 수 있다. 여기서 사회적 법치국가란, 사회가 법의 독자성을 보존하고 또한 개인의 권리를 존중하면서도, 그 구성원의 사회적·경제적·도덕적 존립에 대한 책임을 실현하는 것을 의미한다. 그러한 변화의 주된 징표는, 사권이 그 사회적 기능에 의하여 상대화되는 것, 이들 제반 기능의 사회윤리적 구속성, 그리고 19세기의 고전적 민법체계의 형식주의로부터의 탈피의 셋이다." 이 점에 대한 비아커의 견해는 그 외에도 그의 논문 Das Sozialmodell der klassischen Privatrechtsgesetzbücher und die Entwicklung der modernen Gesellschaft(1953)와 Das bürgerliche Recht im Wandel der Gesellschaftsordnungen(1960)에서 보다 상세히 진술되고 있습니다(이들 논문은 그 후 Franz Wieacker, *Industriegesellschaft und Privatrechtsordnung* (1974)에 수록되었습니다). 한편 여기서 본 라렌츠와 비아커는 모두 나치시대에 독일법의 「개신改新」 운동에 나선 바 있는데, 그 점과도 관련하여 라렌츠 등의 위와 같은 견해에 대하여 보다 자유주의적인 입장에서의 비판도 행하여지고 있음을 부기하여 둡니다.

된 것으로 보는 것은 실제로 다름 아닌 역사의 이해로서는 적절하지 않다고 하여야 하지 않을까요?

우리가 서양법사를 읽을 때 확연히 느끼는 것은 로마법 이래 면면히 내려오는 바로 그 전통입니다.[51] 물론 변합니다. 그러나 그것은 굳건한 전통을 배경으로 하여 다양한 사상적·사회적 제력諸力의 영향을 받으면서 시대의 새로운 과제들을 해결하여 가는 과정입니다. 우리는 거기서 어떠한 침착성과 묵중함을 느낍니다. 아마도 '역사법칙'을 소리 높여 외치는 유물사관은 무의식적으로 우리 학자들에게 깊은 영향을 끼치고 있는 것인지도 모릅니다.[52]

저는 독일에서의 공부를 통하여 다음과 같이 생각하게 되었습니다.

우리나라의 관련 문헌으로는 우선 김동훈, "칼 라렌쯔와 나찌시대의 법학", 법과 사회 11호(1995), 249면 이하 참조. 또한 보다 일반적으로 강신철, "나씨법학에 대한 조망", 법사학연구 12호(1991), 99면 이하도 참조.

51 무엇보다도 Harold J. Berman, *Law and Revolution. The Formation of Western Legal Tradition* (1983); 또한 보다 근자의 문헌으로는 Reinhard Zimmermann, *Roman Law, Contemporary Law, European Law. The Civil Tradition Today* (2001) 참조. 민법상의 여러 제도의 역사적 형성에 대하여는 우선 Helmut Coing, *Europäisches Privatrecht*, Bd. I: Älteres Gemeines Recht(1985); Bd. 2: Überblick über die Entwicklung des Privatrechts in den ehemals gemeinrechtlichen Ländern(1989) 등 참조.

52 이는 우리 민법학으로 보면 결국 「와가쓰마 사카에(我妻榮)에 있어서의 바이마르좌파적 요인」이라는 문제로 환원된다는 것이 저의 생각입니다. 일본민법학, 특히 1930년대의 일본민법학, 나아가 보다 일반적으로 그 시대의 사회사상은 끈질기게 우리에게 영향을 미치고 있습니다.

첫째, 1948년 이래 우리가 가지고 있는 헌법이[53] 사법私法에 대하여 어떠한 의미를 가지고 있는가를 명확하게 하여야 할 것입니다.

쉽게 떠오르는 문제로서는 헌법학에서 '기본권의 사인私人 간의 효력' 내지 '국가의 기본권보호의무'라는 표제 아래 이루어지고 있는 논의(가령 상대방의 종교나 인종 등을 이유로 하여 계약의 체결을 거부하는 것은 어느 범위에서 허용되는가 등등)입니다. 우리 헌법학의 통설에 의하면, 기본권 규정은 사인 간에 직접 적용될 수는 없고, 신의성실의 원칙(민법 제2조 제1항)이나 반사회적 법률행위를 무효로 하는 민법 제103조의 '반사회질서' 등을 해석·적용함에 있어서 헌법의 기본권 규정이 어떻게 발현되어야 할 것인지가 논하여지는 것을 기대하는 것은 당연하다고 하겠습니다.[54] 그

53 저는 우리 민법학이 일본민법학으로부터 받은 나쁜 영향 중의 하나가 헌법적 시좌視座의 결여라고 생각합니다. 어느 시점의 우리 민법학에 결정적인 영향력을 미친 와가츠마 민법학에 있어서 헌법이란 어떠한 의미를 가졌던가, 그것은 제2차 세계대전을 전후하여 어떻게 변화하여 갔는가 하는 문제는 흥미로운 테마라고 하겠습니다. 우선 我妻榮, 民法硏究 Ⅷ(1970), はしがき 참조.

54 독일에서의 논의와 관련하여서는 우선 민법학자인 카나리스의 저술들이 주목됩니다. Claus-Wilhelm Canaris, Grundrechte und Privatrecht, in: *AcP* 184(1984), S.201ff.; ders., Verstöße gegen das verfassungsrechtliche Übermaßverbot im Recht der Geschäftsfähigkeit und im Schadensersatzrecht, in: *JZ* 1987, S.993ff.; ders., Grundrechtswirkungen und Verhältnismäßigkeitsprinzip in der richterlicher Anwendung und Fortbildung des Privatsrechts, in: *JuS* 1989, S.161ff. 등 참조. 또한 공법학 또는 법철학의 입장에서는 제가 살펴본 좁은 범위에서 보면 Robert Alexy, *Theorie der Grundrechte* (1986)도 유용한 듯합니다.

러나 실제로는 이러한 논의는 별로 행하여지지 않고 있습니다.[55]

그러나 민법의 기본원리와 관련하여 더욱 중요한 것은, 우리 법질서 전체의 뼈대를 이루는 「자유민주적 기본질서」(헌법 전문)의 일부로서의 사법질서는 어떠한 내용을 가져야 하는가, 어떠한 내용의 사법질서가 보다 더 잘 헌법의 이념을 실현할 것인가 하는 점입니다. 앞서 본 민법의 기본원리에 대한 견해의 대립은 결국 국가권력이 사법상私法上의 법률관계에 어느 만큼 개입할 수 있는가, 또는 어떠한 모습으로 개입하여야 할 것인가 하는 문제로 환원될 수 있고, 이와 같은 국가권력과 개인(의 자유)과의 갈등이야말로 헌법의 원초에 놓인 문제이기 때문에 민법학도 헌법논의로부터 많은 시사와 자양을 얻을 수 있다고 생각되는 것입니다. 그리고 이상에서의 '헌법'을 '법철학'으로 바꾸어 놓더라도 큰 잘못은 없다고 할 것입니다.

둘째, 여기서 민법의 '기본원리'라고 할 때에는 어떠한 원리를 의미하고 있는가를 명확하게 할 필요가 있습니다. 앞서 본 곽윤직 선생님의 언명에는 '최고원리'(또는 '최고원칙'), '제약원리', '수정원리', '존재원리', '실천원리', '행동원리', '상위원칙', 그리고 '신의성실·권리남용 금지, 그리고 거래의 안전·사회질서 등의 여러 원칙들', '사유재산권 존중의 원칙, 계약자유의 원칙, 과실책임의 원칙의 3대원칙' 등과 같은 용어가 쓰이고 있습니다. 그러나 잘 들여다보면, 서로 동일한 차원에서 논하여질 수 있는

55 이에 대하여는 기껏해야 사고상思考上의 단서에 그치는 것이기는 하나, 우선 민법주해[I](1992), 95면 이하(양창수 집필) 참조.

것들이 병렬되고 있는 것이 아닌가 하는 생각이 들기도 합니다. 가령 「거래의 안전」은 민법이 그 제도의 설계나 해석을 통하여 발현하고 도모하여야 할 가치라고 할 수 있을 것인데, 「과실책임의 원칙」은 민법의 개별 규칙(rule)이 거기로부터 연역될 수 있는 또는 그 개별 규칙들로부터 귀납된 실정의 보다 일반적인 법리입니다(우리가 '거래안전의 원칙'이라는 말은 쓰지 않는 것도 이와 관련되지 않을까요?). 물론 경우에 따라서 이들 양자의 측면은 서로 관련되고 교차될 수도 있을 것이나, 적어도 사고상으로는 이를 구분하는 것이 논의의 대상을 명확하게 하기 위하여서도 합목적적이라고 생각됩니다. 그러한 관점에서 보면, 공공복리가 민법의 '최고원리'라고 하는 것은 어떠한 의미에서일까요? 곽윤직 선생님은 "공공복리란 무엇을 뜻하는가"를 자문하고, 다음과 같이 답합니다.[56]

> "공공복리는 Bentham이 말하는 「최대다수의 최대행복」을 의미한다고도 말할 수 있다. 이를 좀더 풀어서 적는다면, … 개인의 사회적 활동의 자유와 사권의 절대적 보장 하에서 개인이 누리고 있었던 사적 이익의 자유로운 추구는 이제는 무제한으로 허용되지 않으며, 약한 지위에 있는 자를 돕고 강한 지위에 있는 자의 양보를 요구함으로써 국민 모두의 행복을 추구하는 것[이상의 명제를 아래에서 ①이라고 부르기로 합니다]이 현대국가

56 곽윤직, 민법총칙, 신정판(1992), 79면 이하.

의 이념으로서의 공공복리인 것이다."

그렇다고 하면, 공공복리가 민법의 '최고원리'라고 하는 것과 사적 자치의 원칙이 민법의 '기본원리'라고 하는 것은 차원이 다른 언명이고, 서로 충돌하거나 모순되는 것은 아니라고 할지도 모릅니다. 사적 자치의 원칙이란, 앞서 본 과실책임의 원칙과 마찬가지로, 민법의 개념 규칙들이 거리로부터 연역될 수 있는 또는 그 개별규칙들로부터 귀납된 실정민법의 — 아마도 가장 — 일반적인 법리라고 이해할 수도 있다면, 이러한 의미의 원칙과 「최대 다수의 최대 행복」, 즉 공공복리라는 가치가 실현된다는 '이념'과는 아무런 문제 없이 양립할 수 있다고 하지 않을까요. 그렇게 본다면 사적 자치의 원칙에 의하여 공공복리를 실현하고자 한다는 언명도 충분히 성립할 수 있지 않을까요. 물론 어떠한 이념이나 가치는 어떠한 실정의 제도의 설계나 운용방향을 정당화하는 근거가 되기도 합니다. 예를 들면 '거래의 안전'이라는 가치는 물권변동에서의 공시원칙의 정당화 근거로 원용됩니다. 그러나 공시원칙 자체와 공시원칙의 정당화근거는 서로 엄연히 다른 것입니다.

추측건대 앞서 본 곽윤직 선생님의 말씀의 언명은, 그 ①에서 드러나듯이, 사권私權의 이른바 사회적 구속성을 강조하고 그것이 선생님이 이해하는 바의 이른바 '개인주의적' 민법들에서는 별로 중요한 기능을 하지 못하였음을 지적하려는 데 그 진의가 있을 것이고, 이 점은 수긍할 만합니다. 그러나 앞서 본 의미에서의 사적 자치의 원칙과 이러한 사권의 사회적 구속성은 반드시 서로 '제약'하는 관계에 있어야 하는 것일까요? 또 그러한 사회적 구속성에 의하여 사적 자치의 원칙이 '수정'되고 '제약'되는 것이라고 하여, 반드시 전자가 후자의 '상위원칙'이라고 하여야 할까요? 도대체 어떠한 의미의 '원칙' 또는 '원리' 간의, 어떠한 기준에 의한 위계位階인가요?

결국 저는 앞의 III. 2. (5)(438면 이하)에서 살펴본 이호정 선생님의 주장 쪽으로 기울어져 갔습니다.

V. 학교로 와서

1. 1985년 6월

저는 1985년 6월 1일자로 서울대학교 법과대학의 전임강사로 발령을 받았습니다. 그때까지 나는 부산지방법원 판사로서 청와대(대통령 비서실)에 파견 나가 있었는데, 이제 일터를 옮긴 것입니다. 이호정 선생님은 그때 위 대학의 교무 담당 부학장으로 계셨습니다. 저도 나중에 그 보직을 맡은 적이 있어서 잘 아는데, 교수 채용에서의 '궂은 일'은 교무 담당 부학장의 몫입니다. 저는 이호정 선생님과 함께 총장실로 가서 이현재 총장으로부터 임명장을 받았습니다.

그때 임명장을 받은 것은 저 혼자였습니다. 아마 지금도 그럴 것으로 추측되는데, 한참 학기가 진행 중인 시기에 교수를 새로 임명하는 것은 극히 드물었습니다.

선생님은 그날 저에게 사비니의 『현대로마법체계』(*Savigny, System des heutigen Römischen Rechts*, 1840-1849)의 8권짜리 전질을 축하 선물로 주셨습니다. 사비니에 대한 선생님의 경모敬慕는 이를 익히 듣고 있던 터이라서 이 일은 특히 선생님의 나에 대한 기대를 담은 것으로 느껴졌습니다. 그 제1권의 맨 앞장에 "法大의 同僚로 되었음을 기뻐하고 // 앞으로의 學問的 大成을 기원하면서"라고 친필로 적으셨습니다. 저도 사비니를 즐겨 읽었습니다.[57]

지금도 궁금한 것이, 곽윤직 선생님이나 이호정 선생님은 무슨 이유로 아직 박사학위도 없는 나를 머지않아 정년으로 물러나는 김증한 선생님의 자리에 오게 하려는 결정을 하셨을까 하는 것입니다.

그 전에 서울대 법대에서 민법은 황적인 선생님이나 최종길 선생님처럼 독일에서 박사학위(Dr. jur.)를 받으신 분들이 전임으로 계셨습니다. 저는 앞서 본 대로 석사학위를 받은 후 바로 박사과정에 입학하여 학위논문 제출에 필요한 학점 단위를 모두 취득하기는 하였습니다. 그러나 1979년 11월에 서울민사지방법원 판사로 임명을 받아 법관이 된 후로는 도저히 박사학위 논문

---

57 사비니, "『현대로마법체계』 서언", 서울대학교 법학 제36권 제3·4호(1995.12), 172면 이하(후에 양창수 편역, 독일민법학논문선(2005), 1면 이하에 수록). 그 외에도 저는 사비니에 대하여 우선 박사학위 논문에서 그의 부당이득 이론에 대하여 나름 상세하게 다루었고(『일반부당이득법의 연구』, 156면부터 161면까지), 나아가 간략하기는 하지만, "사비니와 괴테", 오늘의 법률 제110호(1998.3), 3496면 이하; "예링의 사비니 추도문", 오늘의 법률 제118호(1998.11), 3746면 이하; "사비니의 소멸시효론", 오늘의 법률 제138호(2000.7), 4386면 이하 등을 발표하였습니다.

을 쓸 계제가 되지 못했고, 단지 1983년 여름부터 1984년 가을까지 독일의 베를린자유대에 유학을 하였을 뿐이었습니다. 물론 독일에 있으면서 박사학위 논문을 부당이득을 테마로 해서 쓰기로 마음먹고 자료 등을 모으기는 했지만 말입니다.[58]

그러던 중 1985년 정초에 곽 선생님 댁에 세배를 하러 갔다가 학교로 오면 어떻겠느냐는 말씀을 들었습니다. 그로부터 얼마 되지 않아 송상현 선생님이 나를 광화문 근처의 찻집으로 불러내셔서 직업으로서의 교수의 여러 측면을 솔직히 전하시면서 그 일을 권유하는 말씀을 해 주시는 데에는 몸둘 바를 몰랐습니다.

2. 박사학위 논문 —「일반 부당이득법의 연구」

저는 학교로 와서 우선 강의 준비를 하고, 나아가 박사학위 논문을 마쳐야 했습니다. 저는 독일로 유학을 가기 전에 박사학위 논문의 주제를 「일반 부당이득법」으로 정하였습니다. 앞의 III. 2. (4)(412면 이하)에서 적은 대로 내가 독일민법학의 한 흐름으로서의 '역사적·비교법적 방법'에 눈을 뜨게 되었습니다. 그리고 그 흐름을 당시 독일의 현역 교수로서 가장 잘 표상하고 있는 학자의 한 사람이두루 알려진 대로 에른스트 폰 케머러(Ernst von Caemmerer) 교수이었습니다. 그는 제가 한참 사법연수원 수료시험을 치르고 있던 1976년 6월에 한국을 방문한 일이 있고, 그달

58 제가 앞의 주 57에 나온 박사학위 논문을 제출하고 학위를 받은 것은 학교로 옮기고 1년 반이 지난 1987년 2월이었습니다.

10일에 서울대 법대에서 "보통거래약관과 정형계약서에 의한 계약(Allgemeine Geschäftsbedingungen und Formularverträge)"이라는 제목으로 강연을 하였습니다[59]. 그리고 그는 당시 덕수궁 옆 서울법원 제2청사의 8층에 있던 사법연수원 강당에서도 "법전 편찬과 법관법"라는 제목의 강연을 하였습니다.[60] 서울대에서의 강연은 선생님이 통역을 맡았고, 선생님은 그 전에 저에게 따로 연락하여, 강연이 끝난 후의 질문 시간에 질문을 하라고 말씀하셔서, 틀림없이 수준이 형편없이 낮았을 무슨 질문을 한 것으로 기억합니다. 그의 논문집은 그의 제자 한스 게오르크 레저(Hans Georg Leser)[61]가 편집하여 *Gesammelte Schriften*이라는 제목으로 제1권("비교법과 채권법")과 제2권("회사법·화폐·금융")이 1968년에, 제3권이 1983년에 각기 출간되었습니다. 제가 그 제1권에 실린 「부당이득과 불법행위」라는 논문[62]을 읽은 것이 박사학위 논문의 주제를 부당이득으로 정한 주요 계기 중의 하나이었습니다.[63] 그가 제창한, 또는 부활시킨 「부당이득의 유형론」이라는 것이 하나

---

59 그 강연 원고는 선생님의 번역으로 「서울대학교 법학」 제17권 1호(1976.6)에 실렸습니다.

60 나중에 손주찬 역, 한독법학 창간호(1979), 61면 이하에 수록되었습니다.

61 그는 앞의 주 28에서도 보는 대로 라벨 논문집의 편집자이기도 합니다.

62 Bereicherung und unerlaubte Handlung, in: *Festschrift für Ernst Rabel*, Bd.1(1954), S.333-401 = *Gesammelte Schriften*, Bd.1: Rechtsvergleichung und Schuldrecht(1968), S. 209-278.

63 이 논문 및 그의 부당이론 논의, 특히 유형론에 대하여는 후에 양창수, "에른스트 폰 케머러 소묘 — 우리 민법학에 대한 약간의 시사를 덧붙여", 저스티스 제19호(1986.11), 85면 이하(나중에 동, 민법연구, 제1권(1991), 29면 이하) 참조.

의 민법이론으로서도, 현행의 우리 법에 대한 설명으로서도 매력적이었습니다.

3. 법 공부

(1) 학교에 있던 짧지 아니한 기간 동안 저는 『민법연구』 도합 9권에 담긴 논문들을 썼고, 『민법주해』에서 신의칙, 물권적 청구권(제201조 내지 제203조 포함), 채무불이행, 부당이득 등에 관하여 긴 주석을 붙였으며(모두 합하면 1,400면이 넘는 것으로, 40대의 많은 부분은 여기에 쏟아 부었습니다), 외국의 법학서적 몇 권 및 법전을 번역·출간했습니다. 보잘것없습니다. 저는 여러 선생님·선배님이 하신 것처럼 이른바 체계서라는 것을 지어내지 못했고, 박사학위 논문조차 단행본으로 출간되지 못하였습니다.

(2) 법 공부는 저에게는 매우 어려웠습니다. 그 공부의 방법이 제가 몸담게 된 학계에 잘 정립되어 있다고, 학문의 '전통'이 있다고 생각되지 않았습니다.[64] 우리 법학교수가 하는 일은 재판

64 법을 공부하신 분이라면 다 잘 아시는 대로 우리 민법학계의 제1세대를 대표하는 김증한 선생님은 1985년 11월에 그의 40년에 가까운 서울대학교 교수 생활을 마감하는 고별강연을 「한국 민법학의 진로」라는 제목으로 한 바 있습니다. 그 강연은 "우선 **한국에 민법학이 있는가가 의문이다.** 그렇지만 민법 담당 교수들이 하는 일을 일단 민법학이라고 부르기로 한다"라는 실로 충격적인 말로 시작하였습니다. 저는 그때 갓 전임강사 발령을 받은 신참으로서, 강연 현장에서 이 말씀을 직접 들었습니다. 이 강연의 내용은 그 후 김증한, 「한국 민법학의 진로」, 안이준 편저, 한국법학의 증언: 고 김증한 교수 유고집(1989),

을, 또 재판 일은 법학교수들의 작업을 서로 외면해서 저 멀리 동떨어져 있는 듯했습니다. 일본의 실무태도나 해석론이, 또는 오로지 일본의 실무태도나 해석론만이 법원에서 존숭되지 않나 하고 얼핏 느껴지던 것과는 대조적으로, 대학에서는 그것은 오히려 타부처럼 여겨지고 있었고, 오로지 독일의 문헌자료가, 그것도 최근 것만이 인용 또는 전거典據에 값하는 것으로 암묵간에 요해되고 있다고 하는 인상조차 없지 않았습니다. 저에게는 일본이든 독일이든 또 그 어디든 이를 맹목적으로 따르는 것은 문화적 식민주의에 다름 아니라고 생각되었습니다.

우리의 법은 어디까지나 자율적으로 판단할 수 있는 합리적인 인간을 전제로 하는 것이므로, 위와 같이 — 다시 앞서 본 칸트의 글에서 인용하자면 — "타인[여기서는 '다른 나라의 법학자들'이라고 해야겠습니다]의 지도가 없어도 자신의 이성을 과

145면 이하에 수록되었습니다(원래는 서울대학교 법학 제26권 2·3호(1985), 1면 이하). 평생을 민법학 연구에 바친 사람으로 하여금 과연 자신의 나라에 그 학문이 있는지까지를 의심하는 발언을 하게 한 것은 과연 무엇이었을까요? 그 강연에서 선생님은 더 나아가 보다 일반적으로 "[한국민법학은] 일본법학의 망령["일본 것이라고 하면 금과옥조로 생각하는 경향" 또는 "일본 것이니까 따라야 한다는, 말하자면 문화적 식민지사상"이라고도 하십니다]로부터 해방되어야 한다. … 일본법학의 굴레에서 벗어나서 우리 자신의 독자적 이론을 개척해 나가야 한다"고 하고, "그것을 하는 데 있어서는 역시 독일법학이 가장 손쉬운 의거처가 되지 않을 수 없다"고 하였습니다(위 유고집 150면, 153면). 그런데 저는 한편으로 독자적인 이론의 개척을 말씀하시면서 다른 한편으로 그 '가장 손쉬운 의거처'로서 다른 어느 한 나라의 법학을 드는 것 사이에는 별다른 어긋남이 없을까, 그것은 과연 '문화적 식민지사상'과 크게 다른 것일까 하는 의문을 떨쳐버릴 수 없는 것입니다.

감하게 발휘하려고 하는 결의와 용기"가 없는 탓으로 '스스로에게 책임이 있는 미성숙상태'에 머물러 있는 것은 더욱 뼈아프게 느껴졌습니다.

(3) 그리고 공부는 혼자 하는 것이었습니다. 물론 제 성격 탓도 있겠습니다마는, 그야말로 '동료'를 찾기가 쉽지 않았습니다. 한밤에 연구실에 앉아 있다가 문득 창밖을 내다보니 낮에는 캠퍼스를 감싸고 있었던 관악산이 전혀 보이지 않는 채로 칠흑 같은 어둠만이 입을 쩌억 벌리고 있고, 이제 거울이 된 유리창에 비친 제 모습이 하도 기괴하여서 형언하기 어려운 전율이 온몸을 훑고 지나가기도 했습니다. 저의 가족, 그러니까 늘상 마음이 어디 딴 데에 가 있는 사람을 남편·아버지로 둔 저의 처나 두 아이에게는 틀림없이 어려운 시간이었을 것입니다.

VI. 마치면서

1. 사람이 살아가는 길에는 '고비'라는 것이 있다는 생각을 해 봅니다. 돌이켜 보면, 그 하나의 분명한 고비는 법원을 떠나 대학으로 간 것입니다. 여러 가지 이유가 있었는데, 예를 들면 그때 판사로서 파견 나가 있었던 대통령 비서실에서 하루빨리 벗어나고 싶었던 것도 분명 거들었을 것입니다. 또 '공부'라는 것에 대한 동경이 앞서 말씀드린 대로 고등학교 시절부터 있었습니다. 서울민사지방법원에서 배석으로 겪은 판결문 쓰는 일 등은 기

본적으로 사건을 '처리'하는 것이어서 저에게는 그렇게 매력적이지 않았습니다. 그리고 베를린에서 공부하면서 큰 기쁨을 느꼈는데, 1985년 정초에 세배를 드리러 갔던 곽윤직 선생님으로부터 문득 "학교로 오면 어떻겠느냐"는 말씀을 들었던 것입니다. 1986년 2월에 김증한 선생님이 정년퇴임을 하여서 민법 교수를 새로 채용하여야 하는데, 그 자리로 오라는 것입니다. 그때 할아버지는 이미 돌아가셨고, 아버지도 이제는 굳이 반대하지 않으셨습니다.

저는 평소에 존경하던 분들의 의견을 구하기도 했습니다. 큰 로펌을 세우신 어느 변호사님은 "우리나라의 대학은 교수가 연구하는 데 필요한 인적·물적 시설이 형편없다. 학교로 가더라도 하고 싶은 공부를 못한다"면서 말렸습니다. 저는 그러니까 더 학교에 가서 애써 보아야 하지 않을까 하는 주제넘은 생각을 하면서, 마음을 정했습니다. 그러나 이제부터의 앞날에 저에게 무슨 일이 기다리고 있을지는 물론 알 수 없었습니다.

그렇게 해서 대학에 23년 조금 더 있은 다음, 그러니까 30대 초반에서부터 50대 중반까지를 훌쩍 지낸 다음, 다시 법원으로 갔습니다. 이렇게 대법관으로 몇 년 일하게 된 것이 내 삶에서 무슨 '고비'라고 부르는 바에 합당한지는 아마 법원을 다시 떠나 상당한 시간이 흐른 후에야, 한 20년쯤 지난 후에야 알 수 있을 것 같습니다.

2. 대학에 있으면서 물론 기쁜 일도 있었습니다. 무엇보다도 — 2000년쯤이라고 기억합니다 — 앞서 말한 『민법연구』를

출판한 박영사로부터 전국의 법관 집무실 전부에 이를 고루 배포하기 위하여 몇백 질 주문을 받았다고 알려 왔을 때를 들어야겠습니다. 그 인세 수입으로 인한 경제적 혜택도 그렇지만, 제가 애초 법 공부의 목표 중 하나로 세웠던 '우리 실무에 발언력 있는 연구' 또는 '우리의 실제 문제를 해결하는 데 기여하는 이론적 연구'라는 지향이 열매를 맺은 것으로 치부해도 될 것 같았기 때문입니다.

또한 전에 예가 없던 1997년 말부터의 이른바 IMF경제위기의 와중에 나라 안팎에서 어려운 민사문제가 쏟아졌을 때 저는 그로부터 몇 년 동안 중재판정부 또는 법원에 제출될 의견서를 쓰는 등의 방식으로 그 중 일부에 관여하게 되었었습니다. 여기저기 자료를 찾아보아도 작은 단서조차 찾기 어려운 경우가 적지 않았습니다. 암중모색 끝에 조그마한 불빛을 찾아내어서 그것을 지침으로 삼아 스스로 납득이 가는 길을 헤쳐 갈 수 있었을 때에는 매우 기뻤습니다.

그리고 총명하고 부지런한 제자들과 이야기를 나누고 그들이 커가는 모습을 보며 저 스스로도 자극을 얻는 것도 굳이 맹자의 말을 인용하지 않더라도 마음 속 깊은 곳으로부터 즐거운 일이었습니다. 이제 우리 민법학계는 — 여전히 부족한 점이 많고, 할 일은 쌓여 있지만 — 그 지향이나 역량에 있어서 전과는 조금 다른 면모를 갖추게 되었다고 하여도 좋을 것입니다.

3. 제가 2008년 10월부터 6년간 대법원에서 일하면서 절감한 것 중의 하나는, 이제 우리 사회는 각종 거래의 양상에서부

터 가치관에 이르기까지 제가 학교로 일터를 옮긴 30여 년 전보다 훨씬 복잡하고 다양하게 되어서 어떠한 법문제에 대하여 단지 법관 기타 우수한 실무가의 그때그때의 노력만으로는 체계적이고 균형 잡힌 해결을 얻기가 많은 경우에 어렵고, 실제의 법문제와 거리를 두고 원리적이고 체계적으로 사고하는 법학교수들의 지적 성과를 살펴보는 것이 끊임없이 요구되고 있다는 것입니다.

그리고 저는 실무의 경험은 법학을 영위하는 데 있어서도 큰 도움을 준다고 생각합니다. 제가 법관으로 경험한 바에 의하면, 실제 사건의 양상은 어떤 법문제를 생각함에 대하여 법전法典에서 고려하여야 하는 것으로 정하여져 있는 사정요소들보다 훨씬 복잡한 경우가 많습니다. 그런데 이와 같이 법전에 채택되어 있지 않은 사정요소 중에는 그러한 사건에 전형적으로 등장하는 것도 물론 있습니다. 이러한 전형적 사정요소를 법규정을 해석하는 것 자체에 반영하면 아마도 '법전 밖에서(praeter legem)'의 해석이라고 불릴지 모릅니다. 그러나 사실은 법관이 당해 사건의 전모를 앞에 두고 결론을 내는 데 있어서는 그것이 단지 법규정을 '논리적으로 적용'한다는 겉모습을 가질 수 있다고 하더라도 적지 않은 경우에 그것은 말하자면 어떠한 '의지적 결단' 혹은 '전인격적 결단'으로서의 측면도 있지 않을까요?[65] 혹시 이

---

65 저는 이러한 요소의 어떤 측면에 대하여 다룬 일이 있습니다. 우선 양창수, "양형 기타 법관의 재량에 대하여 — 재판 또는 법 판단의 다른 또 하나의 측면에 대한 개인적 생각", 기초법학연구(서울대학교 법학연구소 법이론연구센터) 제

것이 뒤의 4.에서 인용하는 바 사비니가 말하는 바의, 모든 이론가가 갖추어야 할 '실천적 감각'에 통하는 것이 아닐까 생각하여 봅니다.

4. 그러나 지금 우리 법학계, 쉽게 말하면 법학교수들은 중대한 시련에 처해 있습니다. 그것은 대체로 법학전문대학원 제도와 관련되어 있습니다.

형법학에 대한 발언이기는 하지만 법학 일반에 대하여도 마찬가지로 말할 수 있지 않을까 여겨지므로, 그대로 인용하여 보겠습니다.[66] '대폭'이라는 부사가 반복하여 쓰이는 데 주목하여 주시기 바랍니다.

> "2009년 로스쿨이 도입된 이후 학문으로서의 형법학은 최대의 위기를 맞고 있다. … 더욱 심각한 문제는 로스쿨이 실무자들에게 일자리를 창출해 주기는 하였지만, 대신 전업 학자들의 일자리를 박탈하였다는 것이다. 또한 잘못된 로스쿨제도의 시행으로 학부의 법학교육도 대폭 약화되고 있다. … 각 대학의 법학과들은 축소일로를 걷고 법학과와 법학도들이 대폭 감소되었다. …

2호(2023.5), 9면 이하.

66 오영근, "형사법학 60년의 회고와 향후 과제 — 형법총칙 분야 —", 한국형사법학 60년의 회고와 전망: 한국형사법학회 창립 60주년 기념 학술행사 발표자료집(2017.6), 15면 이하(인용문에서의 점선은 생략된 부분을 가리킵니다). 이 글은 그 후 같은 제목으로 형사법연구 제29권 3호(2017.9), 1면 이하에 수록되었는데, 위 인용부분은 동, 22면 이하입니다.

법학과의 축소는 국내외에서 박사학위를 취득한 학자들이 안정적으로 형법학을 연구할 수 있는 기회를 박탈하였다. … 학자가 되기 위해 대학원에서 전업으로 형법학을 공부하는 학생들이 대폭 줄어들었다. … 최근에 들어와 긍정적인 방향보다는 부정적인 방향으로 상황이 역전된 것이다. 변호사는 연 500명 더 배출되지만, 불과 몇 년 사이에 법과대학이 대폭 축소되고 법학도들의 수가 대폭 감소함에 따라 높은 수준의 형법 연구와 질 좋은 법률서비스를 제공하기 불가능한 환경으로 급격히 악화되었다. 특단의 조치가 없는 한 당분간 상황은 계속 악화될 전망이다."

학계는 강물의 흐름과 같아서 이를 이어갈 후속 세대가 없으면 머지않아 고사하고 말 것입니다. 그리고 감히 덧붙여 다른 측면을 말씀드리면, 제가 보기에 법학전문대학원에서의 3년 교육에 의한 변호사 양성은 무엇보다도 우리 법학교수들의 — 굳이 이름 붙이자면 — 지나친 이론 지향, 그리고 학사 운영의 여러 국면에서 자신들을 '본류'로 여기면서 '방계'를 배척하려는 의식 등으로 인하여 문제가 적지 않은 것으로 여겨지기도 합니다.[67]

결국 "이와 같이 구분된 활동을 하면서도 모든 사람이 원래

---

67 다른 한편 실무에서 학교로 오신 분들 쪽에도 많은 경우에 — 단지 자신의 실무경험의 전달만으로는 부족하고 — 법학교육 그것을 위하여 필수적으로 요구되는 일정한 '학문화' 내지 이론화·체계화 노력의 부족 등 여러 가지 문제가 없지 않은 듯한데, 여기서는 넘어가기로 합니다.

의 통일성을 항상 마음에 두어서, 어느 정도는 모든 이론가가 실천적 감각을, 모든 실무가가 이론적 감각을 자신 안에 보지保持하고 발전시키는 것만이 구제책이 된다. 이것이 행하여지지 않고 이론과 실천 사이의 분리가 절대적인 것이 되면, 불가피하게 이론이 공허한 유희로, 실천이 단순한 수공작업으로 퇴화할 위험이 발생한다"는 사비니가 오래 전에 한 말[68]을 다시 한 번 상기할 필요가 있겠습니다.

앞으로 과연 일이 어떻게 전개될 것인지 저는 아무래도 불안한 마음이 드는 것을 어쩔 수 없습니다.

---

68 Savigny(주 47), Vorrede, S.xx. 이 글은 제가 번역하여, 앞의 주 57에서 보는 대로 서울대학교 법학 제36권 3호(1995.12), 172면 이하에 실은 바 있습니다. 후에 이 번역문은 양창수, 독일민법학논문선(2005), 1면 이하에 수록되었는데, 위에서 인용한 부분은 그 8면 이하입니다.

저자 소개

허성도(許成道)

(현) 서울대학교 인문대학 중어중문학과 명예교수
서울대학교 인문대학 중어중문학과 교수
한국 중어중문학회 회장
한국중국언어학회 회장
서울대학교 중앙도서관장
서울대학교 인문정보연구소 소장
중국 북경 언어대학 해외 객좌교수
서울대학교 교육상·홍조근정훈장

전경수(全京秀)

(현) 서울대학교 사회과학대학 인류학과 명예교수
서울대학교 인류학과 교수, 중국귀주대학 특빙교수, 미국 예일대학 객원교수, 일본국립민족학박물관 객원교수
한국문화인류학회 회장, 문화재위원, 제주학회회장, 근대서지학회회장
서울대학교 학술연구상(2011), 대한민국 정부 녹관문화훈장(2014), 독도평화대상 특별상(2017), 대한민국 문화체육관광부장관 표창장(2022)

장창두(張昌斗)

(현)서울대학교 공과대학 조선해양공학과 명예교수
한국과학기술연구소(KIST) 부설 선박연구소 선임연구원
아시아-태평양 선박구조회의(TEAM 2006) 의장
국제선박해양구조회의(ISSC 2009) 의장
해양시스템공학연구소 소장
한국선급 기술위원회 위원장
미국 MIT, 미시간대학 초빙교수
중국 하얼빈공대 조선공학과 석좌교수
21세기 탁월한 지식인상(IBC)
올해의 국제교육자상(IBC, 2007)
대한조선학회, 한국전산구조공학회 학술공로상
서울대학교 최우수 강의교수상, 최우수 연구교수상

윤정일(尹正一)

(현) 서울대학교 사범대학 교육학과 명예교수
서울대학교 사범대학 학장
서울대학교 사범대학 교육학과 교수
민족사관고등학교 교장
아태지역 사범대학 학장협의회 창립회장
한국교육학회 회장, 한국교육행정학회 회장, 한국교육재정경제학회 회장
학교바로세우기실천연대(NGO) 위원장
대통령 교육개혁심의회 전문위원, 대통령 교육정책자문회의 전문위원
한국교육개발원 연구위원, 연구부장
미국 교육재정학회 최우수 박사학위논문상, 자랑스런 관악인의 상

이형식(李亨植)

(현) 서울대학교 사범대학 불어교육과 명예교수
서울대학교 사범대학 불어교육과 졸업(1972)
프랑스 파리 대학교 유학(1972-1979, 프랑스 문학 전공, 석사, 박사)
서울대학교 사범대학 봉직(1979 – 2011)
저서 『마르셀 프루스트: 희열의 순간과 영원한 본질로의 회귀』, 『프루스트의 예술론』, 『작가와 신화: 프루스트의 신화세계』, 『(프랑스 문학, 그 천 년의 몽상) 감성과 문학』, 『(프랑스 문학, 그 천 년의 몽상) 정염의 맥박』, 『(프랑스 문학, 그 천 년의 몽상) 루시퍼의 항변』, 역서 『레 미제라블, 빅토르 위고』(전5권), 『잃어버린 시절을 찾아서』(전12권), 소설 『그 먼 여름』

양창수(梁彰洙)

(현) 서울대학교 법학전문대학원 명예교수, 변호사
서울민사지방법원 판사
서울대학교 법과대학 교수
민사판례연구회 회장
한국민사법학회 회장
대법관
대법원 민사실무연구회 회장
한양대학교 법학전문대학원 교수
제1회 법학논문상(한국법학원, 1997), 한국학술진흥재단 인문사회계열 우수학자(2007), 제18회 상허대상(2008), 자랑스런 Duke 동문상(2008), 청조근정훈장(2014), 자랑스러운 서울법대인(2019)